U0719163

丁晓平◎著

INVESTIGATION INTO THE CASE OF THE POISONED WANG MING

王明中毒事件调查

中国青年出版社

(京) 新登字 083 号

图书在版编目 (CIP) 数据

王明中毒事件调查/丁晓平著. —北京：中国青年出版社，2012.1
ISBN 978-7-5153-0401-4

Ⅰ.①王… Ⅱ.①丁… Ⅲ.①王明(1904~1974)—人物研究②中国共产党—党史—史料 Ⅳ.①K827=6②D23

中国版本图书馆 CIP 数据核字（2011）第 243565 号

出版发行：中国青年出版社
社　　址：北京东四 12 条 21 号
邮　　编：100708
网　　址：www. cyp. com. cn
编辑电话：010-57350504
门市电话：010-57350370
印　　刷：三河市君旺印装厂
经　　销：新华书店
开　　本：710 × 1000 1/16
印　　张：28.5
插　　页：2
字　　数：280 千字
版　　次：2012 年 2 月北京第 1 版
印　　次：2012 年 2 月河北第 1 次印刷
印　　数：1—15000 册
定　　价：49.00 元

指导一个伟大的革命运动的政党，如果没有革命理论，没有历史知识，没有对于实际运动的深刻的了解，要取得胜利是不可能的。

——毛泽东《中国共产党在民族战争中的地位》

（1938 年 10 月）

中共党史研究的新突破新收获

——序丁晓平长篇报告文学《王明中毒事件调查》

中国现代史学会会长
中共中央党校教授

郭德宏

从事中共党史研究和教学工作一辈子了，主持中国现代史学会的工作也有20余年，我迫切地希望有更多的年轻人加入到这个队伍中来。

关于王明这个历史人物的生平和思想研究，这些年来取得了一些进展。知道丁晓平同志研究“王明中毒事件”是2009年底的事情。那时，我看到他写的一篇《尘封66年的“王明中毒事件”调查材料惊现民间》，在中共党史学界和新闻媒体上引起很大反响。尽管我从事王明研究几十年，但也从未看到丁晓平在民间新发现的“王明中毒事件”的这些珍贵史料和文献。随后，我马上联系到他，并去看望这个素不相识的年轻人。见面后才知道，他已经在中国现代史和中共党史研究上颇有成就，出版有《五四运动画传：历史的现场和真相》《毛泽东的亲情世界》《邓小平和世界风云人物》《解谜〈毛泽东自传〉》《中共中央第一支笔》等专著，校注了《毛泽东自传》和连环画《少年毛泽东》，并主编了开国领袖印象丛书（《毛泽东印象》《周恩来印象》《邓小平印象》）。在交谈中，他大胆提出要写一部《王明中毒事件调查》的专著，并希望得到我的支持。我非常高兴，当即表示全力帮助，并将前些年王明之子王丹之赠送我的王明夫妇保存的有关“王明中毒事件”的史料提供给他，希望他认真研究，力争在王明研究上有新的突破和新的收获。

自王明遗著《中共五十年》（原名《中共半世纪与叛徒毛泽东》）1975年由苏联国家政治书籍出版社出版以来，“王明中毒事件”一直被境外出版物作为歪曲丑化中国共产党历史和诬蔑毛泽东的一个重大事件，他们使用造谣诽谤、无中生有、断章取义、颠倒是非等手段，欺骗那些善良的不了解真实历史的人们，在国际和国内人民群众中间散布对中国共产党的不信任感，恶意攻击和全盘否定毛泽东及毛泽东思想。为了澄清事实，还原“王明中毒事件”的真相，丁晓平在利用新发现史料的基础上，查阅了近千万字的史料和前辈学者的研究成果，遍访了目前依然健在的多位当事人和见证者，去伪存真，沙里淘金，辩证分析，用四年的业余时间完成了这项“调查”工作，以确凿的史实彻底澄清了这个长期被境外出版物用来歪曲丑化中共党史和否定毛泽东的事件。

历史不能断割，历史研究需要全面辩证地考察。丁晓平的这部《王明中毒事件调查》，以“调查”为中心，分为上、中、下三个部分：《“左”·右·“左”——王明中毒事件背景考察》《人有病，天知否？——王明中毒事件调查报告》和《大江东去，浪淘尽——王明中毒事件后续影响》，以第三者的视角，全面、客观、辩证地审视“王明中毒事件”的前因后果和来龙去脉。全书既从微观视角透视了“王明中毒事件”的经过，又从中观视角考察了王明的一生，还从宏观视角俯瞰了中共第三次批判“左”倾路线斗争及中国革命从胜利走向胜利的艰苦卓绝的斗争过程（即：毛泽东提出“马克思主义中国化”和中共选择实事求是、理论联系实际的中国特色发展道路的过程）。在这部作品中，丁晓平不仅引领我们回到历史的现场，还原了“王明中毒事件”的真相，还提出了一些新的历史观点，譬如：毛泽东和王明的关系是“志同，道不合”，等等。值得一提的是，丁晓平在这部重大历史题材报告文学著作中充分发挥了他作为诗人和作家的优势，以新颖别致的文学结构和流畅清新的文字，叙说了这段尘封了70年的往事，引人入胜，有趣可读，确实令人欣慰。

丁晓平耗费四年心血所著《王明中毒事件调查》，将真实的历史呈现在读者的面前，完整、权威、详实地记录了“王明中毒事件”的真实情况，起到了澄清事实，正本清源、以正视听的作用，是一部展现实事求是精神的信史，是一部用历史唯物主义和辩证法观点正确书写的历史著作，是中共党史研究的新突破、新收获，可喜可贺。在这里，我郑重地向广大党史研究工作者和喜欢中国现代史的读者朋友们推荐丁晓平的长篇历史报告文学《王明中毒事件调查》。现在，中国共产党已走过了90年的光辉历程，我们必须旗帜鲜明地坚决反对歪曲丑化中共党史的倾向，把真实的历史告诉人民，而《王明中毒事件调查》一书的出版，可以说恰逢其时，是很有价值和意义的。

目录

现在可以说了
（导语）

事发于1943年延安整风运动时期的“王明中毒事件”，是一起歪曲和丑化中共党史并长时间在国际上造成重大影响的事件。王明在其遗著《中共五十年》（原名《中国共产党五十年和毛泽东的叛徒行径》，又译作《中共半世纪与叛徙毛泽东》）中骇人听闻地诬蔑中共中央、毛泽东派中央办公厅主任李富春指使中央医院院长傅连暲和主管医生金茂岳“蓄意毒害王明并摧残他的健康”，自1975年在苏联国家政治书籍出版社出版以来，至今仍堂而皇之地被境外出版物不断地复制、贩卖和炒作为所谓的政治阴谋，影响极其恶劣，成为敌视中国以及歪曲丑化中国共产党和诋毁诬蔑毛泽东的新闻噱头，愚弄和欺骗了许许多多不明真相的人们。

所谓“王明中毒事件”，是在20世纪40年代中共党内批判第三次“左”倾错误路线的斗争中，王明大权旁落，逐以生病住院为挡箭牌，在整风运动中拒不承认错误，并以在中央医院住院期间因医护人员疏忽导致甘汞服药时间过长而发生的医疗事件，借机向中共中央和毛泽东发难，对抗毛泽东，炮制的一起莫须有的“蓄意下毒”的政治事件，震惊了中共中央。为此，中共中央专门组成调查委员会，三个中央书记处书记中的两位——刘少奇和任弼时都亲自参与调查和审查。同时，中央还组织延安所有医疗专家进行长达一个多月的大型会诊，中央社会部也介入调查，并对金茂岳进行了关押和审讯。然而，作为一起造成重大影响的事件，因为王明拿走了当年在中央医院的全部病历（包括护士的护病记录和专家会诊讨论的记录），另外一部分的会诊医疗诊断和审查记录则被康生秘藏后流落民间，导致几十年来缺失足够的原始历史证据和第一手文献来批驳王明的荒谬言论，使他的“谎言”成为“一言堂”，有了市场，以致“王明中毒事件”的真相至今仍如一团迷雾，成为中共党史上的一件“谜案”。

关于“王明中毒事件”的真相，现在终于可以说了——本次“王明中毒事件调查”以新发现的20件流落民间、尘封近70年的原始档案和文献作为物证，以健在的亲历者和当事人口述史料作为证人证言，完整、权威、详实地记录了“王明中毒事件”鲜为人知的真实情况。本次调查以辩证唯物主义和历史唯物主义的方法，针对王明《中共五十年》中所有关于毛泽东“蓄意毒害王明”的歪曲和诬蔑之词，逐一进行质证和辨析，回到历史的现场，洞穿历史的迷津，抵达历史的本质，还原历史的真相！

没有调查，就没有发言权。但是，作了调查，也不一定有发言权。关键是调查的结果是否经得起实践和时间的检验。一言以蔽之，调查必须是真实的。

“王明中毒事件”的真相到底是什么？王明“中毒”真的是毛泽东“蓄意

陷害”吗？“王明中毒事件”给王明带来了什么，又给历史带来什么样的启示？毫无疑问，这是一次穿越历史的调查，是一次回到历史现场的调查。在这样的调查中，我们不要冒充事后诸葛亮，也不要当“马后炮”。还是那一句老话，“没有调查就没有发言权”。

因为历史的尘埃，终究掩不住阳光……

那就让我们一起打开尘封的历史，看一看“王明中毒事件”是在什么样的历史背景下发生的，它到底是怎样开始、又是如何结束的。

历史，总是慢慢地让人知道的。

让我们一起慢慢地阅读吧——

上篇

“左”·右·“左”

——王明中毒事件背景考察

1940年12月4日，毛泽东在中共中央政治局会议上总结说：关于抗日战争以来的错误倾向，在统一战线初期是“左”倾；国共合作建立后有一个时期是右倾，反磨擦后又是“左”倾。总结过去的经验教训，大体上要分大革命、苏维埃与抗战三个时期，总的错误是不了解中国革命的长期性、不平衡性。不了解中国革命的长期性，便产生了对革命的急躁性。他强调指出，大革命末期的右的错误和苏维埃后期的许多“左”的错误，是由于马列主义没有与实际联系起来。总结过去的经验教训，对于犯错误和没有犯错误的人都是一种教育。了解过去的错误，可以使今后不犯重复的错误。

1941年1月15日，毛泽东在中共中央政治局会议上指出：“左”转到右，则说明了“两极相通”。非“左”即右都根源于一个思想方法，即不了解中国革命具体实际或不能揭示中国革命的客观规律的主观主义。

王明

“昆仑山上下来的神仙”

1937年11月29日。红都延安，雪后天晴；黄土高原，银装素裹。

这天下午，两点左右，一只“铁鸟”飞进了延安的天空，巨大的轰鸣声震撼着黄土高原的沟沟壑壑。这架苏联空军运输机的光临，对延安的百姓来说无疑是一件稀罕事，爱看热闹的人们纷纷走出家门或者放下手中的活计，闻风而动潮水般赶往东关的机场（延安的这个老机场如今已经改为通衢大道了），都想亲眼看一看这只“铁鸟”是怎样飞上天和落下地的。尽管一年前的1936年4月和12月，张学良的专机曾经来过这里，周恩来也在这里乘坐飞机赴西安解决“西安事变”，但在那个年代，罕见的飞机依然引起了人们极大的好奇和激动。

延安城的这个时刻，的确是万人空巷。更令人们兴奋的是，中国共产党的高级领导人张闻天、毛泽东、周恩来、王稼祥、张国焘等，还有中央机关、边区政府以及抗日军政大学的学员代表及各界群众，纷纷冒着寒冷来到这简易得不能再简陋的机场。

这天，的确寒气袭人，毛泽东和他的战友们都穿着棉袄、戴着棉帽。飞机在准备降落时因群众一拥而上，又不得不拉杆上升，在天空中盘旋了两圈后，才安全地降落。显然，延安今天迎接的肯定是一个重要而又神秘的人物。

这个人是谁呢？

——他就是王明。

王明本名陈绍禹，又名陈绍玉，字露清，1904出生于安徽省六安金寨县双石乡码头村。家庭出身贫民（亦说小商人）。自幼聪颖，5岁启蒙识字，6岁入塾就读，打下了深厚的国学基础。1920年，他以优异成绩考入六安县安徽省立第三甲种农业学校，受到沈子修、桂月峰、朱蕴山、钱杏邨（阿英）等进步师长的思想影响，开始从事革命活动。1924年夏，王明考入国立武昌商科大学预科，9月与詹禹生等人发起成立“豫皖青年学会”，任事务部主任；寒假

王明（右一）回到延安，受到毛泽东（右三）等中共中央领导人的热烈欢迎。前排左起：萧劲光、陈云、康生、林伯渠、毛泽东、博古、王明

米夫

在家乡金寨联络进步青年成立“豫皖青年学会”。1925年6月，积极参加武汉三镇青年学生掀起的支援上海五卅运动的反帝运动，被选为武昌学生联合会干事和湖北青年团体联合会执行委员。是年10月，王明加入中国共产党和国民党，并担任国民党湖北省党部宣传干事。10月28日，他同俞秀松、伍修权等60余人，作为第一期国内第二批赴莫斯科中山大学留学的学生，由上海启程，于11月23日抵达莫斯科。

在莫斯科中山大学，王明凭着自己的聪明才智和在语言能力上的天赋，进入俄文班学习，并很快取得了该校副校长米夫[1]的信任。王明给自己取了一个俄文名字“克劳白夫”，即“鸟”的意思。显然，他想在这里实现自己革命的理想，展翅高飞。凭着雄辩的口才和流利的俄语，王明很快成为中山大学的知名人物，并于1926年9月“学生公社”改选时一跃成为公社主席。24岁的米夫是当时中山大学研究马克思主义关于民族和殖民地理论的权威，对中国问题十分关注。1927年1月，王明作为米夫的翻译，随同联共（布）宣传家代表团回国，并陪同米夫到广州、

[1] 米夫（1901—1938），苏联斯维尔德洛夫共产主义大学毕业。1925年，24岁的他被任命为莫斯科中山大学副校长，1927年升任校长，并任共产国际东方部副部长等。米夫长期研究中国问题，1931年1月来到上海，支持王明等人召开中共四中全会，操纵选举，把中共中央控制在自己手中。1936年回苏联后任东方大学校长、殖民地问题研究所所长等。1928年6月18日，中共六大在莫斯科召开，米夫负责行政事务。他在会前不断散布对中共负责人轻视和不信任的言论。他还指使人放出流言，说毛泽东在井冈山牺牲，准备开追悼会，造成恶劣影响。1938年，在斯大林发动的“肃反”运动中，米夫被秘密枪决，时年36岁。1976年平反。

上海、武汉等地。在5月至6月间，他还短暂地担任了中共中央宣传部秘书长。6月16日，他在武汉中共中央驻地参加了米夫和陈独秀的谈话。7月中旬，随米夫返回苏联。9月，王明毕业留校做翻译工作。因为利用学校“教务派”与“党务派”的纷争，王明提出“联合党务派、争取中间派、打垮教务派”的建议，协助米夫顺利晋升中山大学校长掌握控制中山大学的权力，进一步得到米夫的赏识，实质上成为其专职秘书。从此，王明在米夫的扶植下一下子成为中山大学的无冕之王，炙手可热，并开始形成以王明为首的一个小宗派。由于以瞿秋白、周恩来为首的中共代表团不同意他们的做法，王明于1928年带头展开了反对中共代表团的活动，这就是后来整风运动时期博古所说的王明宗派“反对中国党的第一战”。[2]

1928年，王明还一度担任了中共主要领导人向忠发的秘书。6月中旬，他在斯大林与瞿秋白、李立三等中共负责人谈话时再次担任翻译。在6月18日至7月11日，他以秘书处翻译科主任的身份参加了在莫斯科举行的中国共产党第六次全国代表大会。会议期间，他还为中共六大代表专门作了所谓《关于“江浙同乡会”问题》的报告，大出风头。

1929年3月，王明回国，先后任上海沪西、沪东区委宣传干事。这个基层的下级职务，令他内心极其不平衡。机敏过人的他就通过中山大学同学、时任中共中央宣传部秘书的潘文郁（又名潘东周）的帮助，调任中共中央机关刊物《红旗》编辑部。从此，王明如鱼得水，先后用韶玉、慕石、兆玉等笔名在《红旗》《布尔塞维克》等报刊上发表文章30多篇，宣传共产国际的思想、方针、政策。9月1日，中东路事件发生后，陈独秀连续给中共中央写了三封信，不同意中央提出的“武装拥护苏联”的口号。王明在《布尔塞维克》第2卷第10期发表了《论撒翁同志对中东路问题的意见》一文，全盘否定陈独秀在中东路问题上的某些正确主张，成为批陈的马前卒。11月27日，他在《红旗》第57期发表《论陈独秀》，一下子成为中共党内全面否定陈独秀的先锋。

1930年1月，王明被捕后雇了一个印度巡捕到中央秘密机关送信，请求营救，暴露了中央秘密机关，受到党内警告处分，并撤销他在中宣部和《红旗》

[2] 郭德宏:《王明的这一生》,《同舟共进》2011年第1期。

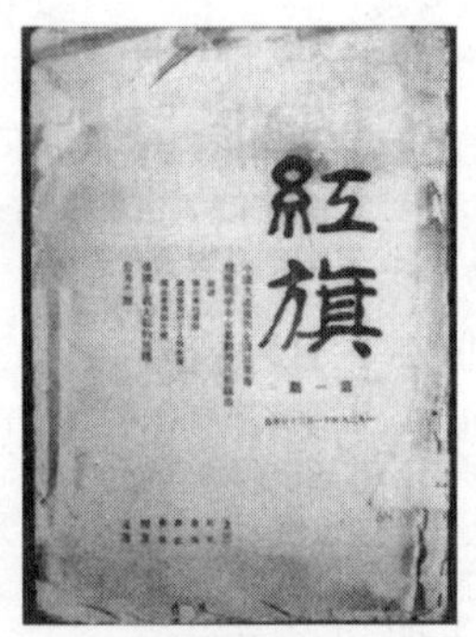
中共中央机关刊物《红旗》

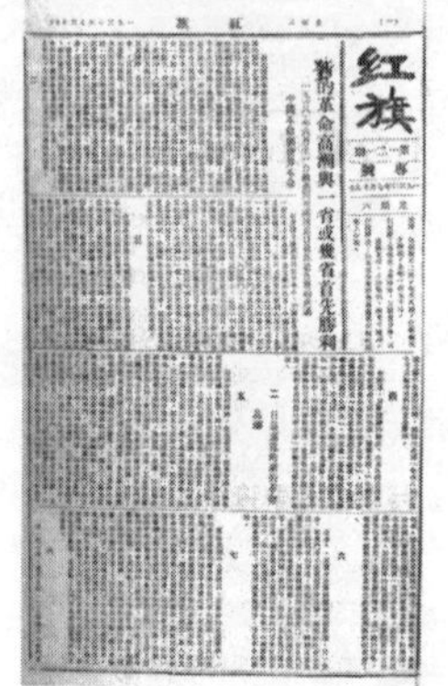
《红旗》刊《新的革命高潮与一省或几省的首先胜利》文

中共六届四中全会旧址——上海武定路修德坊6号

编辑部的工作，调到全总党团任秘书和《劳动》三日刊编辑。因为李立三等中共中央领导人，看到国际国内形势发生了一些有利于革命的变化，又受到共产国际“左”倾指导思想的影响，头脑开始发热，逐渐形成了“左”倾冒险主义的错误。7月9日，中共中央政治局会议在李立三主持下通过《新的革命高潮与一省或几省的首先胜利》的决议，标志着“立三路线”在中共中央占了统治地位。第二天，因为公开反对“立三路线”，王明再次受到留党察看6个月的处分，博古、王稼祥、何子述则受到党内警告处分。两次处分令王明耿耿于怀。9月24日，中共中央六届三中全会纠正了李立三“左”倾冒险主义。王明在莫斯科的俄化教育和政治经历，使他清楚地明白中国革命只有服从并服务于苏联利益，才能得到莫斯科斯大林的支持和帮助。他随即开始反攻，并于11月17日联名博古致信中央，标榜自己一贯反对“立三路线”，要求中央肯定他的“政治意见是绝对正确”，撤销对他们的处分。同时，他发挥自己“笔杆子”的强势，在半个月内突击完成了6万言的《两条路线》的意见书（即后来改名的《为中共更加布尔什维克化而斗争》），提出了新的“左”倾路线与纲领。

1930年12月中旬，米夫受命纠正“立三路线”来华，首先会见了王明。随后在米夫一手操纵之下，中共中央撤销了对王明等人的处分。而王明也因祸得福，转而抓住机会狠批并打击瞿秋白、何孟雄、罗章龙等人。25日，王明出任改组后的中共临时江南省委书记。1931年1月，中国共产党在上海召开六届四中全会。米夫坐镇上海，对中共中央的人事安排进行大换血，结果没有在党内真正做过多少实际工作、甚至连中央委员都不是的王明，不仅当选中央委员，而且当选政治局委员，并决定任候补常委，开始掌控中央大权。毛泽东在这次会议上当选候补委员。此后，在共产国际和中共中央之间，王明游刃有余地成为中共在共产国际的“大红人”，正式走上历史的前台。倚靠米夫，王明挥舞共产国际大棒，对党内不同意见者进行穷追猛打。在牢固稳住上海、江苏的领导地位后，王明通过设立中央局，并派后来被毛泽东称作所谓“洋房子先生”的特派员和中央代表到各苏区进行反右倾斗争，“钦差大人满天飞”，导致“肃反”严重扩大化，伤害了大批忠于无产阶级革命事业的中高级党政军干部。6 月，中共中央总书记向忠发在上海被捕叛变后，26 岁的王明执掌中共中央最高权力。但在当时白色恐怖形势下，王明深感上海危机四伏，过着心惊肉跳的日子，随时都有被捕杀头的危险。为了推行自己的“左”倾冒险主义政策，他指定博古、张闻天、卢福坦、李竹声、康生、陈云等组成中央临时政治局，博古负总责。从此，博古这位连中央委员都不是的年仅 24 岁的少共书记（中国社会主义青年团中央局书记），一跃成为中共中央总书记。10 月 18 日，王明选好在国内的代理人后，自己堂而皇之地偕妻子孟庆树秘密离开上海前往苏联，出任中共驻共产国际代表团团长，再次过上了衣食无忧的安全日子。

出马一条枪，出名靠文章。既不是建党元勋，又没有经历过枪林弹雨，对军事指挥更是一窍不通的王明，凭着自己留学苏联和共产国际远东局负责人米夫的背景支持，一下子成为中共党内马列主义的理论权威和实际大权的掌控者。一介书生靠“笔杆子”的发迹史不可谓不是平步青云、飞黄腾达。在国内，王明以国际路线代表和理论权威自居，用苏联的东西吓唬中国人；在国外，他混淆是非，用中国的东西忽悠外国人。不久，两面讨巧、见风使舵的王明，政治地位和影响力一下子就超过了他的“大救星”米夫，成为共产国际的领导人之一。

1935 年 7 月 25 日至 8 月 20 日，在莫斯科举行的共产国际第七次代表大会上，王明当选为共产国际执行委员会委员、主席团委员和秘书处候补委员，负责亚洲、拉丁美洲国家党的事务。季米特洛夫[3]当选共产国际执行委员会总书记。需要关注的是，在这次会议上，毛泽东、周恩来和王明一起当选为

[3] 季米特洛夫（1882–1949），保加利亚人，印刷工人出身，在 1933 年 1 月德国希特勒法西斯政权为打击共产党制造的所谓“国会纵火案”中遭到诬陷并逮捕受审，但他在法庭上通过无懈可击的答辩和极富煽动性的演讲，迫使法官宣布他无罪。1934 年 2 月经苏联政府营救出狱转往莫斯科，两个月后当选共产国际主要领导人。

共产国际执行委员会委员，康生、博古当选为共产国际执行委员会候补委员。在6年的时间里，王明躲避了战争的血雨腥风，坐镇共产国际遥控中共临时中央，怎么也不会想到中国共产党及其领导的军队在九死一生的残酷斗争和血洗的长征磨难中，开创了一个新的天地——延安。

这次回国，王明是乘坐苏军飞机于11月14日抵达新疆迪化(今乌鲁木齐)的。同行的还有他的夫人孟庆树，中共驻共产国际代表、共产国际执行委员会候补委员康生和一位苏联顾问（未见史料公布其姓名）。

在迪化，王明一行得到了新疆军阀盛世才的款待，盛还给王明一万美元，支持中共抗战。就在这次会面时，盛世才向王明提出两个请求，一是希望中共中央派干部到新疆工作，二是希望加入中国共产党。这位当时积极亲苏亲共的新疆军阀，此前曾诚心诚意地向延安支援过几千件皮衣及枪支等物资。不费一枪一弹，新疆就能成为中共肥沃千里的根据地，这当然是中共求之不得的好事。中共中央在自己党内干部奇缺的情况下，1938年先后抽调三批干部进疆，并得到了盛世才的重用，但在他入党的问题上却极其慎重。因为新疆的地理位置实在太重要了，在当时国际国内微妙的形势下——盛世才是靠斯大林的军事扶持而在新疆站稳脚跟的，国民党政府对新疆也是虎视眈眈——作为共产国际的一个支部，中共中央不得不看苏联斯大林的脸色行事，王明自然不敢轻易答应他的请求。果然，斯大林对盛世才加入中国共产党的请求只字不提，却要求他加入了苏联共产党，党证号为1859118。显然，斯大林是想通过控制新疆，达到控制中国西北掣肘中共，进而达到牵制中国的目的。

王明在新疆停留十天左右，驻疆八路军办事处从正在这里整训的红四方面军西路军一部中抽调了九个人，组成一个警卫班，负责王明的保卫工作。随后，王明一行在甘肃永昌因天气原因短暂停留，于27日飞抵兰州，住在兰州八路军办事处。中共驻新疆代表陈云，还有邓发、曾山等人也同机于29日抵达延安。

截至这个时间节点，王明的人生履历和革命历程，非常非常简单，无论功劳或者苦劳，都实在难以与国内中共中央的任何一个领导人和红军的高级将领

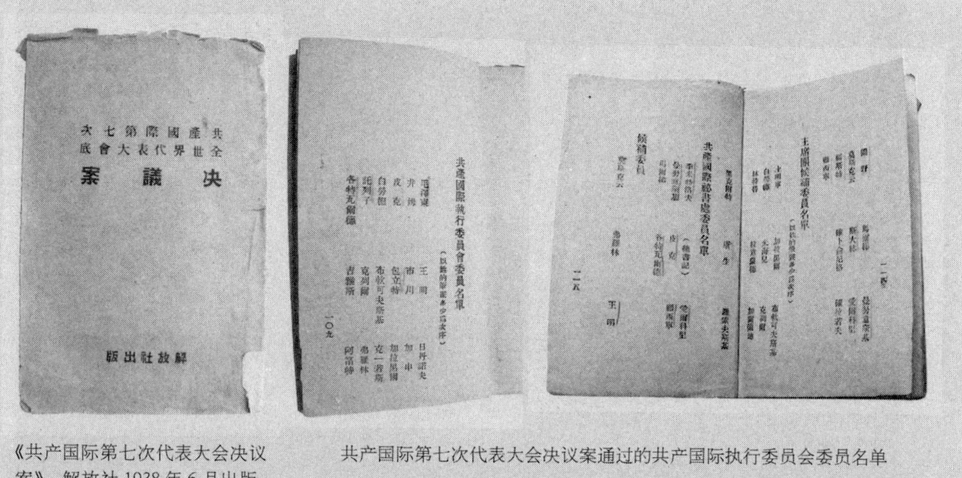
共產國際第七次全世界代表大會決議案

解放社出版

共產國際執行委員會委員名單

（以姓的筆畫多少爲次序）

共產國際總書記處名單

候補委員

主席團候補委員名單

《共产国际第七次代表大会决议案》，解放社 1938 年 6 月出版、新华书店经售

共产国际第七次代表大会决议案通过的共产国际执行委员会委员名单

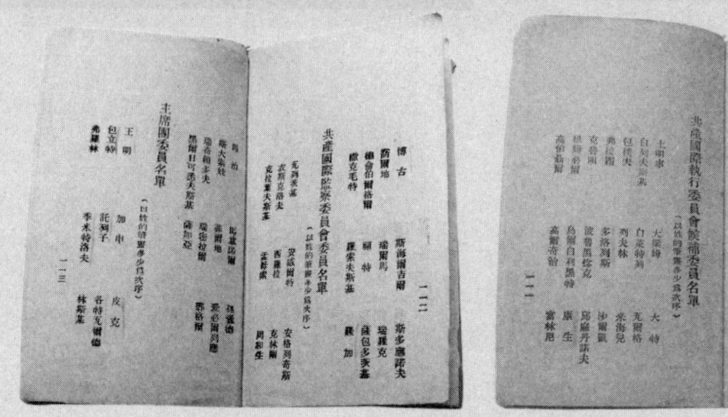
主席團委員名單

（以姓的筆畫多少爲次序）

共產國際監察委員會委員名單

（以姓的筆畫多少爲次序）

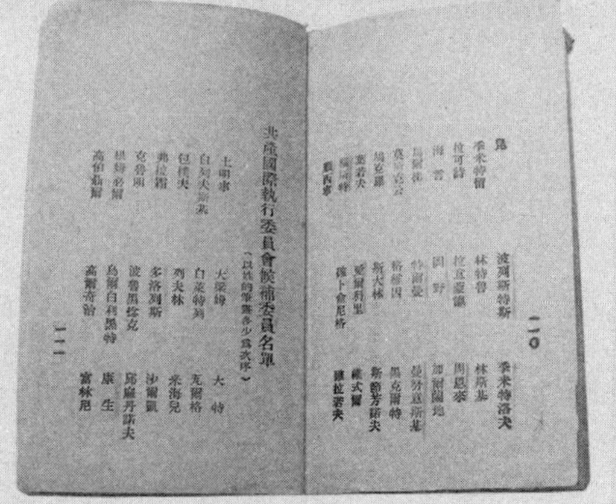
共產國際執行委員會候補委員名單

（以姓的筆畫多少爲次序）

共产国际第七次代表大会决议案通过的共产国际主席团委员等名单

们相比。他自己在回忆录中清楚地作了这样的表述：“我从来没有在中国的任何一个苏区呆过。二十年代末到三十年代初，我在上海做地下工作。1931 年 10 月 18 日我离开上海，于 11 月 7 日到达莫斯科。从 1931 年 11 月 10 日起任中共驻共产国际代表，并在共产国际领导机关执行自己的职责。1937 年 11 月 14 日我才离开莫斯科，于 11 月 29 日飞抵延安。”[4]

自 1931 年 10 月 18 日离开上海，到 1937 年 11 月 29 日来到延安，在苏联生活了整整六年的王明，作为坐镇共产国际的

[4] 王明：《中共五十年》，现代史料编刊社 1981 年 2 月版，第 37 页。

王明（前排右一）与共产国际领导人在一起

中共代表团团长和共产国际的负责人之一，他在莫斯科遥控国内的临时中央，发号施令，实际上已经成为中国革命的“太上皇”。他为什么在这个时间回国呢？

用王明自己的话说，他是“蒋介石派人请回来的”。他在一首题为《不胜今昔之感》的诗歌的注释中这么写道：“1937 年冬，由于抗日民族统一战线政策的成功，蒋介石派人请我们乘苏联飞机回国。”

王明究竟是不是“蒋介石派人请回来的”呢？他又是在什么样的情形之下回国的呢？他回国前后国内到底又是什么样的形势呢？

在这里之所以要把王明回国的问题进行强调，是因为他回国的原因和回国的使命，在当时国际国内格局中已经当然的作为政治背景，成为本次“王明中毒事件”调查的源头，它将直接关系并影响到后来王明与毛泽东在中共党的路线上的分歧和斗争。

历史跟王明开了一个玩笑。以反对“立三路线”而取得中共党内斗争胜利的“拥护国际路线的同志们”，却采取比“立三路线”更“左”的王明冒险主义路线。在经历了国民党蒋介石的第五次“围剿”之后，“进攻路线”完全失败，导致江西中央苏区不得不于 1934 年 10 月开始进行“大搬家”式的大迁徙——长征。

应该说，这一时期，是毛泽东人生中最为郁闷的时期。在江西苏区，他被“左”倾教条主义者整得厉害，原来担任的中共中央和红军的领导职务全部被撤销，很长的一段时间成了一个闲人。

胡乔木回忆说：“立三路线时党内并没有很大的争论，争论主要是在六届三中全会以后。周恩来、瞿秋白从苏联回来纠正立三路线。立三路线认为中国革命进入了直接革命的时期，把党委改为行动委员会，让红军攻取武汉、长沙等大城市。共产国际不赞成这么搞，但李立三的所作所为与共产国际的指导思想有关。因为共产国际认为当时世界革命正处于高潮。李立三受了这种思想影响，并超过了共产国际，要立即夺权。李立三认为苏联不了解中国的情况，并要求苏联红军出兵，开到中国来帮助中共。后来会议材料转到共产国际，共产国际的领导人看了后很惊讶，很不满，说这是立三路线，是错误的。”[5]

虽然周恩来和瞿秋白在六届三中全会上纠正了“立三路线”，解除了李立三的职务，但是米夫却把他的得意门生王明、博古从苏联送回中国夺权。在米夫的指使下，王明等人造反，分配给他们的工作不干，他们要求首先解决党中央的问题，说三中全会以来的路线是调和主义，对“立三路线”的错误上纲不高。这时，王明就写了《两条路线》(即《为中共更加布尔什维克化而斗争》)。四中全会时，王明等人在米夫支持下夺权，当时的中央招架不住。胡乔木说：“毛主席批评瞿秋白在党内没有多大经验，是一介书生。王明、博古在党内没有什么地位，当时连中央委员都不是，结果让他们夺了权。四中全会上王明实际上做了总书记。后来上海党中央被破坏后，成立临时中央，博古实际上做了总书记。四中全会后形成的以王明为代表的这么一个中央，在上海作了许多决议、指示。他们在上海呆不下去了，跑到中央苏区，把原中央苏区的领导人统统拿下来，从各方面贯彻他们的‘左’倾路线，最后是第五次‘围剿’战争的失败和被迫长征。”[6]

1935 年 1 月，遵义会议结束了“博古中央”的领导权之后，毛泽东在中共中央的领导地位开始重新得到确立。遵义会议虽然在军事指挥上批判和改变了王明“左”的一套，但在政治上还没有来得及清算。而自从中央苏区沦陷后，

[5]《胡乔木回忆毛泽东》，人民出版社 2003 年 12 月第 2 版，第 46 页。
[6]《胡乔木回忆毛泽东》，人民出版社 2003 年 12 月第 2 版，第 47 页。

李立三（1899–1967）

瞿秋白（1899–1935）

博古（1907–1946）

中共中央与共产国际也失去了电讯联系。1935年6月，为了向共产国际报告党的情况，中共中央派陈云从四川懋功出发，辗转上海绕道前往莫斯科。

此时此刻，中华民族到了最危险的时候，而中国共产党及其领导的红军亦处在困境之中。日本帝国主义的残暴侵略和广泛兴起的反日爱国运动，促使全中国人民逐渐联合起来反抗外来侵略，促使国民党统治集团内部开始分化，也促使中共逐步提出抗日民族统一战线的正确主张。远离血与火的战场，身处莫斯科特殊环境的王明，根据共产国际的指示和支持，认识到国内阶级关系和民族矛盾发生了新的变化，开始致力于抗日民族统一战线的理论与实践，推动国共两党的直接接触，拉开了两党重新合作的序幕。

根据1932年8月27日至9月15日共产国际执委会召开的第十二次全会精神，按照共产国际的“第三时期”理论，进一步强调世界无产阶级革命和中国革命的“成熟”，要求中国共产党继续实行“下层统一战线”政策，以王明为首的中共代表团在1932年底和1933年初就开始在统一战线政策问题上发生了转变。1933年1月17日，中共代表团以中华苏维埃临时中央政府主席毛泽东、中国工农红军革命军事委员会主席朱德的名义，发布了《中华苏维埃临时中央政府工农红军革命军事委员会为反对日本帝国主义侵入华北愿在三条件下与全国各军队共同抗日宣言》（即《一·一七宣言》），表达了中国共产党人要求停止内战、共同抗日的愿望，表明中共的政策开始具有历史意义的转变。1月26日，中共代表团经共产国际同意，又以中共中央的名义发出了1932年12月起草的《中央给满洲各级党部及全体党员的信》（即《一·二六指示信》），提出“首先要靠我们党正确的和灵活的实现‘特殊的’全民族的反帝国主义，而首先便是反日的统一战线，并且要靠着夺取和保证无产阶级在这统一战线中的领导权”的方针，强调必须坚持“无产阶级在统一战线中的领导权”和中国共产党“无论在什么时候，都坚持和保存自己在政治上和组织上的独立性”的重要性，开始由“左”倾关门主义转向建立抗日民族统一战线。

1935年七八月间召开的共产国际七大，是在法西斯战争攻势正在全世界范围内迅速发展的形势下召开的。大会的主要任务就是制定共产国际和各国共产党的纲领以制止并击败法西斯主义，其总的纲领采取的形式就是建立广泛的反法西斯战争的统一战线，标志着共产国际策略的重大转变。而早在1934年5月28日就参加共产国际七大筹备委员会的王明，对共产国际即将出台关于建立反法西斯统一战线的新政策已十分清楚。于是他顺势达变，为了适应共产国际政策的转变和国内日益高涨的抗日救亡运动，开始制定中国共产党的新政策。共产国际七大召开期间，在和吴玉章、张浩等中共代表团成员集体讨论酝酿之后，王明执笔起草了著名的《为抗日救国告全体同胞书》(即《八一宣言》)。8月1日，中共代表团以中国苏维埃政府和中国共产党中央名义，发表了经斯大林和季米特洛夫审阅过的《八一宣言》。宣言号召全国同胞团结起来，停止内战，抗日救国，组织全国统一的国防政府和抗日联军；不再坚持苏维埃革命形式和苏维埃政权的中心作用和领导作用，提出组织一个统一的代表抗日各阶级各阶层各党派各军队各民族的国防政府来领导抗日斗争，明确把建立广泛的抗日民族统一战线作为党的中心任务，进而为中国共产党进一步完善自己的统战政策和中国抗日民主统一战线的最终形成指明了方向。10月1日，《八一宣言》首先刊登在巴黎出版的《救国时报》上，很快在全世界华人华侨和国内传播开来，中华大地迅速掀起爱国浪潮，北平学联还组织发动了著名的“一二·九运动”。此后，王明也开始与国民党代表进行正面接触和谈判。起草《八一宣言》是王明一生中最值得称道的点睛之笔，也是毛泽东一见面就高兴地称赞他是“昆仑山上下来的神仙”的重要原因之一。

在陈云和陈潭秋受命前往莫斯科的同时，共产国际也在积极寻找中共中央。《八一宣言》发表后，中共中央正在进行艰苦卓绝的长征，对于其具体内容并不清楚。于是经共产国际批准，王明派张浩回国传达。1935年11月，化装成商人打扮的张浩穿过荒无人烟的大漠，历尽千辛万苦，从蒙古国边境进入

张浩在延安

陕北定边。穿着羊皮大衣、肩挑货郎担的张浩，终于在瓦窑堡见到了张闻天，一见面才知道张浩竟然就是全总驻赤色职工国际代表、中共驻共产国际代表团成员林育英。毛泽东闻讯后，迅速从前线赶到瓦窑堡，听取了张浩传达的共产国际第七次代表大会的情况和共产国际负责人季米特洛夫所作的《法西斯的进攻以及共产国际在争取工人阶级团结起来反对法西斯的斗争中的任务》的报告，以及《八一宣言》的内容。毛泽东兴奋地说："过去一个时期内，中国革命力量和国际革命力量被蒋介石隔断了，就这点上说，我们是孤立的。现在这种形势已经改变了，变得对我们有利了。今后这种形势还会继续向有利的方向改变，我们不会再孤立的了。这是中国抗日战争和中国革命取得胜利的一个必要的条件。"[7]

1935年12月7日至25日，根据张浩口头传达的共产国际指示和《八一宣言》制定的经过及精神，中共中央决定在陕北安定县（今子长县）瓦窑堡召开政治局会议，讨论全国政治形势，及时纠正过"左"的政策。会议由张闻天主持。23日，毛泽东作了军事报告，指出战略方针要以坚决的民族革命战争，反抗日本帝国主义侵略，把国内战争与民族战争结合起来，一切战争都在民族战争的口号下进行。毛泽东并对作战指挥的基本原则和行动的方针提出了具体的要求。会议于当天就通过了以毛泽东的报告为基本内容的《中

[7]《毛泽东选集》第一卷，人民出版社1991年6月版，第161—162页。

央关于军事战略问题的决议》。尽管在讨论中，博古和凯丰对中国民族资产阶级是否参加统一战线的问题提出了不同意见，但会议最后一天还是通过了《关于目前政治形势与党的任务的决议》。瓦窑堡会议着重讨论了军事战略问题、全国的政治形势和党的策略方针问题。根据民族矛盾逐步上升为社会主要矛盾的新特点，会议讨论并确定了抗日民族统一战线的策略方针，完满地解决了党的政治路线问题，从而实现了中共在第二次国内革命战争时期政治路线的重要转变。

就在中国共产党的政治路线转变之际，陈云和陈潭秋也抵达莫斯科，向共产国际和中共代表团汇报了长征前期和遵义会议的情况。但值得注意的是，无论是共产国际七大批准的《八一宣言》，还是根据张浩带回的共产国际的指示而作出的瓦窑堡会议决议，都清楚地说明新建立的统一战线的实现形式都是排斥蒋介石南京政府的，策略方针就是“抗日反蒋”，其实质就是“把国内战争与民族战争结合起来”。但此时中共及红军的政治和军事势力绝对无法与蒋介石南京政府相抗衡，“抗日”与“反蒋”能否相提并论？这是一个问题。

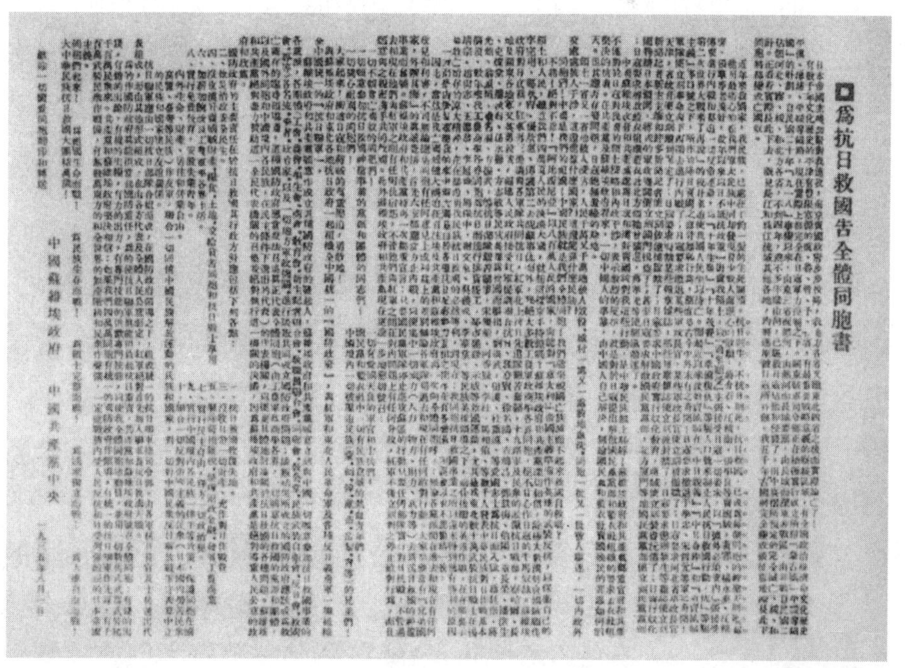
為抗日救國告全體同胞書

中國蘇維埃政府　中國共產黨中央

《八一宣言》传单

1936年4月，季米特洛夫在共产国际主持中国方面事务之后，主张取消“抗日反蒋”的口号，以南京政府而不要以各地的反蒋派作为党的主要统战对象。7月，共产国际执委会又根据瓦窑堡会议的情况报告，专门召开了讨论中国局势和统一战线工作的会议，正式要求中共中央和中共代表团放弃“抗日反蒋”策略，实施“联蒋抗日”方针。中共中央迅速接受了这一方针，争取南京国民党政府的统战工作由此展开，并广泛加强了群众基础的建设。但就在这个时候，令中共中央和共产国际都感到意外的西安事变发生了，并因此在“联蒋”和“反蒋”问题上发生了新的分歧。由于在西安事变中中共中央、毛泽东对形势的估计过于乐观，一度出现动摇“联蒋”的立场，寄希望于迫使南京政府接受排除蒋介石的统一战线政府。但从国际和国内整体格局上考虑，中共中央最终接受了共产国际的正确意见，放弃了“要求罢免蒋介石，交付人民审判”的激进主张，在周恩来的斡旋之下使西安事变得到迅速、和平的解决。但中共中央在统一战线政策中采取的实际策略却是利用军阀之间的矛盾“逼蒋抗日”，这与共产国际所主张的用群众来“逼蒋”虽然没有根本路线上的分歧，但这种擦边球也令莫斯科十分不安，认为是“助长了亲日派的气焰”。

实际上，刚刚在陕北山沟里扎根的中共中央和红军，处境十分艰难，红军的战斗力也绝对处于劣势。即使抗日民族统一战线的策略改变了对蒋介石的态度，蒋介石也未必就愿意坐下来跟中共面对面地谈判。因此，保存和壮大红军的力量是当务之急。这年8月，毛泽东开始向苏联求援。对于援助红军问题，季米特洛夫可谓尽心竭力，积极组织援助物资和援款，功不可没。同时，他还多次提醒中共中央：与国民党谈判，要保持高度警惕，对方不停止进攻如何显示诚意？并强调，有关红军问题的谈判，“关键在于保证我们的绝对领导、组织系统和军官成分，并且绝对不允许国民党干涉红军内部的任何事情。只是在对日武装斗争的条件下，可以同意成立统一的、以蒋介石为总司令的指挥部。红军服从其指挥，但亦只是在一定战线上为完成总的对日作战计划这个范围内服从统一指挥”。[8]

1937年1月19日，共产国际书记处在电报中严厉批评中共中央：仍未放

[8]《共产国际执委会书记处致中共中央电》（1936年11月20日。）

弃反蒋的错误方针，与张学良、杨虎城的合作是反对南京的联盟，弄不好会葬送好不容易得来的和平局面。但在第二天，共产国际又发来一封电报说："鉴于中国国内形势和国际形势，特别是在日本侵略影响下所发生的巨大变化，你们是否认为在你们的地区从苏维埃制度过渡到人民革命民主管理制度是适宜和适时的？"[9]

1月24日，中共中央召开政治局常委会，接受了共产国际书记处的提议。毛泽东在会上作了关于同国民党谈判问题的报告，指出：和平问题主要是看我们决定，问题是如何保证。最后，毛泽东再次发言指出：对国民党五届三中全会应有表示，这次表示应有新内容。应说明不是人民阵线而是民族阵线，对西安事变问题我们的立场是和平解决。关于这些问题的说明还是不够的。我们现在申明不待民主共和国成立就愿意成为统一的区域，一种是民族革命政府，一种是人民革命政府，我们苏区是人民革命政府。我们是特别的，但应归他管。西安事变将蒋扣留，我们是主张和平解决的。释放蒋后，我们军队开去，还是为了和平。我们的错误，是在1935年12月决议时提出了抗日没有放弃反蒋，然而在5月间还是渐渐在变，彻底的变是在共产国际指示以后。西安事变后，我们通电中说将蒋交人民裁判，是不对的。[10]

为昭示中国共产党真心抗日、团结御侮的决心，坚定蒋介石和共意图，在这次会议上，毛泽东力主致电国民党三中全会，说明共产党准备实行苏区改制、红军改编，并准备根本放弃苏维埃革命政策。中共中央在致共产国际的电报中公开提出了"四项保证"：（一）在全国范围内停止推翻国民党政府之武装暴动方针；（二）苏维埃政府改名为中华民国特区政府，红军改名为国民革命军，直接受南京中央政府与军事委员会之指导；（三）在特区政府区域内，实施普选的彻底民主制度；（四）停止没收地主土地之政策，坚决执行抗日民族统一战线之共同纲领。[11]

但是，远在莫斯科的季米特洛夫无论如何不会想到中共中央准备作出的政策变动是如此之大。他担心中共放弃苏维埃政策的行动太急。2月5日，他亲

[9]《共产国际执委会书记处致中共中央书记处电》（1937年1月20日）。
[10]《毛泽东年谱》，中央文献出版社2002年8月第1版，第645–646页。
[11]《中共中央文件选集》第11卷，中央党校出版社1990年版，第157–158页。

1937 年 1 月，红军进入延安。

自致电中共中央称：“我们建议，暂不发表关于我们苏区政策根本变化的具体声明。这个问题需要仔细加以讨论，并需要各个党派、接近我们的人士和人民群众对我们政策的这种急剧变化作认真的准备。”[12] 但在第二天，当斯大林了解到中共中央提出的意见后，他又急忙致电中共中央说：“我们认为你们给国民党三中全会电是基本可以采纳的。”但他同时有些担心地问道：“党、红军和群众对于你们的来电所提出的这类彻底转变政策的办法，是否已经有了准备了呢？请你们回答这个问题。”[13]

2 月 9 日，中共中央政治局召开常委会，通过了毛泽东、张闻天等酝酿和起草的《中共中央给中国国民党三中全会电》，电文提出了著名的“五项要求”和“四项保证”。“五项要求是”：“(一) 停止一切内战，集中国力，一致对外；(二) 言论、集会、结社之自由，释放一切政治犯；(三) 召集各党、各派、各界、各军的代表会议，集中全国人才，共同救国；(四) 迅速完成对日抗战之一切准备工作；(五) 改善人民的生活。”电文明确表示，如果国民党三中全会将这五项要求定为国策，中国共产党为了达到全国一致抗日的目的愿意作出“四项保证”(具体内容见第 23 页)。

[12]《共产国际执委会书记处致中共中央书记处电》(1937 年 2 月 5 日)。
[13]《共产国际执委会书记处致中共中央书记处电》(1937 年 2 月 6 日)。

季米特洛夫

在当时的形势下，中共中央提出“五项要求”和“四项保证”，的确需要很大的政治勇气。这是中共在民族危机深重的新形势下，在政策上作出的重大转变。毛泽东在中共中央政治局常委会讨论时说：“此电发表，各方面看法是不同的：托派必说我们投降，左派怕我们上当。然而在政治上是可以说明的，是可以表示我们真正抗日团结御侮决心的。”[14]

如同毛泽东所说，这个电报发表后，确实引起不同的反应。在2月15日召开的国民党三中全会上，宋庆龄、何香凝、冯玉祥等十多人提出了恢复孙中山“联俄、联共、扶助农工”三大政策的提案。这次会议通过的决议，虽然仍使用反共的语言，但所提的谈判条件同中国共产党所提的条件在实际上是相近的。但对此最担心和最有看法的，还是共产国际。此时此刻，季米特洛夫所担心的不仅是中共中央会不会“左”倾的问题，而更令他担心的是中共中央会不会转向右倾。用他的话说就是：国内的中共领导人会不会在新形势下被“蒋介石的阴谋诡计”所欺骗，以致解除了自己的思想武装呢？

8月10日，季米特洛夫在共产国际执委会书记处讨论中国问题会议上，不无忧虑地指出：中国共产党曾经成功地进行了苏维埃革命，并在同南京国民党政府的斗争中培养了大批干部和政治活动家。但现在，党的政策和策略需要进行一百八十度的大转弯，要从反对蒋介石国民党转变到同国民党谈判，将苏区改为特区，红军改为国民革命军。还是这些人，还是这些干部，他们能不能很好地完成这种转变呢？他担心：“对于我们中国同志和中国党来说，由此可能产生一些很大的困难和危险，我指的是蒋介石的阴谋诡计和他的包围。”而且中国党大多数干部是农村游击战争中培养锻炼出来的，长期脱离中心城市的工人阶

[14]《毛泽东传》，中央文献出版社1996年8月第1版，第426页。

级。面对如此之大的政策变动，在蒋介石的阴谋诡计和包围之下，难免存在着“使党和党的干部堕落即解除思想武装的危险性”。显然，季米特洛夫担心的不是中共拒绝与国民党合作，而恰恰是怕主要由农民组成的中共党和军队的阶级立场不稳，而在与国民党的合作中失去了自己的政治方向。[15]

可见，季米特洛夫其实并不了解毛泽东。在这年5月2日至8日举行的中国共产党全国代表会议（当时称苏区党代表会议）上，毛泽东作了“目前政治形势与党的任务”的报告，并作了题为《为争取千百万群众进入抗日民族统一战线而斗争》的结论，提出了“巩固和平”、“争取民主”、“实现抗战”这样三位一体的口号，把革命的车轮推进一步。毛泽东在结论中专门强调要完成党在新时期的中心任务，要有许多最好的干部。这些干部和群众领袖必须懂得马克思列宁主义，有政治远见，有工作能力，富于牺牲精神，能独立解决问题，在困难中不动摇，忠心耿耿地为民族为阶级为党而工作。会上，毛泽东还就中共中央向国民党三中全会提出的“四项保证”作出解释。他指出：“这是一种有原则有条件的让步，实行这种让步是为了去换得全民族所需要的和平、民主和抗战。然而让步是有限度的。在特区和红军中国共产党领导的保持，在国共两党关系上共产党的独立性和批评自由的保持，这就是让步的限度，超过这种限度是不许可的。”

1937年7月7日，卢沟桥事变爆发，全国性抗日战争开始。7月8日，中共中央向全国发出通电，呼吁全国同胞、政府和军队团结起来，筑成民族统一战线的坚固长城，抵抗日本的侵略，国共两党合作抵抗日本的新进攻。7月23日，毛泽东写了《反对日本进攻的方针、办法和前途》，号召一切爱国的国民党员和共产党员团结起来，全国的爱国同胞、爱国军队、爱国党派团结起来，并提出了八条救国纲领。毛泽东提出的这八条纲领是：(一)全国军队的总动员；(二）全国人民的总动员，给人民以爱国的自由；(三）改革政治机构，使政府和人民相结合；(四）抗日的外交；(五）宣布改良人民生活的纲领，并立即开始实行；(六）国防教育；(七）抗日的财政经济政策；(八）全中国人民、政府和军队团结起来，筑成民族统一战线的坚固的长城。

[15] 杨奎松：《毛泽东与莫斯科的恩恩怨怨》，江西人民出版社2008年4月第4版第54页。

8 月 9 日，毛泽东在中共中央召集的有关单位负责人参加的会议上明确地断言："应估计大战已经到来，新的阶段在七月七日晚上即已开始。抗战已经开始，准备抗战的阶段已经结束"；"国民党转变已大进一步，离彻底转变还远"；"蒋介石的抗战决心是日本逼起来的，应战主义是危险的。但这还要很多的工作才能转变，应战主义实际是节节退却"。在谈到红军的下一步行动时，他说："红军今日以前是准备调动，今日以后是实行开动。红军应当是独立自主的指挥与分散的游击战争，必须保持独立自主的指挥，才能发挥红军的长处，集团的作战是不行的。同时，还要估计到特别的情形，防人之心不可无，应有戒心，保障红军之发展扩大！"在反倾向问题上，毛泽东同意张闻天在会议上所指出的"一是急躁病，二是适应国民党的适合主义"，提出要"保持组织的独立性、批评的自由"。会上，毛泽东还对 7 月 23 日文章中的八条救国纲领作出补充，初步形成"十大纲领"。

十天后的 8 月 22 日至 25 日，中共中央政治局扩大会议在洛川城郊冯家村的一所小学里召开。会议通过了《中央关于目前形势与党的任务的决定》、《中国共产党抗日救国十大纲领》和毛泽东为中共中央宣传部门起草的宣传鼓动提纲《为动员一切力量争取抗战胜利而斗争》。洛川会议主要讨论了政治任务问

洛川会议旧址

题、军事问题和国共两党关系问题。毛泽东作了军事问题和国共两党关系问题的报告，并作结论。在报告中分析了抗日战争的形势、任务及国共两党的关系，指出抗日战争的持久性，提出红军的基本任务和战略方针，强调共产党在统一战线中的独立自主原则。他说：“我们的方针最基本的是持久战，不是速决战，持久战的结果是中国胜利。”红军的战略方针是“独立自主的山地游击战争，包括有利条件下消灭敌人兵团与在平原发展游击战争”。游击战争的作战原则是：“分散以发动群众，集中以消灭敌人，打得赢就打，打不赢就走。”毛泽东在洛川会议上明确地提出红军在抗日战争现阶段的战略方针以游击战争为主。这是一个重大的战略转变。但与会者在运动战和游击战的关系上却爆发了争论。周恩来、朱德、林彪、林育英等都主张打几个大仗，以证明共产党人的力量。讨论没有取得共识，只好暂时搁置下来。

中国共产党的军事战略，从国内战争到抗日战争前期，经历过两次战略转变：第一次是国内游击战争向国内正规战争的转变，这个转变曾遇到很大的困难；第二次是国内正规战争向抗日游击战争的转变。毛泽东一年多后在中共六届六中全会上谈到后一次战略转变时说：这个转变是处于两个不同的战争过程之间，是在敌人、友军、战场都有变化的特殊情况下进行的一个极其严重的转变。“在这些特殊的情况下，必须把过去的正规军和运动战，转变成为游击军（说的是分散使用，不是说的组织性和纪律性）和游击战，才能同敌情和任务相符合。但是这样的一个转变，便在现象上表现为一个倒退的转变，因此这个转变应该是非常困难的。”[16]这一转变，对今后整个抗日战争的坚持、发展和胜利，对中国共产党的前途命运，关系非常之大，充分表现了毛泽东的远见卓识。

这里还需要强调的是，毛泽东就是在这个时候完成了他的著名哲学著作《实践论》和《矛盾论》，标志着毛泽东开始用马克思主义的认识论和方法论去揭露中国共产党内的主观主义特别是教条主义的错误，为日后形成中国共产党人的思想路线和思想方法提供了重要的理论依据，也为马克思主义中国化开始了最初的探索。

8 月 25 日，中共中央革命军事委员会主席毛泽东同副主席朱德、周恩来

---

[16]《毛泽东选集》第二卷，人民出版社 1991 年 6 月版，第 551 页。

发出关于红军改编为国民革命军第八路军的命令。

9 月 2 日，毛泽东在中央一级积极分子会议上作关于中日战争爆发后的形势和任务的报告。他指出，全国性抗战已经开始，但还是单纯的政府抗战，压制人民的积极性，必须动员一切力量，实现全面的、全民族的抗战，才能取得胜利。抗日战争是持久战。八路军的主要任务，是开展独立自主的山地游击战争，组织义勇军，建立抗日根据地，由“壮气军”地位到实力领导地位。报告还提出了是“资产阶级追随无产阶级，还是无产阶级追随资产阶级（国民党吸引共产党，还是共产党吸引国民党）”的问题，指出必须反对即将成为全党主要危险的右倾机会主义即投降主义。

11 月 12 日，在延安党的活动分子会议上，毛泽东作了《上海太原失陷以后抗日战争的形势和任务》的报告。他指出：在中国抗战中存在着国民党片面抗战主张同中国共产党的全民抗战主张的原则分歧。目前处在从片面抗战到全面抗战的过渡期中。会上，毛泽东再次强调，卢沟桥事变以后，中国共产党内的主要危险倾向是右倾机会主义即投降主义，在党内反对阶级投降主义，坚持统一战线中的独立自主原则，是把抗日战争引向胜利之途的中心一环。

尽管与毛泽东的想法不谋而合，担心中共在国共合作中失去自己的政治方向和阶级立场的季米特洛夫，在 8 月 10 日的会议上依然强调，特别需要能在国际形势中辨明方向、有朝气的同志去帮助中共中央，去利用新的形势加强在工人中的影响，从而使中国党真正建立在工人阶级的基础之上。但哪里有这样的干部呢？他说，“国外有这样的干部，他们可以帮助党”，必须有“熟悉国际形势的新生力量去帮助中国共产党中央委员会”。但从上述历史事实可以看出，始终强调独立自主的毛泽东通过一系列政策的实施，成功实现了中共的军事战略转变。因此，季米特洛夫的担心就多少显得有些多余了。

事情没有这么简单。莫斯科对中共和毛泽东并非真的放心。斯大林担心的是，中共中央和土生土长的中国革命领导人毛泽东不能明确把握苏联和共产国际的意图，害怕中共中央因致力于维护中国共产党和中国革命的利益而影响到苏联的国家利益。这才是他们对毛泽东不放心的真正原因。其目的就是为了让中国拖住日本，从而减轻对苏联的威胁。对此，斯大林早有两手准备。

8 月 21 日，苏联驻华大使鲍格莫洛夫和国民政府代表王宠惠共同签订了《中苏互不侵犯条约》。这个条约的签订，是对中华民族抗日战争的重大支持。但苏联政府对国共两党的基本态度是把中国抗战的成败主要系于国民党身上。斯大林非常现实，中国共产党的力量弱小，不足以帮他拖住日本，而蒋介石南京政府力量强大，再加上有美、英和苏联的援助，蒋介石即使不能打败日本，也能拖住日本。更重要的是，这还将直接影响到苏联和美国将来战后在中国的利益。斯大林不能不担心毛泽东实施的独立自主政策会激怒蒋介石，可能造成统一战线破裂，进而导致中国无法拖住日本使苏联陷入东、西方两面作战的境地。显然，在这样的情况下，斯大林和共产国际当然地要求中国共产党的行动必须符合苏联的政治、军事和外交要求，中共必须服从并服务于苏联的利益，说白了要中共服从蒋介石的统一指挥，其实也是莫斯科斯大林用来制约蒋介石的一张牌。

回顾上述历史，我们不难看到，从季米特洛夫到斯大林，他们一边害怕毛泽东右倾，又一边担心毛泽东“左”倾。当然，季米特洛夫更多的是站在左边担心中共右转，所以才一面批评中共中央不应该继续实行反蒋方针，一面又突出强调在统一战线中“保持共产党政治上组织上的独立性”。面对共产国际的左右开弓，如何在左和右之间寻找一条自己的道路，这是毛泽东的艰难抉择。

怎么办？无论是斯大林还是季米特洛夫，他们都相信，必须从莫斯科选派熟悉并能坚决贯彻共产国际和苏共的路线与政策，懂得依靠工人阶级重要性的干部，回到中国去帮助中共、监督中共，把握政治方向。于是，王明就成了斯大林和共产国际的不二人选。

对共产国际和斯大林亦步亦趋的王明，机敏过人，工于揣摩和迎合，又能说善道，写一手好文章。自1931年11月担任中共驻共产国际代表团团长以来，在莫斯科一住就是六年。在这里，他俨然是中国革命的化身，住洋楼、吃面包、喝洋酒，居高临下，遥控中央，大有垂帘听政的意味。而对于党内不同意自己意见的同志，王明还采取“残酷斗争”、“无情打击”的手段，排除异己。相对于在山沟窑洞里的毛泽东而言，王明过的日子不可谓不似“神仙”。由于跟风跟得紧，加上政治上的算计和乖巧，王明在共产国际的身份和他从来没有具体领导过中国革命实践的成长经历形成了巨大的反差，这种政治地位上的扭曲必然造成心理上的扭曲，也注定他成为风吹两面倒的墙上芦苇，没有坚定的立场和毛泽东那样坚毅超人的意志力，在空洞的理论中失去了自我。诚如毛泽东后来所说的，斯大林刮“左”风，他就向“左”倒；斯大林刮右风，他就向右倒。因此，“左”也是他，右也是他。[17]

10 月 10 日，在确定王明等人回国的问题之后，共产国际执委会书记处通过了一个专门针对中国问题的决议，进一步规定了王明回国的使命。决议对中国党提出了八点要求，加强统一战线问题只占八分之一，其余各点大都是告诫中国党要依靠工人阶级，扩大影响，巩固战斗力的。决议特别强调，务必设法保持环境的战斗力、保持它的团结和它对中国人民解放事业的绝对忠诚，要设法扩充军队，并且“必须最大限度地提高革命警惕性”，使敌人不能通过瓦解、挑拨和特务活动等手段来破坏党和红军的组织。[18]

季米特洛夫究竟担心的是什么？究竟是担心“左”还是担心右？而斯大林又担心的是什么呢？从布哈林到季米特洛夫，共产国际和斯大林之间在中国革命问题上的意见是一致的，还是在各唱各的调？这是一个问题，一个不能忽略的问题。

尤其值得注意的是王明启程回国前夕，季米特洛夫告诫王明：“你是共产国际的书记之一，但不要以共产国际书记身份出现，要尊重国内同志，尤其要尊重毛泽东同志”，“你回国后要与国内同志搞好关系，你与国内同志不熟悉，就是他们推选你当总书记，你也不要担任”。对这件事情，当时在莫斯科的师哲在自传体回忆录《在历史巨人身边》有着清楚的回忆——季米特洛夫曾提醒王明：你回去并不代表共产国际，而且你长期离开中国，脱离中国革命实际，所以回去以后要以谦逊的态度，尊重党的领导同志，中国党的领袖是毛泽东，不是你，你不要自封领袖。

就在王明一行起程回国的前一天，斯大林在克里姆林宫接见了王明、王稼祥、康生、邓发等人。斯大林赞扬了中国党与蒋介石国民党的斗争，取得了不少的胜利，现在又经过长征到达陕北根据地，是一件可喜的大事。他对中国党

[17]《毛泽东同艾地谈话纪要》（1956 年 3 月 29 日）。
[18] 杨奎松：《毛泽东与莫斯科的恩恩怨怨》，江西人民出版社 2008 年 4 月第 4 版第 55 页。

和中国革命表示肯定的支持。会谈中，王明问斯大林：“中国革命的战略阶段，现在要摆在什么位置？”斯大林非常认真地说：“现在主要是打日本，一切要服从这个方针。在德、意、日法西斯战争危险日益加重的情况下，我们为了避免两面作战，急需在东方寻找一种力量，阻止日本入侵苏联领土。目前中国共产党正在进行的抗日救国统一战线工作，也是正确和成功的。共产党人不必担心在民族斗争的浪潮中会被淹没掉，应积极参加和领导这场战争，在伟大的斗争洪流中，显示自己的力量和作用。”斯大林还要王明把他说的话转告毛泽东，并祝毛泽东身体健康。[19]

斯大林的话非常清楚地表达了苏共的立场。说穿了，在他的心中，中共只是他政治、军事和外交斗争的一张牌而已。对唯书唯上的王明来说，其回国的使命也就不言而喻了。

王明乘坐苏联提供的军用专机回到延安，可见斯大林对他这次回国的重视，给足了他脸面和风光。因为根据中苏政府之间的谅解，当时苏联空军的飞机在中国境内只受国民政府调遣，王明乘坐的专机自然是秘密和“非法”的行动。要知道，此前的张浩回国可是经过艰苦跋涉，乔装打扮，历尽了千辛万苦。

——这应该是毛泽东和王明的第二次见面。第一次见面是在十年前的1927年4月，在武汉。当时，23岁的王明作为莫斯科中山大学副校长、联共(布)宣传家代表团团长米夫的翻译，随团回国。毛泽东出席了4月7日举行的中共中央执行委员、中共湖北区委和共产国际代表团联席会议。为在4月25日准时召开第五次全国代表大会，会议决定，通知陈独秀和在上海的中央委员以及各地代表速来汉口。会议还决定成立中共中央土地委员会，由瞿秋白和毛泽东负责为第五次全国代表大会准备农民土地问题的资料。王明以翻译的身份第一次列席中共中央的高级会议。

1937年11月29日下午的此时此刻，在机场凛冽的寒风中，毛泽东和王明握手，拥抱，寒暄，照相，欢迎的场面非常热烈。

---

[19] 朱仲丽：《疾风识劲草——毛泽东与王稼祥》，中央党校出版社，第83-86页。

毛泽东热情洋溢地发表了《饮水思源》的欢迎词。他说："欢迎从昆仑山上下来的神仙，欢迎我们敬爱的国际朋友，欢迎从苏联回来的同志们，你们回延安是一件大喜事，是喜从天降。"

毛泽东风趣幽默地把王明比作"从昆仑山上下来的神仙"。毛泽东的讲话意味深长。但此时此刻，可谓情真意切，没有别的意味。

在机场，王明和苏联派来的顾问也分别讲了话。

当晚，毛泽东宴请王明、康生和陈云一行。

随后，在陕北公学大院，中共中央举行欢迎大会。会议由张闻天和毛泽东主持。

欢迎会上，擅长发表演说的王明发表了极有鼓动性的讲话。他首先说，他们是共产国际派回来的，是斯大林派回来的，是来帮助指导国内抗日民族统一战线的。其次，他说他们几个人都是中国共产党派驻共产国际的代表，本是一家人，没有什么地方值得欢迎的，应当欢迎的是毛泽东同志，是毛泽东同志把中国共产党带入了一个新的境界。他还举了几个例子加以说明。

会上，康生、陈云也发表了简短的讲话。接着，张闻天在讲话中称赞王明战胜了"立三路线"，称赞陈云是执行遵义会议精神的模范，称赞康生在上海为保卫中央安全作出了贡献。最后，毛泽东发表讲话，赞扬了王明起草的《八一宣言》。毛泽东的讲话很热烈、很兴奋，好像喝了点酒。[20]

王明称赞毛泽东"把中国共产党带入了一个新的境界"。

王明为什么如此高度评价毛泽东呢？

显然，这个问题关系到毛泽东当时在共产国际到底是什么地位，关系到苏联和斯大林究竟是如何看待毛泽东的，这也是中共党史中必须要厘清的一个问题。

下面列举的事实可以说明20世纪二三十年代毛泽东在中共中央的身份、地位受共产国际的影响而发生的起起伏伏。

——1．1923年6月12日至20日，作为中共湘区党组织代表，毛泽东出

[20] 戴茂林、曹仲斌：《王明传》，中共党史出版社2008年11月版，第207页。

席在广州东山恤孤院后街31号召开的中共第三次全国代表大会。因得到共产国际代表马林的赏识和推荐，毛泽东当选中央执行委员会委员。陈独秀为中央局委员长，毛泽东为中央局秘书，协助委员长处理中央日常工作。毛泽东时年30岁。

——2．1924年5月，共产国际代表维经斯基主持召开中共中央扩大的执行委员会会议，扭转中共三大过于强调国民党作用的倾向，中共中央的政策开始左转。12月，维经斯基在上海批评了参加国民党上海执行部工作的毛泽东。随后，毛泽东告病回湖南“养病”，在1925年1月召开的中共四大上落选。

——3．1927年3月，毛泽东撰写的《湖南农民运动考察报告》先后在中共湖南区委机关刊物《战士》周报、中共中央机关刊物《向导》、汉口《民国日报》的《中央副刊》、《湖南民报》等发表或连载；4月，汉口长江书店以《湖南农民革命（一）》为书名，由瞿秋白作序出版单行本，号召“中国的革命者个个都应当读一读毛泽东这本书”；5月和6月，共产国际机关刊物《共产国际》的俄文版、英文版以及《革命东方》杂志，先后转载、译载了《向导》刊印的《报告》。英文版的编者按说：“在迄今为止的介绍中国农村状况的英文版刊物中，这篇报道最为清晰。”当时的共产国际执委会主席布哈林在执委会第八次扩大全会上谈到毛泽东的这篇报告时说，“我想有些同志大概已经读过我们的一位鼓动员记述在湖南省内旅行的报告了”，“报告写得极为出色，很有意思，而且反映了生活”，“其描写极为生动”，“提到的农村中的各种口号也令人很感兴趣”，“文字精炼，耐人寻味”。在共产国际能够享此殊荣的，毛泽东算得上是中国第一人。这年5月，毛泽东在中共五大当选候补中央执行委员。

——4．1927年11月9日、10日，在共产国际代表罗米纳兹指导下，瞿秋白在上海主持召开中共中央临时政治局扩大会议，通过《中国现状与共产党的任务决议案》等。会议强调，中国革命形势是“不断高涨”，中国革命性质是“不断革命”。在中央领导机关形成了“左”倾盲动主义。在14日印发的《政治纪律决议案》，批评湖南省委在秋收起义指导上“完全违背中央策略”，毛泽东应负严重责任，撤销其政治局候补委员和湖南省委委员职务。但这个决定直到1928年3月才传到井冈山。

——5．1928年6月18日至7月11日，中共六大在莫斯科召开。毛泽东未出席大会，当选中央委员。但这个大会的决议案直到 1929 年 1 月才传到井冈山革命根据地。

——6．1929 年 7 月 2 日，苏联共产党中央机关报《真理报》发表社论《中国统一的假象》介绍说，任何“稍微注意一点有关中国事态报道的人”，已经都很熟悉毛泽东和朱德这两位“中国游击运动”的领导人了，他们是“极为出色的领袖的名字”。而在其他相关的报道中，对毛泽东“上山”创立根据地并使中国从此也像苏联一样有了一支共产党领导的武装力量——“红军”，给予了高度评价。报道称：毛泽东“史诗般的英雄行动是十分引人注目和具有重大意义的”，“现在恐怕谁也否定不了朱德和毛泽东的红军已取得重大胜利，有了很大发展。这支军队无疑地已成为中国游击运动中出现的最为重要的现象”。

——7．1930 年 4 月 15 日，马马耶夫在共产国际执行委员会东方书记处处务委员会扩大会议的报告上强调，毛泽东作为党的前委书记对部队进行掌握和领导。在斯大林对毛泽东“工农武装割据”的做法表示肯定后，共产国际开始公开肯定毛泽东的革命方式。共产国际执行委员会远东局直接建议中共中央任命毛泽东为军事委员会主席，并加入中央苏区中央局。9 月 24 日至 28 日，由瞿秋白、周恩来主持的中共六届三中全会在上海举行，会议结束了李立三“左”倾冒险主义在中央的统治。周恩来传达了斯大林和共产国际的指示，毛泽东在未出席会议的情况下，被补选为中央政治局候补委员。这个会议的文件，直到 12 月才传达到红一方面军党内。

——8．1931 年 1 月 7 日，中共扩大的六届四中全会在上海举行。毛泽东未出席会议，被选为中共中央政治局候补委员。王明在共产国际代表米夫的扶持下进入中央政治局。这次会议成为以王明为代表的新的“左”倾冒险主义在中共中央占据统治地位的开端。1 月 15 日，根据共产国际和六届三中全会后中央的决定，项英在小布组成中央苏区中央局。中央苏区中央局正式成立，周恩来任书记（未到职），项英代理书记，毛泽东、朱德等九人为委员，撤销毛泽东为书记的中共红军一方面军总前委。同时宣布，建立中共苏区中央局领导的中央革命军事委员会，项英为主席，朱德、毛泽东为副主席，取消毛泽东为主席的中国工农革命委员会。9 月，因王明决定去莫斯科任中共驻共产国际代表，周恩来将赴中央苏区，根据共产国际远东局的提议，由博古（秦邦宪）负总责的中共临时中央政治局在上海成立，随后报共产国际批准。10月11日，中共苏区中央局致电临时中央，指出：中央局随方面军行动，项英因“工作能力不够领导”，“决定毛泽东代理书记，请中央批准”。10月下旬，中共临时中央局复电苏区中央局，同意中央局书记由毛泽东代理。

——9．1931年10月，根据共产国际的指示，中共中央开始酝酿在中央苏区成立中华苏维埃共和国临时中央政府。11月27日，毛泽东在中华苏维埃共和国中央执行委员会第一次会议上当选为主席。按照莫斯科拟定的模仿苏联的政权体制，毛泽东又兼任中央最高行政机关的人民委员会主席。

——10．1934年1月15日至18日，中共临时中央在瑞金召开六届五中全会。会议由博古主持。临时中央领导人博古本想撤销毛泽东的苏维埃人民委员会主席和政治局候补委员的职务，但没有得到莫斯科的同意。毛泽东在没有参加会议的情况下，反而提升为中央政治局委员。但是，在2月3日召开的中华苏维埃共和国第二届中央执行委员会举行的第一次会议上，毛泽东兼任的人民委员会主席一职被张闻天取代，其中央执行委员会主席的职务也徒有虚名。当博古负责的临时中央在瑞金取消毛泽东人民政府主席职务的同时，王明在莫斯科苏共第十七次代表大会上却宣布，在“以毛泽东同志任主席”的“中央执行委员会和苏维埃人民委员会”的统一领导下，我们现在已经在几百个县建立了巩固的苏维埃政权。1934年8月，王明根据共产国际领导人的意见，专门询问苏维埃政府选举结果，当得知“博古中央”擅自撤换毛泽东人民委员会主席一事后，明确表示莫斯科“很不满意”。这是毛泽东革命战争年代最为痛苦的一个时期，他后来发牢骚埋怨莫斯科说：“洋房子先生”来了，我被扔到茅坑里去了。其实，莫斯科对临时中央压制毛泽东的做法不太知情，也不赞同。尽管王明后来知道了，但面对既成事实，他只是睁一只眼闭一只眼地批评“博古中央”这“不能不是工作当中一个大的缺陷”，却并没有马上报告共产国际，更没有立即纠正“博古中央”的错误。没有纠正，即是纵容。

事实上，莫斯科对毛泽东的态度是越来越看重。由于通讯的障碍，毛泽东在第二次苏维埃代表大会上所作的四万字的报告，以及他所作的大会闭幕词，在几个月之后终于送到了莫斯科。无论是苏共领导人还是共产国际，对毛泽东所作的报告和结论，都给予了高度评价，并当即指示有关部门将其迅速印成各种文本的小册子广为散发（其中《苏维埃的经济政策》后来改名《我们的经济政策》收入《毛泽东选集》）、所作的结论中的一部分以《关心群众生活，注意工作方法》为题收入《毛泽东选集》）。

8 月 3 日，王明、康生在给中共中央政治局写的密信中这么写道："毛泽东同志的报告和结论，除了个别地方有和五中全会决议同样的措辞的缺点外，是一个很有意义的历史文件！我们与国际的同志都一致认为，这个报告明显地反映出中国苏维埃的成绩和中国共产党的进步。同时认为，这个报告的内容也充分反映出毛泽东同志在中国苏维埃运动中丰富的经验。这个报告的中文单行本不日即将出版（其中欠妥的词句已稍加编辑上的修正），其他俄、德、英、法、日本、高丽、蒙古、西班牙、波兰、印度等十几个国家的译本也正在进行译印。中文本印刷得极漂亮。"

9 月 16 日，王明再次兴奋地致信中共中央政治局说："毛泽东同志的报告，中文已经出版，绸制封面，金字标题，道林纸，非常美观，任何中国的书局，没有这样美观的书。与这报告同时出版的，是搜集了毛泽东同志的文章（我们这里只有他三篇文章）出了一个小小的文集，题名为《经济建设与查田运动》，装潢与报告是一样的。这些书籍，对于宣传中国的苏维埃运动，有极大的作用。"

莫斯科如此高规格地为毛泽东出版著作和文集，乃中共党内第一人也。即使后来以马列主义理论权威自居的王明，也没有得到如此的待遇。从王明这两封信的字里行间，可以看到他为中国党有毛泽东这样的领导人受到共产国际和苏共如此的重视，发自内心地感到高兴。而事实上，莫斯科在这个时候确实不止一次地提醒中共中央：中国需要像毛泽东这样的人才，大家必须像毛泽东那样，必须学习毛泽东和朱德的经验，把军事工作放到党的第一等重要的地位上来，甚至直接到军队中去工作。[21]

——11．1935 年 7 月，共产国际第七次代表大会在莫斯科召开。毛泽东

---

[21] 杨奎松：《毛泽东与莫斯科的恩恩怨怨》，江西人民出版社 2008 年 4 月第 4 版，第 18 页。

在没有出席的情况下，破天荒地排在了共产国际总书记季米特洛夫、共产国际名誉主席台尔曼的后面，与王明、周恩来一起当选共产国际执行委员会委员。要知道，由于通讯联络中断，共产国际没有得到中共中央政治局在1月15日至17日召开了扩大会议（遵义会议）的消息。会议增选毛泽东为政治局常委，取消三人团，取消博古、李德的最高军事指挥权。会议确立了以毛泽东正确路线为代表的新的中央领导。应邀在共产国际七大第一个致贺词的来自中国苏区的代表滕代远（李光），按照中国代表团拟就并得到共产国际批准的发言稿，高呼：“我们对共产国际中有像季米特洛夫、台尔曼、毛泽东、拉科西和市川正一这样的英勇旗手而感到骄傲，他们在一切情况下都高举共产主义的伟大旗帜，并且保护和捍卫它，在列宁斯大林所创建的共产国际的旗帜下，领导群众走向胜利。”中国代表团团长王明在发言中，赞扬毛泽东是“出色的党内领袖和国家人才”。无论是从为共产国际七大准备的材料中，还是苏联公开出版的报刊上，莫斯科都开始把毛泽东称作“年轻的中华苏维埃共和国富有才干和自我牺牲精神的展示、伟大的政治家和军事家”。莫斯科给予毛泽东如此殊荣，在当时中共党内找不出第二个，意义非同一般。

——12．1935年《共产国际》（俄文版）第33和34期合刊上，发表了署名“赫”（亦有译为赫鲁晓夫）的文章《中国人民的传奇领袖》（亦译作《勤劳的中国人的领袖毛泽东》）。文章在开头还引用了毛泽东《湖南农民运动考察报告》中的“革命不是请客吃饭，不是做文章，不是绘画绣花，不能那样雅致，那样从容不迫，文质彬彬，那样温良恭敬俭让。革命是暴动，是一个阶级推翻一个阶级的暴烈的行动”。全文对毛泽东给予高度评价，认为毛泽东是“一位不知疲倦的人，真正的布尔什维克，人民的真诚朋友”，“具有铁一般的意志、布尔什维克的顽强精神、卓越的革命统帅和国务活动家的惊人勇敢、博学和无穷的天赋”。[22]同年12月13日，《真理报》发表了哈马丹写的文章《中国人民的领袖——毛泽东》。

由此可见，进入20世纪30年代中期，莫斯科不仅在组织上、政治上全力支持毛泽东成为中共党的领袖人物，还重点翻译、发表和出版了毛泽东的著

[22] 丁晓平：《解谜〈毛泽东自传〉》，中国青年出版社2008年1月第1版，第143–151页。

作，积极宣传、赞颂毛泽东的功绩，而且把“中国人民的领袖”这样崇高的称呼送给了毛泽东。

综合上述史料，我们不难发现，至 1937 年 11 月这个时间节点上，毛泽东在共产国际的地位和口碑是越来越好。在王明、博古、周恩来、朱德、张闻天、王稼祥、彭德怀等其他中共领导人之中，当时也很难有谁像毛泽东这样长期受到莫斯科的赞誉和宣传。这也就难怪在莫斯科生活了六年的王明，一见面就称赞毛泽东“把中国共产党带入了一个新的境界”了。此时此刻，王明如此评价毛泽东，应该是诚心诚意的，并非场面上的官话或迎合吹捧之辞。

神仙下凡，喜从天降。王明这个“昆仑山上下来的神仙”回到延安，真的像毛泽东所说的那样，是“喜从天降”吗？

历史是一个舞台。靠“笔杆子”起家的王明和靠“枪杆子”起家的毛泽东，在一个内忧外患的战争年代，为了一个共同的革命理想，却在前进的路线问题上，在延安这个中国革命的试验场里开始了激烈的交锋和较量……

这一年，毛泽东 44 岁。

这一年，王明 33 岁。

十二月会议

十天之后。

1937年12月9日至14日，中共中央政治局会议在延安八路军总部秘密举行。史称“十二月会议”。

这也是王明回国后参加的第一个中共中央最高级别的会议。

值得注意的是，在王明回国的时候，中国的抗战局面和战场形势已经发生了急剧变化。

——1937年9月22日，也就是日本向上海发动进攻后的第四十天，国民党中央通讯社发表了周恩来在7月庐山谈判时向蒋介石提交的《中共中央为公布国共合作宣言》。第二天，蒋介石发表谈话，承认中国共产党在全国的合法地位，指出了团结救国的必要。这标志着以国共合作为基础的抗日民族统一战线的正式形成。对此，毛泽东立刻给予高度评价，指出：“共产党的这个宣言和蒋介石氏的这个谈话宣布了两党合作的成立，对于两党联合救国的伟大事业，建立了必要的基础”，“这在中国革命史上开辟了一个新纪元。这将给予中国革命以广大的深刻的影响，将对于打倒日本帝国主义发生决定的作用。”[23]同时，他也指出现在成立的统一战线，还不是一个充实的坚固的统一战线。一是在抗日问题上，蒋介石国民党政府始终不肯接受中共反复提出的发动民众的全民抗战的政治主张；二是在两党关系问题上，蒋介石既想借重共产党的力量，却又不肯平等相待，对确定两党合作形式与制定共同纲领采取消极态度。因此毛泽东强调指出，这种状况不改变，统一战线可能流于形式，不能真正担负起领导中国争取抗战胜利的责任。他还针对国民党副总裁汪精卫等散布“中国在打了败仗之后再也无力抗日”的民族悲观主义论调，提出“克服投降主义”问题。

[23]《毛泽东选集》第二卷，人民出版社1991年6月版，第363—364页。

——中国共产党党内在对待国共关系的问题上，也出现了分歧。其中一种“右的观点，就是不主张区别”的错误观点正在滋长发展——他们只看到国共两党一致的地方，而看不到两党在“全面抗战”（全国人民总动员的完全的民族革命战争）和“片面抗战”（不要人民群众参加的单纯政府的抗战）等根本问题上的原则分歧而放弃了自己的责任。毛泽东指出这是一种十分危险的倾向。他说：“如果共产党员忘记了这个原则性，他们就不能正确地指导抗日战争，他们就将无力克服国民党的片面性，就把共产主义者降低到无原则的地位，把共产党降低到国民党。他们就是对于神圣的民族革命战争和保卫祖国的任务犯了罪过。”[24]毛泽东十分警惕这种危险的倾向，并在实际工作中同这种错误倾向进行了明确的斗争和必要的预防。根据毛泽东等的意见，中共中央作出决定：“只有将国民党一党专政的政府转变为全民的统一战线的政府的时候”，中共才能参加。[25]

——11 月 12 日，也就是王明从莫斯科飞抵新疆的前两天，上海失陷。在这一天，中共中央在延安召开了党的活动分子会议。毛泽东在会上作了《上海太原失陷以后抗日战争的形势和任务》的报告，全面阐述了对统一战线和国共关系的看法，强调提出反对投降主义。

毛泽东在报告中指出：在中国抗战中存在着国民党的片面抗战同中国共产党的全面抗战的原则分歧。目前处在片面抗战到全面抗战的过渡期中，片面抗战已经无力持久，全面抗战还没有到来。这是一个青黄不接危机严重的过渡期。争取实现全面抗战是全国人民共同的迫切任务。卢沟桥事变以后，中国共产党内的主要危险倾向已经不是“左”倾关门主义，而是右倾机会主义即投降主义。在党内反对投降主义，坚持统一战线中的独立自主原则，是把抗日战争引向胜利之途的中心一环。在全国要反对民族对民族的投降主义，这个倾向在现时是发生于抗日民族统一战线的右翼集团中，它使中国变为日本帝国主义的殖民地。阶级投降主义实际上是民族投降主义的后备军，是援助右翼营垒而使战争失败的最恶劣的倾向。我们的任务是坚决地反对民族投降主义，并且在这个斗争中，扩大和巩固左翼集团，争取中间集团的进步和转变。在报告中，毛

[24]《毛泽东选集》第 2 卷，人民出版社 1991 年 6 月版，第 388 页。

[25]《中共关于共产党参加政府问题的决定草案》,《六大以来》上册，人民出版社 1981 年 2 月版，第 861 页。

泽东把洛川会议等酝酿过的抗日民族统一战线中的根本性问题，以更加明确具体的语言提了出来：“在统一战线中，是无产阶级领导资产阶级呢，还是资产阶级领导无产阶级？是国民党吸引共产党呢，还是共产党吸引国民党？在当前的具体的政治任务中，这个问题即是说：把国民党提高到共产党所主张的抗日救国十大纲领和全面抗战呢，还是把共产党降低到国民党的地主资产阶级专政和片面抗战？”他明确地得出结论：“必须尖锐地提出谁领导谁的问题，必须坚决地反对投降主义。”

毛泽东的报告在延安的党员中引起很大震动。

王明就是在这样的政治氛围中，第一次踏上了中国的红区——延安的土地。

对王明的到来，延安各界举行了隆重的欢迎。而做惯了莫斯科代言人的王明，真的如“神仙下凡”一样，四处作报告，发表演讲。所到之处，“王明万岁”的口号声也不绝于耳。王明的感觉真的是赛过神仙，不禁飘飘然起来。

无论是与中共其他高级领导人拜访晤面，还是在各种报告演讲时，王明告诉延安的同志们说，现在形势变了，党的路线也应该随之变化。过去我们的头号敌人是蒋介石，现在蒋介石应该是我们的朋友。我们同蒋介石的关系，如果还像过去那样，水火不相容，冰炭不同炉，同室操戈，谁会高兴呢？自然只有日本帝国主义高兴。因此，我们同蒋介石要化干戈为玉帛。他指出：“只有日本帝国主义，才是我们首当其冲的敌人。所以，我们在政策上，要来一个根本的转变。现在一个重要的战略部署，就是要一切经过统一战线，要接受蒋介石的领导。”[26]

毫无疑问，在当时的政治环境中，王明的身份和背景决定了他讲话的重要性和指导性。他的这些新指示、新观点，自然也就作为共产国际的方针，成为延安中共党员和干部们思想和行动的新指南。

而在与延安中共领导干部的交往和接触中，王明明显地感到中共中央在抗日民族统一战线政策的理解和执行上，与共产国际的要求有较大的不同，也就是说中共中央没有真正执行莫斯科共产国际和斯大林的统一战线政策。

于是，十二月会议就在这种背景下召开了。

---

[26] 熊廷华：《王明的这一生》，湖北人民出版社 2009 年 4 月版，第 219 页。

12 月 9 日，十二月会议召开了。除朱德在前线、王稼祥在苏联治病之外，中共中央政治局委员、候补委员大都到达延安。张闻天、毛泽东、周恩来、王明、博古、康生、陈云、彭德怀、刘少奇、项英、张国焘、何凯丰、林伯渠等出席了会议。

十二月会议由中共中央的总负责人张闻天主持。他首先代表中央作了《“目前的政治形势和党的任务”》的政治报告。在报告中，张闻天总结了党在争取抗战胜利中已经取得的成绩，即打开统一战线的局面；提出了抗日救国十大纲领，在全国发生了很大影响并开始在山西实行；八路军在抗战中起到了模范作用并组织了新的民众武装；党在各省的组织开始或正在恢复。当然，抗日初期的统一战线发展不够，动员群众力量不够及组织薄弱是工作中的弱点。关于党的任务，张闻天提出了巩固国共合作等十项内容。同时指出党内有投降主义的倾向，党应该在统一战线中保持独立自主性，用发动的群众的力量推动国民党前进。

张闻天的这个政治报告，肯定了 8 月份召开的洛川会议的决定是正确的。

张闻天的报告一结束，王明紧接着作了《如何继续全国抗战和争取抗战的胜利呢？》的长篇报告。报告分为三个部分：一是“决定中日战争胜负的三个主要因素”，二是四个月抗战的经验与教训，三是“怎样继续全国抗战和争取抗战胜利”。在报告中，他甚至盲目乐观地认为，“虽然中国的政治制度距民主共和国的制度还远，但人民开始有充分民主自由”，中国的政治制度已经“开始民主化”。至于中国抗战的弱点，王明在报告的第二部分中竟然提出，“国共两方及地方与中央相互态度的批评”，是“北方及上海战线上部分军事失利和领土损失的重要原因”。

在会上，王明还另外作了一个口头报告。王明谈了“目前的中心问题是如何争取抗日战争的胜利。如何巩固统一战线，即是如何巩固国共合作问题”。他以批评的口吻指出：“我们党虽然没有人破坏国共合作，但有同志对统一战线不了解，是要破坏统一战线的。”他认为，“蒋介石是中国人民有组织的力量。如果不联合蒋介石，客观上等于帮助日本”。接着，就国共两党关系问题，他强调说：“在统一战线中两党谁是主要的力量？在全国政权与军事力量上要承认国民党是领导的优势的力量。我们不能提出要国民党提高到共产党的地位，共产党也不能投降国民党，两党谁也不能投降谁。现在不能空喊资产阶级领导无产阶级或无产阶级领导资产阶级问题，这是将来看力量的问题，没有力量空喊无产阶级领导是不行的。空喊领导，只有吓走同盟军。”

显然，在这个报告中，王明所提出的所谓新主张，就是批评洛川会议以来中央采取的方针政策，批评中央过去太强调解决民主、民生问题，不赞成提改造国民党政府的口号；否认统一战线中的独立自主原则，反对提国民党和共产党谁吸引谁的问题，一厢情愿地主张“共同负责，共同领导”。他还说：“过去提出国民党是片面抗战，是使他们害怕。要提出政府抗战很好，要动员广大人民来帮助，不要提得这样尖锐，使人害怕。”王明在报告中还提出许多其他批评，强调：“今天的中心问题是一切为了抗日，一切经过抗日民族统一战线，一切服从抗日。现在我们要用这样的原则去组织群众。”“我们要拥护统一指挥。八路军也要统一受蒋指挥。我们不怕统一纪律、统一作战计划、统一经济，不过注意不要受到无谓的牺牲。红军的改编不仅名义改变，而且内容也改变了。”“要使人家一到特区，便感觉特区是中华民国的组成部分。”[27]

王明的批评和指责，显然与中共中央执行的洛川会议决议是背道而驰的，也自然把党内路线斗争的矛头指向了毛泽东。

1937年12月，中共中央在延安举行政治局会议。这是出席会议的全体人员合影。前排左起：项英、何凯丰、王明、陈云、刘少奇；后排左起：康生、彭德怀、张闻天、张国焘、林伯渠、博古、周恩来、毛泽东

[27]《毛泽东传（1893—1949）》，中央文献出版社 1996 年 8 月第 1 版，第 506—507 页。

尽管如此，王明的报告也并非一无是处，在坚持联合国民党抗战的问题上还是发表了一些正确的意见。尤其在讲到红军的改编问题上，他强调要注意保持红军的独立性。他解释说：第一是要保持党的领导；第二是要保障自己干部的领导；第三是要建立自己的教育与政治工作；第四是要使之成为打胜仗的模范。我们要将我们的军队扩大到 30 万，当然方式上不要使人害怕。同时，就国共关系问题和革命前途问题，他说："我们对外说中国抗战胜利是民主共和国，而我们自己要明白，中国将来是由民族阵线转到人民阵线最后到社会主义的胜利"；"今天的中心问题是一切为了抗日，一切经过统一战线，一切服从抗日"，但"我们应该认识到，我们是中国的主人，中国是我们的，国民党是过渡的"；将来要争取不是国共关系破裂，而是革命与反革命完全分裂，使国民党内革命的分子到我们领导下来，"使右派最后滚出去"。

王明的观点，虽然不是空穴来风，但多是纸上谈兵。因为这些生搬硬套的新主张，不是来自中国革命的实际，缺乏具体的分析，大多都是他从共产国际带回来的。11 月 14 日，也就是王明启程回国的当天，季米特洛夫在共产国际执委会书记处会议上指出：由于共产党力量弱小，因此在国共统一战线中不要提谁占优势，谁领导谁的问题。应当运用法国共产党组织人民阵线的经验，遵循"一切服从统一战线"，"一切经过统一战线"的原则，努力从政治上影响国民党，做到共同负责、共同领导、共同发展，不要过分强调独立自主。

可见，从来没有参加中国革命实践的王明，在共产国际和中共中央之间扮演了一个游刃有余的传声筒的角色。但也不可否认，他在谈论统战策略手法上的确表现出了相当的灵活性。以共产国际发言人身份自居的王明，提出的这些符合现实需要且看似合理的新主张，虽然与中央执行的洛川会议精神不同，却立即得到了大多数与会的中共中央政治局委员和候补委员的赞同。而毛泽东提出的那些防范蒋介石国民党的策略主张，有很多在会议上被否决了。这是为什么呢？

一方面，洛川会议后，毛泽东反复强调必须坚持独立自主的山地游击战，认为中共目前领导的军事力量决不可与日军打阵地战、运动战，应该把工作重心放在发动群众、建立敌后根据地，独立自主地发展和壮大革命势力上面。可是，面对日本侵略者的猖狂进攻，国土大面积的沦陷，一些军事指挥员和中央负责人从朴素的爱国主义和民族情感出发，对毛泽东的这一方针难以理解，他们渴望打大仗、打硬仗，主张把运动战和游击战结合起来，配合国民党军队打几个大胜仗，来提高抗日军队的士气和振奋全国军民的信心。而关于游击战和运动战的关系问题，中央高层领导在洛川会议上就曾产生了分歧，只是因为当时红军急于上前线，没有展开充分的讨论。王明的这个报告，自然符合洛川会议上不赞成毛泽东观点的与会者的愿望。

另一方面，尽管毛泽东在洛川会议上高度警觉地指出国共两党“在阶级上根本是敌人”，担心蒋介石搞阴谋诡计，并提出了一些防范的策略主张，但如何在不影响抗日大局和国共统一战线的情况下，确保自身利益和革命前途的问题上，毛泽东在这个时候也还没有形成成熟的经验。也就是说，只有 4 万红军的中国共产党与拥有近 200 万军队的国民党进行“合作”，共同抵抗强大的民族敌人，在统一战线的旗帜下，采取何种策略才能既利国利己，做到鱼和熊掌兼得？如果真的像王明报告中所提的那样，实现国共两党的“共同负责、共同领导、共同发展”，那对于弱小的共产党来说，自然也是求之不得的事情。但这种策略是良好的愿望呢？还是一厢情愿呢？王明和毛泽东，当时都无法做出肯定的回答。

王明的报告得到了多数与会者的支持，许多领导人还在会上检讨了自己过去不够策略的做法，认为毛泽东“把独立自主提得太高”，“夸大了对右倾的危险”；认为“王明对许多问题的提法很好”。

12 月 11 日、12 日，针对王明提出的批评，毛泽东在会上先后作了两次发言。尽管他对王明谈到的一些具体问题，还有不同意见甚至疑问，但对王明的报告的基本精神，还是愿意接受的。

在会议第三天的发言中，毛泽东明确表示，过去党在实际工作中确有狭隘和不够策略的地方，同意王明所说的“抗战发动后对国民党的转变估计不足”。他说，统一战线工作“总的方针要适合团结御侮”，“目前应该是和为贵”，“使国共合作，大家有利”，“我们对国民党的态度要光明磊落，大公无私，委曲求全，仁至义尽”。对不同意王明的意见，毛泽东作了基本的辩白和正面的阐述。他强调：“国民党与共产党谁吸引谁这个问题是有的，不是说要将国民党吸引到共产党，而是要国民党接受共产党的政治影响。”“如果没有共产党的独立性，便会使共产党低到国民党方面去。”他说：“八路军与游击队是全国军队的一部分，但是要有政治上的区别，要在政治工作上、官兵团结上、纪律上、战场上起模范作用。”“共产党在八路军出动后，政治影响更扩大。在全国群众中组织力量虽不够，但不能看数量少，在群众中力量是大起来的。”他又说：“章乃器说‘少号召多建议’，我们是要批评的。这是只适宜国民党现时状况。我们要在政治上有号召。”

在会议的第四天，毛泽东又专门就战略问题发了言。他说：“抗日战争总的战略方针是持久战。”“在持久战中领土与军队什么最重要？军队较重要。军队失败，领土不能保。应向国民党提出保存军队是基本的，过去红军便是采用这个原则。”“红军的战略方针是独立自主的山地游击战，在有利条件下打运动战，集中优势兵力消灭敌军一部。”“独立自主，对敌军来说我是主动而不是被动的，对友军来说我是相对的集中指挥，对自己来说是给下级以机动。总的一句话：相对集中指挥的独立自主的山地游击战”。毛强调：“洛川会议决定的战略方针是对的。”

在当时的情况下，毛泽东并没有完全地否定王明的“新主张”，而是以“和为贵”的胸怀，部分地接受了王明的意见。诚如毛泽东后来在 1943 年 11 月 13 日中共中央政治局会议上发言时所说的，十二月会议上“我是孤立的。当时，我别的都承认，只有持久战、游击战、统战原则下的独立自主等原则问题，我是坚持到底的”。1943 年 11 月 19 日，毛泽东在延安整风期间的中共中央政治局会议上又插话强调说：“十二月会议上有老实人受欺骗，作了自我批评，以为自己错了。”正因此，在毛泽东的妥协下，十二月会议于 14 日作出最后决定：“决议：王明起草。”会后，毛泽东也立即发指示、写文章，要求所属部门切实贯彻十二月会议精神，“检查与纠正我们某些‘左’的急性病与幼稚，甚至违反路线的行为”。

尽管十二月会议就中共中央统一战线政策达成了某种程度上的一致，但由于在统一战线和战争战略问题上出现的分歧，会议并没有作出最后的结论。在组织问题上，王明在没有同任何人商量的情况下，拿出了一份 16 名政治局委员和候补委员的名单。因为除了增补王明、陈云、康生为书记处书记之外，人员没有太多的变化，也就顺利通过。中央书记处由原来的张闻天、毛泽东、周恩来、王稼祥、博古，改组为毛泽东、王明、张闻天、康生、陈云。会上，张闻天提出自己不再担任总书记的职务，有意让给王明。但由于季米特洛夫回国时的告诫，王明不得不谦让。因此，会议最后决定，中央暂不设总书记，由书记处集体领导。书记处初步分工为：党的工作由张闻天负责，军事问题由毛泽东处理，王明负责统一战线工作。同时，会议决定项英、周恩来、博古、董必武组成长江中央局赴武汉领导南方党的工作；王明、周恩来、博古、叶剑英组成中共代表团赴武汉同国民党谈判；刘少奇负责北方局，朱德、彭德怀负责北方军政委员会。

12 月 13 日，南京失陷。这一天，十二月会议通过了《关于中共驻共产国际代表团工作报告的决议》和《关于召集七次全国代表大会的决议》，决定成立 25 人组成的筹备委员会，由毛泽东任主席，王明任书记，秘书处由毛泽东、王明、张闻天、陈云、康生五人组成。值得一提的是，已经九年没有召开全国代表大会的中国共产党，为何在这个筹备委员会除了设立“主席”之外又设立一个不伦不类的“书记”职务？这真可谓是“一山二虎”。难道是中共中央对王明这位“昆仑山上下来的神仙”的敬重？抑或是王明把季米特洛夫“不要自封领袖”的告诫当成了耳边风？更令人匪夷所思的是，在这个文件上，参加会议的政治局全体成员竟然被破天荒地要求依次签名以示赞成。这在中共的历史上也是绝无仅有的一次。

对十二月会议的情况，毛泽东在 1945 年 6 月 10 日中共七大上作关于选举补充中央委员问题的讲话中再次提起，耿耿地说：“遵义会议以后，中央的领导路线是正确的，但中间也遭过波折。抗战初期，十二月会议就是一次波折。十二月会议的情形，如果继续下去，那将怎么样呢？有人(即指王明，引者注)说他奉共产国际命令回国，国内搞得不好，需要有一个新的方针。所谓新的方针，主要是在两个问题上，就是统一战线问题和战争问题。在统一战线问题上，是要独立自主还是不要或减弱独立自主；在战争问题上，是独立自主的山地游击战还是运动战。”[28]

参加十二月会议的彭德怀回忆道：“我认真听了毛主席和王明的讲话，相

[28]《毛泽东在七大的报告和讲话集》，中央文献出版社 1995 年 4 月版，第 231 页。

同点是抗日，不同点是如何抗法。王明讲话是以国际口吻出现的，其基本精神是抗日高于一切，一切经过统一战线，一切服从统一战线。”“对无产阶级在抗日民族战争中如何争取领导权的问题，他是忽视的。”“假如真的按照王明路线办事，那就保障不了共产党对八路军、新四军的绝对领导，一切事情都得听从国民党反动集团所谓合法政府的命令；就不可能有敌后抗日根据地和民主政权的存在；同时也区别不开谁是统一战线中的领导阶级，谁是无产阶级可靠的同盟军，谁是消极抗日的右派，谁是动摇于两者之间的中间派。这些原则问题，在王明路线中是混淆不清的。”“王明所说的内容，没有解决具体问题。”“会议时间很长，似快天明才散会的。会议上的精神是不一致的，感觉回去不好传达。”“回去传达就只好是，毛主席是怎么讲，王明又怎么讲，让它在实践中去证明吧。”[29]

参加十二月会议的张国焘在他的回忆录中，对王明在这次会议上的表现，也有着清晰的记忆。他这么写道：“王明当时俨然是捧着尚方宝剑的莫斯科‘天使’，说话的态度，仿佛是传达‘圣旨’似的，可是他仍是一个无经验的小伙子，显得志大才疏，爱放言高论，不考察实际情况，也缺乏贯彻其主张的能力与方法。他最初几天的表演造成了首脑部一些不安的情绪，我当时就料定王明斗不过毛泽东。”[30] 作为中共早期领导人之一的张国焘，因主动脱党于 1938 年 4 月被开除党籍，他在晚年如此说，应该是可信的。

在十二月会议上，尽管王明的右倾新主张影响了不少与会者，给实际工作带来一些思想干扰，但从全局来看，因为王明在会议结束后去了武汉并执掌中共长江局的工作，它在中共党内并没有取得统治地位和得到真正的贯彻执行。当然，王明的右倾观点也是始终围绕着莫斯科斯大林的政策而逐步形成的。从 1936 年初到 1937 年 11 月，王明先后在《救国时报》、《共产国际》等刊物发表了十多篇论述抗日民族统一战线的文章，从中就可以发现他在统一战线问题上的右倾主张逐渐发展的历史轨迹。而以王明在十二月会议上所作的《如何继续全国抗战和争取抗战的胜利呢？》的报告为标志，王明的右倾机会主义开始在中共党的路线斗争中浮出水面。

[29] 彭德怀：《彭德怀自述》，人民出版社 1981 年 12 月版，第 224–226 页。
[30] 张国焘：《我的回忆》第 3 册，现代史料编刊社 1981 年 12 月版，第 424 页。

三月会议

来到延安仅仅才19天，1937年12月18日，王明离开了延安，到达武汉。从苏联回国，延安窑洞的土炕还没有卧暖，他就马不停蹄地应邀跟蒋介石谈判去了。

延安窑洞里的小米饭、南瓜汤，与莫斯科洋楼里的黄油面包、伏特加相比，王明这位手握共产国际“尚方宝剑”的“神仙”，或许还有些水土不服，还需要一段时间的适应。

王明的出行依然享受着高规格的待遇。他乘坐的军用飞机从西安出发，短短两个小时就到达武汉。随行人员有中共中央政治局委员周恩来、项英、博古，还有两位非同寻常的女性——王明的夫人孟庆树和周恩来的夫人邓颖超。

王明之所以这么急匆匆地赶往武汉，主要有两个原因：一是接受蒋介石的邀请，作为中国共产党的代表与国民党进行谈判。蒋介石之所以选择王明进行谈判，既看重王明复杂的国际背景和在中共的影响力，想了解共产国际对国民党的态度，又看重其在抗日民族统一战线的主张有利于国民党。二是南京陷落后，武汉成为国民政府的临时陪都，国民党的党、政、军重要机构和重要人物，以及其他在野党的领袖和文化界知名人士纷纷云集武汉，由董必武筹备的八路军武汉办事处于10月份成立，由叶剑英领导的八路军南京办事处也于12月初撤至武汉，因此武汉也成为统战工作的中心地区。当然，到武汉与国民党谈判，这也是王明求之不得的工作，一方面使他成为中共与国民党谈判的最高代表，在各种社交和舆论媒体面前大显身手出尽风头；另一方面延安的艰苦日子对习惯于莫斯科城市生活的他的确也是一大考验。

12月20日，王明、周恩来、博古与国民党代表陈立夫进行了会谈。

21日晚，蒋介石接见了王明一行，并就国共两党关系、扩大国民参政会等问题进行了会谈。会谈中，王明向蒋介石介绍了目前抗战形势、两党关系与合作任务、共产国际活动情况以及苏联的一些建议；博古对陕甘宁边区设联络参谋、办事处、参观等问题做了回答；周恩来就建立国共两党关系委员会、制定共同政治纲领、出版《新华日报》、成立国际军事工业部等六个问题作出具体说明和建议。蒋介石听了，非常高兴地说："所谈极好，照此做去，前途定见好转，我想的也不过如此。"他还表示，"外敌不足虑，日本人欲前进困难越多；我军事失利也不足为虑，只要内部团结，以便继续商谈"。他指着陈立夫说："今后两党关系，由陈立夫与中共代表团商议，并希望王明先生留在武汉，以便继续商谈。"

本来，按照中共中央的意见，王明在与蒋介石会见后即返回延安，在中央工作。现在，蒋介石希望王明"在汉相助"，中央也就表示同意。

12 月 23 日，王明主持召开了中共中央代表团和长江中央局的联席会议。会议决定将两个机构合并为一个组织，对外叫中共中央代表团，对内叫长江中央局，由王明、周恩来、博古、项英、董必武、林伯渠、叶剑英等七人组成，暂以王明为书记，周恩来为副书记。同时，王明还兼任党报委员会主席，博古兼任组织部部长。会后，长江局将以上决定报告中央政治局。中央政治局没有给予明确答复，也没有予以否认。

长江局三巨头：王明（中）、周恩来（右）、博古（左）

在执掌长江局期间，王明在周恩来、博古等的帮助下，对于宣传中国共产党的抗日民族统一战线方针、为恢复和发展长江流域乃至中国南部的中共党组织，以及与国民党协商统一战线的问题，扩大中共的影响，确实做了一些有益的工作。王明极力向蒋介石表达合作的诚意，希望国共亲密携手，让蒋放弃取消共产党的政治企图。然而乐不思蜀的王明，他没有也不会想到，其高涨的政治热情对于老谋深算的蒋介石来说，那只是一厢情愿罢了。

1938年元旦，王明未经中共中央同意，即在武汉出版的《群众》周刊第4期发表了由他起草的《中共中央对时局的宣言——巩固国共两党精诚团结，贯彻抗战到底，争取最后胜利》和他撰写的文章《挽救时局的关键》。其实，他以中共中央的名义发表的这篇“宣言”，内容实质上就是他在十二月会议上所作报告的主张。“宣言”指出，自卢沟桥事变以来，“开始形成了我统一的国家政权和统一的国家军队”，而且要进一步建立“有统一指挥、统一纪律、统一武装、统一待遇、统一作战计划的足够数量的新式武装的和政治坚定的国防军队”。王明宣称，国共两党同志和全国同胞定能抗战到底，争取国家民族最后之胜利，定能本此方针，亲密携手，共同奋斗。同时，他还到武汉大学等处作演讲，继续鼓吹他的右倾主张，即只强调国共两党的共同点，不讲两党存在的分歧，抛弃毛泽东强调的中共必须独立自主的原则。

1月11日，晋察冀边区军政民代表大会在冀西阜平召开，经民主选举成立了晋察冀边区临时行政委员会。14日，该临时行政委员会向蒋介石国民政府及全国发出通电，宣告正式成立。这是敌后第一个由中国共产党领导的统一战线性质的抗日民主政权。谁知，28日，王明竟然致电中央书记处并转朱(德)、彭（德怀)、任（弼时)、刘（少奇)，对于晋察冀边区临时行政委员会的成立提出批评：“以此采取之已成事实的方式，通电逼蒋承认，对全国统一战线工作将发生不良影响。”

就在王明生怕得罪蒋介石，批评反对晋察冀建立抗日民主根据地的同时，1月17日，在国民党军委会政治部第一厅厅长贺衷寒和国民党中央宣传部副部长叶青的挑拨指使下（贺、叶都是王明在莫斯科中山大学的同学)，国民党特务带领暴徒砸毁了汉口的《新华日报》营业部和印刷厂。更有甚者，国民党右翼势力的反共活动日见抬头。国民党复兴社头目康泽、刘健群在两党关系委员会上公然鼓吹“一个党、一个领袖、一个主义”，攻击八路军在华北是“游而不击”。国民党军方机关报《扫荡报》和《血路》《民意》《抗战和文化》等刊物，掀起所谓“一党运动”。一时间，“一个领袖、一个主义、一个政党”的喧嚣铺天盖地，在武汉三镇闹得满城风雨。他们还指使《武汉日报》《扫荡报》发表社论，指责陕甘宁边区是西北新的封建割据、红军改易旗帜却不服从中央，影响全国统一。

王明在武汉的言行真可谓“热脸凑了个冷屁股”。显然，上述国民党“反共”事件的发生，对中共党内正确认识国民党的本质是一次现实的教育。遭到蒋介石国民党冷遇的王明，正如毛泽东后来所形容的那样——王明是“梳妆打扮，送上门去”，蒋介石是“一个耳光，赶出大门”。[31]

为了回击国民党掀起的这场“一党运动”，抗议国民党当局的倒行逆施，内外尴尬的王明立即召开中共代表团和长江局联席会议，决定向国民党方面严正交涉，指出取消各党派、限制信仰的后果，并提议建立革命同盟，以更加巩固统一战线。

2 月 9 日，王明致电中共中央书记处并朱、彭、任、林，说：对国民党一党一政一军的谬论，现在已经到了不能不公开答复的时候。我们决定“用毛泽东名义发表一篇 2 月 2 日与延安新中华报记者其光的谈话，此稿由绍禹起草”，“因时间仓促及文长约万字，不及先征求毛泽东及书记处审阅”；并说：“对军队问题，最重要的为最近必须取得较大的军事胜利，并利用此机会通电全国，表明我们拥护中央和军队统一的意见。此外，决定积极进行国民党内及其他党派之活动与联络工作。”

王明亲自披挂上阵反击国民党“一党运动”，为什么却用毛泽东的名义发表这篇谈话呢？一方面毛泽东作为中共及其军队的实际领导人，影响力大，另一方面也是为了避免在武汉的中共代表团与国民党发生正面冲突。同时，这也是王明执行的右倾主张及其工作作风所决定的。在这个需要斗争的关键时刻，王明把毛泽东作为盾牌顶到了前面，自己却躲在后面不愿意得罪蒋介石。

2 月 10 日，《新华日报》发表了王明起草的《毛泽东先生与延安新中华报

[31]《毛泽东接见南斯拉夫共产主义联盟代表团的谈话》(1956 年 9 月 29 日)

记者其光先生的谈话》，公开批评了国民党宣传的“一个党、一个主义、一个领袖”的主张。王明还以毛泽东的口吻告诫国民党人，不要幻想可以在政治上取消共产党，共产党人绝不会放弃自己的组织和主张。

这一天，周恩来会见了蒋介石。蒋介石明确表示：“对主义、信仰不欲限制各方”，“对各党派并无意取消或不容其存在，唯愿溶成一体”；“对《扫荡报》言论，认为不能代表党（指国民党，引者注）及他个人”；“对政治部副部长仍要周（即周恩来，引者注）做”。以后，国民政府聘请毛泽东、博古、王明、董必武、林伯渠、吴玉章、邓颖超七人为国民参政会参政员。中国共产党人的反击，使蒋介石不得不承认“中共厉害，他的人愚蠢”。[32]

但是，现在的国际国内形势随着抗战的形势又发生了新的变化。日本帝国主义对中国发动大规模侵略战争后，尤其是南京大屠杀发生之后，它一直期待国民党政府在它的武力恫吓下屈服，它的纳粹盟友希特勒多次派驻华大使与蒋介石会面，进行诱降劝降活动。由于全国人民抗日斗争日趋坚决，以及来自美、苏、英等国的压力，蒋介石只得采取观望的态度，既没有完全拒绝，也没有接受它的投降条件。1938 年 1 月 11 日，日本帝国主义举行了 24 年来没有召开过的御前会议，宣称：“如中国现中央政府不来求和，则今后帝国不以此政府为解决事变的对手，将扶助建立新的中国政权。”也就是说，此时此刻，日本企图利用国共两党的分歧，继续升级其政治阴谋，制造国共分裂，妄图达到其以华治华的目的。

鉴于抗战时局出现的新情况，中共中央接受长江局的建议，决定在延安召开中央政治局会议。王明和周恩来返回延安。

1938 年 2 月 27 日至 3 月 1 日，中共中央召开政治局会议，史称“三月会议”。会议的主要议题有两个：一是讨论抗战形势和军事战略，二是研究党的七大的准备工作。张闻天、毛泽东、王明、周恩来、康生、凯丰、任弼时、张国焘等出席了会议。

三月会议，王明依然唱主角。在第一天的会议上，王明作了题为《目前抗战形势与如何继续抗战和争取抗战胜利》的政治报告。由于国民党进行的“一

[32]《毛泽东传（1893–1949）》，中央文献出版社 1996 年 8 月第 1 版，第 511–512 页。

个党的运动”，王明自己也承认："现在蒋介石等国民党不承认国共合作，不许《新华日报》登国共合作，不许登共产主义、共产党等，即便陈立夫也认为只有共产党投降国民党。国民党认为军令统一，只有服从国民党军委会的命令；所谓军政统一，便是人事的统一，八路军干部要由他们调动。”王明还坦率承认“确实过去的宣言（即王明起草的《中共中央对时局的宣言》，引者注）在词句上是太让步了”，使得蒋介石以为可以取消共产党，在《扫荡报》上向共产党进攻，说一个军队、一个政府、一个党等，想用民族统一的口号制服共产党，迫使中共不得不以毛泽东的名义发表谈话进行反击。

在会议上，王明并未改变其右倾机会主义的基本立场和依靠国民党正规战取得速胜的幻想。他认为，“国民党在政府和军队中均居于领导地位，为我国第一个大政党”，国民党的200万军队是抗战的主力，我们党应当承认国民党的领导地位，服从中央政府的领导；在军事上巩固统一的军队，实现在指挥、编制、武装、纪律、待遇、作战计划、作战行动等七个方面的“统一”，“关于统一军队问题须在党内外进行教育”；在战略方针上要“确定和普遍地实行以运动战为主，配合以阵地战，辅之以游击战的战略方针”；民运工作要以合法、统一和相互合作为原则；工作重心是以集中力量保卫大武汉，而不是着力创造许多敌后抗日根据地。

在武汉呆了两个月的王明，已经或多或少地感觉到，如果只是简单地摆出一副推心置腹的架势，远远不能满足蒋介石的政治野心。但王明幻想的肥皂泡依然没有破灭，而且在国民党广大将士前线浴血抗战的天空下，更添了些许美丽的色彩。

会议的第二天，毛泽东作了发言。他继续强调要坚持独立自主地发展自己的力量，同时也对团结改造国民党的可能性保持肯定的态度，要看到国民党在开始改革，并且在酝酿改组，国民党必须也可能通过改革清除腐败。但就抗日军事战略问题，毛泽东指出：中国抗战最后是必然胜利的，但必须经过许多困难。国民党的腐败与共产党的力量不足，日本兵力不足与野蛮政策，再加上复杂的国际条件，造成了中国抗战的长期性，即持久战。中国抗战应有战略退却，前一段没有大踏步的进退，只是硬拼，这是错误的。将来战争的具体形势，是内线外线作战相互交错，日军包围我们，我们在战役上也包围日军。中国抗战

出席 1938 年 2 月 —3 月政治局会议部分人员合影。左起：张闻天、康生、周恩来、何凯丰、王明、毛泽东、任弼时、张国焘

要争取外援，但主要是靠自己，强调自力更生。关于国共关系问题，毛泽东认为，为争取国民党继续抗战，合作形式将来可采用民族联盟或共产党员重新加入国民党，但是要保证共产党的独立性。关于召开七大，毛泽东认为“须看战争的形势来决定”。他在发言中还提出要“大大发展党员，中央应有新的决议”，“只有大党才能提拔大批干部”。

解放

三月政治局會議的總結

《解放》周刊发表的《三月政治局会议的总结》

张闻天在会上说：“历史决定了国共需要合作，两党中是存在着两党争取领导权的问题。中国资产阶级是有经验的，目前需要两党合作，但又怕我们发展。今天要利用共产党和人民的力量，但又怕共产党与民众的力量。目前阶级斗争的形式更复杂了。我们要看到与国民党有些磨擦是不奇怪的，我们的任务是要引导国民党进步。与国民党吵

一下是难免的，但注意不要分裂了。我们无论何时不要忘记要与国民党合作，但必须时时有戒心。”“我们一方面要保证与国民党的合作，同时也要发展自己的力量。在巩固国共两党合作原则下，求得共产党力量的巩固与扩大。”

鉴于十二月会议没有形成最后决议，王明抱怨他的主张没有得到贯彻执行，希望三月政治局会议要形成一个政治决议。但在毛泽东、张闻天、任弼时的坚持下王明的政治报告最后没有付诸表决，也没有正式采纳，会议没有达成最终共识。但会议委托王明起草一个会议总结。

两次政治局会议都没有形成最后的决议，王明内心十分窝火，便提议派人向共产国际反映情况，请求共产国际裁决。于是，会议决定派任弼时立即去莫斯科，向共产国际说明中国抗战和国共两党的关系等情况。

由于日军逼近武汉，加上王明在武汉屡屡擅自以中共中央名义发表意见和指示，出于安全和政治上的考量，毛泽东在会上提议：“王明同志在今天的形势下不能再到武汉去。”但一心高举统一战线大旗，仍寄希望于国民党的王明，执意要重返武汉。会议对毛泽东的提议进行表决，除张闻天、康生之外，多数人依然支持王明前往武汉。3 月 1 日，三月政治局会议正式通过了一个在毛、王之间寻求平衡的决定：“王明同志留一个月即回来（如估计武汉、西安交通有断绝之时则提前）。”同时，派凯丰随同去武汉工作。但后来王明根本没有履行这个决定，到达武汉后就把中央政治局的决定抛到了九霄云外，直到半年后中央三令五申要他返回延安参加六届六中全会才不得不回来。

在三月政治局会议上依然占上风的王明，一回到武汉，就赶紧在 2 月 27 日自己所作的政治报告的基础上，改写出了《三月政治局会议的总结》。3 月 11 日，在未征求中央政治局意见和审议批准的情况下，该文在《解放》杂志第 36 期上以个人名义署名“陈绍禹（王明）”公开发表。王明把个人的观点和主张作为中共中央的路线大肆宣扬，并通过组织系统向湖北、广东等地的党组织进行学习传达，使其右倾主张在一些地区进一步发生影响。

3 月 21 日，在国民党临时全国代表大会召开前夕，王明起草了《中共中央对国民党临时全国代表大会的提议》，提出了三个问题。一是关于各党派团结巩固与扩大的问题；二是关于建立民意机关的问题；三是关于动员和组织群众的问题。这份提议是以中共中央的名义起草的，但王明竟然没有经过中共中央的批准，就同时将它提交给中共中央和国民党。

中共中央在收到这个提议后，经过讨论，认为提议存在三个问题：一是没有正确提出克服困难，坚持抗战到底，坚决反对妥协投降和悲观失望的倾向问题；二是没有明确提出武装群众的问题；三是没有明确提出改善民生的问题。于是，中共中央在25日另起草了一个《中共中央致国民党临时代表大会电》，针对国民党的片面抗战路线，提出了八项建议。这八项建议内容包括：一，用一切宣传鼓动方法，号召全国人民以中华民族必胜的信心，克服一切困难，忍受一切牺牲，誓与日寇抗战到底，指出只有持久战，才能置日寇的死命；二是继续动员全国武力、人力、财力、物力，为保卫西北、保卫武汉而战；三是扩大与巩固抗日民族统一战线；四是继续扩大与巩固国民革命军；五是继续改善政治机构；六是继续全国人民的动员；七是为使政府与民众结合起来，为更能顺利动员民众擦肩抗战，必须采取具体的办法，实施优待抗日军人家属，优待伤病兵，严惩贪污，豁免战区地赋等改善民生的法令；八是组织抗战的经济基础，建立国防工业、发展军需工业，改进农业。

中央立即将此文件以电报形式告诉长江局。但是，王明在接到文件后，竟然留住不发，并于4月1日复电中共中央：“我们根据政治局决议原则所起草的致国民党临时全国代表大会主张建议书于24日已送去，国民党临时代表大会昨夜已开幕，你们所写的东西既不能也来不及送国民党，望你们在任何地方不能发表你们所写的第二个建议书，否则对党内党外都会发生重大的不良政治影响。对此问题的详细情形，我们有信交可靠同志带给你们。”

长江中央局作为中共中央的派出机构，理应服从中共中央指挥。王明作为政治局委员、书记处书记和长江局的书记，自然应在中央统一领导下工作。但王明的这些举动表明，他完全是以中共中央的决策者和莫斯科的“钦差大臣”自居，把长江局变成了“第二政治局”，甚至凌驾于中共中央之上。当时在延安的红军“洋顾问”李德（即奥托·布劳恩）在回忆录《中国纪事》中这样写道——

我们把华中局（应为长江局，下同。引者注）叫做“第二政治局”。

> 事实上以后在华中局和延安中央委员会之间已经有了某种程度上的分工，华中局贯彻的是1937年12月决定的并得到共产国际执行委员会支持的统一战线的路线，而毛泽东在延安却采取了他自己的政策。[33]

李德因为个人的沉浮，回忆录中的表述明显带有其浓厚的感情色彩。但从这段文字来看，王明领导的长江局确实与延安的中共中央发生了严重分歧。

三月会议结束后，任弼时受中共中央派遣前往苏联。4月17日，任弼时根据三月会议精神，代表中共中央向共产国际递交了《中国抗日战争的形势与中国共产党的工作和任务》的书面报告大纲，指出："十二月会议，王明同志等带回季米特洛夫同志关于巩固发展中国民族统一战线的指示后，对于统一战线问题有着更详细的讨论……统一战线的基本条件是抗日，'抗日高于一切'，'一切服从抗日'。"过去"我党对国民党和两党合作长期性认识不充分，过分强调独立自主、民主与改善民生的要求，此外一些工作方式也有着严重缺点。"大家认识到，"在民族统一战线当中，各党派在共同纲领下，是互相帮助、互相发展、共同领导、共同负责，不应有谁投降谁，谁推翻谁的企图"。根据这一认识，"我们认为国民党内开始产生改进自己组织的要求和趋势，而对国民党的改进与复兴采取赞助的方针，使国民党内能增加新的进步的成分"；不仅要共同抗日，还要争取共同建国。

同时，任弼时还向共产国际执委会作了详细的口头报告。他介绍了抗战以来中国国内的变化、抗日民族统一战线的状况、党的状况以及八路军的作战情况，包括国共合作以来的特点、困难和阻碍。他还单独向季米特洛夫作了报告。这些生动具体的报告，使共产国际对中国的实际情况有了较多的了解，对中国共产党有了新的认识。这在6月11日《共产国际执委会主席团关于中共代表报告的决议》中可以得到佐证。当季米特洛夫得知蒋介石否认国共合作，竭力取消共产党的种种企图之后，也开始突出强调共产党的独立性问题，强调拥蒋并不等于不反对国民党内的亲日派。他十分欣赏毛泽东和中共中央能够在国民党不断的政治挤压和日本军事上的大举进攻这种"复杂

[33] 李德：《中国纪事》（1932–1939），现代史料编刊社1980年12月版，第306页。

环境和困难条件下真正运用了马列主义”。共产国际执委会主席团的决议还特别告诫中共中央，不仅要努力开展游击战争，建立敌后根据地，大力发展自己的军队，而且可以适当地提出民主的要求。由此可见，共产国际的统一战线政策是与时俱进地发生着变化的，只是王明自己在政策的执行中成了一个不折不扣的教条主义者。

也就是说，在民族统一战线问题上，毛泽东也是同意十二月会议上决定的执行共产国际制定的路线的，与王明并不存在分歧。但，为什么在坚持抗日、坚持统一战线的共同主张下，毛泽东、王明之间会产生如此的分歧？他们之间的矛盾到底在哪里呢？对此，毛泽东后来在六届六中全会召开前曾总结说：现在党内没有大的原则上的分歧，对于国共合作、发展统一战线等原则都是一致的，只有工作上的不同意见。毛泽东说“只有工作上的不同意见”，指的又是什么呢？

显然，这是战略和战术贯彻执行的方式和方法问题。一言以蔽之——王明主张为了斗争以广泛的合作达到团结，而毛泽东主张通过斗争以有限的合作达到团结。王明的方法是使阶级斗争服从于民族斗争，以达到国家的团结，因为没有团结，中国将不能抵抗日本的侵略。但毛泽东始终不相信蒋介石是一个同盟者，他认为团结只有通过斗争才能达到。因为中共必须保持独立自主和自卫能力以防不测，通过促进民主进步和改善民生来强化民族团结，从而发动群众进行一场人民战争，以避免重演 1927 年大革命时期的历史悲剧。显然，与书生革命的王明相比，靠“枪杆子里面出政权”的毛泽东，目光更加远大。当他 1936 年 2 月站在陕北的黄土高坡上吟诵出《沁园春 · 雪》——“数风流人物，还看今朝”的时候，他就已经立志要通过人民战争来“既打败日本又打败蒋”（张国焘语）了。

而种种事实表明，自十二月会议之后，王明这位心理上多少有些扭曲的共产国际执行委员在政治上已经产生某种野心，加上他长期在莫斯科颐指气使的“太上皇”作风，以及到达延安后被奉为“神仙”呼为“万岁”的良好自我感觉，使得他头脑开始发热，思想开始膨胀，对国内和党内的形势作出了不切实际的判断，并逐渐地走到目空一切、独断专行、自以为是的地步。王明对于中央工作的横加批评，屡屡不经毛泽东、张闻天的同意就擅自以中共中央的名义发表谈话和声明，甚至随意起草和修改毛泽东等中共领导人的文章，在长江局与中央闹独立性，否认中央权威，让人不能不怀疑他意欲夺取中共中央的最高领导权。周恩来和博古后来就说，王明“目无中央”，甚至有另立“第二中央”之嫌。

事实胜于雄辩。我们不妨将王明到武汉执掌长江局之后的非正常行径列举如下——

1．1937 年 12 月 25 日，没有经过中共中央批准，王明以中共中央名义擅自在《群众》周刊第四期上发表《中共中央对时局的宣言》。

2．1938 年 1 月 28 日，以“对全国统一战线工作将发生不良影响”为由，王明居然对第一个由中国共产党领导的统一战线性质的抗日民主政权——晋察冀边区临时行政委员会的成立，给予严厉批评。

3．1938 年 2 月 10 日，没有经毛泽东本人同意，王明就采用“先斩后奏”的方式，借用毛泽东的名义在《新华日报》发表《毛泽东先生与延安新中华报记者其光先生的谈话》。

4．1938 年 3 月 11 日，在未征求中共中央书记处意见和审议批准的情况下，王明以个人名义公开在《解放》杂志第 36 期上发表《三月政治局会议的总结》，把个人的观点和主张作为中央的路线大肆宣扬。

5．1938 年 3 月 24 日，没有经过中共中央讨论，王明就采用“先斩后奏”的方式，擅自将自己以中共中央名义起草的《中共中央对国民党临时全国代表大会的提议》送交国民党，并要求中共中央“在任何地方不能发表”由中央书记处起草的《中共中央致国民党临时代表大会电》。

6．1938 年六七月间，王明以“文章太长，不便刊登”为由，拒绝在武汉出版的《新华日报》发表毛泽东的《论持久战》；中央书记处再次致电长江局，要求《新华日报》分期刊登，王明仍然不同意。而自己却从 6 月至 9 月接连在《新华日报》发表大量单纯强调“保卫大武汉”的言论。为此，张闻天、陈云、康生、刘少奇和毛泽东曾致电长江局：“保卫武汉，重在发动民众，军事则重在袭击敌人之侧后，迟滞敌进，争取时间，务须避免不利的决战，至事实上不可守时，不惜断然放弃之。”但王明对中央的批评意见，置若罔闻。

更令人想不到的是，王明同时还以“打小报告”的方法，请求在武汉的一位苏联同志转告斯大林和季米特洛夫，状告毛泽东破坏共产国际制定的统一战线战略，并希望《共产国际》杂志不要刊登《论持久战》。相反地，《论持久战》经周恩来的推荐，国民党的白崇禧深为赞赏，“认为这是克敌制胜的最高战略方针。后来白崇禧又把它向蒋介石转述，蒋也十分赞成。在蒋介石的支持下，白崇禧把《论持久战》的精神归纳成两句话：‘积小胜为大胜，以空间换时间。’并取得了周公的同意，由军事委员会通令全国，作为抗日战争中的战略指导思想。”后来，经周恩来从武汉寄到香港，委托宋庆龄请爱泼斯坦等人翻译成英文向海外发行。对此事，王明后来承认说：“我和博古、项英、凯丰及其他同志一致反对这篇文章，因为该文的主要倾向是消极抵抗日本侵略者，等待日本进攻苏联。这个方针既同中国人民的民族利益又同中国共产党的国际主义相矛盾。……所以，我们决定不在《新华日报》上发表《论持久战》一文。”

7. 1938 年 3 月 1 日，三月政治局会议决定王明在武汉工作一个月即回到延安，但他却置政治局决定于不顾，直到 9 月 15 日在中央多次催促之下才回延安。

在执掌长江局期间，王明等还按照蒋介石的意愿，下令解散了新四军四支队在湖北黄安七里坪利用合法名义举办的抗日军政干部训练班；以不符合国民党政府法令为由，强迫青年救国团、中华民族解放先锋队和蚁社等三个接受中

1938 年，毛泽东在延安窑洞撰写《论持久战》

共领导的武汉先进群众组织解散；不经过延安中央书记处同意，公开发表声明宣布张浩（林育英）在延安关于统战策略的讲演纯属伪造；不顾毛泽东的反对，拒绝了国民党中央执委会恢复毛泽东等中共党员国民党党籍的决定；公然提议停止中共中央机关刊物《解放》在延安的刊行，主张在武汉印刷制版；未经延安中共中央书记处同意，公开发表声明否认张闻天是中共中央总书记；经常以陈（王明）、周、博、凯丰的名义直接向各地及八路军"前总"发布指示性的意见，等等。特别让延安中共中央书记处难以容忍的是，在张国焘叛逃，朱德、彭德怀、项英等经常去武汉，王稼祥、任弼时在莫斯科，武汉的政治局委员人数超过延安的情况下，王明居然提出延安的中央书记处不具合法性的问题，指责张闻天、毛泽东等不应以中央书记处的名义发布指示和文件。[34]

综上所述，王明和毛泽东的分歧与矛盾，其间既有他们个人之间的分歧，也有武汉与延安之间的矛盾。这里除了王明不经延安同意，就以中共中央的名义发表宣言、声明及擅自以毛泽东个人名义发表谈话的原因之外，更多的焦点则应该是王明直接或间接地与延安中共中央书记处分庭抗礼，竟至发展到公然否认延安中央书记处权威性的地步，乃至另立"第二中央"。这不禁让人联想起十二月会议时，王明为什么在"中共七大准备委员会"中设立一个"书记"的职务？尽管没有资料显示王明回国有夺权的阴谋，但他的这些闹独立性的非正常行径，不能不令人怀疑。于是，在武汉与延安之间，在王明与毛泽东之间，发生分歧和矛盾，也就是情理之中的事情。

一山不容二虎。

"中国党的领袖是毛泽东，不是你，你不要自封领袖。"——难道王明真的忘记了回国前季米特洛夫专门送给他的嘱托了吗？

或许，王明的所作所为，也是莫斯科和季米特洛夫所没有想到的吧？

难怪，毛泽东后来干脆说："十二月会议后中央已名存实亡。"

[34] 杨奎松：《毛泽东与莫斯科的恩恩怨怨》，江西人民出版社 2008 年 4 月第 4 版第 65 页。

六届六中全会

在三月会议上，中共中央政治局形成的毛泽东和王明“两雄并立”的局面，已经不是什么新闻了。所以，会议一结束，任弼时作为最合适的人选，受中共中央派遣立即前往莫斯科，向共产国际汇报中国共产党内的情况并争取共产国际的明确指示。说白了，就是希望共产国际对这“一山二虎”的局面进行裁决，究竟同意毛泽东和王明这两位领导人中的哪一位，成为中国共产党的领袖人物。

由于共产国际长期对中国的实际情况缺乏了解，任弼时这次担当的任务可谓是历史使命，责任重大。

1938 年 3 月底，任弼时到达莫斯科。在这里，他得到了中共驻共产国际代表王稼祥的帮助。王稼祥是 1936 年 10 月经中共中央批准前往苏联治伤的，于 1937 年 7 月抵达莫斯科，经过两个月的治疗后，拖了 4 年的伤口终于痊愈。同年 11 月，在王明回国后，王稼祥接任中共驻共产国际代表。

4 月 14 日，在王稼祥的积极联系和支持下，任弼时代表中共中央在共产国际执委会主席团会议上作了长达 1.5 万字的《中国抗日战争的形势与中国共产党的工作和任务》的书面报告。5 月 17 日，任弼时又对书面报告作了口头说明和补充。在江西中央苏区就深受王明“左”倾路线之苦的任弼时，背过处分，尝过打击，深知革命流血牺牲的惨烈和悲苦。身在延安，他也领教过王明在武汉与中央有意无意地造成“一山二虎”的架式和作风。他反复指出，毛泽东善于把马列主义普遍原理与中国实践相结合，领导中国共产党取得一个又一个伟大胜利。毛泽东的正确路线也为实践所证明，只有“毛泽东才是中国共产党的领袖”。同时，他还对抗战以来中国国内的变化、抗日民族统一战线的状况、党的状况以及八路军的作战情况，包括国共合作以来的特点、困难和阻碍等，单独向季米特洛夫作了详尽的汇报。在讨论报告时，王稼祥又着重补充说明了中共提倡的抗日民族统一战线是中国革命的第二次统一战线，并且指出它同第一次统一战线的不同点，即是同国民党第一次合作破裂后的第二次合作，而且现在国共两党都有武装。

其间，任弼时多次会见斯大林、季米特洛夫，并与共产国际的另外几位负责人进行深入交流，详细介绍了毛泽东关于中国革命采取“农村包围城市”，武装夺取政权的道路。这些生动的报告，使共产国际对中国的实际情况包括国共两党关系和毛泽东本人有了更加具体的了解，对中国共产党有了新的认识。他们逐步认识到毛泽东所坚持的抗日民族统一战线中的独立自主方针是正确的，有效地制止了蒋介石的“溶共”企图。

6 月 11 日，共产国际执委会主席团经过认真充分讨论后，通过了两个文件，即《共产国际执委会主席团关于中共代表报告的决议案》和《共产国际执委会主席团的决定》，充分肯定和赞扬了中国共产党实行的抗日民族统一战线中的独立自主政策，并且“声明共产国际与中华民族反对日寇侵略者的解放斗争是团结一致的”。共产国际还决定“号召全世界无产阶级、各国共产党以及一切热诚拥护民主与和平的人士”，“用一切方法加紧国际援华运动”。

没有不透风的墙。即使在遥远的莫斯科，王明回国后引发的中共中央高层的分歧和矛盾，共产国际也很快得到了情报。兼听则明，偏听则暗。王明在武汉托人转交状告毛泽东的“小报告”，共产国际的领导人并没有偏听。共产国际的第二把手曼努伊尔斯基[35]在任弼时汇报期间主动就王明的情况提了三个问题——

第一，王明是否有企图把自己的意见当做中共中央意见的倾向？

第二，王明是否总习惯于拉拢一部分人在自己的周围？

第三，王明与毛泽东是否处不好关系？

曼努伊尔斯基提出的这三个问题，令任弼时有些措手不及。他实在没有想到共产国际的领导人会直接问他这样具体而又尖锐的问题。

于是，任弼时就如实地将王明回国后的种种表现，以及与中央书记处和毛泽东的分歧作了介绍。据任弼时回忆，季米特洛夫在听了介绍之后明确地说，他对王明的印象一直不好，“这个人总有些滑头的样子”。根据共产国际干部部反映，王明在一些地方不很诚实，在苏联时就总是好出风头，喜欢别人把他说

[35] 曼努伊尔斯基（1883—1959），即曼努伊尔斯基·德米特里·扎哈洛维奇，苏联著名政治活动家。1924 年前起任共产国际执委会主席团委员。1928 年至 1943 年任共产国际执委会书记。

成是中共领袖。季米特洛夫的确不太喜欢王明的为人和作风。他早就听说，米夫曾不止一次地在向别人介绍王明时，有意无意地把王明说成是中共中央“总书记”。因此，当年王明回国的时候，季米特洛夫就当着中共代表团其他成员的面，专门就这个问题提醒王明：“你回中国去要与中国同志把关系弄好，你与国内同志不熟悉，就是他们要推你担任总书记，你也不要担任。”

当季米特洛夫听说王明没有按照他的嘱咐去做，回国后反而引起中国党内混乱时，他非常失望，公开批评王明缺乏实际工作经验，自以为是，喜欢强加于人，并且习惯于拉帮结派，想当领袖。当然，季米特洛夫如此反感王明，还有一个十分微妙的背景，那就是前共产国际远东局负责人、一手扶植王明上台的米夫的倒台。这位前莫斯科中山大学的校长在斯大林发起的“肃反”运动中被打成反革命遭到整肃。米夫的倒台，不能不影响莫斯科对他扶植起来的王明的信任，并怀疑他们之间的关系。

在这种情况下，莫斯科对中国共产党领袖的人选问题提出了明确的意见。

这年6月，根据王稼祥提出回国工作的要求，中共中央同意由任弼时接替他出任中共驻共产国际代表团团长。7月初，在王稼祥动身回国前夕，季米特洛夫特意约王稼祥和任弼时谈话，就中共领导核心的团结以及中共领袖的人选问题谈了具体又明确的意见。王稼祥回忆说：在我要走的那一天，他向我和任弼时同志说了一番语重心长的话。“中国共产党的领导人毛泽东同志是久经考验的马克思列宁主义者，中国目前仍然应该坚持与国民党又合作又斗争的原则，警惕重复第一次国共合作的悲剧。”他说：“应该告诉大家，应该支持毛泽东同志为中共领导人，他是在实际斗争中锻炼出来的，其他人，如王明，不要再去争当领导了。”[36]

会谈中，季米特洛夫还同王稼祥、任弼时谈及苏联支援八路军武器的事。但是苏联担心因此会激怒国民党，因而没有同意。但这次，季米特洛夫还是从共产国际的外汇中拨出了30万美元，以援助中国共产党，并由王稼祥带到延安。

7月6日，苏共中央机关报《真理报》破天荒地刊登了毛泽东和朱德的合

[36] 王稼祥1972年5月写的历史自述材料。

影照片。此时，毛泽东在莫斯科的地位已经上升。

这里需要关注的是，早在1936年夏天，当美国记者埃德加·斯诺第一个进入保安（今志丹县），采访了毛泽东、周恩来、彭德怀等众多中共高级领导人和红军将领之后，从这年10月份开始，有关陕北苏区的新闻报道就在北平、上海的中英文报刊《密勒氏评论报》《民主》以及美国的《生活》《亚细亚》杂志上陆续发表。尤其是斯诺笔录并经过毛泽东亲自修改的《毛泽东自传》的英文本也于1937年7月陆续在美国《亚细亚》月刊连载，中译本也于8月1日开始在上海复旦大学的《文摘》杂志连载，11月1日就由文摘社和黎明书局出版了中文单行本，随后该书的翻印本、盗印本在全国畅销。而1939年莫斯科也高规格地出版了《毛泽东自传》。这本"以一位美国记者1936年据毛泽东谈话所做的记录为基础"的传记，共102页，由苏联国家政治读物出版社出版，书名就叫《毛泽东》。在这本书的《前言》中，编者用了近8000字的篇幅盛赞毛泽东为"光荣的人民英雄和中国共产党的领袖"，"无限热爱自己祖国的榜样和全心全意为自己的人民服务的人"，"杰出的革命统帅、天才的战略家与全面的国务活动家"；"毛泽东的生活史即是整整一代中国人民争取自由和独立的历史"，"他的名字广为人知并赢得千万人民大众的热爱，它传到中国最偏僻的地方，并远播于中国疆域之外"。文中还说："苏联劳动人民对毛泽东的名字感到亲切和珍贵，他们不懈地关注着伟大的中国人民的英勇斗争"，而"苏联读者将会饶有兴趣地阅读伟大的中国革命者关于自己的生活和斗争的传记故事"。这也是苏联出版的第一本毛泽东传记。

此后，几乎所有的国际国内媒体记者，无论是美国的史沫特莱、威尔斯（海伦·斯诺）、斯特朗、王公达，还是英国的詹姆斯·贝特兰，以及中国记者舒湮、邓静溪等，还有美国军人埃文斯·卡尔逊、加拿大医生白求恩、中国乡村建设派领导人梁漱溟、国民党的老党员施方白，等等，他们到陕北延安访问中共的核心人物就是毛泽东。因此，无论是在政界、新闻界，还是在其他社会各界眼里，毛泽东完全是中国共产党的灵魂人物，实际上就是最高领导人。而对蒋介石国民党来说，中共的掌权人就是毛泽东。

1938年8月初，王稼祥带着共产国际的最新指示，经过艰苦跋涉回到了延安。

王稼祥的到来，对毛泽东来说，这才真是叫做“喜从天降”。

在与王稼祥的交谈中，毛泽东终于听到了莫斯科支持他的信息。也就是从这个时候，他开始酝酿召开中共扩大的六届六中全会，统一全党的思想。

接到延安召开六届六中全会的通知，王明预感到共产国际的重要指示对他可能不利，于是就打电报给延安的中央书记处，竟然要求全体中央委员到武汉召开六届六中全会，以提高自己的地位以及进一步表示中共对国民党的信任与合作。王明如此的表现，真的“使他看上去像是‘红萝卜’（外红内白）”。[37]

毛泽东接到王明的电报后，非常生气地说：“岂有此理！我们共产党的中央会议，为什么跑到国民党地区去开？谁愿意去谁去，就是抬我去，我也不去！”

9月8日，《新华日报》全文发表了王稼祥带回来的《共产国际执委会主席团的决定》的中译文。

这时，王明又发电报请王稼祥到武汉去，渴望能在中央政治局会议召开之前得到一些内部消息。在莫斯科当了一年多的中共驻共产国际的代表，王稼祥已经清楚地知道王明的为人和作风，对共产国际和中共所执行的方针政策也有了自己成熟的判断，已经不再像当年在江西苏区那样唯王明马首是瞻了。

接到王明的电报，王稼祥立即骑马赶到凤凰山，向毛泽东报告说：“主席，这是王明同志从武汉专门给我发来的。要我去武汉向他报告，他简直是胡思乱想。”

“他还没有起程？”毛泽东接过电报，又问王稼祥，“你对此如何打算？”

“不去，当然不去。不仅不去，还要批评他。我准备给他回电，催他立刻回延安。”

毛泽东点了点头，说：“这样做，才对。”

随后，按照中央书记处的意见，经毛泽东同意，由王稼祥起草，立即给王明复电：“请按时来延安参加六中全会，听取传达共产国际重要指示。你应该服从中央的决定，否则一切后果由你自己负责。”[38]

---

[37]（美）R·特里尔：《毛泽东传》，河北人民出版社1989年3月版，第205页。

[38] 朱仲丽：《黎明与晚霞》，解放军出版社1986年版，第287–289页。

接到电报，王明非常无奈，只得离开武汉。到达西安后，王明竟然又向中央提出由他作政治报告。根据历史惯例，谁作政治报告，谁就在政治上处于主导地位。中央立即复电，政治报告谁作，由政治局讨论研究决定。

9 月 15 日，王明极不情愿地回到了延安。周恩来、博古、凯丰、徐特立等一起抵达。毛泽东、朱德亲自赶到延安南门迎接。

中央政治局会议没有因为王明的拖延而推迟，这次会议是为召开六届六中全会作准备的。在王明归来的前一天，即 9 月 14 日，中央政治局召开了第一次会议。王稼祥在会上传达了共产国际的指示，内容大致如下——

> 根据国际讨论时季米特洛夫的发言，认为中共一年来建立了抗日统一战线，尤其是朱、毛等领导了八路军，执行了党的新政策。国际认为，中央的政治路线是正确的，中共在复杂环境及困难条件下真正运用了马列主义。
>
> 在领导机关中要在毛泽东为首的领导下解决。领导机关中要有亲密团结的空气。
>
> 在我临走时，他特别嘱咐，要中共团结才能建立信仰。在中国，抗日统一战线是中国人民抗日的关键，而中共的团结又是抗日统一

1938 年 9 月，王明、周恩来、博古回到延安，毛泽东、朱德到延安南门迎接

战线的关键。统一战线的胜利是靠党的一致与领导者间的团结，只有党的团结，才能赢得人民的信任。[39]

共产国际的指示表明：第一，肯定了中共中央的政治路线是正确的；第二，肯定了中共中央的领导机关要以毛泽东为首；第三，中共中央保持团结至关重要。共产国际的指示还从根本上剥夺了王明以共产国际“钦差大臣”自居、不断对中共中央的政治路线说三道四的资本。李维汉回忆：“季米特洛夫的话在会上起了很大作用，从此以后，我们党就进一步明确了毛泽东的领导地位，解决了党的统一领导问题。”

听完王稼祥有关共产国际的指示，张闻天马上向中央政治局提出，党中央总负责的职务应该由毛泽东来担任。但毛泽东考虑到目前党内针对王明右倾机会主义的斗争还没有结束，将牵扯到一大批从苏联回来的干部，自己还要集中大部分的精力处理军事斗争，所以他希望张闻天继续负总责。在毛泽东表示推辞后，张闻天也“还没有感觉到有变动的必要”，“还不了解使毛泽东同志负起领导的全责，发挥他的全部的指导力量……对于全党的全部工作的彻底转变，有何等的伟大的意义”，因此他“没有表示坚决让位的态度，而把这件事轻轻放过去了”，后来也就没有提到六中全会上去讨论。

中共中央政治局会议从 9 月 14 日一直开到 27 日(中间 18 日休息了一天)。会前，政治局常委会决定由毛泽东在这次政治局会议上报告抗战的形势和抗战的总结。

9 月 20 日，王明在会上作了题为《抗战形势与党的任务》的政治报告。在这个报告中，王明改变了自己以前在报告、文章中速胜论的观点，开始承认持久战的思想，不再贬低游击战和敌后抗日根据地，提出战略上要以运动战游击战为主，并认为建立抗日根据地是八路军这一年来的伟大成绩，甚至也提出在国共合作中应保持中共在政治上组织上的独立性。但王明依然坚持他的一些右倾落后主张，继续强调保卫大武汉的重要意义，继续宣扬军队的“统一”，继续坚持“一切为着抗日民族统一战线，一切经过抗日民族统一战线”等等。

[39] 王稼祥：《共产国际指示》，见《文献与研究》1986 年第 4 期。

22 日，张闻天作了重要的组织报告。

24 日，毛泽东作了长篇发言，共讲了五个问题：一、这次会议的意义；二、国际指示；三、抗战经验总结问题；四、抗日战争与抗日统一战线的新形势；五、今后任务。他在讲话中充分肯定共产国际指示对中共政治路线的估计是“恰当的和必要的”，“这种成绩是中央诸同志和全党努力获得的”。他认为，共产国际指示的要点，“最主要的是党内团结”。他指出，共产国际的指示是这次会议成功的保证，也是中共六届六中全会和第七次全国代表大会的指导原则，指示的最主要点是强调党内团结。他分析了武汉即将失守的危险和失陷后的形势，指出武汉失陷后抗日战争将开始进入一个新的阶段——战略相持阶段。党的任务是坚持抗战，坚持持久战，坚持统一战线，以团结全国力量，准备反攻。毛泽东着重论述了统一战线中统一与斗争的辩证关系，他说：“统一战线下，统一是基本的原则，要贯彻到一切地方、一切工作中，任何时候、任何地方不能忘记统一。同时，不能不辅助之以斗争的原则，因为斗争正是为了统一，没有斗争不能发展与巩固统一战线，适合情况的斗争是需要的，对付顽固分子，推动他们进步是必要的。”[40]

26 日，张闻天和刘少奇又先后批驳了王明的右倾主张，并作了长篇发言，对会议作了结论。这次政治局会议上还通过了扩大的六届六中全会的议程，决定改由毛泽东代表中央向全会作政治报告，王明只作关于国民参政会的报告并负责起草政治决议案，同时还决定由张闻天主持开幕式、致开幕词和作组织报告，由王稼祥传达共产国际指示。除此之外，会议还决定对各中央局的组织进行调整，撤销长江局，分别成立南方局和中原局。

27 日，在会议的最后一天，毛泽东再次强调，今后中央领导同志之间要真正地互相尊重，互相信任。鉴于王明在十二月会议以来一系列严重违背组织原则的做法，毛泽东建议在六中全会上通过一个中央工作规则。毛泽东说，这次政治局会议取得了“伟大的成功”，从而可以保证六届六中全会的成功。

9 月 29 日至 11 月 6 日，具有重大历史意义的中共中央扩大的六届六中全

[40]《毛泽东传（1893–1949）》，中央文献出版社 1996 年 8 月第 1 版，第 516 页。

会在延安桥儿沟天主堂召开。出席会议的中央委员有 28 人，各方面负责人 53 人。会议开了近 40 天，是 1928 年中共六大以来到会人数最多的一次中央全会，也是中共历史上会议时间最长的一次中央全会。

会议第一天，全会选举毛泽东、王稼祥、王明、康生、周恩来、朱德、彭德怀、博古、刘少奇、陈云、项英、张闻天为主席团委员。王稼祥担任全会秘书长。毛泽东宣布会议议事日程。

就在这一天，突然传来武汉情况紧急的消息，大会主席团决定以毛泽东名义给蒋介石写一封信。信中说："此次敝党中央六次全会，一致认为抗战形势有渐次进入一新阶段之趋势。此阶段之特点，将是一方面更加困难，然又一方面必更加进步，而其任务在于团结全民，巩固与扩大抗日阵线，坚持持久战争，动员新生力量，克服困难，准备反攻。"[41] 因武汉抗战形势紧张，中共中央决定特派周恩来立即返回武汉，向蒋介石转达中共中央的意见，商议一切。10 月 4 日，周恩来将毛泽东的这封信面交给蒋介石。在周恩来的指挥下，武汉地区的中共组织和力量随着武汉局势的恶化分路向敌后或沦陷区实行了安全转移。

在第二天的会议上，王稼祥首先传达了共产国际和季米特洛夫的指示。会上，康生、陈云等明确提议应当推举毛泽东为中共中央总书记。彭德怀等军事领导人也在会上发言，称赞毛泽东十年来"基本上是正确的"，肯定毛是中国党的当然的领袖。

10 月 12 日至 14 日，毛泽东代表中共中央向六中全会作《论新阶段》的政治报告。报告共包括八个部分：(一）五中全会到六中全会；(二）抗战十五个月的总结；(三）抗日民族战争与抗日民族统一战线发展的新阶段；(四）全民族的当前紧急任务；(五）长期抗战与长期合作；(六）中国反侵略战争与世界反法西斯运动；(七）中国共产党在民族战争中的地位；(八）党的第七次全国代表大会。

毛泽东在报告中首先明确指出：中国抗日战争将进入一个新阶段，它的基本特点是一方面更加困难，另一方面更加进步。在抗日战争的新阶段中，抗日

[41]《毛泽东年谱（1893–1949）》中卷，中央文献出版社 2002 年 8 月第 1 版，第 91 页。

民族统一战线必须以一种新的姿态出现，才能应付战争的新局面。“这种新姿态，就是统一战线的广大的发展与高度的巩固。”他说：“坚持抗战，坚持持久战，力求团结与进步——这就是十五个月抗战的基本教训，也就是今后抗战的总方针。”毛泽东的话使许多与会者感到豁然开朗。参加会议的张文彬在10月24日的会议发言中说：“最初有人看到《论持久战》，还不了解我们如何才能停止敌人的进攻，此次毛的报告具体指出了过渡阶段的困难和克服困难的办法。”

为了使中共切实担当起自己的历史重任，毛泽东号召全党要努力学习马克思主义的理论，研究民族的历史和当前运动的情况与趋势。他说——

> 今天的中国是历史的中国的一个发展；我们是马克思主义的历史主义者，我们不应该割断历史。从孔夫子到孙中山，我们应当给以总结，承继这一份珍贵的遗产。这对于指导当前的伟大的运动，是有重要的帮助的。共产党员是国际主义的马克思主义者，但是马克思主义必须和我国的具体特点相结合并通过一定的民族形式才能实现。马克思列宁主义的伟大力量，就在于它是和各个国家具体的革命实践相联系的。对于中国共产党说来，就是要学会把马克思列宁主义的理论应用于中国的具体的环境。成为伟大中华民族的一部分而和这个民族血肉相连的共产党员，离开中国特点来谈马克思主义，只是抽象的空洞的马克思主义。因此，使马克思主义在中国具体化，使之在其每一表现中带着必须有的中国的特性，即是说，按照中国的特点去应用它，成为全党亟待了解并亟须解决的问题。洋八股必须废止，空洞抽象的调头必须少唱，教条主义必须休息，而代之以新鲜活泼的、为中国老百姓所喜闻乐见的中国作风和中国气派。[42]

毛泽东的这段论述意义深远，是他从亲身经历中国革命失败的痛苦教训中、从同党内各种错误倾向进行的斗争中得出的重要结论。他响亮地向全党提出了“使马克思主义在中国具体化”的论断，成为他对中国革命最重要的贡献

---

[42]《毛泽东选集》第2卷，人民出版社1991年6月版，第534页。

之一。一个伟大的思想家和革命家就是在这样的斗争和磨炼中成长起来，并成为世界东方的巨星。

紧接着，张闻天作了题为《关于抗日民族统一战线与党的组织问题》的报告，提出了“组织工作中国化”以及宣传教育“马列主义中国化”的方针。这对后来毛泽东思想的形成与提出，奠定了思想、组织和舆论的基础。

随后，王明在会上作了《共产党员参政员在国民参政会中的工作报告》。10 月 20 日，他又临时要求作了《目前抗战形势与如何坚持持久战争取最后胜利》的长篇发言。王明在发言中讲了五个问题：(一）日本法西斯军阀是中华民族的死仇，是全世界先进人类的公敌；(二）中华民族处在空前灾难的时期，同时也处在无上光荣的时代；(三)目前的抗战形势正处在严重困难的阶段；(四)克服困难、渡过难关，坚持抗战和争取最后胜利的几个问题；(五）实行抗日民族统一战线政策的中国共产党。

面对会议迅速形成的积极赞成和支持毛泽东为中共领袖的一边倒局面，王明看到自己大势已去，急忙顺风使舵，在自己的报告和口头报告中明确表态，对毛泽东的报告“我都同意”，“全党必须团结统一，我们党一定能统一团结在中央和毛泽东同志的周围（领袖的作用，譬如北辰而众星拱之)”。但是，另一

1938 年秋，中共中央政治局成员出席六届六中全会期间在延安桥儿沟天主堂前合影。左起：毛泽东、彭德怀、王稼祥、张闻天、朱德、博古、王明、康生、项英、刘少奇、陈云、周恩来

方面，王明仍然强调自己的右倾机会主义主张是正确的。他还就“马列主义中国化”提出五点意见：(一) 只有学习马列主义理论，才能运用和民族化，因此必须加紧学习马、恩、列、斯学说；(二) 不能庸俗化和牵强附会；(三) 不能以孔子的折衷和烦琐学代替唯物辩证法；(四) 不能以中国旧文化学说来曲解马列主义，而要以马列主义来了解和开发中国文化；(五) 不能在“民族化”误解下，忽视国际经验的研究和运用。显然，他还以自己是莫斯科那一套革命理论的教条权威而自居。

对王明的观点，会议进行了批驳。刘少奇运用自己在华北领导并取得的游击战争的战果，对王明进行了有理有据的批评。他说，华北三年来执行中央路线，协助八路军，发动群众抗日热潮，坚持建立抗日民族统一战线，党组织发展成为全国最大的党组织，创造了模范经验。博古也结合长江局的实际情况，说明在统一战线中应坚持独立自主的原则。他还把自己的观点以《论抗日民族统一战线的发展困难及前途》为题，作为社论发表在 10 月 17 日和 18 日的《新华日报》上。

就在这个时候，广州和武汉于 10 月 21 日和 27 日相继沦陷。毫无疑问，淞沪战争和南京大屠杀，以及日本近卫内阁在 1938 年 1 月宣布以蒋介石为对手——种种现实使蒋介石已别无选择地彻底放弃与日本达成和平协议了。蒋开始发誓要继续推行他的诱敌深入、焦土抗战、以空间换取时间的战略。

在国际和国内这样的大背景下，毛泽东则赢得了以时间换空间。

而王明得到了什么呢？正如张闻天在《1943 年延安整风笔记》中所描述的那样：“王明这时候碰到了三个钉子（一个是蒋介石的钉子，一个是中央内部的钉子，一个是王稼祥同志从国际带来的钉子），所以气焰也小些了。”

11 月 5 日和 6 日的下午，毛泽东在六届六中全会上作结论报告，着重讲了统一战线中的独立自主问题、战争和战略问题。此时，因为要参加国民参政会一届二次大会，王明和博古、林伯渠、吴玉章已于 10 月底离开延安去了重庆。

就统一战线问题，毛泽东在结论报告中指出：“为了长期合作，统一战线中的各党派实行互助互让是必需的，但应该是积极的，不是消极的。”“用长期合作支持长期战争，就是说使阶级斗争服从于今天抗日的民族斗争，这是统一战线的根本原则。”他批评“一切经过统一战线”的口号说：“中国的情

1938 年 9 月至 11 月，中共扩大的六届六中全会在延安举行。会上传达共产国际关于中共抗日民族统一战线的政治路线是正确的和以毛泽东为首解决统一领导问题的指示。这是六届六中全会主席团成员合影。前排左起：康生、毛泽东、王稼祥、朱德、项英、王明；后排左起：陈云、博古、彭德怀、刘少奇、周恩来、张闻天

形是国民党剥夺各党派的平等权利，企图指挥各党听它一党的命令。我们提这个口号，如果是要求国民党‘一切’都要‘经过’我们同意，是做不到的，滑稽的。如果想把我们所要做的‘一切’均事先取得国民党同意，那末，它不同意怎么办？国民党的方针是限制我们发展，我们提出这个口号，只是自己把自己的手脚束缚起来，是完全不应该的。”[43]

会上，毛泽东以赞许的口吻引用刘少奇的话说，如果王明的口号“一切经过统一战线”，意思是经过蒋介石和阎锡山，那么这就不是联合，而是投降了。作为替代，毛提出，中共遵守国民党业已赞同的协议，但有些事要“先斩后奏”，有些事则“斩而不奏”。他最后说，“有些暂时不斩

[43]《毛泽东传（1893–1949）》，中央文献出版社 1996 年 8 月第 1 版，第 519 页。

不奏。例如那些如果做了就要妨碍大局的事情。总之，我们一定不要分裂统一战线，但又决不可自己束缚自己的手脚。”[44]毛泽东在报告中清楚地告诫全党，国共两党的“这种合作是带勉强性的（不自由的婚姻）”，要想实现真正的合作，必须争取实力对比的变化，只有共产党成为战争的决定因素，才能有抗日战争的最后胜利，既然要发展实力，就难免要有摩擦和斗争。没有斗争，就不能发展统一战线。统一和斗争是对立统一、相辅相成的。[45]

关于战争和战略问题，毛泽东从中国历史的角度进一步强调武装斗争在中国革命中的重要性，指出："在中国，离开了武装斗争，就没有无产阶级和共产党的地位，就不能完成任何的革命任务。”因此，“全党都要注重战争，学习军事，准备打仗”。

毛泽东在结论中强调说："团结的要点是政治上的一致。此会上一切主要问题无不是一致的，这就保证了全党的团结。”由于在政治路线等主要问题上的是非已经分清，毛泽东对十二月会议以来同王明在政治上的分歧着重用正面说理的方式来进行总结。对王明本人，毛泽东采取温和的同志式的帮助态度，希望他能改正错误。毛泽东说：王明在全会上已表示“完全同意各报告”，“王明在部分问题中说的有些不足或过多一点，这是在发言中难免的。这些问题已弄清楚了。王明在党的历史上有大功，对统一战线的提出有大的努力，工作甚积极，他是主要的负责同志之一，我们应原谅之。”后来，毛泽东曾就以这种方式对待王明问题做过解释："在六中全会的文件上，在六中全会的记录上，看不出我们尖锐地批评了什么东西，因为在那个时候，不可能也不应该提出批评，而是从正面肯定了一些问题，就是说在实际上解决了问题。”

对历史上处理干部问题中的错误决定，毛泽东提出“应予平反”，没有搞清楚的要搞清楚。他说：对萧劲光公审和开除党籍是“岂有此理”；对瞿秋白、何叔衡等的处罚“皆不妥当”；对周以栗、余泽鸿在政治上组织上的打击是不对的，对邓小平的打击“亦应取消”；对陈毅、曾山、张鼎丞等所受的批评、处罚“皆应取消”；罗明路线除个别人外，被处罚者应“宣告无罪”；四方面军

[44]《剑桥中华民国史（1912–1949）》下卷，中国社会科学出版社 1998 年 7 月第 1 版，第 701 页。
[45] 杨奎松：《毛泽东与莫斯科的恩恩怨怨》，江西人民出版社 2008 年 4 月第 4 版，第 67 页。

犯过错误的同志应与张国焘有区别；博古、罗迈只要承认错误“则无问题”[46]

会议最后一天，刘少奇作了《党规党法的报告》。他指出，制定党规党法的目的是避免个别人破坏党的团结与统一，中央委员如果没有中央及政治局、书记处之委托，不能代表党发表对内对外的言论文件。

11 月 6 日，扩大的六届六中全会通过了《政治决议案》，批准了以毛泽东为代表的中央政治局的政治路线，克服了王明右倾错误对党的工作的干扰。这个决议案还有一个非常有历史意味的标题——《抗日民族自卫战争与抗日民族统一战线发展的新阶段》。全会重申独立自主地放手组织人民抗日武装斗争的方针，确定把党的主要工作方面放在战区和敌后：巩固华北，发展华中，迅速发展华中抗日根据地，打开一个新的局面。它强调“应该坚持保证共产党本身在政治上组织上的独立性”，并指出必须正确地开展两条路线的斗争，反对“左”、右倾不正确的倾向，同时指出了右倾机会主义分子在目前的主要危险性。

鉴于处在抗日战争的新阶段，针对王明右倾机会主义和目无中央、违反党纪的现象，以及 4 月份张国焘叛党后搞分裂活动的情况，全会通过了《关于中央委员会工作规则与纪律的决定》《关于各级党委暂行组织机构的决定》《关于各级党部工作规则与纪律的规定》等几个组织纪律建设的文件。文件指出，“应当彻底肃清马克思列宁主义的凶恶敌人——思想上及工作上的公式主义、教条主义与机械主义”，加强党的团结和组织纪律性，“认真实行党的民主集中制——个人服从组织，少数服从多数，下级服从上级，全党服从中央”。

张闻天在大会上宣布了撤销长江局，设立中原局、南方局的决定。南方局负责西南国统区党的工作，周恩来为书记；中原局管辖河南、湖北、安徽、江苏地区党的工作，刘少奇为书记；东南分局改为东南局，项英为书记；充实北方局，杨尚昆为书记。

六届六中全会是在抗日战争进入新的发展阶段的重要历史时刻召开的，不仅标志着王明给毛泽东造成的政治波折终于画上了句号，也标志着中共进一步把发展自己的力量作为工作的重心。

---

[46]《毛泽东传（1893—1949）》，中央文献出版社 1996 年 8 月第 1 版，第 519—520 页。

而对毛泽东个人来说，尽管六届六中全会还没有根本解决他担任中共中央总书记这个领袖名义的问题，但通过这次会议，毛泽东在中共党内的领袖地位已经实质上得以确立并稳固下来。事实上，到了第二年春天，张闻天终于决定让位了，主动“把政治局的会议地点，移到杨家岭毛泽东同志的住处开，我只在形式上当主席，一切重大问题均由毛主席决定了”。到了1940年，他更是明确承认毛泽东应该是中国共产党的领袖，故多次提出让位的问题，并且在实际上把“总书记”的各项权力统统交给毛泽东了。这正如彭德怀1938年10月24日在六届六中全会大会上发言时所说的：“领袖的培养是在坚决的斗争中锻炼出来的，领袖不能委任，领袖也不是拾来的，领袖是长期斗争经验的总结，是长期斗争中产生的。毛泽东的领导地位是由正确的领导取得的。”

当然，不要忘了，毛泽东之所以能够在六届六中全会上获得胜利，与远在莫斯科的季米特洛夫的支持是分不开的。所以，毛泽东后来不止一次地讲：“季米特洛夫同志是个好同志，他帮过我们很多的忙。抗日战争中他帮助我们抵抗了右倾机会主义。这个右倾机会主义的领导就是过去‘左’倾机会主义的领导人王明。”

历史没有假设。但最简单的道理往往总是被人们忽略——如果当初莫斯科共产国际支持的是王明而不是毛泽东，六届六中全会选择的是王明而不是毛泽东，情况又会如何呢？中国革命的历史和中国共产党的历史将怎样书写？

其实，答案可想而知。

所以，在中共七大上，毛泽东说，“六中全会是决定中国之命运的”。[47]

---

[47]《毛泽东在七大的报告和讲话集》，中央文献出版社1995年4月版，第231页。

马克思主义的中国化

王明是1938年底从重庆返回延安的。

回到延安后，因为长江局的撤销，作为中央书记处书记的王明被任命为中央统战部部长和中央妇女运动委员会主任，同时还担任中央南方工作委员会主任。1939年7月，中央政治局决定在延安创办女子大学，王明兼任中国女子大学校长。1940年1月，他当选陕甘宁边区文化协会的执行委员；2月，当选为延安各界宪政促进会理事。

显然，王明在中共中央高层的政治位置已经发生了微妙的变化。他的政治地位开始降低。从他担任的实际职务来看，他在延安的政治作用已经没有在武汉长江局时那样显著了。

但是，王明没有闲着。凭着口若悬河的口才和死记硬背马列主义理论著作的硬功夫，他在延安成了明星式的权威理论家。延安大大小小的机关和院校邀请他进行讲演，他乐此不疲。王明的讲演给干部群众留下了深刻印象，确实“征服”了一大批刚刚参加革命的年轻人，甚至有人当场高呼“王明万岁”。他俨

毛泽东（左二）、王明（右三）等在抗日军政大学检阅学员队伍

然成为中共党内的理论“巨人”。

曾任中央医院护士的李坚回忆：“那时，王明在延安作报告，他比毛主席阔气，山头上都站着岗。王明头一次给我们作报告，各个学校都到。听说，他是领导中国党和日本党，（地位）在毛主席上面。王明的名气大，过去在延安被称作‘天才的口才家’，讲演好，马列主义都很熟。王明是女大校长。从女大调来的学生，有一个和我是好朋友，叫周易，有一首校歌说‘女大是我们的母亲’，她说‘王明是我们的母亲’。”[48] 由此可见，当时中国女子大学的学生对王明的崇拜。王明的妻子孟庆树时任中国女子大学政治部主任，在女干部中也是鼎鼎有名。

王明的名气在延安确实相当响亮。尤其在中共党的马列主义理论水平整体不高的情况下，毛泽东也确实感到了一种危机，他开始迫切地感到中国共产党必须要建立自己的理论。也就是说，要想把中共从王明教条主义束缚下解放出来，还必须依靠马列主义，让党员干部真正懂得和掌握马列主义这个武器。因此，毛泽东决定加强全党的马列主义理论的学习，即他在六届六中全会上所倡导的“把马克思主义在中国具体化”。而所谓的具体化，就是“洋八股必须废止，空洞抽象的调头必须少唱，教条主义必须休息”。其矛头所指非常清楚，就是中共党内那些在苏联喝过洋墨水的、擅长引经据典的领导人。自然，王明就是最主要的代表。

没有漂洋过海走出国门的毛泽东，完全是一个土生土长的中国人。他读过的马列主义著作也大多是翻译过来的二手资料，不懂外语的他更没有读过任何马列主义的原著。因此当大批留苏学生被提拔到中共中央领导岗位，并运用他们在苏联学习的理论从江西苏区就开始指手画脚的时候，毛泽东就痛感自己理论方面的不足了。留苏学生多了，一方面加强了中共党的理论水平和理论队伍建设，但另一方面也滋生了生搬硬套的教条主义。后来，毛泽东曾对这些张口“马列”、闭口“马列”，自封为“马克思主义理论家”的人给予了严厉的讽刺，挖苦他们死守教条，唯我独“左”，“自卖自夸，只此一家，别无分店”，这些“我们老爷的‘马克思主义与列宁主义’是不顾时间、地点与条件的”，其“特

[48] 丁晓平采访李坚的谈话记录，2010年6月9日，北京。

点是夸夸其谈，从心所欲，无的放矢，不顾实际”，而“谁要是在时间、地点与条件上面提出问题，谁就是‘机会主义’”。他们“只知牛头不对马嘴地搬运马克思、列宁、斯大林，搬运共产国际，欺负我党与撰稿人们对马克思主义的认识水平与对于中国革命实践的认识水平的暂时落后而加以剥削”。毛泽东甚至感慨地怨怼道：“我常觉得，马克思主义这种东西，是少了不行，多了也不行的。中国自从有那么一批专门贩卖马克思主义的先生们出现以来，把个共产党闹得乌烟瘴气，白区的共产党为之闹光，苏区与红军为之闹掉百分之九十以上……都是吃了马克思主义太多的亏。”[49]

无论是在国际国内，还是在党外党内，意识形态对于任何一个政党来说，就如同一个人的生命，尤其在战争年代更是如此。中共亦是如此。以王明为首、博古为代表的来自莫斯科的留学生，因为熟悉苏联的理论，作为中共的理论家在党内的地位和影响是可想而知的。为了提高自己的马列主义理论水平，在江西“靠边站”的时候，毛泽东就开始“恶补”，“望得书报如饥似渴”。到了延安以后，他更是认真做功课，发愤读书。在杨家岭的窑洞里，一张小方凳、一张旧方桌、一盏昏暗的小油灯，伴着毛泽东度过了一个又一个通宵达旦。这个时期，他不仅阅读了大量的马克思主义哲学著作，还阅读了古今中外的军事理论著作。比如，1937 年 9 月，他阅读了艾思奇的《哲学与生活》，写下了 3000 多字的辑录；1938 年，他阅读了李达的《社会学大纲》和潘梓年的《逻辑与逻辑学》。其间，他还阅读了著名军事学家克劳塞维茨的名著《战争论》。

毛泽东早年就曾说过：“主义譬如一面旗子，旗子立起来了，大家才有所指望，才知所趋赴。”经历了大革命、土地革命和抗战爆发以来前言十多年的成功与失败，毛泽东更清楚地知道必须将马克思主义与中国革命的具体实践相结合，才能系统回答中共所面临的现实问题。因此，他提出必须要有“中国作风、中国气派”。正是这样的刻苦学习和探索，自 1938 年发表《中国革命战争的战略问题》《矛盾论》《实践论》《论持久战》之后，毛泽东近两年来又接连发表了《〈共产党人〉发刊词》《中国革命和中国共产党》《新民主主义论》等文章，

[48] 丁晓平采访李坚的谈话记录，2010 年 6 月 9 日，北京。

[49] 毛泽东《驳第三次左倾路线——关于 1931 年 9 月至 1935 年 1 月期间中央路线的批判》（1943 年）。

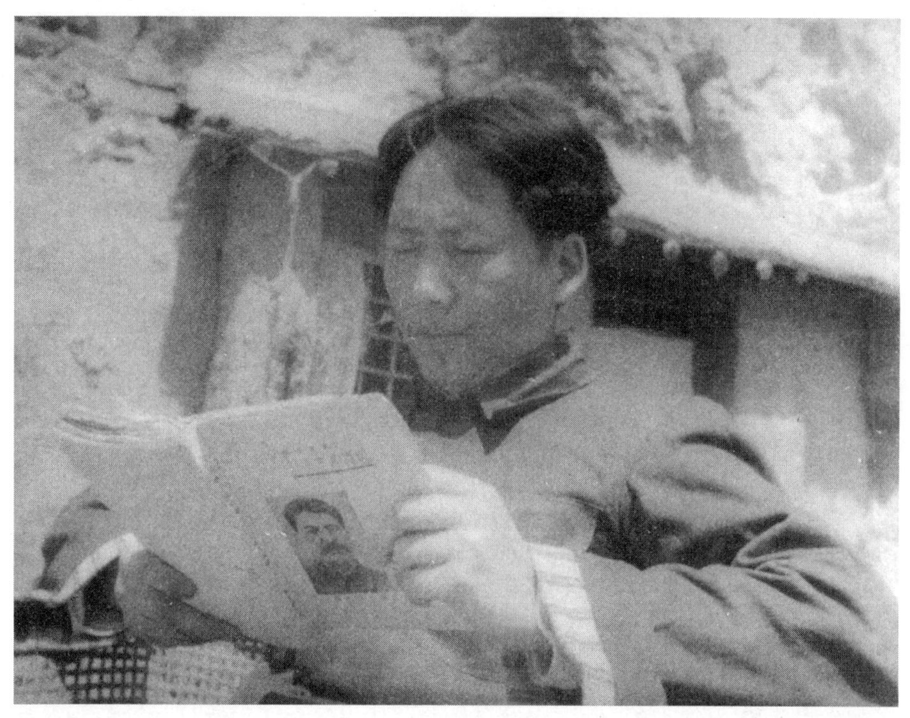

1939 年，毛泽东在延安阅读斯大林著作（卡尔曼摄）

在中国第一次旗帜鲜明地提出了新民主主义的完整理论，将中国共产党关于现阶段民主革命的理论和纲领这面大旗更鲜明地立了起来。用毛泽东后来的话说："在抗日战争前夜和抗日战争时期，我写了一些论文，例如《中国革命战争的战略问题》《论持久战》《新民主主义论》《〈共产党人〉发刊词》，替中央起草过一些关于政策、策略的文件，都是革命经验的总结。那些论文和文件，只有在那个时候才能产生，在以前不可能，因为没有经过大风大浪，没有经过两次胜利和两次失败的比较，还没有充分的经验，还不能充分认识中国革命的规律。"他说，只有经过两次胜利和两次失败，在抗日时期，"中国民主革命这个必然王国才被我们认识，我们才有了自由"。[50]

毛泽东不仅自己加强了中国革命理论的艰苦学习和探索，还号召全党努力学习理论。在六届六中全会上，他甚至号召全党来一个"学习竞赛"。他说："我们的任务，是领导一个几

[50]《毛泽东著作选读》下册，人民出版社 1986 年 8 月版，第 825–826 页。

万万人口的大民族，进行空前的伟大的斗争。所以，普遍地深入地研究马克思列宁主义的理论的任务，对于我们，是一个亟待解决并须着重地致力才能解决的大问题。我希望从我们这次中央全会之后，来一个全党的学习竞赛，看谁真正地学到了一点东西，看谁学的更多一点，更好一点。”[51]显然，毛泽东要把中国共产党锻造成一个学习型的政党，一个创新型的政党，一个拥有自己的理论和领袖的政党，一个独立自主的政党。

那个时候，延安是一座名副其实的“学校城”，如：中国人民抗日军政大学、马列学院、中共中央党校、陕北公学、中国女子大学、鲁迅艺术学院、泽东青年干部学校、中央组织部训练班、中央职工委员会训练班、西北公学（枣园训练班）、自然科学院、民族学院、军事学院、炮兵学校、中央军委机要学校、西北行政学院、新文字干部学校，等等。这些学校与国统区的“正规学校”完全不同，不仅学时短，而且课程设计也主要以思想训练为主。各类学校作为中共意识形态的训练和传播基地，强化了延安浓厚的意识形态氛围，在延安的政治生活中起着重要的作用。毛泽东还为“抗大”制定了“坚定正确的政治方向，艰苦朴素的工作作风，灵活机动的战略战术”的教育方针和“团结、紧张、严肃、活泼”的校训。他的一些重要著作如《中国革命战争的战略问题》《矛盾论》《实践论》《论持久战》等，都被列为“抗大”的必读教材。毛泽东和中共中央一些负责人，经常为“抗大”讲课。毛泽东曾回忆说：“那时我可讲得多，三天一小讲，五天一大讲。”他讲课的内容十分广泛，包括政治、军事、哲学、历史等，其中主要是谈战略问题。毛泽东强调要“提高战略空气”。他说：“只有了解大局的人才能合理而恰当地安置小东西。即使当个排长也应该有全局的图画，也才有大的发展。”他要求学员们在政治上要努力学习马列主义，在军事上要努力学习军事理论，这些都是战略问题。[52]

但令毛泽东非常头痛的根本问题是，发愤读书和发愤著述，他也无法改变那些留苏学生出身的中共高层领导者及其被影响者们“唯书唯上”的思维习惯和工作方法。“唯书”是指来自苏联的理论著作，“唯上”是指来自莫斯科苏共

[51]《毛泽东选集》第2卷，人民出版社1991年6月第2版，第353页。

[52]《毛泽东传（1893—1949）》，中央文献出版社1996年8月第1版，第523页。

中央斯大林和共产国际的指示。而毛泽东的理论著作和毛泽东的指示，是不能包括其中的。在严重的意识形态氛围中，延安完全笼罩在莫斯科的阴影之中。为了执行六届六中全会关于学习问题的决议，1939 年 2 月 17 日，中共中央就特设了干部教育部，由张闻天出任部长，李维汉任副部长，领导和组织全党的马列主义理论学习。

1939 年 10 月 14 日，毛泽东在《〈共产党人〉发刊词》一文中，分阶段性地总结了中国共产党成立 18 年来的历史经验。他指出，在党的幼年时期，革命失败的主要原因，就在于“还不善于将马克思列宁主义的理论和中国革命的实践相结合”，在土地革命时期，“一部分同志曾在这个伟大斗争中跌下了或跌下过机会主义的泥坑，这仍然是因为他们不去虚心领会过去的经验，对于中国的历史状况和社会状况、中国革命的特点、中国革命的规律不了解，对于马克思列宁主义的理论和中国革命的实践没有统一的理解而来的”。

“前途是光明的，道路是曲折的。”在“抗大”，毛泽东告诫学员们，中国革命的道路如河流一样曲折蜿蜒，要准备走“之”字路，走“之”字路，这是世界上任何事情发展的原则。说白了，一切都是需要斗争才能赢得主动，赢得胜利。中国共产党人要从斗争中创造新局面。毛泽东之所以要高高地树立起“新民主主义”大旗，他说，“目的主要为驳顽固派”。其实，它的意义远远超出这个范围。1940 年 1 月，毛泽东在陕甘宁边区文化协会第一次代表大会上发表《新民主主义的政治与新民主主义的文化》的长篇讲话，开宗明义地提出“中国向何处去”的问题，他十分明确地回答：“我们要建立一个新中国。”他说：“我们共产党人，多年以来，不但为中国的政治革命和经济革命而奋斗，而且为中国的文化革命而奋斗；一切这些的目的，在于建设一个中华民族的新社会和新国家。”

毛泽东说他主要是为了驳斥“顽固派”，这里的顽固派，是指国民党内的顽固派。当政治中心在武汉时期，“顽固派”们就大肆鼓吹“一个主义”、“一个政党”的主张。国家社会党的张君劢公开要与毛泽东讨论“共产党之理论”，要毛泽东“将马克思主义暂搁一边”。中国共产党的叛徒、国民党“理论家”叶青（任卓宣）甚至宣称国民党外的一切党派，不止今天，就是将来也没有独立存在的理由。蒋介石 1939 年 9 月发表《三民主义之体系及其实行程序》

1938 年，毛泽东在中国人民抗日军政大学讲演（徐肖冰摄）

的长文，鼓吹所谓“以党治国”、“以党建国”、“要使抗战胜利之日，即为建国完成之时”。[53] 这就把“中国向何处去”这个问题，十分尖锐地提到每一个关心国家命运的人的面前，这就要求中国共产党必须对这个问题系统地表明自己的立场和观点。

在《新民主主义论》中，毛泽东系统地阐述了新民主

[53] 蒋介石：《三民主义之体系及其实行程序》，《青年中国季刊》创刊号，1939 年 9 月 30 日。

主义的理论和纲领。他强调指出，我们要建立的“这个新社会和新国家中，不但有新政治、新经济，而且有新文化”。同时，毛泽东再一次谈到马克思主义中国化的问题。他说：“形式主义地吸收外国的东西，在中国过去是吃过大亏的。中国共产主义者对于马克思主义在中国的应用也是这样，必须将马克思主义的普遍真理和中国革命的具体实践完全地恰当地统一起来，就是说，和民族的特点相结合，经过一定的民族形式，才有用处，决不能主观地公式地应用它。”这样，毛泽东就把新民主主义国家的政治、经济、文化的基本特征和具体内容，把中国共产党所要建立的新中国是怎样的一个国家，为人们勾画出了一个清晰而完整的轮廓。《新民主主义论》是一篇具有严密的理论体系的文章，也是一篇有着很强论战性的文章。连一向攻击共产党没有自己的理论的反动文人叶青也不得不表示，自从读到《新民主主义论》，“我对于毛泽东，从此遂把他作共产党理论家看待了”。[54]

新民主主义革命和旧民主主义革命的根本区别在于无产阶级是否掌握了领导权。关于无产阶级领导权的问题，在中国共产党内早就提出来了。但是，在中国这样复杂的环境中，无产阶级怎样才能实现领导权？这个问题，毛泽东也经历了长期的思考和探索。他在《〈共产党人〉发刊词》中作出了全面的论述，指出：“十八年的经验，已使我们懂得：统一战线，武装斗争，党的建设，是中国共产党在中国革命中战胜敌人的三个法宝，三个主要的法宝。”关于这三者之间的相互关系，毛泽东写道：“统一战线和武装斗争，是战胜敌人的两个基本武器。统一战线，是实行武装斗争的统一战线。而党的组织，则是掌握统一战线和武装斗争这两个武器以实行对敌冲锋陷阵的英勇战士。”“正确地理解了这三个问题及其相互关系，就等于正确地领导了全部中国革命。”而现在，“我们已经能够正确地处理统一战线问题，又正确地处理武装斗争问题，又正确地处理党的建设问题”。这是他对中国共产党十八年来的斗争历程作出的重要总结。

毛泽东树立新民主主义的目的，除了驳斥国民党“顽固派”之外，还有非常重要的原因，就是要在中共党内的政治思想路线斗争中树立自己的理论权

[54] 叶青：《毛泽东思想批判》，帕米尔书店 1974 年 9 月第 3 版，第 5 页。

1944 年，美国纽约出版的毛泽东《新民主主义论》

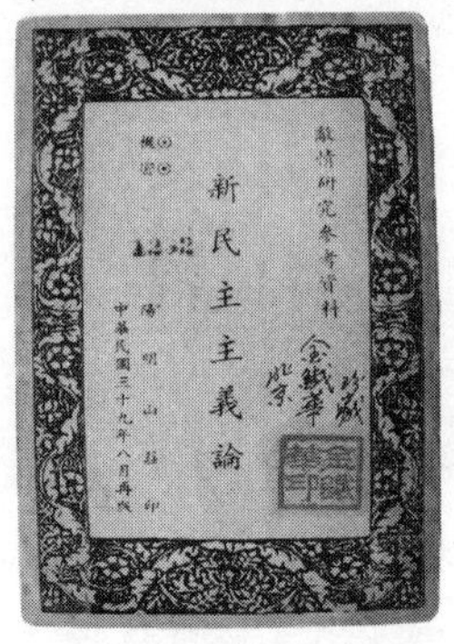

1950 年，蒋介石国民党当局在台湾作为机密文件印行的毛泽东著作《新民主主义论》

王明著作《为中共更加布尔塞维克化而斗争》

威。他清楚地知道，以王明为代表的来自莫斯科的理论权威们依然把持着意识形态的话语权和领导权，而且在党内的政治思想路线上依然有相当一大批党员干部，对王明等留苏学生出身的中央领导非常迷信。就连他本人也不得不对他们敬而远之，尽可能不去涉足他们的“专业领地”和“理论王国”。而更令毛泽东尴尬的是，他的《论持久战》《新民主主义论》等一系列重要革命理论著作和文章，不仅没有得到负责理论报刊宣传工作的领导人的重视，甚至连《新华日报》都拒绝发表。而《新民主主义论》出版后，中共中央宣传部也“只把毛泽东同志的著作，列入临时的策略教育与时事教育之内，只当作中央的一般政策文件看待”。可见，延安中共高层的理论宣传和教育工作引经据典——苏联的“经”和共产国际的“典”，在相当长的一段时间内蔚然成风。

毛泽东深知，这种局面必须打破，必须突出重围。因此，他在六届六中全会上明确提出：“使马克思主义在中国具体化，使之在其每一表现中带着必须有的中国的特性，即是说，按照中国的特点去应用它，成为全党亟待了解并亟须解决的问题。”他还指出：“在这个问题上，我们队伍中存在着的一些严重的错误，是应该认真地克服的。”他所说的“一些严重的错误”，其实就是指以王明为代表的教条主义错误。

六中全会后，王明口头上说“党要团结在毛泽东领导之下”，实际上却依然坚持过去的错误。随着全党掀起马列主义理论学习运动，毛泽东不断发表自己“马列主义中国化”的革命理论著作之后，王明也感到了一种危机。显然，他不甘心自己被毛泽东定义为教条主义者。同时，他本能地产生了逆反心理，认为毛泽东是在用“新民主主义”来对抗列宁主义，并建议毛泽东作出修改。显然，这也是毛

1939 年，在延安的中央政治局委员合影，右二为毛泽东，右三为王明

泽东绝对不能接受的。王明已经明显感到毛泽东所倡导的“马列主义中国化”，其矛头就是指向自己。

1940 年 3 月，王明将自己 1931 年所写、后来被认为集中反映他“左”倾错误观点、称之为“教条主义纲领”的《两条路线》一书，改名为《为中共更加布尔塞维克化而斗争》，在延安印刷了第三版。该书的第二版是 1932 年在莫斯科印刷的。从这个书名的更改上，就可以非常直接地看出王明的目的。不言自明，他要以此来证明他才是中共布尔什维克正确路线的真正代表。

在这个第三版的序言中，王明说：“反李立三和反罗章龙路线斗争距今将近十年了。本书已经成为历史文件，本无再出版的价值；不过因为我们党近几年来有很大的发展，成千累万的新干部新党员，对我们党的历史发展中的许多事实，还不十分明了。本书所记载着的事实，是中国共产党发展史中的一个相当重要的阶段，因此，许多人要求了解这些历史事实，尤其在延安各学校学习党的建设和中共历史时，尤其需要这种材料的帮助。”

王明在序言中还强调说：“任何人的思想，历史的事实，都是向前发展的，都是整个发展过程中的一定片断，而当事过境迁之后，再去审察已经过去时期的事实和理论，当然比当时当地当事人容易明白得多。但是，每个忠诚的辩证唯物主义和历史唯物主义者，不能离开一定的时间和空间条件来看待和处理是非问题，不能把昨日之是，一概看作今日之非；或把今日之非，一概看作异地之非；或把异地之非，一概断定不能作为此地之是。”这真是欲说还休，意犹未尽。王明不是省油的灯。不能否认，他上述这段话蕴含着朴素的哲理。但“司马昭之心，路人皆知”。显然，王明是在危机中寻找转机，渴望以自己权威的理论武器来压倒毛泽东。

——这是一个挑战性的行动。

“这样一来，王明究竟是个什么人，他搞的一套究竟是对还是错，就成了一个问题了。这就要算历史账，才能搞清楚。”[55]

于是，应该怎样看待党的历史上的路线是非这个问题，更迫切地摆到中共中央和毛泽东的面前。其实，对于党的历史问题，六届六中全会前，中共中央就曾考虑在准备召开的七大上进行讨论，但没有得到共产国际的同意。王稼祥在六届六中全会上传达共产国际的指示时说：中共七大要着重于实际问题，主要着重于抗战中的许多实际问题，不应花很久时间再争论过去十年内战中的问题。关于总结十年经验，国际认为要特别慎重。因为战争形势以及中共中央高层的思想路线、领导权等诸多问题还没有得到统一解决，七大就一直难以召开，有关党的历史问题的讨论也就一直拖了下来。

令王明没有想到的是，选择在这个时机再版《为中共更加布尔塞维克化而斗争》，自己搬石头砸了自己的脚，这本书反而成了自己“左”倾路线的证明材料。三年后的1943年9月22日，刘少奇在读到这本书后，在上面批注道：“这本罪恶的小册子记载着罪恶的党内斗争的黑幕，使我们对于党内这段历史有完全新的了解。马克思主义者必须利用这本材料将党内这段历史重新写过，并作出结论说：王明这一派人在其所谓‘反立三路线’斗争中，不独没有真正反对立三路线，不独没有任何功绩，而且有莫大的罪过。”[56]

此时，更让王明没有想到的是，毛泽东已经备受共产国际的赞誉，称他是“为中国人民的解放而战斗的英勇战士，中国共产党的组织者和领导者之一，真正的布尔什维克，学者，杰出的演说家，军事战略家和天才组织者”，其影响力越来越大。中共中央名义上的最高领导人张闻天，在1939年的春天就已

[55]《胡乔木回忆毛泽东》，人民出版社2003年12月第2版，第46页。

[56] 戴茂林、曹仲彬：《王明传》，中共党史出版社2008年11月第1版，第245页。

经把政治局会议的地点主动移到毛泽东的住处，开始有意识地主动让位给毛泽东了。而到了1940年，他更是事实上承认毛泽东是党的领袖，把各项权力统统交给毛泽东了。

不知道是出于什么原因和心理，王明也悄悄地跟随共产国际唱起了毛泽东的赞歌。1940年5月3日，他的心爱之作《两条路线》第三版刚刚印刷才两个月，他就来到延安泽东青年干部学校，在开学典礼上，作了一场题为“学习毛泽东”的报告。他公开说：“对于青年学生学习问题，我只贡献五个字‘学习毛泽东’。青年干部学校以毛泽东同志的光辉名字来命名，那就要名副其实，就是要学习毛泽东同志的生平事业和理论。”随后，习惯长篇大论作报告的王明，热情洋溢地发挥了他理论家和演讲家的特长，口若悬河地赞颂毛泽东。

5月7日，王明将这篇《学习毛泽东》的演讲报告全文发表在《新中华报》上。在发稿之前，他曾征求毛泽东的意见。毛泽东认为自己的理论还不成熟，建议不要发表。但王明还是署名全文发表了。在这里，我们不妨摘引王明这篇演讲报告的一些文字，看一看，他到底是怎么说的——

> 第一，我们学习毛泽东始终如一地忠于革命的精神。毛泽东在青年时代就努力于革命事业，党的一大以后，便是我们党的主要领导人，便是中国革命的一个优秀领导者。1927年，中国革命失败后，毛泽东如鹤立鸡群一样英勇坚决地继续革命，领导党和红军经历了无数的痛苦，克服了各种困难，在任何条件下，在任何艰难困苦环境中，能始终如一地坚持革命事业。
>
> 第二，学习毛泽东勤于学习的精神。毛泽东没有进过马列主义学校，但比我们党内任何同志都学得多，比我们党内任何同志都学得好，真正地学习了马列主义，真正地善于把马列主义灵活地应用到中国革命的实践中。正由于毛泽东同志不断地工作，不断地学习，不断地从工作中学习马列主义，从马列主义学习中处理工作，所以才能把理论与实践结合起来，所以他才不仅成为中国革命的伟大政治家和战略家，而且是伟大的理论家。
>
> 第三，学习毛泽东勇于创造的精神。他在理论和实践中有许多

新的创造，《游击战争的战略问题》《论持久战》等军事著作，不仅是抗日民族解放战争的军事指南，而且是马列主义在军事上的新发展；《新民主主义论》不仅是中国现阶段国家问题的指南，而且是一切殖民地半殖民地关于建立革命政权问题的指南，同时也是对马列主义关于国家问题的新贡献。

第四，学习毛泽东长于工作的精神。他能做最下层的群众工作，也能做最上级的领导指挥工作。在农民工作中，他是一个有名的农民工作大王；在军事工作中，他是伟大的战略家；在政治工作中，他是天才的政治家；在党的工作中，他是公认的领袖。不管什么工作，只要放在他手里，他都能做好，只要你向他请教，他都能告诉你经验和方法。

第五，学习毛泽东善于团结的精神。毛泽东现在不仅仅是共产党中央和共产党全党团结的核心，不仅是八路军、新四军团结的中流砥柱，而且是全中国无产阶级和人民大众众望所归的团结中心。[57]

最后，王明总结说："泽东青年干部学校学生以及全国的优秀青年，应该以毛泽东为模范，应该学习毛泽东。"

一边暗中与毛泽东分庭抗礼，一边公开大唱毛泽东赞歌，而且像王明这样高调的赞歌，似乎还从来没有人唱过。这与他后来在《中共五十年》一书中所诬蔑和指责毛泽东的描述不仅截然相反，而且简直令人难以置信。王明的葫芦里到底卖的是什么药？无论是真情还是假意，王明的赞歌，毛泽东听起来似乎并不怎么顺耳。

一边大力领导抗日根据地军民开展大生产运动，一边积极巧妙地抵御国民党反动派的“摩擦”，毛泽东充分利用抗日民族统一战线的有利因素和相对和平环境，开始深入冷静地思考历史、总结历史。他清楚地看到，中国共产党成立以来，经历过巨大的胜利和严重的失败，出现过“左”的和右的机

[57] 熊廷华：《王明的这一生》，湖北人民出版社 2009 年 4 月版，第 219 页。

会主义错误，其中给中共带来危害最大的就是以王明为代表的教条主义错误。遵义会议和六届六中全会，分别纠正了王明在土地革命战争后期的“左”倾错误和抗日战争初期的右倾错误，但由于没有来得及对党的历史经验进行系统的总结，特别是没有从政治路线的高度对党内历次错误的思想根源进行深刻的总结，所以，党内在指导思想上仍存在一些分歧。这些分歧，从根本上说，就是一切从实际出发，按具体情况办事，还是主观主义地凭“想当然”或照着某些“本本”办事。这个问题如果不能得到很好的解决，就谈不上党内思想上、政治上的统一和行动上的一致，去同心同德地夺取胜利。还有一个原因是，中国共产党这时已发展成拥有 80 万党员的大党，其中百分之九十以上是抗战以后入党的新党员。毛泽东认为，这些干部，“如不提高一步，就不能掌握将来的新局面”。[58]

此时此刻，已是皖南事变的前夜，形势十分严峻，毛泽东工作十分繁忙。但他一点也没有放松对中共党的历史经验、统一战线策略上的新经验等问题进行全面系统的总结。

12 月 4 日，中共中央召开政治局会议，毛泽东在会上第一次比较集中地谈到了中共历史上的右倾和“左”倾错误，特别是十年内战后期打倒一切的“左”倾错误及其给中国革命造成的严重损失。

在会上，毛泽东指出：在大革命末期，陈独秀主张联合一切，下令制止工农运动；在苏维埃时期，最初实行打倒一切，到六大时纠正了。但到后期，又是打倒一切。“左”的政策使军队损失十分之九，苏区损失不止十分之九，所剩的只有陕北苏区。所以苏维埃后期的损失，实际上比立三路线时的损失还大。他说：而遵义会议提到这个时期只说是军事上的错误，没有说是路线上的错误，实际上是路线上的错误。所以遵义会议决议须有些修改。关于抗日战争以来的错误倾向，毛泽东认为在统一战线初期是“左”倾；国共合作建立后有一个时期是右倾，反磨擦后又是“左”倾。他总结说：关于过去的经验教训，同意以后专门研究，但研究的大纲要谈一下。他指出：过去总的错误是不了解中国革命的长期性、不平衡性。不了解中国革命的长期性，便产生了对革命的

[58]《毛泽东传(1893—1949)》，中央文献出版社 1996 年 8 月第 1 版，第 624—625 页。

急躁性。中国共产党是一个半殖民地国家的党，党员比较幼稚，过去犯错误是由于经验不足。他强调指出，大革命末期的右的错误和苏维埃后期的许多“左”的错误，是由于马列主义没有和实际联系起来。总结过去的经验教训，对于犯了错误和没有犯错误的人都是一种教育。[59]

同时，毛泽东强调，指明革命的方向和前途是十分重要的，但单有这些还不够，还需要确定实现这些目标的政策和策略。他说：只有“把理论与实际政策说清楚”，问题的解决才算完整。总结过去的经验教训，大体上要分大革命、苏维埃与抗日战争三个时期。总的错误是不了解中国革命的长期性、不平衡性。苏维埃末期犯了许多“左”的错误，是由于马列主义没有与实际联系起来。他提出应当组织一个委员会，对党的各项政策问题进行总结，有的还要制订出条例来。

12月4日和13日，中央政治局会议对毛泽东提出的这些问题进行了认真讨论。会上，王明、博古、朱德、康生、张闻天、陈云等相继发言。博古坦然表示愿意对当时的错误负责，希望有机会能够作出检讨。但对毛泽东说苏维埃后期的错误是路线错误的观点，不但王明、博古无法接受，其他人对此也表示异议，存在分歧。同为留苏学生，并且作为当时中共中央主要负责人的张闻天就表示说：在苏维埃后期虽然因反立三路线不彻底又犯了“左”的错误，但当时还是进行了艰苦的斗争的，还是为马列主义而奋斗的，路线上并没有错。

12月25日，在中共中央全面总结这方面经验的基础上，毛泽东求同存异，起草了一份关于时局与政策的党内指示[60]。指示明确地指出：“在目前反共高潮的形势下，我们的政策有决定的意义。”“在整个抗日战争时期，无论在何种情况下，我党的抗日民族统一战线的政策是决不会变更的；过去十年土地革命时期的许多政策，现在不应当再简单地引用。”指示批评了土地革命时期出现过的一些“左”倾机会主义错误，指出：“现在的抗日民族统一战线政策，既不是一切联合否认斗争，又不是一切斗争否认联合，而是综合联合和斗争两方面的政策。”但在说到土地革命战争后期的许多过“左”的政策时，毛泽东也不得不同意不用路线错误的提法。

毛泽东还着重阐明和规定了抗日民族统一战线的一系列政策，包括：统一

[59] 毛泽东在中央政治局会议上的发言记录，1940年12月4日。

[60] 指示中的政策部分就是收入《毛泽东选集》的《论政策》。

战线下的独立自主政策，既须统一，又须独立；在军事战略统一下的独立自主的游击战争，基本上是游击战，但不放弃有利条件下的运动战；在同反共顽固派斗争时“利用矛盾，争取多数，反对少数，各个击破”，坚持“有理，有利、有节”的原则；在敌占区和国民党统治区采取“隐蔽精干，长期埋伏，积蓄力量，以待时机”的政策；在国内关系上发展进步势力，争取中间势力，孤立顽固势力等等。

就是在这个时候，1941 年 1 月 6 日，皖南密林里的枪声再次警醒了毛泽东，警醒了中共中央。

“同室操戈，相煎何急。”一场预谋的血腥大屠杀，成为中华民族历史上的“千古奇冤”——震惊中外的皖南事变爆发了，再次给中共中央敲响了国民党反共的警钟。1941 年 1 月 15 日，中央政治局召开会议，讨论新四军失败的原因。毛泽东指出：从我们自己方面来说，首先是由于项英、袁国平等没有反摩擦的思想准备，其次是指挥上的错误。他说，项英过去的路线是错误的，不执行独立自主政策，没有反摩擦斗争的思想准备。过去我们认为只是个别错误，但现在错误的东西扩大起来，便成了路线的错误。抗战以来一部分领导同志的机会主义，只知片面的联合而不要斗争。有些同志没有把普遍真理的马列主义与中国革命的实践联系起来，项英同志便没有了解中国革命的实际。耐人寻味的是，尽管在苏维埃运动后期和抗战初期的错误路线的内容很不相同，但这两个时期的错误项英都有份。“左”转到右，则说明了“两极相通”。非“左”即右都根源于一个思想方法，即不了解中国革命具体实际或不能揭示中国革命的客观规律的主观主义。[61]

在这次会议上，毛泽东提出：袁、项的错误须立即宣布，如何处置交七大解决。会议通过了毛泽东起草的《中央关于项袁错误的决定》，明确提出新四军失败首先在于项英“对统一战线的了解，是犯了右倾机会主义错误的”。同时，毛泽东提出：我们要实行全国的政治反攻，像我们前次反对第一次反共高潮时一样非常强硬的态度，只有不怕决裂，才能打退国民党的进攻。他又说：左派主张我们马上与国民党大打起来，我们也不能实行这种政策。

[61] 汪云生：《二十九个人的历史》，昆仑出版社 1999 年 2 月第 1 版，第 406 页。

以毛泽东为首的中共中央面对国民党蒋介石的猖狂进攻，针锋相对，强烈地“采取了尖锐的对立政策”，并逐渐形成了“政治上取攻势，军事上取守势”的方针，成功地实行了政治上的全面大反攻，使得“以为可以关起门来打内战，消灭共产党，至少可以消灭新四军；以为日本人会鼓励他，至少会中立、不作声”的蒋介石，在发动皖南事变后，才知道他的算盘打错了。结果，不仅日本人打了他，更让蒋介石没有想到的是国内国际上反对他的声音越来越强烈了。真是搬起石头砸了自己的脚。进退失据的蒋介石掀起来的第二次反共高潮，被共产党毛泽东奋力反击打了下去，而且比第一次反共高潮败得还要惨。

以皖南事变为转折，中共打退了蒋介石第二次反共高潮的一系列方针政策，在整个抗战中，是毛泽东思想发展的一个高峰，在整个毛泽东思想中也有一定的地位。通过这次斗争，中共对王明右倾路线的认识更清楚了。皖南事变以血的代价“让我们在军事受了那么大的损失，政治上却有很大进展，并对以后的军事发展有利”，同时也“表现出毛泽东发展统一战线的策略思想更具体化、更丰富”。这是很精彩的一段历史，也是毛泽东在抗日战争时期最紧张的一段时间。“毛主席肩上担子沉重。但是他思考问题很细、很具体，处理事情很快，抓得很紧。那个时期他起草的文电很多，仅关于打退第二次反共高潮的，就有 300 多件，除少数几天没有发出这样内容的文电外，一般每天都要发出两三件。据不完全统计，1940 年 11 月和 1941 年一、二月，每月都是 50 件左右。在 11 月初起草‘佳电’前后和 12 月上旬顽固派的‘齐电’发出之后，是毛主席发出电报最多的时候。11 月 3 日和 13 日这两天，均发出了 9 件。在 12 月 14 日这一天则发出了 11 件，创他在抗日战争时期发出文电的最高记录之一。”[62] 陈云回忆，毛泽东推敲“佳电”[63] 就整整写了一夜。

毛泽东以皖南事变为契机，一方面向国民党蒋介石发动了强大的政治攻势，一方面在中共党内开始采取措施解决理论如何联系实际的问题。

[62]《胡乔木回忆毛泽东》，人民出版社 1994 年 9 月第 1 版，第 25–26 页和 118–119 页。

[63] 1941 年 10 月 19 日，国民党方面由何应钦、白崇禧以正副参谋总长名义发出致朱德、彭德怀、叶挺的电报，要求八路军、新四军在收到电报的一个月内全部开到黄河以北，并从已有的 50 万人缩编为 10 万人。这封被称作“皓电”的电报，是国民党发动派更大规模反共高潮的开端。11 月 9 日，毛泽东起草的以朱、彭、叶、项名义复何、白电，即“佳电”，经过反复斟酌后定稿。电文态度严正而坚决，措词委婉而恳切。首先叙述了八路军和新四军四年以来在抗战中取得的战绩，以表明“遵循国策、服从命令，为捍卫民族国家奋斗到底之决心”。然后就行动、防地、编制、补给、边区、团结抗战之大计这六个方面，对“皓电”的无理指责作出明确答复。

王明（左三）、周恩来（右三）、项英（右一）在武汉

在1月15日中共中央政治局讨论皖南事变新四军失败的会议上，毛泽东极其严厉地批评了项英，认为“他对于国民党的反共政策从来就没有领导过斗争，精神上早已作了国民党的俘虏”。毛泽东不惜说了如此的狠话，自然是有的放矢。大家都知道，作为新四军的创始人和主心骨，项英是中国工人阶级的领袖人物，长期担任中共党内重要的领导职务。长征开始后，项英留在苏区开展了艰苦卓绝的斗争，立下了汗马功劳。而从江西苏区开始，项英向来都是王明的支持者和拥护者。毛泽东的话，自然让在座的王明听起来很不顺耳。

毛泽东的情绪为什么如此激动？除了新四军损失惨重之外，他认为根本原因还是有些同志不了解中国革命的实际，不了解经过十年反共的蒋介石。这时，他坚决地采取了在政治上向国民党蒋介石进行反攻，已不在乎国共第二次合作能否继续下去了。

毛泽东不在乎，但斯大林在乎。皖南事变发生后，苏联继续源源不断地给蒋介石提供军事援助，并干预毛泽东采取同蒋介石尖锐对立的立场。1月20日，季米特洛夫致电中共中央，要求严格注意把握政策，提醒毛泽东不要对蒋介石反应过头了。1月25日，季米特洛夫再次紧急致电毛泽东，告诫毛泽东必须在国共合作的大框架内活动，继续强调利用蒋日之间矛盾的重要性，要求集中火力打击国民党亲日派，不可另起炉灶，以免上亲日派的当。

得到苏联援助才发展壮大起来的中国共产党，从陈独秀、瞿秋白、李立三到博古，再到王明，哪一个最后都成了莫斯科政策的牺牲品。或许这正应验了那句俗话：“吃了别人的嘴短，拿了别人的手短。”但是，毛泽东不信这个邪！他站在历史的肩膀上痛定思痛，决定“以打对打，以拉对拉”，采取革命的两面政策，猛烈地打退了国民党的反共高潮。5月8日，他在为中共中央起草的一份党内指示中说道：“须知中国社会是一个两头小中间大的社会，共产党如果不能争取中间阶级的群众，并按其情况使之各得其所，是不能解决中国问题的。”“向着最坏的一种可能性作准备是完全必要的，但这不是抛弃好的可能性，而正是为着争取好的可能性并使之变为现实性的一个条件。这次我们充分地准备着对付国民党的破裂，就使国民党不敢轻于破裂了。”[64]

1941年春天，打退国民党反共高潮之后，毛泽东明显感觉到，自己在六届六中全会上倡导的“使马克思主义在中国具体化”的号召，如今依然还是一句空话。于是，他决定采取强有力的措施，要求全党从中国革命的实际和中国革命的具体利益出发，考虑问题，决定政策。皖南事变几个月后，毛泽东就公开批评中共中央有些人没有把普遍真理的马列主义与中国革命的具体实际联系起来的问题。他说：有些人把马列主义当成死的教条，“对于研究今日的中国和昨天的中国一概无兴趣，只把兴趣放在脱离实际的空洞‘理论’研究上”，“言必称希腊”，“自以为是，‘老子天下第一’，‘钦差大臣’满天飞”，专门唬那些不懂理论的工农干部和青年学生。为了引起全党重视，毛泽东要求把反对教条主义的问题提到党性的高度来认识。

不言而喻，毛泽东称“言必称希腊”的“钦差大臣”，就是指习惯于唯书唯上、唯莫斯科共产国际马首是瞻的以王明为首的来自莫斯科的人，即所谓的“国际派”。博古犯错误，乃至项英犯错误，在一贯重视实践、轻视教条的毛泽东看来，都是一个问题，那就是，理论脱离了实际。说白了，就是他

---

[64]《毛泽东选集》第二卷，人民出版社1991年6月版，第783—784页。

们考虑问题、做事情，没有从中国的国情出发，没有从中国革命的实际利益出发。像维经斯基、李德、马林、米夫等这些外国人，为了服务于他们国家或组织的利益，这么做是没有办法的事情。但中国共产党特别是中央领导人，如果一味地按照莫斯科的指示或苏联的模式生搬硬套地去做中国的事情，势必会再次付出血的代价。如再不悬崖勒马，一旦有个风吹草动，即使共产国际不干涉，中共中央内部也必然在党的指导思想上产生严重分歧，从而给中国革命的伟大事业带来意想不到的损失。

皖南事变之后，已经看到中国共产党日渐壮大独立起来的毛泽东，灵活地与莫斯科进行了小心翼翼的斗争。显然，打退国民党的反共高潮，让毛泽东感到中共的翅膀更硬了。5 月 14 日，他致电周恩来，直截了当地批评苏联军事顾问，对中共不要指手画脚，中共怎么做自有中共的道理，“不要随便乱说”。他同时告诫周恩来，对俄国人的话，“不可不听，又不可尽听”。

为了改变中共党内理论脱离实际的问题，实现全党尤其是中共中央高层在政治上、思想上和行动上的统一，同心同德战胜困难，夺取抗日战争的最后胜利，毛泽东决定从思想和舆论上着手，开始进行整风。为此，毛泽东经过精心准备，做了四件事。

第一件事：编辑出版《农村调查》。

1941 年 4 月，毛泽东在延安为什么决定要出版这部十年前的旧作呢？

《农村调查》是毛泽东 1930 年至 1933 年间在江西苏区所作的农村调查报告，1937 年 10 月他就已经编好。1941 年 3 月 17 日和 4 月 19 日，毛泽东又重新加写了“序”和“跋”，付梓出版。一年前的这个时候，王明再版了他的旧作《两条路线》，改名为《为中共更加布尔什维克化而斗争》，增写了序言。毛泽东这次也为自己的《农村调查》重新写了序和跋。他申明：“出版这个参考材料的主要目的，在于指出一个如何了解下层情况的方法，而不是要同志们去记那些具体材料及其结论。”他指出：“现在我们很多同志，还保存着一种粗枝大叶、不求甚解的作风，甚至全然不了解下情，却在那里担负指导工作，这是异常危险的现象。对于中国各个社会阶级的实际情况，没有真正具体的了解，真正好的领导是不会有的。”他又指出：“实际工作者须随时去了解变化着的情

1927 年至 1933 年，毛泽东在革命根据地内进行了大量的调查研究和理论创作。这是当时写的《农村调查》和《调查工作》(即《反对本本主义》)

况，这是任何国家的共产党也不能依靠别人预备的。所以，一切实际工作者必须向下作调查。对于只懂得理论不懂得实际情况的人，这种调查工作尤为必要，否则他们就不能将理论和实际相联系。'没有调查就没有发言权'，这句话，虽然曾经被人讥为'狭隘经验论'的，我却至今不悔；不但不悔，我仍然坚持没有调查是不可能有发言权的"。[65]

可见，毛泽东之所以出版《农村调查》，他已经说得明明白白，其目的就是针对以王明为首所奉行的主观主义和教条主义。

第二件事：改组延安新闻机构。

1941 年 5 月 15 日，毛泽东为中共中央书记处起草了一份关于出版《解放日报》的通知，明确指出："五月十六日起，将延安的《新中华报》《今日新闻》合并，出版《解放日报》，新华通讯社事业亦加改进，统归一个委员会管理。一切党的政策，将通过《解放日报》与新华社向全国宣达。《解放日报》的社论，将由中央同志及重要干部执笔。各地应注意接收延安的广播。重要文章除报纸、刊物上转载外，应作为党内、学校内、机关部队内的讨论与教育材料，并推广收报机，使各地都能接收，以广为宣传，是为至要。"第二天，由毛泽东题写报名并写发刊词的《解放日报》诞生了。在发刊词中，毛泽东阐明了该报创刊的宗旨和任务。他指出："本报之使命为何？团结全国人民战胜日本帝国主义一语足以尽之。这是中国共产党的总路线，也就是本报的使命。"同时还指出，"中国共产党的政策，始终是抗日民族统一战线政策"，"团结，团结，团结，这就是我们的武器，也就是我们的口号"。这个发刊词论证了党报使命与中国共产党使命的一致性，党报就是要准确地宣传党在不同时期的政治任务即为了完成政治任务而制定的路线、方针、政策，成为教育人民群众、指导革命工作的

[65]《毛泽东选集》第三卷，人民出版社 1991 年 6 月版，第 791 页。

武器。

《解放日报》出版后，尽管新华社本身已经有了一些规模，其通讯业务除抄收国民党中央社和外国通讯社的电讯，供中共中央、毛泽东了解国内国际的大事外，还收译一些电讯供《解放日报》选用，同时选播《解放日报》的稿件，但当时是以“报”为中心，“社”是附属“报”的。最初的《解放日报》为四开中张两版，从 1941 年 9 月 16 日起，改为四版，增加了国际、国内消息，多反映边区情况，增设了副刊。

毛泽东为什么要在这个时候改组延安的新闻机构呢？

王明在他的《中共五十年》里，以“通过阴谋活动和强制手段停止发行延安党的所有报刊”为标题，详细列举了毛泽东下令停办的报刊有：中共中央机关报《新中华报》、中共中央杂志《解放》和《共产党人》、中共中央委员会关于妇女工作的杂志《中国妇女》、中共中央委员会关于青年工作的杂志《中国青年》，党中央的文艺杂志《中国文化》。他指责毛泽东创办《解放日报》的真正目的，“是因为这些报刊的编辑工作是由王明、洛甫（张闻天）和凯丰（何凯丰）领导的，继续出版的只有毛泽东直接控制的《八路军军政杂志》。此外还创办了一份新的日报《解放日报》，这也是由毛泽东掌握的”。[66] 王明的说法是不是符合历史呢？毛泽东创办《解放日报》真的是通过“阴谋活动和强制手段”吗？王明并没有拿出任何证据，也没有作出任何历史性的分析。而《解放日报》的第一任社长，毛泽东指定同样是国际派人物的博古担任，杨松（吴绍镒）为总编辑。

对此，胡乔木的回忆讲得非常清楚：“在抗战初期，决定创办《解放日报》的直接原因，是 1941 年 1 月皖南事变以后，《新中华报》四开四版、三日刊的篇幅和刊期，很难适应形势发展的需要，完成党的宣传任务。在国统区重庆出版的《新华日报》，因为受国民党当局的严密监视，加之受特定的宣传内容和宣传对象的限制，出版发行遇到困难，以致每日改为半张。同时，由于形势的骤变，‘左’的思想有所抬头，在有的根据地的广播与战报上，出现了一些违反党的政策和中央指示的言论。再加上各根据地处于分散隔离的状态，各地报

[66] 王明：《中共五十年》，现代史料编刊社 1981 年 2 月版，第 12 页。

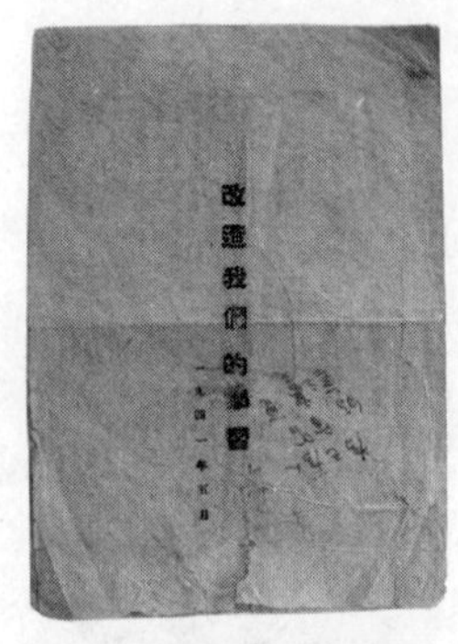

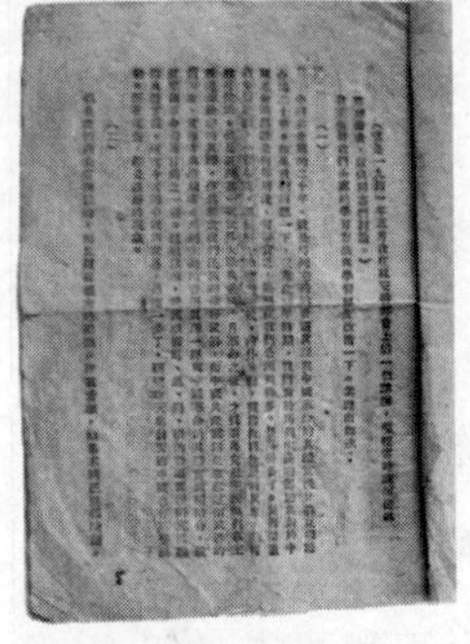

1941 年 5 月，毛泽东作《改造我们的学习》的报告。这是当时印刷的小册子。（金铁华藏）

刊、通讯社的宣传报道往往发生偏离党中央方针政策的情况。因此，党中央、毛主席决定创办一张大型日报，以适应新的斗争形势，统一全党宣传舆论口径，更有力地推动各方面工作的开展。为集中力量办好《解放日报》，党中央的其他刊物，如《解放周刊》等相继停刊。”[67] 也就是说，在“政治形势之紧张，敌人谋我之尖锐，党派斗争之激烈”的情况下，保持“慎重处事的态度”，统一思想，统一舆论，这是《解放日报》作为中共中央喉舌而创刊的真正原因。

第三件事：作《改造我们的学习》的报告。

1941 年 5 月 19 日，毛泽东在延安高级干部(宣传干部)会议上作了《改造我们的学习》的报告，提出改造全党学习方法和学习制度的任务，公开严厉批判了理论和实际脱离的主观主义，特别是教条主义。

毛泽东在报告中指出：“中国共产党的二十年，就是马克思列宁主义的普遍真理和中国革命的具体实践日益结合的二十年。”但在这一结合方面，还存在着很大的缺点，即不注重研究现状，不注重研究历史，不注重研究马克思列宁主义的应用。学习马克思列宁主义理论，有两种互相对立的态度。一种是马克思列宁主义的态度。学习马克思列宁主义，是“为着解决中国革命的理论问题和策略问题而去从它找立场，找观点，找方法。这种态度，就是有的放矢的态度。‘的’就是中国革命，‘矢’就是马克思列宁主义”。另一种是主观主义的态度。我们党内许多人学习马克思列宁主义的方法是直接违背马克思主义的，违背了理论和实际统一这一条马克思主义的基本原则，而是抽象地无目的地去研究马克思列宁主义的理论，许多做研究工作的人对于研究今天的中国和昨天的中国一概没有兴趣，许多做实际工作的人往往单凭热情，把感想当政策。他们都凭主观，忽视客观实际事物的存在，夸夸其谈，自以为是。毛泽东

[67]《胡乔木回忆毛泽东》，人民出版社 1994 年 9 月第 1 版，第 440 页。

说："这种作风，拿了律己，则害了自己；拿了教人，则害了别人；拿了指导革命，则害了革命。"

毛泽东在报告中突出地强调了"实事求是"的重要性，说明只有这种态度才是马克思列宁主义的态度。实事求是的态度，要求对周围环境作系统的周密的调查研究；要求不单懂得外国，还要懂得中国；不单懂得中国的今天，还要懂得中国的昨天和前天；要求有目的地研究马克思列宁主义的理论，使马克思列宁主义的理论和中国革命的实际运动结合起来。他对实事求是作了精辟的阐述："'实事'就是客观存在着的一切事物，'是'就是客观事物的内部联系，即规律性，'求'就是我们去研究。我们要从国内外、省内外、县内外、区内外的实际情况出发，从其中引出其固有的而不是臆造的规律性，即找出周围事变的内部联系，作为我们行动的向导。而要这样做，就须不凭主观想象，不凭一时的热情，不凭死的书本，而凭客观存在的事实，详细地占有材料，在马克思列宁主义一般原理的指导下，从这些材料中引出正确的结论。这种结论，不是甲乙丙丁的现象罗列，也不是夸夸其谈的滥调文章，而是科学的结论。这种态度，有实事求是之意，无哗众取宠之心。这种态度，就是党性的表现，就是理论和实际统一的马克思列宁主义的作风。这是一个共产党员起码应该具备的态度。"

显然，这是毛泽东为即将开始的整风运动发出的动员令。他尖锐地批评理论脱离实际的倾向，认为"这种反科学的反马克思列宁主义的主观主义的方法，是共产党的大敌，是工人阶级的大敌，是人民的大敌，是民族的大敌，是党性不纯的一种表现。大敌当前，我们有打倒它的必要"，其"谬种流传，误人不浅"。对此，胡乔木回忆说："毛主席讲话用词之辛辣，讽刺之深刻，情绪之激动，都是许多同志在此前从未感受到的。"

然而，让毛泽东没有想到的是，他的这篇观点鲜明措词尖锐的重要讲话，"在听讲的干部中引起了思想震动，但是当时负责理论宣传教育的领导同志没有理解它的深刻意义，对它没有予以重视，因此，也没有在延安报上宣传报道"。[68] 事实上正是如此，在中共中央高层，只有张闻天等少数人在听了毛泽东的报告后，思想上产生了极大的震动，主动与毛泽东进行思想上的谈心和沟

[68]《胡乔木回忆毛泽东》，人民出版社 2003 年 12 月第 2 版，第 191–192 页。

通，并诚恳接受了毛泽东的批评。尽管毛泽东通过任弼时、康生、陈云等人，终于以谈心交心、当面锣对当面鼓的方式，“打通”了博古、张闻天等中共中央高层的几位“犯思想病最顽固”的领导人的思想，基本确定江西时期所犯错误的历史问题属于路线错误，但要彻底解决党内的主观主义和教条主义，并非那么轻而易举。尤其是王明，对毛泽东的批评和发难，依然顽固抵抗。在中国女子大学传达毛泽东《改造我们的学习》的报告时，王明轻描淡写地要求今后理论联系实际的问题要注意，只是强调学习理论要适当地联系实际，反对这也联系，那也联系，变成了“乱联系”。他还说，不要怕人说教条，教条就是教条，学他几百条，学会了，记住了，碰到实际自然会运用。如果一条都记不住，一条都不会，哪能谈得上运用？把理论运用于实际是对的，但是先有了理论才能运用，一条也没有哪儿去运用？[69]

作为中共高层教条主义的代表人物，王明教条主义的思想武装依然没有解除，这使毛泽东进一步意识到问题的严重性，他决定采取迂回战略，先从统一高级干部的思想入手，再来一个“从农村包围城市”，肃清党内的教条主义。

第四件事：整理出版《六大以来》。

《六大以来》的编辑整理工作，其实是从 1940 年下半年就开始了的。这项工作一开始是由王首道负责，中央秘书处的裴桐负责文献收集。毛泽东亲自主持收集、编辑和整理、研究六大以来的重要历史文件，系统完整地读到了许多过去自己在中央苏区无法看到的历史材料，更深刻地感受到教条主义的危害。1941 年 2 月，毛泽东点名把胡乔木调到身边担任秘书，负责该书的编辑和校对工作。

《六大以来》分上下两册，上册是政治性文件，下册是组织性文件，汇集了从 1928 年 6 月党的第六次代表大会到 1941 年 11 月间党的历史文献 519 篇，280 多万字。它最初的目的并不是为了编印一本书，而是为预定于 1941 年上半年召开的七大准备材料，总结党的第六次代表大会以来的历史经验。胡乔木回忆说：“但是即使在党的高中级干部中，在 1941 年，也还有一些人对这条‘左’倾错误路线[70]缺乏正确的认识，甚至根本否认有过这么一条错误路

[69] 周国全、郭德宏、李明三：《王明评传》，安徽人民出版社，第 371 页。

[70] 主要是指王明的“左”倾路线和立三路线所带来的主观主义、教条主义。

线。在这样的思想状态下要成功地召开七大是不可能的。为了确保七大开得成功，毛主席认为有必要首先在党的高级干部中开展一个学习和研究党的历史的活动，以提高高级干部的路线觉悟，统一全党的认识。于是在 1941 年八九月的一次中央会议上，毛主席建议把他正在审核的为七大准备的六大以来的历史文献汇编成册，供高级干部学习研究党的历史用。会议同意了毛主席的这一建议。”[71]

毛泽东对这些文件的审核是相当认真的，不仅每篇必读，而且对某些文献的题目作了修改。在编辑中，对文献的选择也十分精心，不是有文必录，尤其是对党的领导人的讲话、文章挑选格外认真、严格。有一次，胡乔木在校对时发现“有一篇刘少奇的自我批评（白区的党指责刘右倾，刘被迫作检讨）”，就问毛泽东：“主席，这篇文章用不用？”毛泽东看了看，说：“不必要。”因为文献史料太多太庞杂，通读一遍都有困难，学习研究更谈不上。于是，毛泽东有意识地对文献进行了筛选，先后挑选出 86 篇有代表性的重要文献，以散页形式发给了延安的高级干部学习研究。因此，《六大以来》实际上有两个版本，一个是汇集本，一个是选集本。汇集本仅仅印刷了 500 套，只发中央各部机关、中央局、军委、军分区等大单位，不对个人发放。后来在撤离延安时因携带不便只由中央秘书处带出了几部，其余全部销毁。

因此，从某种意义上来说，《六大以来》的编印其实就是要解决中共党史上一些常识性的问题，比如像王明路线、立三路线到底是什么，算一算历史账，在政治上说清楚。“现在把这些文件编出来，说那时中央一些领导人存在主观主义、教条主义就有了可靠的根据。有的人就哑口无言了。毛主席怎么同‘左’倾路线斗争，两种领导前后一对比，就清楚地看到毛主席确实代表了正确路线，从而更加确定了他在党内的领导地位。从《六大以来》，引起整风运动对党的历史的学习、对党的历史决议的起草。《六大以来》成了党整风的基本武器。”[72]

《六大以来》的出版，对中共高中级干部认识党的历史“发生了启发思想的作用”，“同志们读了以后恍然大悟”，“个别原先不承认犯了路线错误的同志，

[71]《胡乔木回忆毛泽东》，人民出版社 1994 年 9 月第 1 版，第 25–26 页和 175–179 页。
[72]《胡乔木回忆毛泽东》，人民出版社 1994 年 9 月第 1 版，第 48 页。

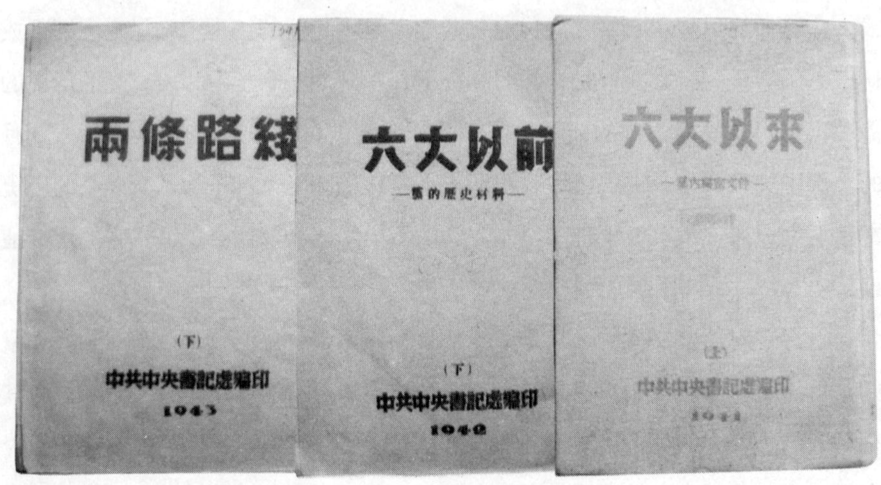

延安整风时期，毛泽东主持编辑的《六大以来》《六大以前》和《两条路线》等中央文献

也放弃了自己的观点，承认了错误。”[73] 后来，在 1943 年 10 月 6 日举行的中共中央政治局会议上，毛泽东把采取上述措施后引起的变化说得非常明白：“1941 年 5 月，我作《改造我们的学习》的报告，毫无影响。6 月后编了党书[74]。党书一出许多同志解除武装，故可能开九月会议。”

值得注意的是，毛泽东发动整风运动，还有一个不可忽略的国际背景，那就是苏德战争的爆发。

1941 年 6 月 22 日，纳粹德国突然向苏联开火，苏德战争爆发。这是出人意料的，全世界震惊。而此前的 6 月 16 日，在重庆的周恩来通过中共地下党员阎宝航获得了德国即将于 6 月 21 日进攻苏联的秘密情报，迅速报告了毛泽东。毛泽东立即将这一情报电告莫斯科。中共告诉斯大林的情报与德国实际进攻苏联的时间只差一天！可斯大林却把它当做耳边风，甚至与德国政府一起为此说法辟谣。

世界是一盘棋。曾和美国一样坐山观虎斗的苏联终于卷入了战争，而蒋介石也仍然处于观望态度。但毛泽东深知苏德战争的爆发必将直接影响中国内政的发展变化。他非常紧张着急，经常开会讨论这一事件的国际形势，最为

[73] 在当时这种积极影响下，许多同志要求研究党史应该从一大开始。于是毛泽东在 1942 年开始着手编辑《六大以前》，并要求资料工作由陶铸和胡乔木负责。这年 10 月，《六大以前》在延安出版，上下两册共收入文献 184 篇。解放后，《六大以前》于 1951 年 5 月和 1980 年 5 月经过修订，分别由中央办公厅和人民出版社两次再版。1943 年 8 月，胡乔木又协助毛泽东编辑出版了《两条路线》。此书出版后取代了《六大以来》选集本，成为中共高级干部路线学习的主要材料。

[74] 指《六大以来》。

担心的就是美国和日本可能达成妥协，制造牺牲中国反对苏联的“东方慕尼黑”。而且德国的一举一动常常影响国民党抗战的态度，直接影响国共两党之间的关系。因为此前的皖南事变已经是一个教训：蒋介石就是在英美与德意日两大军事同盟关系发生微妙变化的时候，向新四军开枪的。再说，在珍珠港事件发生之前，英美是支持日本的，卖军火并卖废铁给日本制造武器，美国也没有真想帮助中国抵抗日本。而到了太平洋战争爆发后，蒋介石甚至有一段时间认为英美也要完蛋，准备向日本靠拢。

苏德战争的爆发令中共中央高度关注，毛泽东反应迅速。第二天，中央政治局召开紧急会议，通过了毛泽东起草的《关于反法西斯的国际统一战线》。显然，这是一个高瞻远瞩的对国际国内形势的精确判断。四天后的6月26日，《解放日报》发表了经过毛泽东亲自修改的社论《世界政治的新时期》，开宗明义地提出：“苏德战争是世界政治新的转折点。”7月7日，中共中央发表抗战四周年纪念宣言，毛泽东提出宣言的主旨是“拉英美蒋反德意日”。7月12日，毛泽东又专门写了指示，“用不同寻常的口气直截了当地”说：“在目前条件下，不管是否帝国主义国家，或是否资产阶级，凡属反对法西斯德意日援助苏联与中国者，都是好的，有益的，正义的；凡属援助德意日反对苏联与中国者，都是坏的，有害的，非正义的。”作为世界反法西斯斗争的中心，苏联的命运前途到底怎样，尤其是在战争初期，苏联的失利更加引起人们的极大忧虑。毛泽东密切关注苏德战争的发展态势，在深思熟虑之后，决定由胡乔木完成他的命题社论《苏必胜，德必败》，于6月28日在《解放日报》发表。这是深谋远虑的预见？还是鼓舞士气人心的号角？抑或是表达某种希望和期待？当时或许有很多人难以相信毛泽东的这个论断——苏必胜，德必败。历史已经证明毛泽东的预言变成了现实。

就是在这样的国际和国内的历史背景下，中共中央召开了1941年的“九月会议”。毛泽东乘莫斯科无暇他顾之机，用中国化的马列主义，走中国特色的革命道路，中国共产党人开始独立自主地解决自己的历史问题，拉开了延安整风运动的序幕。

九月会议（1941）

1941年9月10日至10月22日，中共中央政治局在延安召开扩大会议，检讨中共在十年内战后期的领导路线问题。史称“九月会议”。

九月会议是毛泽东事实上掌控中共中央之后，在整风运动准备时期召开的一次极其重要的会议。会前，毛泽东在做好宣传舆论的积极准备之后，又从组织上做了充分准备，为他最终赢得中共意识形态的话语权和解释权铺平了道路。他主要做了以下两件事。

第一，制定关于组织纪律的两个文件。

一是制定了《关于增强党性的决定》。1941年7月1日，是中国共产党建党20周年。就在这一天，根据毛泽东的提议，中共中央政治局通过了由王稼祥起草的《关于增强党性的决定》。决定要求“党更进一步地成为思想上、政治上、组织上完全巩固的布尔什维克的党，要求全党党员和党的各个组织部分都在统一意志、统一行动和统一纪律下面，团结起来，成为有组织的整体”。决定指出：“今天巩固党的主要工作是要求全党党员，尤其是干部党员，更加增强自己党性的锻炼，把个人利益服从全党的利益，把个别党的组成部分的利益服从于全党的利益，使全党能够团结得像一个人一样。”决定还指出了存在于党内的各种违反党性的错误倾向，如个人主义、无组织的状态、分散主义等，并提出克服这些错误倾向的办法。

二是制定了《关于调查研究的决定》。1941年8月1日，中共中央发出了由毛泽东起草的《关于调查研究的决定》。决定指出：“二十年来，我党对于中国历史、中国社会与国际情况的研究，虽然是逐渐进步的，逐渐增加其知识的，但仍然是非常不足；粗枝大叶，不求甚解，自以为是，主观主义，形式主义的作风，仍然在党内严重地存在着。”“党内许多同志，还不了解没有调查就没有发言权这一真理。还不了解系统的周密的社会调查是决定政策的基础。还不知道领导机关的基本任务就在于了解情况与掌握政策，而情况如不了解，则政策势必错误。”“还不知道粗枝大叶、自以为是的主观主义作风，就是党性不纯的第一个表现，而实事求是，理论与实际密切联系，则是一个党性坚强的党员的起码态度。”“我党现在已是一个担负着伟大革命任务的大政党，必须力戒空疏，力戒肤浅，扫除主观主义作风，采取具体办法，加重对于历史，对于环境，对于国内外、省内外具体情况的调查与研究，方能有效地组织革命力量，推翻日本帝国主义及其走狗的统治。”该决定“责成各级党部将本决定与中央七月一日所发关于增强党性的决定联系起来，向党的委员会及干部会议作报告，并讨论实施办法”。

《关于增强党性的决定》和《关于调查研究的决定》，两个文件，一个腔调，就是坚决反对主观主义，强调理论与实际的结合，增强党性。两相比较，毛泽东起草的文件显然要比王稼祥起草的文件，在文字上要强硬得多。

第二，改组并成立新的学习机构。

一是成立调查研究局。1941 年 7 月 7 日，在毛泽东的领导下，中共中央发出了设立调查研究局的通知，毛泽东亲自担任主任，任弼时任副主任。调查研究局下设情报部、政治研究室、党务研究室，毛泽东兼政治研究室主任。同日，中共中央召开抗战四周年纪念大会，提出了中国当前内政外交十项基本方针的建议，并重申：“本党坚持抗日民族统一战线政策始终不变，愿与中国国民党及一切爱国党派一切爱国人民团结到底，为抗战建国的共同目标而奋斗。”

二是成立思想方法学习小组。1941 年 8 月 29 日，为加强中央对全党思想上的领导，中共中央书记处会议决定，成立思想方法学习小组，由毛泽东担任组长。9 月 8 日，中共中央书记处会议决定：政治局学习小组，除研究马恩列斯著作外，同时研究六大以来的中央文件，着重研究四中全会至遵义会议一段，由王稼祥任副组长，负责组织这一研究。会议还决定：组织中共中央青年工作委员会，何凯丰、冯文彬分别任正副书记；组织大学管理委员会，由何凯丰、邓发、李维汉等九人组成；刚刚改名为马列研究院的马列学院再次更名为中央研究院，成为用马列主义方法研究中国历史与现实问题的公开学术机关。

自 1941 年 7 月底以来，毛泽东采取了一系列动作，连续召开中共中央政治局会议，专门讨论改革中央机关的组织结构、中央领导同志工作分工、延安学校合并等问题，并作出决议。抗日军政大学和陕北公学转移到晋察冀边区，撤销解散了延安中国女子大学和青年干部训练班。对于中央书记处工作会议问题，8月27日的中共中央政治局会议决定，在七大前不改变中央书记处的组织，但为增强中央工作的效能起见，除每周一次政治局会议外，以住在杨家岭的政治局委员毛泽东、王稼祥、任弼时、张闻天、王明、陈云、何凯丰七人组成中共中央书记处工作会议，暂定每周开会两次。会议还决定任弼时担任中共中央秘书长，李富春任副秘书长。

这些日子，毛泽东无论是出席中央书记处或政治局的会议，还是出席边区政府的会议；无论是受邀到各院校、单位作报告，还是起草各种文件、作批示，他提得最多的就是主观主义和宗派主义。他说：我党干部的理论水平比内战时是提高了，现在干部中多读了些理论书籍，但对于理论运用到中国革命实际上还不够，对中国及世界的政治、军事、经济、文化缺乏研究和分析。我们还没有各种问题的专家，对于许多实际问题不能下笔。延安的学校是一种概念学校，缺乏实际政策的教育。过去我们只教理论，没有教会如何运用理论，就像只教斧头本身，而没有教会如何使用斧头去做桌子。延安研究哲学是空洞的研究，不研究中国革命的内容与形式，不研究中国革命的本质与现象。首先应当承认我们党缺乏关于中国革命实际的理论，才能真正实行中央关于调查研究的决定。我们要培养行动的理论家。改造学习要采用革命的精神，对干部教育、学校教育、国民教育都要有一个大的改造。[75]

在完成了这些大动作之后，毛泽东认为时机已经成熟，决定召开酝酿已久的中央政治局扩大会议，检讨中共在十年内战后期的领导路线问题，即1931年9月开始的中共临时中央领导时期的领导路线问题。

九月会议因为王明的问题，会议开得一波三折，会期长达44天，实际上只在9月10日、11日、12日、29日和10月22日开了五次大会。到会的政治局成员有：毛泽东、任弼时、王稼祥、王明、朱德、张闻天、康生、陈云、

[75] 毛泽东在中共中央政治局会议上的发言记录，1941年8月27日。

凯丰、博古、邓发；列席会议的有李富春、杨尚昆、罗迈、陈伯达、高岗、林伯渠、叶剑英、王若飞和彭真。胡乔木和王首道一起担任会议记录。会议上，先后有28人次发言，以自我批评精神认真检讨了自己历史上所犯的错误，“进行了沉痛的检讨，不少同志是两次发言，有的同志甚至作了三次发言”。会议同时决定，《解放日报》扩大为四版，增加反对主观主义和宗派主义的宣传教育内容，今后《解放日报》的文字，应力求生动活泼，尖锐有力，反对党八股。九月会议期间，穿插开了多次中央书记处工作会议。

会议伊始，毛泽东就作了关于反对主观主义和宗派主义的报告。他说，党内有这样的历史传统：不切实际，按心里想的去办，这就是主观主义。他的话锋犀利，开门见山，激言愤语，甚至夹杂着一些个人情绪。他指出：“过去我们的党很长时期为主观主义所统治，立三路线和苏维埃运动后期的‘左’倾机会主义都是主观主义。苏维埃运动后期的主观主义表现更严重，它的形态更完备，统治时间更长久，结果更悲惨。”这是因为他们自称为“国际路线”，穿上马克思主义的外衣，其实是假马克思主义。他说：“遵义会议，实际上变更了一条政治路线。过去的路线在遵义会议后，在政治上、军事上、组织上都不能起作用了，但在思想上主观主义的遗毒仍然存在。”他又说：“六中全会对主观主义做了斗争，但有一部分同志还存在着主观主义，主要表现在延安的各种工作中。在延安的学校中、文化人中，都有主观主义、教条主义。”“现在，延安的学风存在主观主义，党风存在宗派主义。”[76]

毛泽东侃侃而谈，深入浅出，底气十足。他分析主观主义的来源主要是党内“左”的传统，苏联的德波林等的影响，以及中国广大小资产阶级的影响。他强调指出：“要分清创造性的马克思主义和教条式的马克思主义。”因此，要实行学制的改革，研究马、恩、列、斯的思想方法论，组织思想方法论的研究组，首先从政治局同志做起。“以思想、政治、政策、军事、组织五项为政治局的根本业务”，“掌握思想教育是我们第一等的业务”。在报告中，他提出，中央研究组一方面研究马克思主义的思想方法论，一方面研究六大以来的决

[76] 毛泽东在中共中央政治局扩大会议上的报告记录，1941年9月10日。

议。他要求在“延安开一个动员大会，中央政治局同志全体出马，大家都出台讲话，集中力量反对主观主义和宗派主义”。[77]

如何粉碎主观主义和宗派主义？毛泽东认为，首先要在理论上分清创造性的真马克思主义和教条式的假马克思主义；其次必须把理论与实践相结合，一面提倡把中国丰富的革命实践经验马克思主义化，一面提倡创造性地把马克思主义中国化，取消过去所谓的理论家头衔。今后能解决实际问题的，真正使马克思列宁主义中国化的人，才算得上理论家。他最后强调：“打倒两个主义，把人留下来。反对主观主义和宗派主义，把犯了错误的干部健全地保留下来。”[78]

波澜壮阔的历史如大海，每一个历史人物就像那一叶扁舟，在波峰浪谷间惊心动魄地漂流。思想上的交锋和较量，其程度其激烈及其在心灵上的震撼，或许比战争来得更加深远、更加深刻，也更加残酷。毛泽东那一口浓重的湖南话，那一支接一支燃烧的香烟，让杨家岭的会议室里氤氲着一种从未有过的沉重气氛。完全可以想见，一直以“中共理论权威”自居的王明听起毛泽东这些针尖对麦芒的讲话，是多么的刺耳。对他来说，真可谓是不用对号也能入座。不难想象，这“座”，真是如坐针毡。

在九月会议的第一天，毛泽东就要求“中央政治局同志全体出马，大家都出台讲话”。在报告结束时，毛泽东还宣读了王稼祥拟就的从四中全会至遵义会议这段历史的16个研究题目，包括四中全会的历史估价，主观主义与中国革命的理论问题，主观主义与政治策略路线、军事路线、组织路线问题，主观主义在各个地区及各个方面工作的表现，以及遵义会议后主观主义的遗毒等问题。这些题目分别由延安的政治局委员及有关方面负责人准备研究。

毛泽东在九月会议第一天的报告和王稼祥拟就的研究题目，为九月会议乃至中央领导层后来的整风运动奠定了基调。

早在5月19日举行的延安宣传干部会议上就领教过毛泽东尖锐批评的张闻天，曾对毛的批评坐卧不安，颇不理解，甚至几度私下里向政治局其他领导人

[77] 毛泽东在中共中央政治局扩大会议上的报告记录，1941年9月10日。

[78] 毛泽东在中共中央政治局扩大会议上的报告记录，1941年9月10日。

发过牢骚，认为毛泽东看人走极端，一件事办得不好就什么都看不上了，十分委屈。但在其他政治局委员的劝说和自我思想斗争后，他与毛泽东进行了直接的沟通，认识到了自身的问题，相当痛快地接受了批评。作为中共中央名义上的总负责人，他服从真理，顾全大局，拥护毛泽东为中共的领袖，自己甘当配角。这次，张闻天又是第一个诚恳地作了检讨。

在9月10日的发言中，张闻天说："毛主席的报告，对党的路线的彻底转变有极大的意义。过去我们对苏维埃后期的错误没有清算，这是欠的老账，现在必须偿还。"他还说："对中央苏区的工作，同意毛主席的估计，当时路线是错误的。政治方面是'左'倾机会主义，策略是盲动的。军事方面是冒险主义（打大的中心城市、单纯防御等）。组织上是宗派主义，不相信老干部，否定过去一切经验，推翻旧的领导，以意气相投者结合，这必然会发展到乱打击干部。思想上是主观主义与教条主义，不研究历史与具体现实情况。"他赞成清算四中全会以后到遵义会议以前的错误，赞成反对主观主义。他诚恳地说："反对主观主义，要作彻底的清算，不要遮盖，不要怕揭发自己的错误，不要怕自己的瘌痢头给人家看。"除了"还账"——"清算"历史错误之外，他还提出"补课"的要求。他说："过去国际把我们一批没有做过实际工作的干部提拔到中央机关来，是一个很大的损失。过去没有实际工作，缺乏实际经验，现在要补课。"[79]"九月会议"结束之后，张闻天说到做到，开始实际研究性的"补课"。自1942年1月起，他先后在陕北神府、绥德、米脂和晋西北的兴县等地的几十个村庄，进行了为期一年半的农村调查工作，1943年5月才回到延安。

接着，博古诚恳地作了自我批评。他说："1932年至1935年的错误，我是主要负责的一人。遵义会议时，我是公开反对的。后来我自己想到，遵义会议前不仅是军事上的错误。要揭发过去的错误必须从思想方法上，从整个路线上来检讨。我过去是学了一些理论，拿了一套公式教条来反对人家。四中全会上我与稼祥、王明等反对立三路线的教条主义，也是站在'左'的观点上反的，是洋教条反对土教条。当时我们完全没有实际经验，在苏联学的是德波林主义

[79] 张闻天：《缺乏实际工作经验要补课》，《张闻天选集》，人民出版社1985年8月版，第314页。

的哲学教条，又搬运了一些苏联社会主义建设的教条和西欧党的经验到中国来。过去许多党的决议是照抄国际的。在西安事变后开始感觉这个时期的错误是政治错误。到重庆后译校《联共党史》才对思想方法上的主观主义错误有些感觉。这次学习会检查过去的错误，感到十分严重和沉痛。现在我有勇气公开研究自己过去的错误，希望在大家帮助下逐渐克服。”[80]

这天，在邓发检查之后，王明作了一个表白式的自我批评。他肯定反主观主义和教条主义对他有很大的好处，承认自己在莫斯科学的都是些洋教条，但他强调自己回国比博古、张闻天等人都早，因此参加实际工作时间长些，工作作风已有转变。以后回到莫斯科，能看出博古和张闻天在中央苏区工作中存在的问题，特别是不同意他们对毛主席的态度，反对他们在五中全会提出两条道路决战的观点，并且较早地提出了实行统一战线反对日本帝国主义的一套办法，只是当时对中国的实际情况研究还不够，对国内各派人物的情况还不甚清楚。以后一直忙于共产国际和中共中央的各种领导工作，弄得既没有理论又没有实际。好在 1939 年后开始对实际问题的研究，最近又参加边区管理工作，应当能够学习实际工作，纠正思想中的主观主义。

9 月 11 日，王稼祥也作了自我检讨。他说：“我也是实际工作经验很少，同样在莫斯科学了一些理论，虽然也学了一些列宁、斯大林的理论，但学得多的是德波林、布哈林的机械论。学了这些东西害多益少。我回国后便参加了四中全会反立三路线斗争，当时不过是主观主义反主观主义，教条主义反教条主义。当时在政治上反立三主义，认为中国革命与世界革命能同时胜利，主张中国革命能单独胜利，我们过去反立三路线没有整个的策略路线。”他还强调指出，“我们的主观主义的来源是由于自己的经验和教条主义所致”。

随后，王稼祥着重强调“思想问题成为政治局今后的主要业务，今后政治局要以思想领导为中心”。他认真总结了中共过去的思想方法论：一是机械唯物论——在政治上是机会主义，组织上是家长制度；二是主观主义——德波林的哲学思想。政治上是“左”倾机会主义，组织上是宗派主义。三是唯物辩证

[80]《党的文献》，1994 年第 1 期。）

法——过去中国党毛主席代表了唯物辩证法，在白区刘少奇同志是代表了唯物辩证法。他说："过去主观主义的传统很久。其产生的根源，除由于中国社会原因外，就是经验不够，学了一些理论而没有实际工作经验的人，易做教条主义者，从莫斯科共产国际回来没有实际工作经验的人，更易做教条主义者；实际工作经验多的人，不易做教条主义者，而容易成为狭隘经验主义者。"[81]

接着，朱德发言，指出：四中全会的中央主要负责人，多数是从莫斯科回来的，用马列主义的金字招牌压服实际工作者。四中全会的中央，是书生式的领导。

陈云在发言中说，过去十年白区工作中的主观主义，在刘少奇、刘晓同志到白区工作后才开始改变。刘少奇同志批评过去的白区工作路线是错误的，现在检查起来，刘少奇同志是代表了过去十年来的白区工作的正确路线。据此，他提出，有些干部位置摆得不适当，要正位，如刘少奇同志将来的地位要提高。

不是政治局委员的罗迈（李维汉），在大革命的立三路线时期和江西苏维埃时期都在中央担负过领导工作，曾经较为积极地贯彻过错误的路线。有人在会上，对他进行了措词极其尖锐的批评。他虚心接受了其他同志的严厉批评，一次又一次诚恳地作了自我检讨，并真诚地说：检查、认识、改正了错误后，思想上感到"轻松愉快"。

很难说九月会议是一次令人开心的会议。检讨一次比一次深刻，批评一次比一次尖锐，充满着火药味。在这样面对面的交锋和碰撞之中，迸发的是思想的光芒。

9 月 12 日，任弼时在发言中，检讨了到中央苏区后毫无军事知识，却不尊重毛泽东的意见而指挥打仗的事情。他说，在赣南会议上，毛主席反对本本主义（书本子主义）即是反对教条主义，我们当时把毛主席的思想当做狭隘经验论加以反对是错误的。他还检讨说，从建党 20 年来的历史看，作为主观主义的思想统治，其中有些是经验的主观主义。做过许多实际工作的狭隘经验者，

---

[81] 王稼祥：《政治局要以思想领导为中心》，《王稼祥选集》，人民出版社 1989 年 9 月版，第 326 页。

便是狭隘经验的主观主义。[82] 同时，他还指出：主观主义在认识上是唯心论，在政治上的具体表现就是“左”或右的机会主义。我党的毛主席、刘少奇同志能根据实际情形来工作，所以犯主观主义少些。

会议开了两天了，大家纷纷对自己所犯的错误进行了深刻的检讨，接受毛泽东的批评。而作为十年内战后期错误路线的代表人物王明，竟然无动于衷。毛泽东这边是锋芒毕露，正面对决。王明那边却避重就轻，不痛不痒。王明这种完全不负责任的姿态，不仅令毛泽东有些失望，也让政治局其他委员们觉得不可理解。王明甚至自信地宣称，江西时期博古中央的错误不仅与他不沾边儿，而且他还有批评纠正的功劳。因为毛泽东在六届六中全会上就指出，王明对中国党提出抗日民族统一战线政策功不可没。至于毛泽东提到的抗战初期的右倾错误，王明认为与他没有干系，那毕竟是共产国际的主张，要他承认错误，岂不是等于说共产国际犯了错误。

拉大旗，作虎皮。王明欲盖弥彰，一心想为自己开脱。

12 日，王明在会上再次发言。他一面表示同意毛泽东的报告，承认 1932 年至 1935 年的错误是路线错误，但却一直强调“四中全会的路线是正确的”，并说他早在苏联时就对博古、张闻天在中央苏区的政策和做法是反对的，还说博古是苏维埃后期最主要的错误负责者。这完全是一副推卸责任的姿态。这还不算，王明还抓住罗迈发言中讲“在检查和认识了错误之后会感到轻松愉快”这句话大做文章，说“轻松愉快”就是检讨“不诚恳”、“不彻底”、想“马虎过去”，“这是不能改正错误的”，云云。谁都听得出来，这是王明在恣意节外生枝。而更让与会者难以理解的是，他在发言中还谈论列举了到会的与未到会的、担任中央领导的与未担任中央领导的、活着的与去世的约 20 个人的这样那样的“错误”，唯独不说自己有什么政治性错误、自己应该承担什么责任。显然，王明这样做的目的就是为了转移目标，把水搅浑来保护自己。[83]

九月会议至此已经开了三天。本来，这次会议并非要深入地讨论和总结历史问题，讨论的内容主要是要求与会者对照毛泽东第一天会议上所作的报告，

[82]《胡乔木回忆毛泽东》，人民出版社 2003 年 12 月第 2 版，第 196 页。
[83]《胡乔木回忆毛泽东》，人民出版社 2003 年 12 月第 2 版，第 198 页。

自查自己的问题，就反对主观主义和宗派主义问题明确表态。在会上，与会人员用批评和自我批评的武器，表现了一个共产党员勇于自我批评、改正错误的无畏无私的崇高品质。因为，作为中共成长的亲历者、见证者和早期开创者之一，毛泽东知道，20 年代、30 年代的中国党还很幼稚，没有经验，马克思主义理论水平也不高，领导中国革命是在摸索着前进。有摸对的，也有摸得不对的。没摸对，犯了错误，给革命事业带来重大损失，应当检讨，总结教训。但是这些领导同志犯的错误也为寻找正确的革命方法和道路积累了经验。只要他们认识了错误，愿意改正错误，就应当受到尊敬。[84] 所以会议的氛围应该还是团结的，与会者大都主动检讨了自己的错误，批评别人也只是对事不对人。

但没有想到的是，因为没有人把矛头对准王明，他倒是越说越带劲，自我感觉良好起来。9 月 12 日下午，他一时兴起，竟然义正词严地揭发起自己莫斯科的老同学来了。他说博古、张闻天他们到中央苏区后，先是夺了毛主席的权，转而又夺了毛主席的军权，到第二次苏维埃代表大会时，竟然连毛主席在政府的权力也给夺走了。他说，当时他在莫斯科对此就不同意，深感不满。

就在这个时候，王明这位延安“天才的演说家”，不知道出于什么动机，突然发飙，一本正经地提出，他还要揭穿一个“秘密”。这到底是一个什么秘密呢？

原来，1931 年秋，当王明与周恩来离开上海时，虽然推荐博古、张闻天等组织上海临时中央政治局，但当时已经向他们说明，由于博古既不是中央委员，更不是政治局委员，将来到了政治局委员多的地方要将权力交出来。可是没想到的是，博古、张闻天到了中央苏区后对此只字不提，不仅不交权，而且竟然领导起那些真正的政治局委员来了。也就是说“博古中央”是不合法的。[85]

王明为什么要在这个时候，揭露这个“秘密”呢？是为了讨好毛泽东？还是为了推卸自己应当承担的历史责任？

令王明没有想到的是，这次他又是搬石头砸了自己的脚，捅了一个天大的娄子。这个“秘密”顿时在不明真相的政治局委员们中间引起了巨大震动，也

[84]《胡乔木回忆毛泽东》，人民出版社 2003 年 12 月第 2 版，第 196 页。
[85] 汪云生:《二十九个人的历史》，昆仑出版社 1999 年 2 月第 1 版，第 417–418 页。

极大地刺激了毛泽东本人。毛泽东不能不想起在江西苏区时，因为坚决抵制王明的“左”倾错误，他成为王明“左”倾机会主义者经常打击的对象，被他们骂为“右倾机会主义者”，“丝毫马克思主义也没有”的“庸俗的保守主义者”，并在1931年的赣南会议和1932年10月的宁都会议上被排挤出中央苏区党和红军的领导岗位。本来就对当年在江西苏区时挨整靠边站、备受歧视，甚至遭遇批判，一直都耿耿于怀的毛泽东，如今得知博古这些年轻学生们当年竟然是靠假传圣旨篡位夺权而凌驾于自己之上，使其大权旁落，革命也随之遭受巨大损失，不难想象此时此刻他的心情该是如何的激愤！

一石激起千层浪。会议的氛围骤然紧张起来。当时，就有代表提议，把重庆南方局的周恩来调回延安。

九月会议开到这里，就像一辆高速行驶的汽车突然驶到了悬崖绝壁面前，不得不转变方向。

9月26日，中共中央书记处召开工作会议，经研究决定，原定的全党动员的计划和研究自中共六大以来的党的决议的提议被暂时取消，中央成立高级学习组（又称高级研究组）；调刘少奇回延安休养。当日，中共中央就发出经毛泽东亲自修改的《关于高级学习组的决定》。决定指出：成立高级学习组的目的是为提高党内高级干部的理论水平与政治水平。高级学习组要“以理论与实践统一为方法，第一期为半年，研究马、恩、列、斯的思想方法与我党二十年历史两个题目，然后再研究马、恩、列、斯与中国革命的其他问题，以达克服错误思想（主观主义及形式主义），发展革命理论的目的”。中央学习组以中央委员为范围，毛泽东任组长，王稼祥任副组长。

9月29日，毛泽东起草了以中央研究组组长毛泽东、副组长王稼祥的名义给中央研究组及高级研究组各同志的通知。毛泽东指出，中央研究组要“以理论与实际联系为目的”作为研究方针。在实际材料方面，毛泽东和王稼祥确定了六大以来的70篇文件作为选读篇目。在理论方面，毛泽东确定了四种书目：一是《“左派”幼稚病》（用1939年解放社版）；二是艾思奇翻译的《新哲学大纲》第八章“认识的过程”（即《哲学选辑》第四章）；三是李达翻译的《辩证法唯物论教程》第六章“唯物辩证法与形式论理学”；三是日本经济学家、社会主义活动家河上肇的《经济学大纲》的“序说”。

也就是在这一天，九月会议在休会三个星期后，继续开会。中央学习组开始深入检讨江西时期党的历史问题。博古、张闻天、李维汉、邓发等人先后发言，其实就是对自己在江西中央苏区所犯的错误情况进行具体说明。

张闻天在这天的会议上系统地作了深刻的检讨，确认土地革命后期“路线是错误的”，明确愿意承担责任。他说：对中央苏区工作，同意毛主席的估计，当时路线是错误的。政治方面是“左”倾机会主义，策略是盲动的。军事方面是冒险主义（打大的中心城市、单纯防御等）。组织上是宗派主义，不相信老干部，否定过去一切经验，推翻旧的领导，与意气相投者结合，这必然会发展到乱打击干部。思想上主观主义与教条主义，不研究历史与具体现实情况。从“九一八”、冲破三次“围剿”、四中全会等决议开始，便已发生了“左”的错误，这些错误我是主要的负责者之一，应当承认错误。特别是宣传错误政策上我应负更多的责任。我们的错误路线不破产，毛主席的正确路线便不能显示出来。但应该说没有当时来中国的外国人的支持，我们的错误不会有这样有力的发展。[86]

会上，张闻天在检讨主观主义的错误时对狭隘经验主义的问题从理论上作了些分析，第一次明确指出：教条主义常与经验主义结合而互相为用，教条主义无经验主义者不能统治全党，经验主义者常作教条主义者的俘虏。经验主义者也是一种主观主义，故能与教条主义者合作，只有理论与实际一致才能克服教条主义与经验主义的错误。同时，张闻天还针锋相对地对王明提出了批评。他说，当时的路线的确错误，临时中央到苏区后也确有篡位问题，但王明当时在共产国际不打电报来纠正也是不对的，况且，五中全会的名单也是共产国际批准的。在这些事情上，王明当时为什么不起作用？

博古发言时明确说，自己所犯的错误的确是政治路线的错误，而临时中央政治局进入苏区后不作说明，也确有篡位之嫌，犯这些错误怪不得别人。但共产国际和中央驻共产国际代表团当时是助长了这种错误的。

[86] 程中原：《张闻天传》，当代中国出版社 1993 年 7 月版，第 482–483 页。

邓发发言时表示：对于当时的错误，博古的确要负第一位的责任，罗迈、张闻天其次，但这些错误政策莫斯科是否也批准了呢？在夸大红军力量、断言党的路线正确等问题上，王明不是也同意了吗？

在这天的会议上，就连当时也同在共产国际代表团工作负责的、与王明最为亲密的康生，也批评王明说，王明在莫斯科其实与当时国内博古中央也犯着差不多同样的错误，他在个别策略上有对的地方，但基本思想与博古相一致，这是应该承认的。康生在发言中还专门特别地提到王明在抗战初期的错误问题，称王明从莫斯科回到延安后，不听留在延安的劝告，非驻武汉不可，以及在武汉时期所犯的错误，都是主观主义和宗派主义的表现。

至此，在九月会议上的发言者，对1932年至1935年间的中央路线的认识已经趋于一致，都承认是路线错误。只是在涉及评价六届四中全会的问题上，中央领导层的认识还有较大差距。除王明肯定四中全会的路线是正确的外，也还有别的同志认为四中全会决议基本正确。比较多的发言是没有完全否定四中全会，但持明显批评态度。有的说，四中全会时的中央主要负责人，多数是从莫斯科回来的，用马列主义的金字招牌压服实际工作者。有的说，四中全会的中央是书生式领导。有的则说，四中全会虽然反对了立三路线，克服了某些明显的“左”倾错误，但从根本上说尚未克服，以致使白区工作完全垮台。有的还认为，四中全会反对立三路线在党的历史上有其意义，如停止了暴动方针，恢复了中共与国际的正常关系等，都是正确的方面；但有些问题没有解决，特别是在思想上以主观主义、教条主义反对另一种主观主义、教条主义，造成以后既反立三路线，又与立三路线合作的基础。对这个问题，会议上是你说你的，我说我的，没有统一思想。直到两年后的1943年九月会议才解决了对这个问题的认识。[87]

王明在1941年的九月会议上的恶劣态度，确实令与会者普遍感到不快。毛泽东更是气愤。其实，王明并非不知道毛泽东对他抗战初期的表现十分不满，九月会议前他就曾不止一次地在背后跟博古嘀咕“毛泽东是那种睚眦必报的人”。

[87]《胡乔木回忆毛泽东》，人民出版社2003年12月第2版，第197—198页。

博古与毛泽东亲切交谈（吴印咸摄影，吴筑清提供）

因此，他一直小心翼翼，用心琢磨人事机关，甚至在张闻天、博古还没有意识到应该突出宣传毛泽东正确路线的时候，他就相当机灵地举起了“学习毛泽东”的旗帜，悄悄地搞起莫斯科斯大林个人崇拜的那一套来争取毛泽东的信任。此前的 7 月 31 日，中央政治局决定王明接替任弼时负责地位重要的西北中央局和整个边区的工作。可见毛泽东对他是信任的，也不存在打击排斥、在政治上把谁搞臭的问题。

没有斗争就没有团结。毛泽东之所以要召开九月会议，其目的就是加强党的团结，改变党的作风，提高党的战斗力。毛泽东的态度也非常明白，就是“打倒两个主义，把人留下来；反对主观主义和宗派主义，把犯了错误的干部健全地保留下来”。如今，依然稳坐在中共中央政治局委员、书记处书记的位置上，当昔日的盟友张闻天受到批评，博古受到冲击的时候，处心积虑的王明对历史责任问题不仅丝毫不作自我批评，还继续推卸责任，在会议上幸灾乐祸地采取报料、揭秘的手段，试图落井下石地搅浑水，期望进一步表白自己从而达到保护自己的目的。

由于王明过头的拙劣表演，招致天怒人怨，以致张闻天、博古等多数发言者不得不把矛头直接指向王明。尽管受到王明的干扰，九月会议讨论的问题依然没有偏离目标，继续深入，并在逐渐澄清史实的基础上达成了如下共识：一是第二次国内革命战争后期的“左”倾错误，从六届四中全会就开始了；二是以博古为首的临时中央的组成，王明负有主要的不可推卸的责任；三是王明到苏联的后期，虽然在一些具体政策问题上和五中全会以后的中央有不同的看法，但在形势的分析和政治路线上是完全相同的，并且一直给予很大支持；四是抗日战争期间，王明在负责长江局工作期间，也有许多严重的错误。

现在，就只剩下引火烧身的王明一个人死不认错了。

怎么办？毛泽东见王明一时转不过弯来，就决定采取谈心交流的方式，来帮助他转变态度，认识错误。于是，九月会议再次休会。

休会期间，毛泽东先后两次找王明谈话。第一次主要是谈王明 9 月 12 日揭秘的“篡位”问题。毛泽东希望王明能够把这个问题的来龙去脉讲得更具体一点，对历史负责。同时，毛泽东还委婉地希望王明能够正视他在抗战初期所犯的错误。第二次谈话，毛泽东偕同王稼祥和任弼时一起，正式向王明提出，在武汉长江局工作期间犯有四个方面的错误：一是他对独立自主原则的态度问题；二是他拒绝发表毛泽东《论持久战》问题；三是他在武汉会战期间对形势估计问题；四是他领导的长江局与中共中央的不正常关系问题。

显然，过去在莫斯科就习惯拉帮结派整人的王明，对毛泽东的批评高度紧张起来。他已经看出毛泽东的态度在他一时兴起揭秘“篡位”问题之后，发生了改变。他似乎预感到毛泽东的谈话，背后肯定大有文章。他甚至认为，毛泽东这次肯定是要借机跟他算总账了。但他依然负隅顽抗，因为他觉得自己和张闻天、博古不同，他的背后还有一座靠山——共产国际。有了莫斯科这棵大树，王明真的就好乘凉了吗？

恰好就在这个时候，莫斯科真的来了电报。

王明获悉后，好像抓到了一根救命的稻草。他感觉机会来了，反击毛泽东的机会来了。借共产国际的电报，王明狐假虎威，要给毛泽东一点颜色看看。

共产国际的电报确实正中了王明的下怀。这封电报是季米特洛夫亲自发过来的，措辞十分严厉，一连质询了中共中央 15 个问题。其中心问题就是针对皖南事变以后，毛泽东对蒋介石的不妥协立场，和苏德战争爆发后毛泽东对苏联求援的冷漠态度。电报中，季米特洛夫明确要求中共中央必须回答：面对日本在华北加强进攻，中共准备如何改善国共关系？如果中共因为其尖锐对立的态度而破裂了与蒋介石的合作关系，它还能与哪些人继续合作抗日？而最为核心和棘手的问题却是：在法西斯德国进攻苏联的危急关头，中共将采取什么措施或以什么实际行动来援助社会主义苏联，打击日本侵略者，使德国在东方的同盟国日本，不可能开辟第二战场进攻苏联。

10 月 4 日晚上，毛泽东带着这份莫斯科的质询电报找到王明，希望他认真研究一下，并叮嘱说："明天我们一起讨论如何复电。"

10月5日，毛泽东来到王明的窑洞，听听他对莫斯科电报回复问题的意见。

王明不假思索地说："这有何难？加强抗日军事行动，改变游击战略，加强运动战，做好统一战线工作，将日本势力牵制在东方，使其无暇顾及对苏联的进攻，打击德国法西斯侵略苏联的嚣张气焰。"

"运动战当然要搞，但搞多了会吃大亏的。"毛泽东认为，1940 年 8 月八路军发动百团大战之后，较早暴露了中共的军事实力，而且元气损伤比较严重，再加上日军集中力量报复，使华北根据地陷入困境。如果八路军再采取这种大规模的军事行动，一方面将授人以柄加剧与国民党蒋介石的摩擦，另一方面将使华北根据地陷入更大的困境。

但在王明看来，中国共产党作为共产国际的一个支部，当社会主义苏联遭受侵略的时候，保卫苏联是中国共产党天经地义的任务，如果苏联被打垮了，中共也就难以生存。于是，他跟毛泽东争辩说："要抗日，我们就不怕丢血本，要抗给国民党看，要抗给斯大林看。我们若三心二意，蒋介石怎么看我们，斯大林怎么看我们？"

"抗日要抗，立场不变。你不怕输血本，我可怕输血本。不保存实力，革命将如何继续下去？"[88]

毛泽东和王明各抒已见，各不相让，谈话陷入僵局，不欢而散。

[88] 熊廷华：《王明的这一生》，湖北人民出版社 2009 年 4 月版，第 219 页。

对此，王明在他的《中共五十年》一书第二编第一章的第五节《蓄意毒害王明并摧残他的健康》中，这样写道——

10月4日和5日，我们两人之间发生了不寻常的、严肃而尖锐的原则性争论。我坚持这样的意见：必须加强中国的抗日军事行动，使日本不可能助长德国侵略者对苏联的进攻。毛泽东没有说明任何理由，就不同意我的意见。而我提出的论据，却往往使他走投无路：他瞪大了眼睛，无言以答。当我提到他所执行的联日反苏的路线时，他大发雷霆，用手拍桌子，从道理上却什么也说不出来。毛泽东在10月6日和7日把任弼时和王稼祥拉来参加讨论，在10月8日和9日又把康生和陈云拉来参加讨论，指望从他们那里得到帮助。但这四个人全都以沉默来表示同意季米特洛夫的建议和我的意见。

这种形势吓坏了毛泽东。为了结束这种不利于他的危险争论，消灭他的主要政敌，即反对他的反苏亲日的卖国路线、反对他正在加紧筹备的“整风运动”和其他伪造党史有关的措施的人，毛泽东决定甩开我。[89]

在抗日战争已经胜利三十多年后，王明在《中共五十年》里指责毛泽东坚持的“持久战”和独立自主的游击战是“反苏亲日的卖国路线”，这是一件多么荒唐的事情。更莫名其妙的是，就在这本书中，王明竟然将10月4日与毛泽东这次谈话又作了如下大相径庭的叙述——

1941年10月4日夜里，毛泽东在同我谈话中竟然强调说：“我们党内有三个人，受到党内干部的爱戴。第一个就是你，王明，第二个是（周）恩来，第三个是老彭（彭德怀）。”他还说：“王明同志，你是一个理论联系实际的人，你既有政治头脑，又敏感。恩来不仅是很

[89] 王明：《中共五十年》，现代史料编刊社1981年2月版，第38页。

好的组织家和管理者，也是很好的外交家。老彭不仅军事上，而且政治上都非常强。我们在华北得以取得那样大的成就，主要应当归功于他。在莫斯科学习的人中，还有几个很有才干的人：这就是博古、洛甫、（王）稼祥、凯丰、杨尚昆、朱瑞……”[90]

事实真的像王明在《中共五十年》中所写的这样吗？显然，这本原名为《中国共产党五十年和毛泽东的叛徒行径》的著作，是上世纪60年代末至70年代初中苏关系恶化后，王明在莫斯科寄人篱下，始终以向苏联献媚的语气，站在反对中共和反对毛泽东的立场上写出的一系列文章。他颠倒是非，歪曲事实，篡改历史，发泄私愤，千方百计地为自己所犯的错误进行狡辩，标榜自己是一贯的“反毛”领袖，从而达到讨好苏联人的目的。

1941年10月7日晚上，为了做通王明的思想工作，毛泽东与王稼祥、任弼时一起来找王明谈话。

一见面，毛泽东就开门见山地说：“昨天，我的态度不好，要检讨。你的态度同样不好。今天我们不要动怒，尽量心平气和。”

谈话中，毛泽东、王稼祥、任弼时都各自谈了自己对当前时局的看法，谈了对苏维埃后期政治路线的认识，并指出王明在武汉时期的错误，真诚希望王明不要固执已见，好好总结经验教训，以利全党统一认识。王明一听，觉得他们三人的腔调一致，认为他们三人是事先商量好后专门来对付他一个人的。于是，他不仅拒绝认错，反而批评起中央的方针政策，对毛泽东发起了攻击。

王明说：“现在，我党已经处于孤立，与日蒋两面战争，无同盟者，国共对立。原因何在？党的方针太左，新民主主义论太左。新民主主义是将来实行的，现在不行，吓着了蒋介石。我认为，反帝、反封建和搞社会主义是三个阶段，目前只能反帝，对日一面战争，避免同蒋介石摩擦；我们与蒋的关系应当是大同小异，以国民党为主，我党从之。”

---

[90] 王明：《中共五十年》，现代史料编刊社1981年2月版，第63–64页。

由此可见，王明还在固执地坚持自己的右倾观点。毛泽东、王稼祥、任弼时对此难以理解。任弼时打断王明的话，问道：“王明同志，你说说我党怎么处于孤立了？”

“怎么不孤立！我党的黄金时代是在抗战之初的武汉时期。那时两党关系基本融洽，群众运动轰轰烈烈。现在两党摩擦不断，难道还不孤立？我看，1937年十二月会议前和1938年10月六届六中全会以后这两头的政策都是错误的。蒋介石再坏，总比日本人好，现在不能和蒋介石斗，打败了日本人，再和蒋介石斗也不迟。”

皖南事变的枪声似乎还在耳边回响，牺牲的战友尸骨未寒。毛泽东实在忍不住了，说：“王明同志，我早就说过，一厢情愿是要吃亏的。对于反动派，你不惹它，它就惹你；你不斗它，它就斗你；你不打它，它就打你。”

“不管你们怎么说，苏维埃时期的四中全会路线、抗战初期的一切经过统一战线的方针，都是经过共产国际批准的，这没有错。而你们搞的《新民主主义论》和《陕甘宁边区施政纲领》是只要民族资产阶级，不要大资产阶级，这是不好的。我建议，中央应该发表声明不实行新民主主义，与蒋介石设法妥协。这个问题，我决心与你们争论到底，不行，就到共产国际去打官司。”

见王明又拿出了共产国际这个挡箭牌，毛泽东站起身，坚定地说：“要打官司，好！我毛泽东奉陪到底！”

显然，王明自始至终一直认为，只有让阶级斗争服从于民族斗争，以达到国家的团结，没有团结的中国将不能抵抗日本。按照他的观点，没有真诚合作的团结就不能确保抗日的成功。所以对他来说，一切必须为了抗日，为了团结。正如他所倡导的“一切经过统一战线，一切服从统一战线”。不可否认，在六届六中全会之前，在中共党内，王明有相当多的追随者，并且还有共产国际和苏联的权威支持。中共需要莫斯科的帮助，也自然增强了王明在中共党内的地位。此外，在华中和华南的新四军也由王明的追随者项英领导。凭着他在共产国际的个人声望、他的口才以及他的实权，王明自然成为中共党内唯一能向毛泽东领导地位发起挑战的角色。

然而，毛泽东和王明不同，他几乎不相信蒋介石是一个值得信赖的同盟者。

因为大革命的失败和土地革命斗争的经验告诉他，战争可能是局部的，也有可能会和平解决并迅速转变为日蒋联合反对中共的斗争。所以，在他看来，统一战线既是战略也是策略，它可以灵活运用于从中央政府的最高层到最小村落的最底层的中国社会各种政治、军事和社会力量。与蒋介石和国民党政权的关系从整体上来说是重要的，但它绝不是统一战线的全部。在整个战争期间，统一战线的主要目标就是阻止国民党人和日本讲和。因此，当国共之间爆发皖南事变这样大规模的冲突后，正是因为中共中央和毛泽东冷静成功地采取“政治上取攻势，军事上取守势”的策略，从而不导致蒋介石与日本媾和及全面重开内战。这正是正确贯彻统一战线政策的证明。因此，毛泽东始终认为团结只有通过斗争才能达到，不可能轻易获得。如果团结来得太容易，它就不会持久，不足以支持一场民众抗日战争。

事实上，自西安事变以来，中共内部开展的这场有关政治路线的辩论或者斗争，主要的矛盾是——王明主张为了斗争以广泛的合作达到团结，而毛泽东则主张通过斗争以有限的合作达到团结。当然，不可否认，路线斗争和党的最高领导权的斗争是相辅相成的。同时，我们也应该看到，毛泽东之所以坚持独立自主的原则，就是因为他还有一种王明所没有的大战略，或者说是雄心壮志——那就是既打败日本侵略者又打败蒋介石。人无远虑，必有近忧。正因为如此，现在毛泽东想的更多的是如何使蒋介石继续抗战，以及假如蒋与日本媾和，中共将如何独立战斗下去并赢得这场革命。由于军事力量处于劣势，只有动员群众建立并保卫和扩大根据地，才能确保胜利，从而加速全国范围内革命形势的到来。抗日战争的总策略，与以前内战的总战略一样，必须是农村包围城市，以切断城市赖以生存的基础，从而把革命引向城市。与此同时，农村的社会革命仍有共产党的军队加以保护，并由共产党的群众路线加以指引，不断地取得进展。[91]

毛泽东批评王明太右，王明则指责毛泽东太“左”。两个人为此还吵着要到共产国际去打官司。其实，这是王明在那里打着自己的小九九。他私下里认

[91]（加拿大）陈志让：《1927–1937 年的共产主义运动》，见《剑桥中华民国史》（下卷），中国社会科学出版社 1998 年 7 月版，第 260 页。

为，只要有了共产国际的干预和对毛泽东的批评，他就可以扭转乾坤。王明事后悄悄对博古说，他之所以这样做，是因为“(共产国际）那边的方式我是清楚的，先提问题，后来就有文章的”。[92]

与天斗，与地斗，与人斗，其乐无穷。向来就不怕斗争，并且善于斗争的毛泽东，看到王明竟逆向而动，借机发难，不能不感到震惊。这一夜，毛泽东没有睡觉。他觉得，跟王明摊牌的时候到了。

10 月 8 日下午，中共中央书记处在杨家岭召开工作会议。毛泽东、王明、任弼时、王稼祥、张闻天、康生、陈云、凯丰等参加了会议。李富春、王首道、胡乔木列席会议。

会议一开始，王明首先作了长篇发言，重申了前一天晚上与毛泽东谈话的内容，更系统和明确地阐述了他在武汉时期的工作和对目前时局及中央的方针政策的看法。他说：最近国际来电要我们考虑如何改善国共关系，我认为目前国际提出这个问题要我们考虑是有原因的。我们党与国民党发展关系是有必要的，也是可能的。我们有些地方政策过左，妨碍统一战线。毛泽东《新民主主义论》说中国革命要完成反帝反封建，我认为，目前统一战线时期，国共双方都要避免两面战争，要把反帝反封建加以区别，含混并举是不妥的。今天的政权要有大地主大资产阶级参加，新民主主义只是我们的奋斗目标，今天主要是共同打日本，还不希望国民党实行彻底的民主共和国。这个问题要向蒋介石声明，向国民党说清楚。今后阶级斗争需要采用新的方式，使党不站在斗争的前线，而使广大群众出面，党居于仲裁地位。[93]

这时，毛泽东插话说：“皖南事变后这半年多，国内是最和平的时期，这是一因为日本的政策，二因为我们的政策。”

王明接着说道：“我认为 1937 年十二月会议与六届六中全会的路线是一致的，我的了解不能说一切经过统一战线便是一切经过蒋介石。”[94]

对于武汉时期的错误问题，王明继续为自己进行辩护，认为他的总路线是

[92]（汪云生：《二十九个人的历史》，昆仑出版社 1999 年 2 月第 1 版，第 425 页。

[93]《胡乔木回忆毛泽东》，人民出版社 2003 年 12 月第 2 版，第 199 页。《毛泽东年谱》中卷，中央文献出版社 2002 年 8 月版，第 330−331 页。

[94]《毛泽东年谱》中卷，中央文献出版社 2002 年 8 月版，第 330−331 页。

对的，只是个别问题有错误，这些错误也只是在客观上形成的，有的也是别人负责造成的。

从高举“学习毛泽东”的旗帜到转而指责毛泽东，从颂扬新民主主义主张到批评《新民主主义论》太“左”，王明出尔反尔的政治表演，让人们进一步看清了他是一个立场并不坚定的人。王明的发言，立即引起与会者的反对，凯丰、陈云等人向他提出了批评意见，并明确表示不能同意他推卸责任的问题。

毛泽东也批评了王明的错误。他说：“最近我和王明同志谈过，但还没有谈通，现在又提出对目前时局的原则问题。王明认为我们过去的方针是错误的，认为我们太‘左’了。恰恰相反，我们认为王明的观点太右了，对大资产阶级让步太多了，只是让步是弄不好的。”

在谈到武汉时期问题时，毛泽东说：“王明同志在武汉时期的许多错误，我们是等待了他许久，等待他慢慢地了解。直到现在还没有向国际报告过。前几天与他谈话指出武汉时期有这样几个错误：（一）对形势估计，主要表现是过于乐观；（二）对处理国共关系，没坚持独立性与斗争性；（三）军事战略，助长了反对洛川会议的独立自主的山地游击战的方针；（四）在组织上，长江局与中央关系是不正常的，常用个人名义打电报给中央与前总，有些是带指示性的电报；不得中央同意，用中央名义发表了许多文件。这些都是不对的。现在王明同志谈了他的看法，大家可以讨论。”[95]

针对毛泽东的批评，王明显然也是有准备，逐条进行了解释和辩驳。他坚持认为：毛泽东批评他的许多问题，都是共产国际提出来的，他只是转达而已。对国民党强调斗争性不够，但在武汉时期他不仅坚持了独立性，而且进行了斗争；对片面强调游击战争有看法，但部分军事领导人反对洛川会议精神与他无关；对《论持久战》中的个别观点确有不同意见，但并不是他不让发表这篇文章；在武汉许多事情未向中央请示，具体原因很复杂，多数与他无关，主观上并没有闹独立的想法，多半是因为过去在国外单独发表文件惯了，客观上使长江局形成半独立局面。[96] 最后，王明表示：“在这个范围内给我任何处分

[95]《胡乔木回忆毛泽东》，人民出版社 2003 年 12 月第 2 版，第 199—200 页。

[96] 杨奎松：《毛泽东与莫斯科的恩恩怨怨》，江西人民出版社 2008 年 4 月第 4 版第 111 页。

我愿意接受”，“我的错误我自己负责”。[97]

与会者从王明这种傲慢的态度中就看出来，他是想把责任推给目前不在延安的周恩来，以保全自己。背靠共产国际这座大山，王明的姿态颇有破釜沉舟背水一战的意味。但他无论怎么狡辩，在历史事实面前，表面上的逃避难以掩饰内心里的虚妄。既然王明总是自恃有共产国际撑腰，那就干脆把共产国际的老底都揭一揭。于是，王稼祥和任弼时在会议上当场转述了共产国际领导人尖锐批评王明的谈话。

据王稼祥和任弼时介绍，王明关于斯大林、季米特洛夫的谈话的说法，有许多地方不准确，有些关键部分没有谈到，而是避重就轻。如斯大林明确主张用军队创造自己的政权，主张搞游击战争；季米特洛夫强调现在不要谈领导权问题，当面告诫王明要与国内同志搞好关系，不论谁推举，也不要当总书记等等。另外，季米特洛夫委托周恩来、任弼时告诉毛泽东，对王明要进行帮助。因为季米特洛夫和曼努伊尔斯基都明确讲，王明有一些明显的个人缺点，如总是企图把自己的意见当做中央的意见，一向喜欢拉帮结派，比较滑头，不够诚实，缺乏实际工作经验等等。[98]

这出乎意料的一击，一下子命中了王明的痛处。聪明反被聪明误。他知道，他又错估了形势，这回无论是共产国际还是斯大林，也帮不上他的忙了。

这天的中央书记处工作会议结束时，毛泽东提出，鉴于王明提出的政治问题关系重大，准备在政治局会议上开展讨论。也就是说，王明的问题将在还没有结束的九月会议上继续讨论。毛泽东说：王明提议检查中央政治路线，我们要提前讨论一次。关于苏维埃运动后期错误问题，停止讨论。希望王明对六中全会以前即武汉时期的错误和对目前政治问题的意见，在政治局会议上说明。

九月会议的议题再次改变了方向。

书记处工作会议后，中央领导同志们准备了三天，拟定于 10 月 12 日继续召开政治局会议。毛泽东为此详细地准备了讲话大纲，介绍了 7 日谈话和 8 日

[97] 周国全、郭德宏、李明三：《王明评传》，安徽人民出版社 1989 年 5 月第 1 版，第 390 页。
[98] 汪云生：《二十九个人的历史》，昆仑出版社 1999 年 2 月第 1 版，第 426–427 页。

会议情况，逐项批驳王明的观点，对前些天指出的王明四个方面的错误作了进一步的展开。这次，毛泽东以主观主义、宗派主义为突破口，尖锐地批评了王明在武汉时期的错误。毛泽东指出：王明的首要错误是统一战线中的迁就倾向，不分左中右，只分抗日不抗日，“一切经过统一战线”，全无列宁主义原则；否认政治上我党有提高国民党的任务，民主、民生要求不提了，没有了开放民众运动的任务；认为国民党一切都好，要求立即加入政府，全无阶级警惕性，全然忽视它们反共；放弃了阶级立场，只有一个民族立场，混同于国民党，一切迁就国民党，离开共产主义的原则。这种倾向，说好一点，没有清醒头脑，被民族浪潮冲昏了；说坏一点，实际上是资产阶级思想在无产阶级队伍中的反映，是陈独秀主义、孟什维克主义、张国焘主义。这是严重的原则性问题。[99]

在讲话大纲中，毛泽东认为，王明的其他错误主要是：在中日战争问题上，不作具体分析，有盲目乐观偏向；军事问题上，只是空谈“五个统一”、“七个统一”[100]，以对抗“独立自主的游击战争”，对中央关于发展长江流域游击战争的意见置之不理；在处理党内关系上，坚持要到武汉去，使长江局成为实际上的中央，反对延安用书记处名义，对延安、华北下命令，《新华日报》不发表《论持久战》，开六中全会不肯回来，到了西安还想回武汉去，形成“独立自主局面”。同时，毛泽东也客观地指出了王明还有一些“对的地方”，还指出他犯错误的原因是主观主义（唯心形式）、宗派主义（个人主义），这两个病根如不拔去，将来是很危险的。

在王明看来，这是毛泽东在对他进行秋后算账，而且是新账旧账一把算。王明的精神防线一下子被彻底击溃。他发现，向毛泽东发起挑战的结果，已经完全得不到共产国际和莫斯科的支持了，当年曾经追随他的所谓“国际派”已经解体，他真正成了孤家寡人，既不能取悦莫斯科，又得罪了毛泽东。他的心只能用两个字来形容——惶恐！生命中难以承受的轻，也是精神上难以承受的重。

12 日开会前，王明的心脏终于承受不了这样的政治负荷，心脏病突然发

---

[99]《胡乔木回忆毛泽东》，人民出版社 2003 年 12 月第 2 版，第 200 页。

[100] 即统一指挥、统一编制、统一武装、统一纪律、统一待遇、统一作战计划、统一作战行动。

作，休克了。

王明病倒了。他自己打败了自己。

九月会议至此，又出现了新的情况。因为王明生病，原定于12日召开的政治局会议，被迫改期。

10月12日上午，中央书记处立即派中央副秘书长李富春去王明家中参加王明的病情会诊。医生们会诊认为，鉴于王明的病情，建议至少休息三个月。王明也委托李富春转告中央政治局，请求休养期间不参加书记处工作会议，只参加政治局会议。毛泽东听说后，又马上派任弼时前去看望。王明见到任弼时后，明确表示，他接受毛泽东在8日会议上对他在武汉时期错误问题所作的结论，即在政治上组织上有原则性的错误，但不是路线错误。他对暂时不能出席政治局会议表示抱歉。但关于对目前时局的意见，仍可请政治局同志到他房间去谈，然后由政治局讨论，他病好之后再看记录。

此时的王明已经风光不再，但在和任弼时谈话时，他还是非常想知道莫斯科对他的真实看法，忍不住拐弯抹角地向任弼时打听季米特洛夫当年到底还说了什么。任弼时直言相告，季米特洛夫要他留在中央工作，不应该在外工作。

10月13日下午，中共中央召开书记处工作会议，王明因病请假缺席。任弼时向会议报告了王明的病情和想法。接着，毛泽东宣布，因为王明生病，关于武汉时期工作只好停止讨论。关于王明在武汉时期工作中的错误，就以10月8日书记处工作会议的意见作为定论。

会上，毛泽东说：“对他说明，他在武汉时期的工作，路线是对的，但在个别问题上的错误是有的，我们就是这些意见。如他还有什么意见，等他病好了后随时都可以谈。以上意见委托弼时同志向他说明。关于政治局会议讨论苏维埃后期‘左’倾机会主义错误的结论问题，我准备在此次政治局会议上只作一个结论草案，提交七中全会。七中全会也只作结论草案，再提交七次大会作成党内的结论。”

毛泽东还比较详细地提出了结论的五个要点：

（一）说明这一时期“左”倾机会主义错误比之立三路线，形态更完备，时间更长久，结果更悲惨。

（二）这一错误的时间问题，从1932年开始，到1934年五中全会时便发展到最高峰。

（三）我党二十年来的历史问题。五四运动到大革命时期，是唯物辩证法运用比较好的时期，是我党生动活泼时期。1927年下半年，是陈独秀右倾机会主义统治时期，其思想是机械唯物论的。立三路线与苏维埃后期是“左”倾机会主义时期，是主观主义与形式主义。四中全会虽在形式上克服了立三路线，但在实际政策上没有执行正确的转变。遵义会议后，又恢复了按辩证法行事，即按实际办事。从抗战四年来，我党的自觉性比五四时期更提高了，更加生动活泼，更能灵活地运用辩证法。

（四）这次讨论，要从检讨过去错误中得到经验教训，使全党了解失败为成功之母。要采用治病救人的办法。现在我们党最缺乏的是对于中国实际的调查和研究，今后我们要使马克思主义的普遍真理与中国革命的具体实践统一起来。

（五）要进行加强对学习组的领导、对过去被冤屈打击的干部重新作结论等实际工作。[101]

会议同时决定组成两个委员会，一个是清算过去历史的委员会，由毛泽东、王稼祥、任弼时、康生、彭真组成，以毛泽东为首，由王稼祥起草文件；另一个叫审查过去被打击干部的审查委员会，以陈云为首，成员有高岗、谭政、陈正人、彭真。

10月22日，九月会议进入最后阶段。这天，中央政治局会议的议题本来是驳斥王明的“讲话大纲”，因为王明的缺席，毛泽东放弃在会议上作报告。关于苏维埃运动后期的错误，会议决定由毛泽东写出书面结论，即《关于四中全会以来中央领导路线结论草案》，即“历史草案”。其实毛泽东在13日下

[101]《毛泽东年谱》中卷，中央文献出版社2002年8月版，第332—333页。

午的中央书记处工作会议上已经论及其主要内容和基本思路。而这个"历史草案"也是后来中共六届七中全会通过的《关于若干历史问题的决议》的最初草案。

"历史草案"综合了九月会议的揭发批判，是对那个历史时期的领导路线问题作出初步历史结论。全文共论列了16个问题，近2万字，由江青抄清，用16开纸横写，共计36页。草案概括地说明："这条路线的性质是'左'倾机会主义的，而在形态的完备上，在时间的长久上，在结果的严重上，则超过了陈独秀、李立三两次的错误路线。"草案分析：这条路线在思想方面犯了主观主义与形式主义的错误；在政治方面，对形势的估计，对策略任务的提出与实施，对中国革命许多根本问题都犯了过"左"的错误；在军事方面，犯了从攻打大城市中的军事冒险主义转到第五次反"围剿"中的军事保守主义（同时也包含着拼命主义），最后在长征中转到完全的逃跑主义的错误；组织方面犯了宗派主义错误。草案还指出，1935年1月召开的遵义会议"实际上克服了当作路线的'左'倾机会主义，解决了当时最主要的问题——错误的军事路线、错误的领导方式和错误的干部政策，实际上完成了由一个路线到另一个路线的转变，即是说克服了错误路线，恢复了正确路线。"[102]

在"历史草案"分析"九一八"事变后至遵义会议前这一时期的路线错误时，关于这条路线的主要负责人，毛泽东原来只写了博古的名字，后来修改时又加上了王明的名字，改成"王明同志与博古同志"。在论述王明、博古路线在认识论上是主观主义的时候，毛泽东认为：他们不懂得唯物论，只从主观愿望出发，不从不断变化的客观实际出发，完全不作科学的调查研究工作，提倡教条主义或"本本主义"，把马、恩、列、斯的话一字一句地装进党的指导文件里去，不知道马克思主义只能是研究客观实际的向导与行动指南，绝对不应该断章取义地乱搬与硬嵌；他们还机械地搬运苏联的经验，而不知道对于苏联及任何外国的经验只应该活用它，绝对不应该死用它；他们还否认中国苏区有马克思主义存在，说"山上没有马克思主义"，那里的革命运动只是一群"狭隘经验论者"

[102]《毛泽东传（1893–1949）》，中央文献出版社1996年8月第1版，第634页。

干的盲目的活动。他们的主观主义达到了极点。

在说明王明、博古路线的方法是形式主义时，毛泽东指出："片面地、孤立看问题，把客观现实的一片面加以主观的夸张，迷惑于事物的表面现象而抛弃其本质，割断历史，这就是他们的方法论。"他还指出，王明、博古路线把反唯物论的主观主义与反辩证法的形式主义相结合，"他们唯一的本领是引证马、恩、列、斯，作得出夸夸其谈的长篇大论，写得出成堆的决议指示，其实连半点马、恩、列、斯也没有嗅到"。

毛泽东在"历史草案"中还对产生"左"倾错误思想的社会根源、政治根源、国际根源和代表人物的主观根源进行了分析。他说:"左"倾错误的社会根源,"主要的是小资产阶级思想在无产阶级队伍中的反映。中国极其广大的生活痛苦的小资产阶级群众的存在，是我们党内右的，而特别是'左'的错误思想的来源"。"左"倾错误的政治根源，一是大革命失败后党内外群众不甘心失败与痛恨反革命的激愤情绪所使然；二是党内理论水平的异常薄弱，使得打着反对立三路线和拥护国际路线两面旗帜的欺人者得售其奸。"左"倾错误的国际根源，是把理论与实践互相脱节的教条主义或"本本主义"的德波林学派的唯心论在中国的谬种流传，至今还未铲除干净。就"左"倾错误的代表人物而言，则在于他们自以为是、自命不凡、个人突出的英雄主义，不能正确处理个人与党、与阶级、与其他干部的关系。毛泽东认为，认清这些根源，对于中共肃清主观主义与形式主义的残余，对于克服机会主义与宗派主义的错误，是必要的与重要的条件。

毛泽东在论列了王明、博古路线的具体表现之后，还分析了这条路线的主要特点。在他看来，这条"左"倾路线是"比陈独秀右倾机会主义路线与李立三'左'倾机会主义路线形态更完备，时间更长久，结果更严重的一条机会主义的路线"，"在思想形态上，在政治形态上，在军事形态上，在组织形态上，色色具备，无奇不有"。[103]

值得强调和注意的是，毛泽东尽管严厉批判了王明、博古路线，但也没有

---

[103]《胡乔木回忆毛泽东》，人民出版社 2003 年 12 月第 2 版，第 221−231 页。

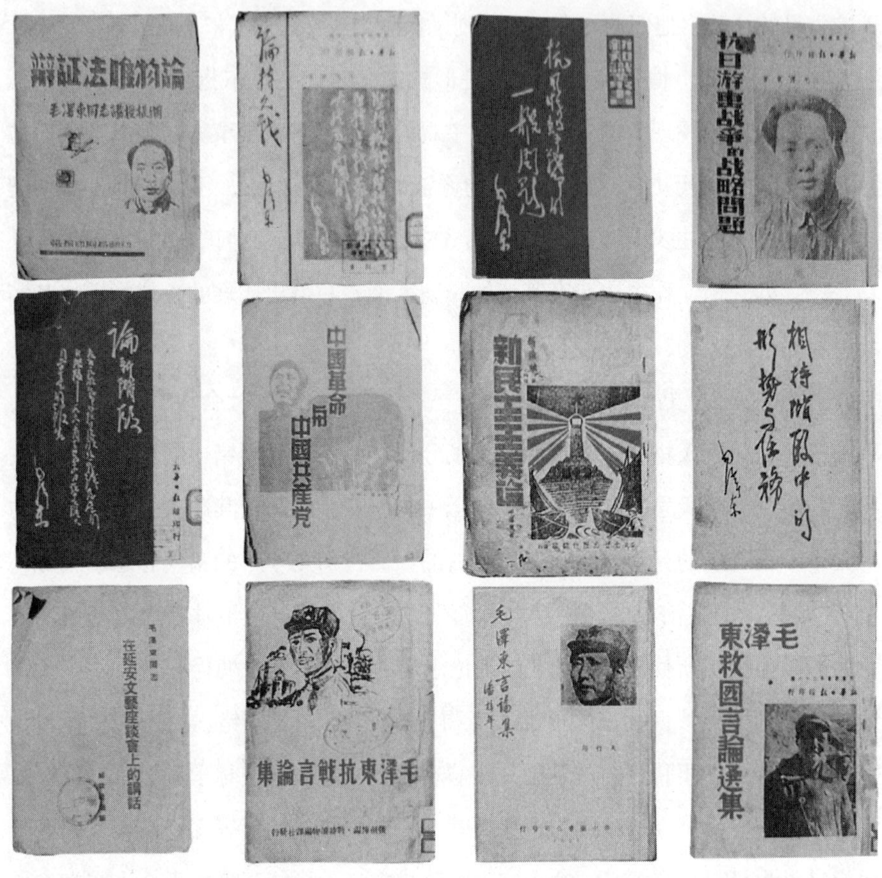

毛泽东在抗日战争时期撰写的主要著作。为指导中国革命，统一全党思想，他在延安大力从事理论著述，系统地阐明中国革命的理论、路线、纲领和政策，标志着马克思列宁主义普遍原理同中国革命具体实践相结合的毛泽东思想达到成熟

绝对化。他指出：说“左”倾路线是错误的，“也不是说在这条路线的整个时期，全党没有做一件好事”。他还列举了第四次反“围剿”等许多历史事实进行了证明。此时，尽管对王明的诸种拙劣表现感到不满，但从毛泽东就王明问题所作的结论和他起草的“历史草案”来看，他对王明依然采取的是积极帮助和与人为善的态度，对王明错误的定性也是十分客观的，并没有借机上纲上线，一定要把王明拉下马、搞臭的想法。尤其是对王稼祥、任弼时在书记处工作会议上介绍共产国际领导人对王明个人品质方面的批评，毛泽东也明确要求不要扩散，包括在政治局会议上也不必再讲。可见，毛泽东还是十分宽容的。至此，有关对王明的批评或者斗争问题，均属于中共党内的高级机密，完全只有中共中央书记处内部掌握。

本来，毛泽东准备将“历史草案”拿到11月份的中央政治局会议上讨论和通过的。但后来他还是取消了这个想法，划掉了原先写在题目下面的“1941年11月□日中央政治局会议通过”这行字。

这份花了毛泽东很多心血的“历史草案”，为什么搁置了呢?

其实，九月会议并没有真正达到毛泽东理想的效果。但毛泽东没有放弃对王明路线的批判，他在着手起草“历史草案”之前，还写了题为《关于一九三一年九月至一九三五年一月期间中央路线的批判》的长篇系列文章，从思想上、政治上、组织上以及策略方面逐篇地系统地批判了王明“左”倾路线统治时期的九篇有代表性的重要文献，指出它们的主观主义、冒险主义、宗派主义和关门主义的特征。毛泽东当时只把这篇文章给刘少奇、任弼时看过，一直没有发表。关于没有发表的原因，1965年5月毛泽东曾这样写道:“这篇文章是在延安写的，曾经送给刘少奇、任弼时两同志看过，没有发表。送出去后也就忘记了。1964年有人从档案馆里找出这篇文章的原稿，送给我看，方才记起确有这回事。在延安之所以没有发表，甚至没有在中央委员内部传阅，只给两位政治局委员看了一下，就再不提起了，大概是因为这篇文章写得太尖锐了，不利于团结犯错误的同志们吧。”因此，这篇文章不但在社会上，并且在党内也没有直接发生影响。

胡乔木回忆:毛泽东的这九篇文章的确写得尖锐，不仅点了几位政治局委员的名，而且用词辛辣、尖刻，甚至还带有某些挖苦。它是毛主席编辑《六大以来》时的激愤之作，也是过去长期被压抑的郁闷情绪的大宣泄，刺人的过头话不少。后来虽几经修改，然而整篇文章的语气仍然显得咄咄逼人、锋芒毕露。这与1942年初开始的普遍整风运动中他所提倡的‘惩前毖后，治病救人’的方针很不协调。它难以为犯错误的同志所接受，也是可以预计的。

“九篇文章”是毛泽东编辑《六大以来》的一个“副产品”，但这个“副产品”其实比“产品”的价值更高，更具毛泽东的思想。作为毛泽东在清算六大以来党的历史中所得到的启示，“九篇文章”是毛泽东的心爱之作。毛泽东生前没有看到它的发表，是他一生的遗憾。作为毛泽东的秘书，胡乔木自己也感到“看过此文，属于例外”。“九篇文章”可以说是毛泽东的读书笔记。“如果在整风场合，或者在政治局会议上，他也不会这样讲。这里是他自己写，自己看，把话说得再凶，反正也没有人听见。”胡乔木在回忆这一段历史的时候，认为“九篇文章”表示毛泽东对第三次“左”倾错误的认识深化了，是毛泽东对“左”倾错误认识的一个里程碑。[104]1974年6月，毛泽东又一次找出“九篇文章”仔细看了一篇，并将其中有关称赞刘少奇的内容全部删除，打算印发，但后来也只是发给了部分政治局委员看过。逝世前一个月的1976年8月，已经不能读书的毛泽东只好请人将“九篇文章”读给他听了一遍。

胡乔木在《回忆毛泽东》中第一次将毛泽东的“九篇文章”的写作背景、历史价值和理论贡献公开进行了评析，认为“九篇文章”作为毛泽东花费了大量心血的心爱之作，集中揭露和批判了以王明为代表的第三次“左”倾路线的错误内容、性质及危害，在毛泽东“对这条错误路线的认识史上，是一个巨大的跨越”，同时“阐明了解决中国革命一些基本问题的正确原则、策略和方法，在某些方面丰富和发展了马克思主义的思想理论”，还对毛泽东的哲学思想有很多发展。[105]

从“九篇文章”到“历史草案”，我们可以看到毛泽东的心路历程。“九篇文章”尖锐泼辣，毛泽东个人的喜、怒、嘲、骂跃然纸上，情绪化色彩甚浓。但到写作“历史草案”时，毛泽东控制了自己的感情，从感性上升到理性。毛泽东对“九篇文章”的内容重新进行了梳理和提炼，比较全面、系统、深刻地总结了党的历史经验和教训，为科学地评价六届四中全会以后的中央领导路线提供了一个很好的文件基础。

现在，毛泽东冷静下来了。他之所以放弃在11月份的政治局会议上讨论并通过这个已经比较理性的“历史草案”，关键是他通过九月会议看到了中共党内的思想状况，特别是高级干部的思想状况还没有达成高度的一致，全党对历史问题的认识更没有也暂时无法达到与他一样的高度。在九月会议上，尽管中央政治局的绝大部分同志都拥护毛泽东对主观主义和宗派主义的批判，初步地统一了对1931年9月以后的中央领导路线的认识，但大家的认识是参差

[104]《胡乔木回忆毛泽东》，人民出版社1994年9月第1版，第51页。

[105]《胡乔木回忆毛泽东》，人民出版社1994年9月第1版，第213—222页。

不齐的，对于六届四中全会本身的评价也不尽一致。中央尚且如此，何况全党呢？显然，毛泽东认识到的东西，中央政治局的委员们不一定认识到，全党更不可能一下子都认识到。还有，对这样重大的历史问题作出决定不是一件简单的事情，而且中央政治局还有周恩来、刘少奇、彭德怀等几位委员也不在延安。毛泽东深谙欲速则不达的道理，他不能操之过急，他必须采取慎重的态度。于是，“历史草案”就这样搁置下来，准备交给中共七大去解决。

无论怎样，同 1940 年底中共中央政治局讨论党的历史的会议相比，1941 年的九月会议大大跨进了一步，因为它使中共党的领导层对必须反对主观主义和宗派主义这个根本问题大体上取得了共识。毛泽东曾这样评价：“九月会议是关键，否则我是不敢到党校去报告整风的，我的《农村调查》等书也不能出版”，“整风也整不成”。[106]

九月会议后，毛泽东集中力量领导高级干部的整风学习。他认为“犯思想病最顽固”的是高级干部，“将多数高级及中级干部的思想打通，又能保存党与军的骨干，那我们就算是胜利了。”在毛泽东精心部署下，从 1941 年冬季开始，全国各地高级干部的整风学习普遍开展起来，为全党范围开展整风运动准备了条件。

1942 年 2 月 1 日和 8 日，毛泽东分别在中共中央党校的开学典礼上和中共中央宣传部召集的干部会议上发表了《整顿学风党风文风》和《反对党八股》的报告。这标志着历史上著名的整风运动在这个春寒料峭的春天，轰轰烈烈地展开了，就像冰封的延河开始解冻，二月河里不再平静，有了浪，也有了波……

[106]《毛泽东传（1893–1949）》，中央文献出版社 1996 年 8 月第 1 版，第 635 页。

延安整风

1941年10月12日，是王明人生和政治生涯的一个转折点。自从在这一天突发心脏病之后，他在中共党内的形象和地位便一落千丈，而曾欲东山再起的他从此再也没有登上中国的政治舞台。

王明生病住院的干扰，没有动摇毛泽东在九月会议之后继续推进检讨中共历史上和延安边区工作中的主观主义、宗派主义的信心和决心。1941年的九月会议，确立了在高级干部中开展整风的组织形式，是毛泽东开始完全按照自己的思路推进中国共产党内部斗争和创新的新起点。从此，毛泽东在延安发起的整党“风”刮遍黄土高坡。

“大风起兮云飞扬，威加海内兮在四方。”毛泽东在延安为什么要发动整风运动？整风运动的目的到底是什么？难道真的是为了“整”王明吗？

其实，历史已经给了我们答案。1941年前后的毛泽东，无论是在延安还是在莫斯科，无论是在中共党内还是在共产国际，已经成为当之无愧的中国共产党的领袖。如果从权力斗争的角度来讲，王明从莫斯科回到中国，意欲取而代之，这种政治上的野心和盘算也是有目共睹的。但任何政治人物的巅峰对决，仅仅依靠所谓的意识形态以及权谋（当然这里应该包含阳谋和阴谋），还是不够的，重要的一点就在于，政治人物所制定和执行的政治路线（包括战略思想和政治策略）是否推动了国家、民族的历史和社会的进步，是否有利于其服务的政党以及最广大的人民大众的根本利益。

王明为什么一直不顾中国和中共的实际而固执地坚持他的那些教条主张？毛泽东后来说过：“王明问题的关键、症结之所在，就是他对自己的事（指中国问题，引者注）考虑得太少了，对别人的事（指苏联和共产国际，引者注）却操心得太多了。”这真是一针见血的评论。王明考虑问题的基本出发点，就是不要得罪国民党，求得他们不脱离抗日阵营，以免苏联遭受两面作战的危险；至于中国共产党的利益和中国的实际情况，却不在或很少在他考虑的范围

毛泽东就整风问题与高级干部谈话（吴印咸摄影，吴筑清提供）

之内。其实，放弃斗争，一味退让，不仅不利于中国人民的利益，而且也不可能使国共合作真正保持下去。

1942年3月30日，毛泽东在中央学习组上作了《如何研究中共历史》的报告。他说："我们要研究哪些是过去的成功和胜利，哪些是失败，前车之覆，后车之鉴。""现在来考虑我们过去所走的路和经验，要有系统地去考虑。路是一步一步走过来的，虽然在走每一步的时候也曾考虑过昨天是怎样走的，明天应该怎样走，但是整个党的历史却没有哪个人去考虑过。"他提出研究历史要采用"古今中外法"，即全面的历史的方法，把问题当做一定历史条件下的历史过程去研究。他说："所谓'古今'就是历史的发展，所谓'中外'就是中国和外国，就是己方和彼方。"毛泽东强调："研究中共党史，应该以中国做中心"，"不研究中国的特点，而去搬外国的东西，就不能解决中国的问题。""我们要把马、恩、列、斯的方法用到中国来，在中国创造出一些新的东西。”他还指出：研究党史上的错误，不应该拘泥于个别细节，不应该只恨几个人，如果只恨几个人，那就是把历史看成是少数人创造的；重点是研究路线和政策，找出历史事件的实质和它的客观原因，从而使前车之覆成为后车之鉴。[107]

整风运动是一次全党范围内的马克思主义教育运动，其主要目的是清算六届四中全会以后中共党内长期占据统治地位的“左”倾错误路线及其表现形式——主观主义、宗派主义和党八股。毛泽东明确地说：“反对主观主义以整顿学风，反对宗派主义以整顿党风，反对党八股以整顿文风，这就是我们的任务。”关于整风的意义，毛泽东强调：“只要我们党的作风完全正派了，全国人民就会跟我们学。党外有这种不良风气的人，只要他们是善良的，就会跟我们学，改正他们的错误，这样就会影响全民族。只要我们共产党的队伍是整齐的，步调是一致的，兵是精兵，武器是好武器，那末，任何强大的敌人都是能被我们打倒的。”关于整风的方针和方法，毛泽东提出八个大字“惩前毖后，治病救人”作为整风的宗旨。具体讲就是：“对以前的错误一定要揭发，不讲情面，要以科学的态度来分析批判过去的坏东西，以便使后来的工作慎重些，做得好些。”“但是我们揭发错误、批判缺点的目的，好像医生治病一样，完全是为了救人，而不是为了把人整死”。[108]

作为延安整风运动的前奏之一，1942 年 1 月 26 日，毛泽东就起草了《中宣部宣传要点》，内容是反对党内的主观主义和宗派主义。要点指出：“鉴于遵义会议以前，主观主义与宗派主义错误给予党与革命的损失异常之大，鉴于遵义会议以后党的路线虽然是正确的，但在全党内，尤其是在某些特殊地区与特殊部门内，主观主义与宗派主义的残余，并没有肃清，或者还很严重地存在着。”值得一提的是，这本是一份中共内部的机密文件，但却被国民党获得。两个月后的 3 月 26 日，国民党中宣部机关刊物《中央周刊》发表了《中共批评本身错误》一文。文章指出：“中共最近又有自我检讨的文章，

[107]《毛泽东选集》第二卷，人民出版社 1993 年 12 月版，第 400–408 页。
[108]《毛泽东选集》第三卷，人民出版社 1991 年 6 月版，第 827–828 页。

以批评它本身的错误，略谓：‘对于敌、友、我，三方情况懂得很少，也安之若素。对客观事物缺乏科学周密的调查研究精神，这些就是主观主义的错误因素。再则例如在党内闹独立性，因此往往不服从党中央，不服从上级，将个人与党独立，甚至个人超过了党，这都是错误的。此外，在外来干部与本地干部的关系上，在老干部与新干部的关系上，不注意互相帮助、互相团结，而是一个轻视一个，甚至一个欺负一个。又如三三制在各根据地并没有完满的彻底十分认真的实行。这就是在党内与党外的关系上存在着十分严重的错误。’”[109]

显然，国民党充分利用自己的情报系统窥探中共，并力图渲染整风运动出现的问题，混淆视听，大肆攻击并全盘否定整风运动，以抨击中共和边区。一篇题为《共产党底三风问题》讥讽说：“共产党内部这种不良风气，本来由来已久，我们在朋友的立场上，过去不知和他们说过多少次，然而‘不见棺材不哭爷’，本是人类共有的劣根性，共党对于我们的忠告和诤言，不独置诸脑后，而且以其逆耳而暗暗怀恨在心。”接着又虚伪地表示：“我们在国家民族的立场上，本着朋友之谊，欣闻毛泽东先生在焦头烂额之后，来这一套整顿三风的自我批判……我们为国家民族的利益打算，总希望共党真的能把三风整顿好……但是共党怎样整顿三风呢？这是共党前途的关键。可惜我们看遍了共党的文件，看不出将来会有什么好结果。”他们甚至还诬蔑“共产党还是一个封建的集团！……闹得危机四伏，有劳毛先生起来大声疾呼地喊救命……其实就整个共产党而论，它根本是宗派主义的残余代表，独立于中央，割据。共产党本身既是一个宗派主义的集团，它的党员如何能免于宗派主义的作风！毛先生不肯放弃边区，交出军权，服从国家政令，那末他的一切宣传，一切反宗派主义的努力，都是假的，都是徒劳的！”[110]毫无疑问，国民党竭力否定整风运动成功的可能性，一方面给毛泽东敲响了警钟，一方面也更加坚定了毛泽东要把整风运动搞出成效的决心。

1942 年 4 月 3 日，中共中央宣传部作出在延安讨论中央关于开展整风和

---

[109] 卢毅：《国民党眼中的延安整风》，《党的文献》2010 年第 3 期，《新华文摘》2010 年第 16 期。
[110] 卢毅：《国民党眼中的延安整风》，《党的文献》2010 年第 3 期，《新华文摘》2010 年第 16 期。

1942年3月，毛泽东在延安高级技术干部季会上讲话

毛泽东整顿三风报告的决定（即第一个“四·三决定”），对整风运动的目的、要求、方法、步骤和学习文件作了明确的具体规定。6月2日，毛泽东亲自主持成立中央总学习委员会(简称总学委)。思想整风阶段是按照整顿学风、党风、文风三个小阶段来进行的，每个小阶段大致进行了4个月左右，延安共有一万多人参加。

整风运动分为高级干部的整风和全党干部的普遍整风两个层次进行。王明作为这个错误路线的代表人物，身为中共中央政治局委员、书记处书记，在中央开始进行检查政治路线和历史问题以来，对自己应当承担的责任不承认、不检讨，始终采取逃避、狡辩或推诿的态度，激发了中共中央高层思想路线斗争的尖锐性。

“犯思想病最顽固”的高层干部的思想都没有完全打通，肯定会引起中下层思想的混乱或不统一。而自“百团大战”以后，日军加紧了对敌后根据地的扫荡，进一步推行杀光、烧光、抢光的“三光政策”，使得中共敌后根据地在1941年受到了很大损害；再加上皖南事变后，国民党顽固派断绝对八路军的粮饷和其他供应，加紧对边区封锁，使根据地的财政经济遇到了极大困难，并将在1942年、1943年进入抗战以来最困难的时期。怎样克服这些困难呢？除了实行生产自救、发展经济、精兵简政等政策外，就是开展整风，训练干部，一方面使他们振作精神，正确对待困难；另一方面，整顿不好的作风，以迎接将来的光明。更不容忽视的是中共的干部队伍状况还存在不少问题。到1942年初，全国党员有80万，中共领导的军队（包括游击队）有57万，大部分是抗战以后在民族浪潮高涨时加入革命的。成百上千的青年知识分子从国统区来到延安。在全党，新党员、新干部占90%。他们没有经过内战，没有参加长征，对共产主义的许多道理不熟悉，阶级斗争是怎么回事不懂得，虽然有的读了两年书，但只记得一些教条，不懂得马列主义是什么。因此，在全党，尤其在某些特殊部门内，主观主义与宗派主义残余并没有肃清，或者还很严重地存在着，有的人自由主义思想也相当浓厚。这就需要加强内部教育，转变作风。[111]而自打退国民党第二次反共高潮之后，特别是苏德战争和太平洋战争爆发后，国共之间的摩擦减少，局势缓和，从而在客观上创造了一个积蓄力量、巩固内部、训练干部、开展整风的外部环境。1942年4月20日，毛泽东在中央学习组关于整顿作风的发言时强调说，如果全党干部在现在这个时期，在这一两年以内，能够把作风有所改变，“把马列主义搞通，把主观主义反倒”，“扩大正风，消灭不正之风”，那么，“我们内部就能够巩固，我们的干部就能够提高”，“延安的干部教育好了，学习好了，现在可以对付黑暗，将来可以迎接光明，这个意义非常之大，我们这些学习好了的干部可以反对黑暗迎接光明，创造新世界，这都是全国性的”。

这就是整风运动不可忽略的历史和政治背景。而从上述背景中，我们可以看到毛泽东更加长远的战略眼光，那就是他正在为了迎接中国革命最后的胜利、推翻国民党的统治、建立新中国，教育和培养干部。为此，毛泽东要求：

[111]《胡乔木回忆毛泽东》，人民出版社2003年12月第2版，第204页。

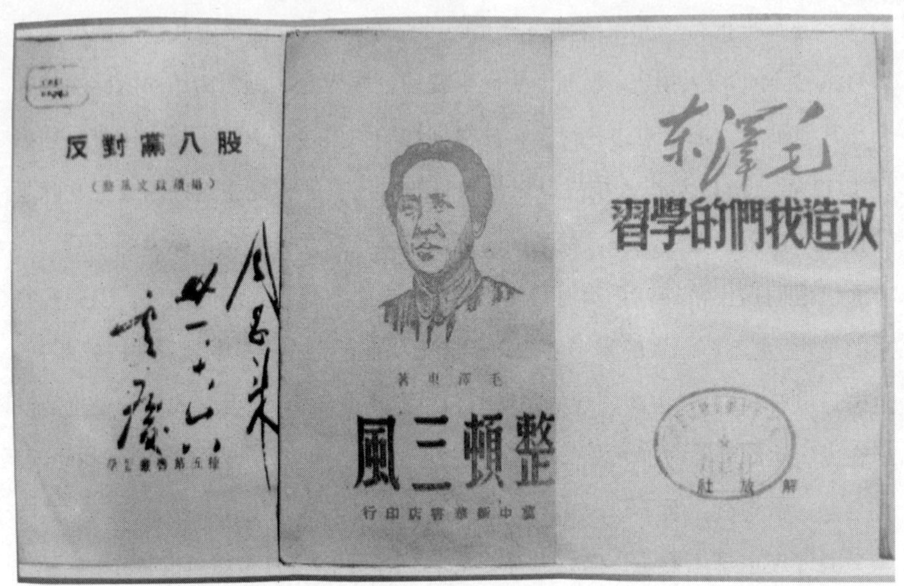

延安整风时期出版的毛泽东所作整顿三风报告的单行本

总结党的历史经验教训，消除王明路线的影响，通过批判教条主义和经验主义两种形态的主观主义，教育全党干部学会运用马克思主义的立场、观点和方法，来研究和解决中国革命的具体问题。而延安整风运动的直接结果，是以中国化的马克思主义思想——毛泽东思想统一了全党的思想，为顺利召开党的七大奠定了思想基础，也为下一步的斗争——打败日本侵略者，建立新民主主义的新中国奠定了思想基础。[112]

我们不妨再来认真读一读毛泽东 1942 年 4 月 20 日关于整顿三风的讲话。他反复强调：“这一次整顿三风的斗争，它的性质是什么样的呢？就是一个无产阶级的思想同小资产阶级思想的斗争。”因为过去的思想方法、教育方法是主观主义、教条主义的，结果弄到现在党内思想庞杂，思想不统一，行动不统一，这个人这样想问题，那个人那样想问题；这个人这样看马列主义，那个人那样看马列主义。一件事情，这个人说是黑的，那个人则说是白的，一人一

[112]《胡乔木回忆毛泽东》，人民出版社 2003 年 12 月第 2 版，第 187 页。

说，十人十说，百人百说，各人有各人的说法、看法。差不多在延安就是这样，自由主义思想相当浓厚，有许多违反马列主义的东西，如果打起仗来，把延安搞掉，就要哇哇叫，鸡飞狗走，那时候，诸子百家就都会出来的，不仅将来不会有光明的前途，搞不好张家也要独立，王家也要独立，那就不得了。[113]

认真分析中共党史和毛泽东的讲话，我们就不难看出，毛泽东发动整风运动的目的并不是针对王明本人，更不存在要把已在中央医院卧床不起的王明搞臭、整死的想法。事实上，此时王明的挑战对毛泽东已经不存在任何威胁，他也已经没有任何资本跟毛泽东争夺中共中央的领导权了。也就是说，毛泽东已经牢牢稳坐中共中央的第一把交椅，掌控中共中央的最高权力，根本不需要也没有必要采取王明在《中共五十年》中所说的所谓“蓄意毒害”的手段来对付王明。

1943 年 6 月，毛泽东致信彭德怀，对整风运动各阶段的内容及各环节的相互关系作了简明客观的概括。他说，整风前一阶段注重学风是正确的，但后一阶段便应注重党风。因学风是思想方法问题，党风是实践问题，只有在后一时期注重党风，才能将思想方法应用于党性的实践，克服党性不纯现象。在党风学习中，自我批评应更发展，应发动个人写一次反省笔记。党风最后阶段还应发动各人写思想自传，可三番五次地写，以写好为度。最后则发动坦白运动，叫各人将一切对不住党的事通通讲出来。在此阶段应着重提出反对自由主义错误，从思想上纠正党内自由主义。直待党风学完后（文风和学风一起学）才实行审查干部（主要是清查内奸）。如能真正做好整风，真正做好审查干部，就算是了不起的成绩，我党百年大计即已奠定。[114]

整风运动如火如荼的时候，王明在干什么呢？他的表现又如何呢？

王明住在中央医院享受着中央首长的最高待遇——三间窑洞加上三间平房。这样的条件在当时的延安来说不可谓不“奢侈”。除了生活待遇之外，警卫、

---

[113] 杨奎松：《毛泽东与莫斯科的恩恩怨怨》，江西人民出版社 2008 年 4 月第 4 版第 116 页。
[114]《胡乔木回忆毛泽东》，人民出版社 2003 年 12 月第 2 版，第 206–207 页。

秘书和特护人员也是齐装满员。对于整风运动，王明是非常反感的。据王明自己所言，1942 年 2 月 16 日，他在中央医院作了一首题为《所谓整风运动》的五言打油诗，以发泄不满和私愤。诗曰：“名为整三风，实为行四反。一切为个人，其他都不管。”

王明在这首诗的注释中解释说：“四反”即反对列宁主义、反对共产国际、反对苏共和苏联、反对中国共产党；“一切为个人”是指“毛泽东制造毛泽东主义，建立个人党内专制和个人军事独裁”。如果从诗艺的角度来评论，这首诗的水平实在太低级了，根本不像幼年就擅于吟诗填词聪慧过人的王明所写。言为心声。王明的诗集里还收录了很多这类政治讽刺诗，艺术水准十分低劣，完全没有诗意，只有个人情绪的宣泄和仇视。诗言志。王明的这些诗歌证明王明的心胸狭窄，毫无格局气量，根本无法与毛泽东的豪放诗风与天地英雄气相提并论。笔者认为，王明的这些诋毁毛泽东的低俗诗作，根本不是在延安时期所写，应该是其寄居莫斯科之后的泄愤之作。

对延安整风运动的领导，毛泽东是运筹帷幄，稳扎稳打，步步推进，分批分层分阶段有步骤地进行的。从号召加强马列主义理论的学习入手，联系历史和现实的实际，反对主观主义和宗派主义；整风对象先是党的高级干部，后是一般干部和普通党员；整风内容由以讨论党的政治路线为主转变为整顿思想方法和思想作风为主。从中央到各根据地，自 1941 年九月会议之后党的高级干部经过整风学习，在重大理论原则和历史问题上取得共识，并在取得一定整风经验的基础上，毛泽东才决定在 1942 年开展全党整风。

相信群众，发动群众，依靠群众，这是毛泽东群众运动的基本经验。因为他相信可以通过群众运动来监督各级干部，揭露问题。广大干部的群众性整风运动分为两个阶段。第一阶段是整顿作风，按毛泽东的说法，这是无产阶级思想同小资产阶级思想的斗争，整顿三风就是要去掉小资产阶级思想，转变为完全的无产阶级思想。这个阶段持续了一年多时间。就在这个时候，延安的文艺界出现了一些问题，一些抗战爆发后来到延安的知识分子和新党员还没有能够理解毛泽东发动这场运动的深刻意图和真正意义。“不少人受到自己经验的局限，误以为整风就是整领导。整什么领导呢？就是整那些直接面对他们的领导。那些高层领导中有什么东西要整，他们当时是看不清楚的。”如果这样下去，就把人们的注意力从当时最迫切需要解决的反对主观主义和宗派主义这个根本问题转移到一大堆枝枝节节的具体问题上去。这种倾向不扭转，就会改变整风运动的方向。这引起了毛泽东的高度重视。尤其令他关注的就是中央青年工作委员会部分年轻的知识分子创办的墙报《轻骑队》和中央研究院年轻干部创办的《矢与的》。

为此，1942 年 3 月 8 日，毛泽东为《解放日报》题词：“深入群众，不尚空谈。”3 月 21 日，他在《解放日报》改版座谈会上指出：“近来颇有些人要求绝对平均，但这是一种幻想，不能实现的。”“小资产阶级的空想社会主义思想，我们应该拒绝。”“批评应该是严正的、尖锐的，但又是诚恳的、坦白的、与人为善的。只有这种态度，才对团结有利。冷嘲暗箭，则是一种销蚀剂，是对团结不利的。”4 月初的一个晚上，毛泽东又亲自提着马灯来到中央研究院，用火把照明看墙报。他认为，中央研究院文艺研究室的研究员王实味在《解放日报》和《矢与的》墙报上发表《野百合花》等文章是“不讲成绩，抹煞成绩，只暴露黑暗”。由此，他深有感慨地说：“思想斗争有了目标。”

王实味《野百合花》事件，成为延安文艺界整风运动的火药桶。于是，整风运动出现了王实味的“托派”、“特务”问题，以及其他一些组织不纯的问题，从而引发出对干部成分的怀疑，整风运动由此开始变得更加尖锐和紧张。但胡乔木认为，尽管《野百合花》引起很大争论，比丁玲的《三八节有感》争论得更尖锐，但《三八节有感》在文艺界有相当代表性。他说，延安文艺界的整风运动不能拿王实味作为文艺界的代表。因为这年 5 月 2 日至 23 日召开的延安文艺座谈会前后，尤其是后面主要是围绕萧军和丁玲，斗得相当厉害。但作家们经过这场洗礼，得到了益处。[115] 王实味却因为曾经与“托派”有密切往来的问题被揭发，使得对其错误思想的批判转变为对其历史问题的审查，并在随后 6 月 15 日至 18 日召开的延安文艺界座谈会上被定性为

[115]《胡乔木回忆毛泽东》，人民出版社 2003 年 12 月第 2 版，第 55 页。

1942 年 5 月，毛泽东和参加延安文艺工作者座谈会的人员合影（吴印咸摄影，吴筑清提供）

“政治上的敌人”，被错误地打成托派和特务。这个错误的定性，也导致他成为延安文艺界整风斗争的唯一牺牲，[116] 并对后来整风运动发展为审干运动产生了直接影响。

王实味的“《野百合花》事件”，不仅轰动了延安城，而且很快引起了国民党的相当重视。国民党“中统”立即着手编辑了《关于“野百合花”及其他——延安新文字狱真相》一书，并在这年 9 月由统一出版社出版。而此前，有一个署名邹正之的人抢先于 6 月份就将《野百合花》在重庆翻印出版。国民党广东省党部文化运动委员会编的《民族文化》月刊，也在 8 月份将《野百合花》作为“延安文献”全文发表，并称“只因为这是延安里发出的正义呼声，我们应该使他得到更大的同情”。此后，国民党如获至宝般地开始利用“《野百合花》事件”，断章取义加上歪曲捏造，诋毁和攻击中共和边区。此间，国民党的《中央周刊》《新认识》月刊等还

[116] 1947 年，胡宗南军队进攻延安，中央机关撤离，在从延安转移到山西兴县时，经康生负责的中央社会部批准，王实味被错误地处决。这是一起冤案。以后，毛泽东曾多次对王实味的被处决提出了批评。1991 年 2 月 7 日，公安部发出了《关于对王实味同志托派问题的复查决定》，为王实味平反昭雪。

连续发表报道、评论和特辑，进行大肆炒作。国民党特务机关编印的《关于“野百合花”及其他》，一时间成为中统印行的书籍中最为畅销的一种。他们在这本小册子前面加上按语说："中共……歌赞延安是革命的圣地……然而……在陕北，贪污，腐化，首长路线，派系交哄，歌啭玉堂春，舞回金莲步……的情形之下，使为了抗日号召跑向陕北的青年大失所望，更使许多老共产党员感到前途没落的悲愁。”国民党有的刊物还以《从野百合花中看到延安之黑暗》为题恶毒攻击中共。[117]

国民党对“《野百合花》事件”的炒作，必然引起毛泽东和中共中央的高度警惕。这也直接导致主张以积极的态度允许“大鸣大放”的毛泽东，开始重新思考“王实味现象”和“《野百合花》事件”的严重性。除此之外，影响毛泽东态度变化的还有一个重要的历史背景，那就是有情报显示——蒋介石正准备乘苏联和中共目前处于最困难的时期，将采取军事进攻与内部破坏并举的手

[117] 卢毅:《国民党眼中的延安整风》,《党的文献》2010 年第 3 期,《新华文摘》2010 年第 16 期。

段，摧垮中共。这使得毛泽东迫切地感到了一种危机。他开始担心和怀疑延安的医院、学校等诸多机构甚至边区政府中都有可能暗藏有坏人，明确提出对“过去参加过派别活动的老的坏分子也要加以考查，对于意识不好的分子也要加以注意”。因为这些人一旦时机适合，常常站在反党的方面。他特别警告要注意那些“故意站在拥护党的方面，实际上暗中进行反党活动”的人。随后，毛泽东决定采取先纵后收的策略，改变斗争的矛头，于是思想问题意外地变成了敌我问题。为此，中共中央接连两度发出“准备应付第三次反共高潮”、不得已时不惜投鼠忌器的通知，并全力部署破获“国特”，以绝内患。

1942 年 5 月初，毛泽东提出“在检查工作与审查干部中发现反革命分子，加以扫除，以巩固组织”，整风运动转入全党性的审查干部、清理队伍阶段。这个阶段进行了半年左右的时间，直到 1943 年“九月会议”重新讨论中共党史路线问题时才基本结束。

8 月 3 日，中央书记处会议同意毛泽东的提议，决定将在延安的 43 名高级干部（8 月 8 日的中央政治局会议又增为 48 人）编成 9 个小组，由中央同志直接领导，联系本部门的工作，学习和研究《联共党史》结束语六条和斯大林《论布尔什维克化十二条》。毛泽东编在第一组。毛泽东还提出：“要从讨论那些细小微末的具体问题，转入到集中火力检讨党内存在着的根本思想倾向，主要是自由主义和对党闹独立性问题。”根据毛泽东的意见，各地也先后召开高级干部座谈会，联系本地区的实际进行学习和检查。

在整顿党风阶段，最为重要的是长达 88 天（1942 年 10 月 19 日至 1943 年 1 月 14 日）的中共中央西北局高干会。会上，毛泽东用两天时间结合中国共产党的情况逐条讲解了斯大林的《论布尔什维克化十二条》。毛泽东的讲话对边区党清算历史上的路线是非，纠正党内一些干部闹独立性的倾向，加强党的一元化领导，增强党的团结起了重要作用。胡乔木认为，毛泽东的这篇讲话是研究毛泽东在延安时期关于党的建设理论的发展的一个重要文献，对于中共党的政治建设、组织建设和思想建设都具有重要的理论价值和实践价值。主要表现在三个方面：一是确立中国共产党是以马列主义作理论基础；二是党的决议、政策和理论正确与否，只有客观实践是检验真理的标准尺度；三是对于党内的思想错误、小错误、个别错误，要同一贯的路线错误、派别活动和反党以至反革命问题加以区别。尤其是最后一点，是毛泽东“总结了二十年代后期到遵义会议前‘左’倾宗派在党内搞残酷斗争、无情打击的历史教训。不难看出，这是建国后提出的区分两类不同性质的社会矛盾理论的萌芽。有了过去沉痛的历史教训和这样明晰的思路，在群众性急风暴雨式的阶级斗争基本结束以后，毛主席提出严格区分两类不同性质的矛盾和处理人民内部矛盾思想，就有其自身的理论逻辑和历史必然了。延安整风运动，从指导思想上说，是按照这个思想进行的”。[118]在闭幕会上，毛泽东总结道：“我们虽然是从历史中走过来的，但要从观念形态上恰当地反映历史是不容易的。经过这样多的磨折，这样多年，这次高干会才把历史搞清楚。”

1942年8月13日，在中央医院住院十个月的王明基本痊愈，和妻子孟庆树一起，从中央医院回到杨家岭家中继续休养。

历史是一面镜子。

统一是最大政治。

实现中央和地方各根据地政治、思想、组织上的高度统一是延安整风运动的根本目的。而抗战以来，中共从中央到基层，从党内到军内，形势十分复杂，不仅在延安存在着王明这样的领导人，而且各根据地也存在着各自为政的“山头主义”。为此，自1942年8月起，中共中央陆续制定颁布了《关于抗日根据地党政军民学关系问题的决定》《关于统一抗日根据地党的领导及调整各组织间关系的决定》《关于加强统一领导与精兵简政工作的指示》等一系列重要文件，逐步系统地规范了上下级关系和全党服从中央的具体模式，力图解决各根据地“机关庞杂、系统分立、单位太多、指挥不便”的问题。与此同时，毛泽东将中央领导机构的精简调整工作也提上了日程。

在1935年1月遵义会议上，毛泽东由政治局委员上升为政治局常委，与

[118]《胡乔木回忆毛泽东》，人民出版社2003年12月第2版，第209—210页。

博古、张闻天、周恩来、项英等一起成为中央书记处的重要成员。随后，张闻天代替博古在中共中央负总责。1937 年 12 月的中央政治局扩大会议上，因为王明回国，中央书记处又增补王明、陈云、康生为书记。1938 年 10 月六届六中全会虽然批评了王明的错误，但中央最高层的人事并没有调整。中央领导机构的成员是——中央政治局委员：毛泽东、张闻天、王明、周恩来、任弼时、博古、朱德、康生、陈云、项英、彭德怀；政治局候补委员：刘少奇、王稼祥、邓发、何凯丰；书记处书记：毛泽东、王明、张闻天、博古、陈云、康生和在重庆的周恩来。从组织上说，中央书记处的地位最高，当时名义上由张闻天负责，但毛泽东自遵义会议特别是六届六中全会后已经实际主持中央书记处工作，并且得到包括国民党在内的各界和国际舆论的确认。

尽管毛泽东掌握了中央书记处的实权，中共中央的重大方针、政策也由他拿主意、作决定，但事实上毛泽东在中共中央的领袖地位尚未取得法律上的认定。因此，毛泽东迫切地感到，必须加强中共中央从政治、思想和组织上的一元化领导。1941 年九月会议之后，中央书记处的 7 位书记有一半以上或在外工作或犯有严重路线错误，中央书记处会议难以履行法律程序，几乎成了一个空架子，影响了党的工作——王明患病，一直住在中央医院，不参加任何工作；张闻天承认错误，1942 年初就离开延安，主动到基层作调查研究工作；博古主管《解放日报》，对中央工作早已不负主要责任；周恩来常驻重庆，难以参与中央全盘工作；王稼祥对整风运动持有保留意见，工作起来难以得心应手。

中央领导层出现了这种微妙变化，毛泽东是有所准备的。早在 1941 年 10 月 3 日，九月会议一结束，毛泽东就电告刘少奇返回延安，准备参加七大。对刘少奇返回延安，毛泽东极为关心，隔三差五地打电报或催促或嘱咐或慰问，周密布置一路的安全保护工作。直到 1942 年 12 月 30 日刘少奇平安抵达延安后，毛泽东才一块石头落地，放下心来。1943 年元旦，《解放日报》以大字标题刊登了中共中央办公厅举行新年晚会，并欢迎刘少奇从华中归来的消息。对此，胡乔木回忆说：“少奇同志在路上走了差不多十个月的时间，毛主席无时不在挂念。对少奇同志的安全这样关怀备至，在不少人的亲见亲闻中是很少有的。”[119]

显然，在中共中央虽然早已能一言九鼎的毛泽东，他还需要更加亲密的战友一起去战斗。毛泽东之所以选中刘少奇，不仅因为刘是白区工作正确路线的代表，更重要的是在抗战开始之后他力倡独立自主和开展华北游击战争，与毛遥相呼应。而且刘在调到华中局工作后，一度受到王明和项英影响的新四军工作也变得有声有色，备受毛泽东赞赏。1941 年九月会议上，刘少奇还被党内众多高级干部视为除了毛泽东之外中共党内唯一的正确路线的代表。陈云、王稼祥、康生都曾在大会上力挺刘少奇的地位要提高。毛泽东在自己一生珍爱的“九篇文章”中多处援引刘少奇的观点，批判以王明为代表的中央对刘的责难。毛还在第八篇中说，刘少奇同志是中共在国民党区域工作中“正确的领袖人物”，是唯物的辩证的革命观的代表；“刘少奇同志的见解之所以是真理，不但有当时的直接事实为之证明，整个‘左’倾机会主义路线执行时期的全部结果也为之证明了”。毛泽东如此高度评价中央的一位领导同志，这在延安时代是极其少有的。足见毛对刘的倚重。[120]

1943 年 3 月 16 日，中央政治局召开会议，出席会议的政治局委员和候补委员有：毛泽东、刘少奇、任弼时、朱德、张闻天、凯丰、邓发，列席会议的有杨尚昆、彭真、高岗、叶剑英，共 13 人。毛泽东作了关于时局与方针的讲话，随即由 1941 年九月会议后担任中央秘书长、主持中央书记处日常工作的任弼时报告了中央机构调整与精简方案。他说，现在中央机构比较分散，需要实行统一和集中，拟定在中央政治局下面分设组织和宣传两个委员会作为中央的助手。在中央苏区时，书记处在政治局之上，实际上等于政治局常委，不合适。前一时期多为书记处工作会议，实际上等于各部委联席会议，与政治局会议无多大区别。现在要确定书记处的性质与权力，使书记处成为政治局的办事机关，根据政治局的决议、方针处理日常工作。

1943 年 3 月 20 日，中共中央政治局继续开会。会上，康生介绍了机构调整的酝酿过程。他说：“少奇同志意见，书记处应有一个主席，其他两个书记

[119]《胡乔木回忆毛泽东》，人民出版社 2003 年 12 月第 2 版，第 272 页。
[120]《胡乔木回忆毛泽东》，人民出版社 2003 年 12 月第 2 版，第 272 页。

是主席的助手，不是像过去那样成为联席会议的形式，要能处理和决定日常工作。”会议通过了《中共中央关于中央机构调整及精简的决定》，重新明确了政治局和书记处，以及下属各机构的权限。决定规定：在两次中央全会之间，中央政治局担负领导整个党的工作的责任，有权决定一切重大问题。政治局推定毛泽东为主席，凡重大的思想、政治、军事、政策和组织问题必须在政治局会议上讨论通过。书记处是根据政治局所决定的方针处理日常工作的办事机关，它在组织上服从政治局，但在政治局方针下有权处理和决定一切日常性质的问题。书记处由毛泽东、刘少奇、任弼时组成，毛泽东为主席。书记处会议所讨论的问题，主席有最后决定权（这里的“最后决定权”是书记处处理日常工作的决定之权。政治局决定大政方针，并无哪一个人有最后决定之权的规定）。会议还决定，刘少奇参加中央军委，并为军委副主席之一(其他副主席是朱德、彭德怀、周恩来、王稼祥)。在中央政治局及书记处之下，设立宣传委员会和组织委员会，作为政治局和书记处的助理机关。毛泽东任宣传委员会书记，刘少奇任组织委员会书记。为了统一各地区的领导工作，在延安的中央政治局委员进行了分工：华北党政军民工作统归王稼祥负责；华中党政军民工作统归刘少奇负责；陕甘宁、晋西北党政军民工作统归任弼时负责；大后方工作统归陈云负责；敌占区工作统归杨尚昆负责。中央党校校长由毛泽东兼任。4 月 5 日，中央书记处会议又决定，为指导工作便利，驻重庆办事处工作由毛泽东直接管理；驻西安办事处工作由任弼时管理。

这是一次重大的人事调整，标志着毛泽东名正言顺地从政治上、思想上、组织上确立了他在中共党内的一元化领导权威。刘少奇也从此上升为中共中央的第二把手。

对毛泽东来说，这真是如虎添翼，“气象一新，各事均好办了”。但令毛泽东没有想到的是，喜事还在后面呢！

3 月 20 日中共中央政治局和书记处的机构和人事变动，的确是一次历史性的改革，这是中国共产党历史上第一次完全意义上独立自主地选出自己的领导机构。在中共党史上，此前的任何一次人事变动，包括陈独秀、瞿秋白、李立三等担任中共最高领导人，都是需要经过莫斯科共产国际批准同意的。遵义会议撤了博古，换了张闻天，也是派陈云专门到莫斯科进行报告。但这次人事变动，毛泽东解除了王明的书记处书记职务，不再也无须征求莫斯科的意见了。

这是一个大胆的决策。毛泽东是冒着风险的。

没有当选书记处书记，王明也是不甘心的。

一直养病的王明没有闲着，他通过苏联驻延安的联络小组，接连不断地向莫斯科发密电"告状"，希望莫斯科对毛泽东施加压力和影响，干预正在日益深入的中共全党整风运动，状告毛泽东"拼凑'整风运动'的领导班子"，"夺取中央总书记的职务"，以达到挽救自己在中共中央的领导危机。

但令王明不得其解的是，莫斯科对他的密电竟然没有作出任何反应。他实在难以理解莫斯科竟然如此容忍毛泽东在延安这样"无法无天"的大动作。

事实上，此时此刻，决定苏联命运的斯大林格勒保卫战激战正酣，斯大林正全力对付希特勒的疯狂进攻，根本没有心思搭理王明的"告状"。还有一点更为重要的是，因为中国的抵抗和太平洋战争的爆发等因素，日本侵略者没有发动远东战争。斯大林曾经十分担心日本进攻苏联使其东西两面受敌的局面并没有出现。尽管毛泽东婉拒了莫斯科要求中共出兵抗日保卫苏联的要求，但共产国际的季米特洛夫还是深信毛泽东不会与莫斯科分道扬镳。而且在他看来，毛泽东顺理成章地成为中共的最高领导人，这是自然又必然的问题，只是迟早的事情。再者，中共在毛泽东的领导下不断发展壮大，也是不争的事实。

整整过去了两个月，就在毛泽东得心应手春风得意，王明踌躇莫展焦虑不安之际，一则震惊世界的消息传到了延安。这个消息，对王明来说，如同晴天霹雳，顿时陷入失望和痛苦的漩涡，从此"昨夜西风凋碧树"，一蹶不振。而对毛泽东来说，却如同一声春雷，正是"沉舟侧畔千帆过，病树前头万木春"。

这是一则什么消息呢？

5月20日，毛泽东接到了来自莫斯科的绝密电报。电报是共产国际总书记季米特洛夫打来的。他提前告诉毛泽东，共产国际将于5月22日宣布解散。电报说："共产国际主席团将于5月22日向各支部公布解散国际工人运动领导中心——共产国际的提议。该提议的主要原因在于，这种国际联合的集中的组织形式，已经不能适应各个国家共产党进一步发展成为本国（本民族）的工人政党的需要，并且还成为其障碍。”电报还请中共中央急速讨论这一提议，并将意见告知。

共产国际解散的消息传来，对毛泽东来说，这才真是“喜从天降”。

五年前，当王明乘坐苏军的专机降落延安的那个时刻，他就激动地发表《饮水思源》的讲话，真诚表达了对共产国际大力援助中共的感激之情。如今，“昆仑上下来的神仙”已经病倒，共产国际这个“太上皇”也解散，毛泽东好像孙悟空摘掉了紧箍咒，一下子感到了精神上的巨大解放。从此，中共解除对于共产国际的章程和历次大会决议所规定的各种义务，真正掌握意识形态的话语权，根据中国的国情和实际独立自主地解决一切问题。所以当翻译师哲将这份电报送到毛泽东手里时，他兴奋地说：“他们做得对，我就主张不要这个机构。”

21 日，毛泽东主持召开中共中央政治局会议，讨论季米特洛夫的电报，同意解散共产国际的提议。26 日，中央收到莫斯科《真理报》发表的共产国际执委会主席团《关于提议解散共产国际的决定》后，毛泽东立即主持召开中央政治局会议，一致通过了《中国共产党中央委员会关于共产国际执委会主席团提议解散共产国际的决定》，并于当日晚在延安召开了干部大会，进行了传达。毛泽东肯定了共产国际为中国革命做出的贡献，同时指出：“共产国际的解散，将使中国共产党人的自信心与创造性更加加强，将使党与中国人民的联系更加巩固，将使党的战斗力量更加提高。”“中国共产党人是马克思列宁主义者。因为马克思列宁主义是科学，而科学是没有国界的。中国共产党人必将继续根据自己的国情，灵活地运用和发挥马克思列宁主义，以服务于我民族的抗战建国事业。”[121] 可以肯定地说，毛泽东对莫斯科的遥控指挥表现出了相当的不满，后来他公开宣称“革命运动是不能输出也不能输入的”。

共产国际为什么突然解散呢？作为第二次世界大战的转折点，斯大林格勒

[121]《毛泽东年谱》中卷，中央文献出版社 2002 年 8 月版，第 441 页。

解放日報

共產國際執委主席團
提議解散共產國際
中共中央決議批准

中國共產黨中央委員會
關於共產國際執委主席團
提議解散共產國際的決定

《解放日报》刊登中共中央批准共产国际解散的消息

战役迫使希特勒由攻转守后，斯大林希望得到英、美等国的支持和帮助，彻底击败法西斯，在欧洲开辟第二战场。为了消除英、美等国参与世界反法西斯战争的疑虑，斯大林从苏联的根本利益出发，快速作出了解散共产国际的决定。

共产国际的解散，对毛泽东来说可谓是一次政治上和组织上的大解放。但对王明来说，他失去的不仅仅是靠山，同时也失去了他的理论之源。从此，他所坚持的政治思想路线将成为无水之源、无本之木。而毛泽东领导整风运动正在开展的批判主观主义、宗派主义和党八股，其根本目的就是在清算中共党内依然存在的王明路线。用毛泽东后来的话来说，“共产国际解散后，我们比较自由些，我们就开始批评机会主义，展开整风运动，批判王明路线”了。

虽然毛泽东在批判王明路线上十分在乎共产国际的意见，一定程度上对莫斯科的干预有某些顾虑。但对王明路线批判的升级，极其重要的原因还是王明自己破罐子破摔，没有摆正自己的位置，以及与他见人说人话、见鬼说鬼话的两面三刀作风密切相关。如果他能够像张闻天、博古那样，勇于承认错误，敢于承担责任，毛泽东或许也不会这样上纲上线地穷追猛打。

共产国际解散后，据说是王明告诉俄国人：“毛和他的拥护者大大松了一口气。他的双手被解放了，道德上的责任感也不会有了。尤其能够说明这一点的，是毛泽东在政治局会议上说过的话：现在可以举行党的代表大会了。”预计在对待“国际派”那些人的问题上，毛的态度不会有任何改变，这些人“甚至可能被开除出党”。[122] 显然，这样酸溜溜的腔调，是令毛泽东无法接受的。而事实上，毛泽东自始至终都没有在政治上对所谓的“国际派”采取任何处罚措施和人身攻击。

不甘寂寞的王明躺在杨家岭家中的窑洞里，落寞寂寥。五月的延安，春暖花开，但王明的内心却如同老井，死水中时时泛起一丝波澜。自从王明患病住院休养后，毛泽东、刘少奇、任弼时、周恩来、张闻天、王稼祥、博古等中央领导人都非常关心他的身体康复情况，多次前往医院或家中进行探望。在延安缺医少药、医疗技术落后的情况下，1942 年王明在住院期间因服用磺胺消炎药物治疗扁桃腺过敏发生卡塔尔性黄疸，随后用当时医界普遍采用的清泻药物甘汞治疗肝炎，导致出现所谓“慢性汞中毒”的过敏反应。可是整风运动开始后，向毛泽东发起挑战的王明不甘心失败，便借这起医疗技术事故做起了文章，与妻子孟庆树一起炮制了毛泽东“下毒陷害”的谣言。对此，中共中央和毛泽东非常重视，专门指示要求召集延安所有最好的医疗专家进行大会诊，并成立调查委员会，刘少奇、任弼时、邓发、李富春等中央领导同志亲自参与调查。对这一点，王明本人没有否认。但在《中共五十年》里，他却这样写道：

> 虽然许多干部因为怕受迫害或遭逮捕而未能来看望我，可还是有不少人在“整风”和“抢救”这两个最沉重的时期，经常到医院或家里来看我。他们当中有八个政治局委员和两个政治局候补委员（那时

[122] 杨奎松：《毛泽东与莫斯科的恩恩怨怨》，江西人民出版社 2008 年 4 月第 4 版，第 123 页。

政治局连我在内共有十名委员和四名候补委员)。来看望我的还有一些从解放区和国统区回到延安的负责同志。为了欺骗舆论，连毛泽东也在我危急的时候假惺惺地来看望过我。[123]

王明这样的描写，令人感到有些匪夷所思，既矫情，又绝情。

当中央政治局的同志们来看望他的时候，他“大吐苦水”般地说了些什么呢?

王稼祥看望时，王明说:“毛泽东这个人太厉害，睚眦必报，现在整我们，你过去也反对他，你也跑不了的。”

博古看望时，王明说:“这次是整你我的，但不用担心，那边的方式我是知道的，先提问题，后面就有文章的。”

张闻天看望时，王明说:“这次整风，主要是整我们从莫斯科回来的同志，尤其是整你的。因为曼努伊尔斯基说你是我党的理论家，毛听了这话大发脾气，说什么理论家，不就是背了几麻袋教条回来了。你的教条比我多，我嘛，只是不懂人情世故罢了，什么话都随便说，所以犯了毛泽东的忌讳。”

周恩来看望时，王明说:“现在整风不过刚刚开始，你我错误是一样的，一定会整到你头上去的。”

王明在背后搞的这些小动作，起初，毛泽东并不了解。但随着 1943 年初王明背地里密谋搞串联活动，毛泽东获悉后，非常恼火，从而逐渐认定王明是党的主观主义、教条主义和宗派主义的罪魁祸首。不把王明搞臭，教条主义和宗派主义就可能死灰复燃。[124]

1942 年是中共的“整风学习年”，整个延安基本上是停止工作搞整风学习。

1943 年 3 月，在中央领导机构调整之前，中央政治局初步决定，延安的整风运动逐步地结束以学习文件、检查思想为主要内容的第一阶段，转入审查干部、清理队伍为主要内容的第二阶段。

---

[123] 王明:《中共五十年》，现代史料编刊社 1981 年 2 月版，第 45 页。
[124] 杨奎松:《毛泽东与莫斯科的恩恩怨怨》，江西人民出版社 2008 年 4 月第 4 版第 124 页。

在3月16日的政治局会议上，毛泽东明确提出，整风既要整小资产阶级，同时要整反革命。在延安，年内要完成审查干部、清洗坏人的工作。1943年要以工作为主，从5月1日起恢复正常工作状态，一边工作，一边审干。毛泽东在11月13日进一步认为，整风就是思想上清党，审干就是组织上清党。

1943年4月3日，根据毛泽东的讲话精神，中央发布了《关于继续开展整风运动的决定》，也就是第二个“四·三决定”。决定指出：从1943年4月3日到1944年4月3日一年间深入开展整风运动的主要目标是，在纠正干部中的非无产阶级思想的同时，肃清党内暗藏的反革命分子；前一种是无产阶级思想与非无产阶级思想的斗争，后一种是革命与反革命的斗争；整风运动既是纠正干部错误思想的最好办法，也是发现内奸与肃清内奸的最好方法。4月28日，中央政治局会议决定成立以刘少奇为主任的中央反内奸斗争委员会，委员包括康生、彭真和高岗。

4月中旬，中共中央在延安召开万人大会，传达贯彻“四·三决定”，并以一个叫张克勤（原名樊大畏）的年轻人供出一个“红旗党”，现身说法，号召所有“失足分子”自首坦白。随后，两三个月内，经过大会控诉、小会揭发、个别谈话，专门负责审干工作的中央总学委副主任、中央社会部部长康生宣布已经有450人“坦白”了他们是“国特”或“日特”。显然，审干工作没有像毛泽东想象的那么顺利。一个时期，延安似乎“特务如麻，到处皆有”了。审干工作出现了严重的偏差，把一些思想上工作上有缺点和错误，或者历史上未交代清楚的问题，都轻易地怀疑成为政治问题，甚至反革命问题，不少单位违反政策规定，仍然采用“逼、供、信”。

鉴于历史的经验教训，毛泽东向有关负责人强调：“我们过去在肃反中有很沉痛的教训。我们这次无论如何不要搞逼供信，要调查研究，要重证据。”7月1日，毛泽东在《防奸经验》第六期上明确提出防奸工作有两条路线。正确路线是：“首长负责，自己动手，领导骨干与广大群众相结合，一般号召与个别指导相结合，调查研究，分清是非轻重，争取失足者，培养干部，教育群众。”错误路线是：“逼，供，信。”“我们应该执行正确路线，反对错误路线。”

但在实际工作中，由于过分严重地估计了敌情，毛泽东的意见没有得到落实。7月15日，随着康生在中央直属机关大会上作了危言耸听的《抢救失足者》报告后，出现了更加普遍地大搞“逼供信”的过火斗争，使整风运动中的审干工作变成了“抢救失足者运动”，混淆了敌我界限的错误进一步扩大，造成了大批冤假错案。审干运动实际上成了“抢救运动”。在延安，仅半个月就骇人听闻地揪出所谓特务分子1400多人，许多干部惶惶不可终日。

其实，7月份毛泽东在枣园与绥德专署专员袁任远谈话，询问绥德搞“抢救运动”的情况时，就曾反复强调：不要搞逼供信，你逼他，他没办法，就乱讲，讲了你就信。然后，你又去逼他所供出的人，那些人又讲，结果越搞越大。我们过去在肃反中有很沉痛的教训。我们这次无论如何不要搞逼供信，要调查研究，要重证据，没有物证，也要有人证。不要听人家一说，你就信以为真，要具体分析，不要轻信口供。对于有问题的人，一个不杀，大部不捉。杀人一定要慎重，你把人杀了，将来如有证据确实是搞错了，你虽然可以纠正，但人已经死了，死者不能复生，只能恢复名誉。另外，也不要随便捉人，你捉他干什么，他能跑到哪里去。[125]

看到审干工作大大偏离了正确的轨道，毛泽东非常焦急。7月30日，他将在《防奸经验》上明确提出的防奸路线的正确路线展开为“九条方针”，指出“必须拿这种实事求是的方针和内战时期损害过党的主观主义方针区别开来，这种主观主义的方针就是逼供信三个字”。8月8日，毛泽东出席中共中央党校开学典礼，这是他亲任校长后第一次到校讲话。他再次专门强调了延安整风的问题。他说：延安的整风特别有味道，不是整死人，有些特务分子讲出了问题，也不是把他们杀了，我们要争取他们为人民为党工作。你们整了风以后，眼睛就亮了，审查干部以后，眼睛更亮了。两只眼睛都亮了，还有什么革命不胜利呢？去年有整风，今年有审干，使你们把问题搞清楚，两年之后保证你们提高一步。[126]

这时，中央党校副校长彭真和中央社会部副部长李克农，再次向毛泽东报告了审干问题的严重性。毛泽东听完后说：我看是扩大化了。我们要很快纠正

[125]《毛泽东年谱》中卷，中央文献出版社2002年8月版，第460页。
[126]《胡乔木回忆毛泽东》，人民出版社2003年12月第2版，第275页。

这一种错误做法。我们的政策是一个不杀，大部不抓。这些同志的问题是会搞清楚的，现在可不能随便作结论。我们如果给哪一个同志作错了结论，那就会害人一辈子。现在作错了我们要给人家平反，给受害的同志道歉。要彻底纠正这种“左”倾扩大化的错误。他后来总结审干工作的教训时指出，发生错误的原因主要是两条：一条是缺乏调查研究；一条是没有区别对待。[127]

8 月 15 日，中共中央作出《关于审查干部的决定》，以中央文件正式发布毛泽东提出的“首长负责，自己动手，领导骨干与广大群众相结合，一般号召与个别指导相结合，调查研究，分清是非轻重，争取失足者，培养干部，教育群众”的审干工作九条方针。决定明确指出：审干不称肃反，不采取将一切特务分子及可疑分子均交保卫机关处理的方针，实行普通机关、反省机关和保卫机关相结合的审干办法；审干要将“两条心”的人转变为“一条心”，争取大部至全部特务为我们服务；不要有怕特务跑掉的恐惧心理，只有少捉不杀才可保证最后不犯错误。10 月 9 日，毛泽东进一步指出了“一个不杀、大部不抓”的政策。[128]12 月 22 日，中央书记处召开工作会议，听取康生关于反特斗争的汇报。此后，延安审干活动转入甄别是非轻重的阶段。

1944 年 1 月 24 日，毛泽东在中央书记处工作会议上指出：过去延安重视知识分子，不重视工农分子；“抢救运动”以来，又走到完全不相信知识分子。现在应估计大多数知识分子是好的。他要求对搞错的同志“均应平反，取消特务帽子，而按其情况作出适当结论”。“在反特务斗争中要注意保护知识分子”。

尽管 1943 年清出的“特务”高达 1.5 万多人，有的单位清出的“特务”甚至达到其人员的一半以上（如西北公学 390 人中坦白分子就有 208 人），但由于坚持一个不杀，不断进行复查、甄别、平反，分别情况作出了实事求是的结论，对受到冤屈的同志赔礼道歉，因而没有发生大的危害，没有形成大的乱子。[129]

中央军委所属的通信部门，因所属干部 1000 多人被“抢救”成“特务”，无法进行工作。1944 年元旦，该部负责人王诤就带着一批挨整的干部来到毛

[127]《毛泽东传（1893–1949）》，中央文献出版社 1996 年 8 月第 1 版，第 653 页。
[128]《胡乔木回忆毛泽东》，人民出版社 2003 年 12 月第 2 版，第 276 页。
[129]《胡乔木回忆毛泽东》，人民出版社 2003 年 12 月第 2 版，第 278 页。

泽东的家门口，站得整整齐齐地给毛泽东拜年。毛泽东出门一看，明白了，幽默地说："这次延安审干，本来是想让大家洗个澡，结果灰锰氧放多了，把你们娇嫩的皮肤烫伤了，这不好。今天，我向你们敬个礼。你们回去要好好工作，你们还有什么意见？如果没意见，也向我敬个礼！你们不还礼，我怎么放下手呢？"毛泽东的这番话，等于宣布挨整的同志解放了，大家高高兴兴地回去工作去了。[130]

对审干工作出现扩大化的错误，毛泽东主动承担了责任，进行了自我批评，并多次向受到错误伤害的同志"脱帽鞠躬"，"赔礼道歉"。仅在中央党校，毛泽东就讲了三次。第一次是在 1944 年 5 月。他说：在整风审干中有些同志受了委屈，有点气是可以理解的，但已经进行了甄别。是则是，非则非，搞错了的，摘下帽子，赔个不是。说到这里，他向大家行礼赔不是。第二次是同年 10 月，他说：去年审查干部，反特务，发生许多毛病，特别是在"抢救运动"中发生过火，认为特务如麻，这是不对的。去年"抢救运动"有错误，夸大了问题，缺乏调查研究和分别对待。第三次是在 1945 年 2 月，他说：这两年运动有许多错误，整个延安犯了许多错误。谁负责？我负责，因为发号施令的是我。别的地方搞错了谁负责？也是我，发号施令的也是我。我是党校的校长，党校也搞错了，如果在座有这样的同志，我赔一个不是。凡是搞错了的，我们修正错误。毛泽东坦诚的承担责任，主动赔礼道歉，令许多受过冤屈的人不仅气消了，而且感到不安，对过去的事也不计较了，心情也舒畅了，同志间的团结也增强了。[131]

对延安整风的审干工作，国际主义战士、德国共产党党员、曾在西班牙内战时加入国际纵队支援西班牙人民反法西斯斗争，在马德里保卫战失败后来到中国参加抗日战争，1940 年 1 月经宋庆龄介绍来到延安，曾先后任中央医院内科主任兼中央疗养所主任的毕道文感触很深。他说："中国共产党的肃反方针政策，提出'一个不杀，大部不抓'，对特务反革命分子实行劳动改造，使他们'脱胎换骨'重新做自食其力的人，'得了夫人又得兵'，是十分英明正确

[130] 汪云生：《二十九个人的历史》，昆仑出版社 1999 年 2 月第 1 版，第 458 页。
[131]《胡乔木回忆毛泽东》，人民出版社 2003 年 12 月第 2 版，第 278–279 页。

的。这比斯大林采取的极端政策，要高明得多，这是符合马克思主义原则和中国的具体国情的。”[132]

在普通干部的整风转入审干阶段以后，中央领导层的整风也进到深入讨论党的历史问题的阶段。

于是，王明的问题也随着整风运动逐渐政治化，而被政治化。

毛泽东和王明到底有什么样的矛盾呢？难道真的像王明在《中共五十年》中所说的毛泽东“主要打击对象仍然是列宁主义的国际主义者”吗？王明以“列宁主义的国际主义者”自居，指责毛泽东在整风运动进入审干阶段的“抢救运动”中把斗争的矛头转向所谓的“莫斯科集团”——王明、博古、张闻天、王稼祥、凯丰、杨尚昆和朱瑞等人。王明接着说——

> 就像在“整风运动”中那样，最主要的攻击对象首先是王明。毛泽东有时婉转地把王明叫做“莫斯科集团最主要的代表”，有时则辱骂地称之为“亲苏集团的首脑人物”。毛泽东为什么首先要把斗争矛头指向王明呢？对这个问题，最好是用他自己的话来回答。这些话他不止一次地公开讲过：“我和王明之间的斗争，不是个人之争，而是原则之争。王明是俄国马克思主义在中共党内的主要代表，而我则是中国马克思主义的主要代表。因此，我们之间的斗争是两种意识形态、两种理论、两条路线和中国革命的两种方法之间的斗争。不同王明作斗争，就不能结束俄国马克思主义在我党的领导地位；不结束俄国马克思主义在中共党内的统治，就不能确立中国马克思主义在中共党内的领导地位。”[133]

王明引用毛泽东的这段话来说明什么呢？毫无疑问，王明本人也不得不

[132] 郭戈奇：《缅怀国际主义战士毕道文大夫》，《白衣战士的光辉篇章》，陕西人民出版社 1995 年 9 月第 1 版，第 89 页。

[133] 王明：《中共五十年》，现代史料编刊社 1981 年 2 月版，第 132–133 页。

承认他和毛泽东之间的斗争“不是个人之争，而是原则之争”。既然不是个人之争，王明和毛泽东之间的分歧和斗争就不是个人恩怨；既然不是个人恩怨，王明所谓的毛泽东“蓄意毒害王明并摧残他的健康”之说，又从何谈起呢？事实上，再也没有什么言辞，能够像王明在《中共五十年》中的这段话来证明王明路线之所以受到中共中央和毛泽东批判的原因了。王明的立场确实出了问题。显然，他是站在苏联斯大林的立场上说话做事，而不是站在中共和自己国家及民族的立场上说话做事。作为一个中国人，作为一名中共中央政治局委员，王明至死也没有认识到这一点，这是他的宿命，也是他的悲哀。

中篇

人有病，天知否？

——王明中毒事件调查报告

事发于1943年整风运动的“王明中毒事件”，以1975年王明遗著《中共五十年》在莫斯科公开出版为标志，至今仍然堂而皇之地被人片面地利用和传播，在世界上招摇撞骗。由王明炮制的“毛泽东蓄意毒害王明”的历史真相到底是什么？毛泽东真的“给王明下毒”了吗？作为一次历史性的调查，我们就应该回到历史的现场，逐一地解决历史事件中的一个个疑点和难点，洞穿历史的迷津，抵达历史本质的核心存在，从而完整地揭开历史的真相。

本次调查就是以尘封70年的第一手历史档案和文献作为基础，以健在的亲历者、见证者或当事人留下的口述史料作为证据，以辩证唯物主义和历史唯物主义的方法，针对王明《中共五十年》中所有关于“毛泽东蓄意毒害王明”的说辞，进行逐一质证和辨析，用事实说话，完整还原历史。

毛泽东和王明在延安

链接1：王明中毒事件调查原始历史证据
（原件见附录影印）

序号	证据名称	证据时间	证据状态及规格	证据来源
证据 1	关于王明同志患病经过及诊断治疗的讨论	1943 年 6 月 14 日	马兰纸，大 32 开，共 9 页。钢笔记录稿。原件。	康生秘藏 赵景忠收藏并提供
证据 2	为王明同志会诊记录（李部长存查）	1943 年 6 月 30 日	马兰纸，16 开，共 15 页。圆珠笔记录稿。此文件封面注明“李部长存查”，为李富春存查的原始材料。原件。李志中7月7日整理。另附铅笔记录的“毕道文的意见”。原件。	康生秘藏 赵景忠收藏并提供
证据 3	对于王明同志病过去诊断与治疗的总结	1943 年 7 月 20 日	马兰纸，16 开，共 15 页。毛笔书写。复印件。	王明和孟庆树保存 郭德宏提供
证据 4	（中共中央调查）委员会记录	1943 年 8 月 6 日	马兰纸，共 5 页，大 32 开。铅笔记录稿。原件。	康生秘藏 赵景忠收藏并提供
证据 5	金茂岳致康生和中央的检讨信	1943 年 8 月 14 日	马兰纸，16 开，共 2 页。毛笔手书。金茂岳签名。在该信首页右上角有朱笔“弼时少奇及委员会同志阅”字样，应为康生手书。原件。	康生秘藏 赵景忠收藏并提供
证据 6	王明患病经过报告	1943 年 8 月	马兰纸，16 开，存 5 页。毛笔手书。笔者认为此报告系王明和孟庆树向苏联的电报稿。原件。	康生秘藏 赵景忠收藏并提供
证据 7	王明同志现病临时诊断和今后治疗初步意见	1943 年 8 月	马兰纸，12 页，16.7×29.2 厘米，钢笔手书。原件。	康生秘藏 赵景忠收藏并提供
证据 8	关于王明同志住院的经过情形的报告	1943 年 11 月 11 日	马兰纸，16 开，共 5 页，钢笔手书。傅连暲和石昌杰签名。原件。	康生秘藏 赵景忠收藏并提供
证据 9	王明在中央医院化验室报告单	1944 年 7 月 5 日	马兰纸，油印，共 1 页，钢笔手书。原件。	康生秘藏 赵景忠收藏并提供

序号	证据名称	证据时间	证据状态及规格	证据来源
证据 10	明明（王明之子）在中央医院化验室报告单	1944 年 7 月 5 日	马兰纸，油印，共 1 页，钢笔手书。原件。	康生秘藏 赵景忠收藏并提供
证据 11	孟庆树在中央医院化验室报告单	1944 年 7 月 5 日	马兰纸，油印，共 1 页，检验号为 00672。原件。	康生秘藏 赵景忠收藏并提供
证据 12	王明的会诊记录	1944 年 8 月 31 日	马兰纸，共 2 页。钢笔记录稿。附有王明、明明和孟庆树的化验报告数据抄件。陈仲武抄存。原件。	康生秘藏 赵景忠收藏并提供
证据 13	孟庆树在中央医院化验室报告单	1944 年 11 月 10 日	马兰纸，共 1 页，检验号为 1617。原件。	康生秘藏 赵景忠收藏并提供
证据 14	明明在中央医院化验室报告单	1944 年 11 月 10 日	马兰纸，共 1 页，检验号为 1619。原件。	康生秘藏 赵景忠收藏并提供
证据 15	王明同志检查结果	1945 年 7 月 29 日	马兰纸，共 2 页。钢笔手书。此件有 2 份。周泽昭和陈仲武抄存。原件。	康生秘藏 赵景忠收藏并提供
证据 16	李鼎铭中药处方	1942 年 4 月 6 日	纸质，共 1 页，毛笔手书。复印件。	王明和孟庆树保存 郭德宏提供
证据 17	李鼎铭中药处方（复诊）	1942 年 5 月 1 日	马兰纸，共 1 页，毛笔手书。复印件。	王明和孟庆树保存 郭德宏提供
证据 18	（朱豪医院）治疗方案（处方）	1948 年 6 月 24 日至 26 日	马兰纸，共 2 页。毛笔手书。系朱豪医院的医疗处方。王明化名王仲石。复印件。	王明和孟庆树保存 郭德宏提供
证据 19	王明的会诊记录	1948 年 6 月 25 日至 27 日	马兰纸，共 2 页。毛笔手书。系黄树则的诊断记录。复印件。	王明和孟庆树保存 郭德宏提供
证据 20	中央卫生处"通知"	1948 年 7 月 7 日	马兰纸，共 1 页。钢笔手书。署名为中央卫生处的临时代号"工校第五科"。复印件。	王明和孟庆树保存 郭德宏提供

链接2：王明中毒事件调查会诊专家阵容（1941—1943）

姓　名	部职别（时任主要职务）
傅连暲	中央总卫生处处长兼中央医院院长
石昌杰	中央医院党支部书记兼副院长
金茂岳	中央医院妇产科主任兼外科主任，王明主治医生
何　穆	中央医院内科主任，后任该院院长
魏一斋	中央医院医务主任
侯健存	中央医院儿科主任
陈仲武	中央医院、中央门诊部从事医疗和教学工作
李志中	中央医院教务主任兼传染科主任
王　斌	中国医科大学校长
史书翰	中国医科大学副校长
曲　正	中国医科大学教育长
陈应谦	中国医科大学教员
周泽昭	中国医科大学外科教员
鲁之俊	延安白求恩国际和平医院院长兼外科主任
黄树则	延安白求恩国际和平医院医务主任
李润诗	延安白求恩国际和平医院儿科主任
朱仲丽	延安白求恩和平医院医生
苏井观	陕甘宁边区留守兵团卫生部部长
李鼎铭	陕甘宁边区政府副主席，著名中医
马　荔	中央军委卫生部医师
马海德	中央军委卫生部顾问（美籍）
毕道文	中央医院内科主任、中央疗养所主任（印尼籍）
阿洛夫	中央医院外科主任（俄籍）
备注：本表涉及中央医院医护人员的具体任职时间可参阅本次调查链接3：《中央医院机构沿革和主要科室负责人员概况》	

链接3：中央医院机构沿革和主要科室负责人员概况（1939—1947）

职别	姓名	任职时间	备注
院长	傅连暲	1939年9月至1940年12月	
	何穆	1939年4月至1939年8月	负责筹建工作
		1940年12月至1942年12月	
	傅连暲	1942年12月至1945年10月	
	魏一斋	1945年10月至1947年2月	
副院长	石昌杰	1939年8月至1944年6月	
		1941年7月至1942年12月	代院长
	刘瑞森	1944年6月至1945年9月	
	白耀明	1945年9月至1946年9月	
	李炳之	1946年9月至1947年2月	
政治委员	杨致启	1945年10月至1946年1月	
医务主任	魏一斋	1939年10月至1941年1月	
		1942年5月至1945年10月	
教务主任	李志中	1941年1月至1943年4月	
秘书长	苏爱吾	1940年12月至1942年4月	
分总支书记	苏爱吾	1940年12月至1942年4月	兼
	孙力余	1942年4月至1944年6月	
学委	王鹤峰	1943年7月至1943年10月	
	刘亚雄		（女）
	朱士焕		
	苏玉涵		
	薛焰		
	王平水		
	陈曾固	1943年10月至1944年9月	
	郭实夫		（女）
	王平水		
	薛焰		
	朱士焕		
	苏玉涵		
协理员	刘滩	1945年8月至1947年2月	
办公室主任	黄开云	1944年9月至1945年9月	
	白志敏	1945年9月至1947年2月	
	潘念慈	1946年11月至1947年2月	

职别	姓名	任职时间	备注
内科主任（含肺科）	魏一斋	1939年8月至1940年1月	兼
	毕道文	1940年1月至1942年10月	
	何　穆	1942年10月至1945年8月	
	刘允中	1945年9月至1945年11月	
	李志中	1945年11月至1946年3月	
传染病科主　任	李志中	1941年7月至1942年5月	
	魏一斋	1942年5月至1943年5月	兼
	刘允中	1943年5月至1945年9月	
	王　郓	1945年8月至1945年11月	（女）
	李志中	1945年11月至1946年3月	兼
外科主任	魏一斋	1939年8月至1941年1月	兼
	金茂岳	1941年1月至1942年5月	兼
	阿洛夫	1942年5月至1945年9月	
	周泽昭	1945年10月至1947年2月	
妇产科	金茂岳	1939年10月至1943年5月	
	魏一斋	1943年5月至1944年10月	兼
	金茂岳	1944年10月至1947年2月	
小儿科主任	侯健存	1940年7月至1947年2月	
化验室主任	李志中	1941年1月至1943年4月	
	何　穆	1943年4月至1945年8月	兼
	魏一斋	1945年8月至1945年9月	兼
	王　郓	1945年9月至1945年10月	（女）兼
	周伯其	1945年10月至1946年11月	
药房主任	马忠明	1939年8月至1943年8月	
	阮学珂	1943年8月至1945年9月	
	马立言	1945年9月至1946年12月	
	金　伟	1946年12月至1947年2月	（女）
总护士长	郁　彬	1939年9月至1941年1月	（女）参与筹建
	何　奇	1941年1月至1944年1月	（女）
护理部主任	沈元晖	1941年1月至1944年11月	（女）
	吕雪梅	1945年8月至1946年12月	（女）
以下名单从略			

王明病了

1941年10月12日，对王明来说，是人生的一个大拐点。

因为在这一天，本来想借着10月4日共产国际总书记季米特洛夫的电报，试图向毛泽东发起挑战的他，却于旨在检讨中共十年内战后期的领导路线问题的中央政治局扩大会议（即九月会议）上，遭到了几乎全体政治局委员的批评。就连当年受他指挥的“博古中央”成员们也集体“倒戈”，不仅自我检讨而且揭发了王明的历史路线和做人品质等问题。而王明所吹嘘的“在党内享有崇高威望的、四中全会的共产国际路线”同样遭到了博古、王稼祥、张闻天和其他政治局委员的一致否定。作为这条国际路线的代表人物，王明此时终于感到自己既无力量，也无勇气站起来反对毛泽东了。耿耿于怀，情郁于中，王明心脏病突发，导致休克。

对此，王明在《中共五十年》一书第二编《“整风运动”是“文化大革命”的演习》的第一章第五节，以骇人听闻的《蓄意毒害王明并摧残他的健康》为题，这么写道：

10月14日，他（指毛泽东，引者注）强迫我住院治病。然后通过中共中央办公厅主任李富春，指示主治医生金茂岳[134]（后面有说明）用含汞的药物逐渐毒害我。尽管由于党内许多同志和医务人员的关怀和帮助，特别是由于非常有经验的中医李鼎铭（时任陕甘宁边区政府副主席，引者注）和诚挚热情的李润诗医生的积极努力，把我从死亡的边缘抢救过来，可是我的内脏受到了严重的损伤。结果，我不仅卧床四年之久，而且在后来的几十年里，病一直很重。

[134] 金茂岳（1906—1987），山东泰安人，回族，1934年毕业于山东齐鲁大学医学院，获博士学位。1937年全国抗战爆发后，参加齐鲁大学救护队，到南京后改编为中国红十字会第23队，辗转于安庆、汉口、西安等地救治伤员。1938年1月，随队经林伯渠介绍来到延安，在边区医院任外科、妇产科主任。1939年10月调入中央医院。1942年3月经陈云介绍，秘密加入中国共产党。1939年10月至1943年5月，任中央医院妇产科主任；1941年9月至1942年5月兼任外科主任；1944年10月至1947年2月继续担任中央医院妇产科主任，兼任陕甘宁边区医药学会副会长（会长是林伯渠）。中共中央撤离延安后，他带医疗队到山西三交，后随中央机关来到河北平山继续为中央机关服务。1949年4月随中央进入北平。新中国成立后，先后任北京医院妇产科主任、医务部主任、副院长等职，1951年任中华医学会北京妇产科学会副主任委员（主任委员是林巧稚），后担任北京平安医院院长。1958年4月调任宁夏回族自治区卫生厅副厅长，1959年当选宁夏回族自治区人民代表、自治区科协副主席。1972年任北京市卫生局副局长、北京市第五届政协常委。1982年退休。

1941 年，王明、孟庆树夫妇和儿子王丹之在杨家岭（肖里昂提供）

病变成慢性的了，而且有严重的并发症，使我非常痛苦。

毛泽东企图掩盖自己的罪行，多年来散布了种种谰言，甚至诽谤性地断言，王明“装病”，想逃避“整风运动”。为此，我不能不哪怕是极简短地谈一谈这个问题。

首先谈谈下毒药摧残我的健康的问题。

正像上面所讲的，10 月 4 日到 9 日，我和毛泽东在他家里就季米特洛夫的电报发生了争吵。从 1941 年 10 月 4 日起，我每天至少在他那里吃一顿饭。8 日，我的胃由于大量失血而变得极不正常，头晕得很厉害，心脏虚弱。医生诊断说，症状很像中毒。9 日，我的病情已经很重了，可是，毛泽东派来他的私人秘书叶子龙，差不多是把我从床上拖到了会上。10 日我就躺倒起不来了。

同时，毛泽东借口必须“加紧兴建”中央会议大厅和中央办公厅，吩咐李富春立即动工。在离我住的医院数十公尺内，工人日夜不停地爆破采石，震耳欲聋的响声昼夜不停。我根本不能休息，我的病情恶化了。我请求李富春停两天工，或者到别处去爆破，得到的回答是:“这是毛主席的命令。工一分钟也

傅连暲在延安

金茂岳在延安

不能停。”10月14日，李富春和傅连暲[135]（中共中央军事委员会卫生部副部长兼中共中央卫生处处长）到医院来看我，并用汽车把我送到中央医院。金茂岳被指定为主治大夫。[136]

王明的上述说法是真的吗？

任何调查，都必须用事实说话，用证据说话。“王明中毒事件”调查亦是如此。下面，我们不妨根据王明的说法，像法庭上原告和被告一样，以事实来进行质证和辩驳，用历史来审判。

其实，心脏病是王明的老毛病了，过去在莫斯科时就犯过。身材矮胖，不爱运动，又因为爱吃肉，不习惯吃蔬菜，王明是典型的心脏病体质。在莫斯科吃惯了面包喝惯了伏特加的他，回到艰苦的延安，即使享受的是中央领导的“小灶”待遇，也还是患上了便秘的毛病，痔疮的痛苦经常折磨着他。因为王明突然生病，正在进行的中共中央政治局扩大会议（即九月会议）被迫暂停。

10月12日上午，中共中央书记处派中央副秘书长李富春去杨家岭看望王明，并召集延安的医疗专家立即对王明的病情进行会诊。参加会诊的医疗专家有：中央总卫生处处长兼中央医院院长傅连暲、中央军委卫生部顾问马海德（即1936年与埃德加·斯诺一起来到延安的美国医生乔治·海德姆）、中国医科大学校长王斌、延安白求恩国际和平医院医务主任黄树则和中央医院妇产科主任兼外科主任金茂岳等人。

金茂岳回忆：“有一天医院通知我，说让我到杨家岭去参加一个会诊。我就去了，我去时傅连暲、马海德、王斌和医务人员都在那里。他们说王明发生了休克，正在抢救，心脏有点不好，现在已经好了，正在研究离开他的家杨家

[135] 傅连暲（1894—1968），福建长汀人，毕业于长汀“亚盛顿医专”。1925年任“福音医院”院长，大革命时期曾为毛泽东、周恩来、徐特立、陈赓、伍修权看过病。1933年9月，他将医院迁至瑞金，创办“中央红色医院”。第五次反“围剿”失利后，随队长征，抵达延安，担任边区医院院长和中央总卫生处处长。1938年因日本侵略者轰炸延安后，新组建的边区医院迁往安塞。1939年9月，中央医院成立后，先后两次兼任院长。第一次任期为1939年9月至1940年12月，第二次任期为1942年12月至1945年10月。

[136] 王明：《中共五十年》，现代史料编刊社1981年2月版，第38–39页。

岭，到医院里去疗养，查一查。我去的时候正讨论这个问题。当时王斌、黄树则他们的意见，想把王明送到军医院里，可是傅连暲同志认为，中央医院是中央卫生处的，是负责中央保健工作的，他的意见是送到中央医院去。正在这个期间我去了。”[137]

据傅连暲和石昌杰[138]1943 年 11 月 11 日写的《关于王明同志住院的经过情形的报告》（见链接 1：《王明中毒事件调查原始历史证据》之证据 8，以下简称《住院报告》）称：王明是因为患“神经性的心脏病”住进中央医院的。从病理学上来说，神经性心脏病是功能性的，因过度疲劳或精神刺激而引起；而器质性心脏病是指心脏器官本身受到了损伤或出现了病变。可见，王明突发心脏病，主要还是受精神刺激的影响。

金茂岳回忆：“李富春同志对我说，现在王明的病抢救已经没什么了，找个地方检查检查，休养休养，最好还是住在延安中央医院去，你是党员[139]，中央希望你帮助傅连暲管一管，查查王明病的情况，有什么事情你汇报傅连暲，治疗有什么困难找何穆[140]和其他别的大夫，再有什么事就找我们。这是李富春同志和我这么谈的。我当时提出，我是搞妇产科的，内科是没搞过的，这种病是内科病，最好还是请内科大夫来管。富春同志说，你来管比较合适。你和那些大夫关系都很好，同时，你和傅连暲也可以取得联系，再有什么事情，咱们一块研究。这样，我就接受了这个任务。”[141]

但傅连暲在《住院报告》中说：“本人指定金茂岳为主治医生，未住院前在杨家岭即会诊两次（第一次的详情已记不清了，第二次参加医生有饶

[137] 中央档案馆：《关于王明治病和出国的材料》之《给王明治病始末（金茂岳同志谈话记录）》，《中央档案馆丛刊》1986 年第 3 期。

[138] 石昌杰（1911—2001），四川合川人。1932 年“一・二八”上海抗战爆发后参加抗日义勇军，配合十九路军对日作战，随后又参加东北义勇军冯庸部长城抗战。1934 年返沪，加入共产主义青年团和“左翼新闻记者联盟”，任上海法南区组织区委。1935 年被捕关押于苏州军人监狱。1937 年全国抗战爆发后出狱，到延安后入陕北公学学习，后调任陕公卫生总所所长，1939 年初入马列学院学习。8 月，任中央医院党支部书记。1939 年 8 月至 1944 年 6 月，担任中央医院副院长；1941 年 7 月至 1942 年 12 月年间任代院长。新中国成立后，曾任重庆建筑工程学院党委书记兼院长，成都音乐学院党委书记兼院长、四川省政协常委，四川省老区建设促进会会长。

[139] 金茂岳记忆有误，他是 1942 年 3 月经陈云介绍秘密加入中国共产党的。

[140] 何穆（1905—1990），上海金山人，1926 年赴法留学，1935 年毕业于法国都鲁士医学院，回国后曾在南昌圣类思医院等处工作。1937 年全国抗战爆发后，经吴玉章介绍，于 1938 年 8 月从重庆来到延安，任新组建的边区医院肺科主任。边区医院迁移后，参加中央问诊部工作。1939 年 4 月至 8 月负责筹建中央医院。1940 年 12 月至 1942 年 12 月任中央医院院长；1942 年 10 月至 1945 年 8 月任中央医院内科（含肺科）主任；1943 年 4 月至 1945 年 8 月兼任中央医院化验是主任。新中国成立后曾任北京结核病研究所所长，卫生部顾问。

[141]《中央档案馆丛刊》资料室：《关于王明治病和出国的材料》之《给王明治病始末（金茂岳同志谈话记录）》，《中央档案馆丛刊》1986 年第 3 期。

飞锡、巴苏华、马海德、毕道文[142]、何穆、朱涟、朱仲丽、李润诗、金茂岳等，当时诊断结论是血压150，有些期外收缩，心扩大到一个米立米特[143]，当时因睡不着觉，会诊后打了少量吗啡和阿托品，大家都认为会诊后应以休养为主，金主任提议在医院住几天，以便进行各种化验，因此才决定住医院。”

由此可见，王明生病后，在杨家岭家中先后于10月12日和13日进行了两次会诊。金茂岳参加的应该是13日的第二次会诊。经过医疗会诊，鉴于王明的病情，专家们建议王明至少休息三个月。因为王明是中共中央政治局委员、书记处书记，所以在专门为中共中央机关和领导人对口服务的中央医院接受住院治疗和休养是合情合理的。

在这里首先要强调的是，对于王明在《中共五十年》中说他生病是因为自己在毛泽东家“每天至少在他那里吃一顿饭”而中毒，然后毛泽东又“强迫他住院治疗”的说法，是完全没有任何证据的，显然是编造的不可信的谎言。对此，即使至今依然为“王明中毒事件”大肆渲染大做文章的人，也没有找出任何证据来证实。

其次，需要强调的是，王明在《中共五十年》中说，住院后，“毛泽东借口必须‘加紧兴建’中央会议大厅和中央办公厅，吩咐李富春立即动工。在离我住的医院数十公尺内，工人日夜不停地爆破采石，震耳欲聋的响声昼夜不停。我根本不能休息，我的病情恶化了。”这种说法十分的荒唐可笑。延安当时搞建设，“工人日夜不停地爆破采石”也确实是事实，但正在修建的中央会议大厅（即中央大礼堂）位于杨家岭，而中央医院位于李家坬的山坡上，南辕北辙，两地相距十几公里，而不是数十公尺。因此王明说毛泽东用“震耳欲聋的响声昼夜不停”地致使他“根本不能休息”，导致其“病情恶化”的话，完全是编造的不符合事实的谎言，是对不熟悉当时延安地理环境的人们

[142] 毕道文（1906—1965），祖籍广东，出生于印度尼西亚，毕业于德国柏林大学医学院，德国共产党党员。国际主义战士。曾在西班牙内战时加入国际纵队支援西班牙人民反法西斯斗争，是白求恩的亲密战友。在马德里保卫战失败后来到中国参加抗日战争，经宋庆龄介绍于1940年1月来到延安。1940年1月至1942年10月任中央医院内科（含肺科）主任。1941年8月，中共中央任命他兼任中央疗养所主任。1942年10月至1945年8月调任联防司令部门诊部工作。1945年抗战胜利后，到国际红十字会工作，曾亲自送救济物资到解放区。1960年代，回到印尼，在工作中光荣牺牲。

[143] 米立米特，即millimetre的音译，毫米。

1939 年 11 月 7 日，中央医院举行成立典礼

的一个大欺骗。

事实上，毛泽东根本不可能这么做，自己也从来不搞特殊化。1940 年 7 月，江青住院生李讷。毛泽东来中央医院探望，对医护人员表示慰问，并与工作人员亲切交谈，了解医院情况，还对妇产科助产士黎平等医护人员说："江青参加革命时间不长，对她不要有特殊照顾。"那时，附近正好有一个单位在山上安装了一台发电机，开动起来噪声很大，影响医院工作和病员休息，医院多次反映意见，都没有得到解决。这时，院领导便乘机向毛泽东作了汇报。毛泽东说："医院需要安静，应该请他们搬得远一些，以免影响医院工作。但现在江青正在住院，若马上请他们搬走，恐怕产生误会，影响不好。还是等江青出院后再说吧！"果然，江青出院后不久，这台发电机便搬走了。[144]

但在"王明中毒事件"调查一开始，就出现了一个令我们十分疑惑的问

[144] 赵炎：《毛主席和延安中央医院》，载《陕西卫生志》1993 年第 3 期和 1994 年第 1 期；《白衣战士的光辉篇章》，陕西人民出版社 1995 年 9 月第 1 版，第 6—7 页。

题——李富春为什么选择妇产科主任金茂岳作为王明的主治医生呢？这事乍听起来，真是有些风马牛不相及。诚如金茂岳所言：“我是搞妇产科的，内科是没搞过的，这种病是内科病，最好还是请内科大夫来管。”因此，这个问题也是“王明中毒事件”调查必须第一个需要做出正面回答的问题。

而在回答这个问题之前，我们有必要对中央医院的历史和1941年延安当时的医疗卫生技术状况进行认真的考察。

中央医院对外又称作国际和平医院第一部、第一院或总院，是中共中央直接领导下的为中央和延安军民服务的一所正规化综合医院。1939年4月开始筹建，11月正式成立。最初定名叫“中央干部医院”，毛泽东知道后说：“叫‘干部医院’，老百姓有病看不看？还是叫‘中央医院’好，面向延安和边区的党政军民，为群众服务。”

中央医院地处延安城北十多里外一个名叫李家坬的山坡上，延河从山脚下蜿蜒流淌。窑洞从山脚到山顶错落有致，共9层，气势十分雄伟。仿效城市建筑的方法，从下而上，自东向西，并从101、201号依次编号。平地一层是儿科，二层窑洞少，为侯健存[145]的住所，三层为大多数大夫的宿舍，四层为妇产科，五层是外科，六层是内科，七层在六层到八层之间的斜坡上，八层为工作人员宿舍。九层原是延安学生疗养院，1941年和干部疗养院合并迁走，交中央医院作为高级干部的疗养地点。

1941年10月，刚刚成立不到一年的中央医院，条件非常艰苦，没有自来水，没有电。一个科，常常只有一两只体温表、注射器，连钟表都少有，医生们就自己发明了一个“沙漏”计时器，用来计算时间。1941年伤寒大流行时，医院连最常用的氯化钙、葡萄糖、乌洛托平、强心剂都很难供应。医疗专家也非常少。建院之初，傅连暲就制定了一个原则：没有过硬的业务带头人，便不设科。所以，当时只建立了内科、外科和妇产科三个科。

王明住院的这个时候，中央医院院长由副院长石昌杰代理，内科（含肺科）主任由兼任中央疗养所主任的印尼籍专家毕道文担任，外科和妇产科的主任由

[145] 侯健存（1900—1987），辽宁大连人，1926年毕业于山东齐鲁大学医学院，1928年7月赴北京协和医院专攻小儿科，1931年回齐鲁大学任教。1938年随国际红十字会到延安考察后，留延安第二保育院，负责儿童保健工作。1940年7月至1947年2月任中央医院小儿科主任。是中央医院医生中最年长的一位。其夫人张宗惠，担任小儿科护士长。

中央医院全貌

金茂岳一人兼任，化验室则由1月份才到延安的李志中[146]担任主任，小儿科主任由侯健存担任。特别值得注意的是，这个时候延安伤寒大流行，中央医院从2月到7月陆续接收了伤寒，副伤寒甲、乙，斑疹伤寒和回归热病人数十名。8月之后，遂成爆发之势，三个月内收治伤寒病人近百名。其中吴玉章就因患伤寒病住进了中央医院。为此，中央医院于7月份将内科病室划出一半，成立了传染病科，由化验室主任李志中兼任传染科主任。为了集中精力收治传染病人，中央医院院长何穆还在《解放日报》刊登启事，声明："本院何院长近因医疗工作繁多，一切院长事务，暂由石副院长（石昌杰）代理。"[147]

当然，除了上述客观条件限制之外，之所以让金茂岳担任王明的主治医生，还有一个重要的原因，那就是金茂岳与中央医院其他专家及各科室的医务人员关系都相处得相当融洽。要知道，知识分子大都有一些个性或脾气。中央医院的何穆、侯健存等专家，他们都个性十分鲜明，有时候在关系处理

[146] 李志中（1911—1982），北京人，1936年加入中国共产主义青年团，同年入党。1937年毕业于上海震旦大学医学院，曾冒险保存团中央和江苏省团委的重要文件。抗战爆发后，李克农指示他以医生身份救护伤员，开展地下工作。在贵阳期间曾秘密给被国民党监禁的狱中同志看病，后因特务告密暴露身份，经周恩来安排于1941年1月来到延安。1941年1月至1943年4月任中央医院教务主任兼化验室主任；1941年7月至1942年5月任传染病科主任；1945年11月至1946年3月任内科（含肺科）主任。1938年在贵阳与沈元晖结婚，携子一起来到延安。沈元晖1941年1月至1944年11月任中央医院护理部主任。

[147] 赵炎：《毛主席和延安中央医院》，载《陕西卫生志》1993年第3期和1994年第1期。

上就难以左右逢源。金茂岳无论为人还是处世，都实实在在，不太计较名利得失，一心扑在边区的医疗卫生工作上，深受边区军民的喜欢和中央领导的好评，有群众基础。用李富春的话说就是：“你来管比较合适。你和那些大夫关系都很好。”

金茂岳 1906 年出生于山东泰安，回族，1935 年毕业于山东齐鲁大学医学院。1937 年全国抗战爆发后，参加齐鲁大学救护队，到南京后改编为中国红十字会第 23 队，辗转于安庆、汉口、西安等地救治伤员，1938 年 1 月 13 日经西安八路军办事处林伯渠介绍来到延安，在边区医院任妇产科主任。当晚，在延安开的欢迎会上，毛泽东、朱德都亲自参加，并热烈握手欢迎。1939 年

1935 年，金茂岳（后排左一）山东齐鲁大学毕业照

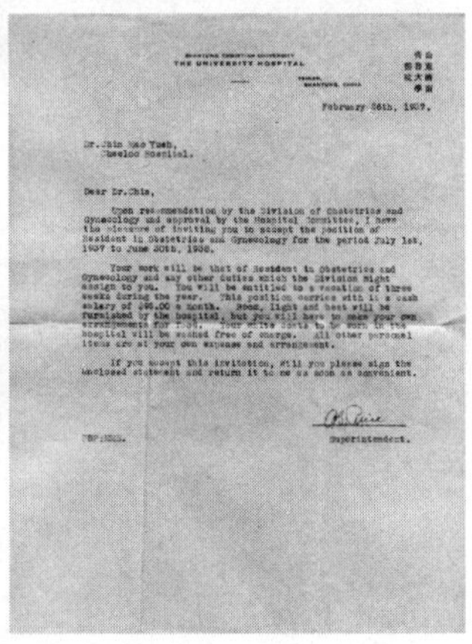

THE UNIVERSITY HOSPITAL

February [illegible]th, 1937.

Dr. Chin Mao Yueh,
Cheeloo Hospital.

Dear Dr. Chin,

Upon recommendation by the Division of Obstetrics and Gynecology and approval by the Hospital Committee, I have the pleasure of inviting you to accept the position of Resident in Obstetrics and Gynecology for the period July 1st, 1937 to June 30th, 1938.

Your work will be that of Resident in Obstetrics and Gynecology and any other duties which the Division might assign to you. You will be entitled to a vacation of three weeks during the year. This position carries with it a cash salary of $[illegible].00 a month. Room, light and heat will be furnished by the hospital, but you will have to make your own arrangements for [illegible]. Your white coats to be worn in the hospital will be washed free of charge. All other personal items are at your own expense and arrangement.

If you accept this invitation, will you please sign the enclosed statement and return it to me as soon as convenient.

[illegible]
Superintendent.

[illegible]

1937 年，金茂岳毕业后留校聘任为山东齐鲁大学附属医院住院医生，月薪为 95 块大洋

金茂岳在甘谷驿教堂

1938 年 1 月，金茂岳（右一）率领中国红十字会第 23 医疗队奔赴延安。图为他和队员们在陕北甘谷驿教堂前合影

10 月，金茂岳调入中央医院组建妇产科，并担任妇产科主任。除担任妇产科工作之外，从 1941 年 9 月起他还兼任中央医院外科主任，直到 1942 年 5 月苏联著名外科医生阿洛夫来到延安之后，才停止兼职。据金茂岳回忆，他还兼任了中央医院的医务副主任。与此同时，他还担负着毛泽东、王明等中央领导的保健任务，并兼任中国医科大学妇产科教授，负责该校和中国女子大学、延安卫生学校的临床教学和实习。1940 年春，西安红十字会发来调令，命令第 23 队返回西安。是去？还是留？金茂岳有些犹豫不决。为此，中央医院同事、山东同乡又是齐鲁大学医学院校友的魏一斋[148]多次找他谈心，做他的思想工作，希望他留在延安。在延安两年多的工作中，金茂岳不仅被边区的发展建设和热火朝天的革命精神所感动，而且对边区军民落后的医疗卫生条件深怀忧虑和同情。通过自己在国统区和在延安生活经历的感受和比较，加之中共对知识分子尤其是高级技术干部的尊重和给予的优厚待遇，让他吃小灶、住三口窑洞、配四匹马，有保育员和炊事员等，他对中国共产党领导的革命事业产生了深厚的感情。经过激烈的思想斗争之后，他决心脱离医疗队留在延安，跟随共产党继续干革命。

魏一斋的夫人李坚告诉笔者：“当时，中共中央对金茂岳这些知识分子非常重视，待遇非常高，和毛主席是一样的待遇。”[149]

1940 年 1 月 3 日，毛泽东和朱德专门设宴招待金茂岳和魏一斋两位中央医院的专家。毛泽东和朱德与他们俩广泛交谈了有关中央医院的建设问题，征求他们对工作和生活的意见。毛泽东说：“从医，也不能脱离政治。在旧社会，治好了穷人继续受剥削；治好了富人继续剥削人！”又说：“高级知识分子来边区工作，开始投身革命，在工作实践中困难很多，最重要的是联系自己的思想实际，加强政治学习。改造世界观非常重要！有了坚定的政治立场，才能安心工作。有了明确的方向，才不致在暴风雨中迷失方向。”鼓励他们努力办好医

[148] 魏一斋（1908—1975），曾用名魏兴谦，山东寿光人。1934 年毕业于济南齐鲁大学医学院，1936 年到北京协和医院进修，结业后任住院总医师。参加中共外围组织“中华民族解放先锋队”，积极宣传抗日救亡。1937 年全国抗战爆发后转至汉口协和医院，曾收治李先念等新四军伤病员。1938 年 9 月到延安，先后任军委卫生部直属所和八路军总医院医务主任。来院后负责医务行政工作，并主持筹建外科、妇产科。1939 年 8 月至 1940 年 1 月担任中央医院内科（含肺科）主任并兼任外科主任（至 1941 年 1 月）；1939 年 10 月至 1941 年 1 月调任医务主任；1941 年 1 月至 1942 年 5 月调任延安学生疗养院院长，其间加入中国共产党；1942 年 5 月至 1945 年 10 月担任医务主任；1942 年 5 月至 1943 年 5 月兼任传染科主任；1943 年 5 月至 1944 年 10 月兼任妇产科主任；1945 年 8 月至 1945 年 9 月兼任化验室主任；1945 年 10 月至 1947 年 2 月担任中央医院院长。其夫人李坚，系中央医院护士，曾任王明的特护。

[149] 丁晓平采访李坚的谈话录音，2010 年 6 月 9 日，北京。

1940 年中秋节，中央医院医务工作者在杨家岭毛泽东家中作客后留影。右起：毛泽东、侯健存、傅连暲、毕道文、金茂岳、邵达、刘允中、石昌杰、魏一斋

院，学习白求恩，为革命做贡献。宴后，又应金茂岳和魏一斋的请求，题词相赠，毛泽东给魏一斋的题词是“为革命服务”，给金茂岳的题词是“努力救人事业”。朱德给魏一斋的题词是“救人救国救世”，给金茂岳的题词是“不但医人，还要医国”。这年 3 月，延安各界庆祝三八妇女节，金茂岳被评为“先进妇女工作者”，获得“保护妇女利益”奖状。同月，周恩来从苏联治病回延安后，也亲自来到中央医院视察。时任院长傅连暲向他详细汇报了中央医院的建设和面临的困难，特别是技术人员缺乏，还有仪器设备买不到。周恩来说：“过去十年一直处于动荡的战争环境，没有条件，不可能建设一座像样的医院。现在不同了，希望你们继续努力，把中央医院建设成为一座正规的、模范的医院，为边区卫生事业开创一个新的纪元！至于人员和设备，我到重庆再想些办法。”视察结束后，周恩来应魏一斋和金茂岳的请求欣然为他们题词。给魏一斋的题词是“为边区医院树模范作风”，给金茂岳的题词是“为边区卫生工作创新纪

元”。[150]

在毛泽东、朱德、周恩来、陈云、李富春等中共中央领导和傅连暲等同志的直接帮助下，金茂岳备受鼓舞，在政治上进步很快。因为金茂岳有强烈的事业心，为人正派，尽管他当时还没有加入中国共产党，但他忠于中国革命事业，始终把本职的医疗卫生工作和革命事业联系在一起，对延安边区的医疗事业特别关心，表现出了中国共产党人的献身精神。1941 年 8 月，中央医院召开全院大会，选举出席乡参议会的参议员，金茂岳与中央医院秘书长兼分总支书记苏爱吾一同当选。

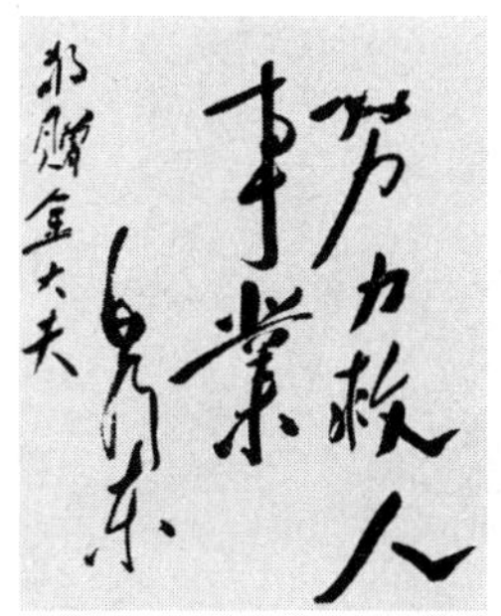

1940 年，毛泽东为金茂岳题词

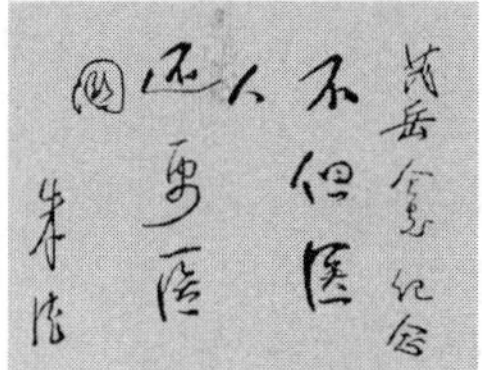

1940 年，朱德为金茂岳题词

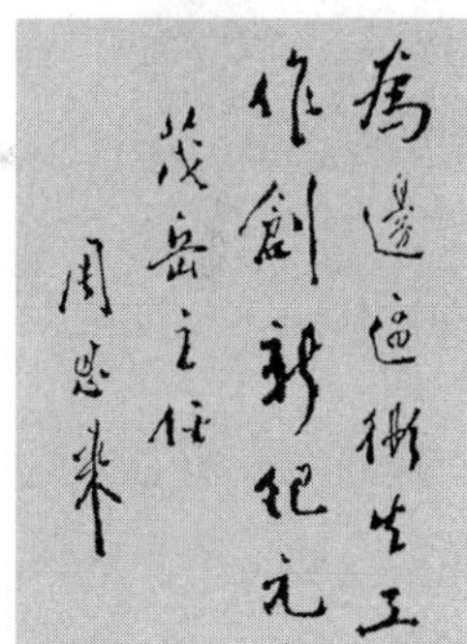

1940 年，周恩来为金茂岳题词

因为医学功底好，为人谦和，好学谦虚，又加上业务技术全面和政治上过硬，金茂岳在延安不仅享受和毛泽东、王明等中央领导一样的小灶待遇，还得到了社会各界的特别尊重。比如，延安那个时候没有汽车，出行都靠骡马，但并不是什么人都有资格配备马匹的，可金茂岳一人就配备了四匹马，这在延安是少有的。其中，贺龙就送给金茂岳两匹马，边区政府也送给金茂岳一匹马。为什么呢？因为金茂岳不仅担任了中央医院的妇产科和外科主任，还担任了中国医科大学、中国女子大学的教员，同时还担负着为中央首长和边区军民看病的任务，工作非常繁忙。而各单位之间距离较远，“马歇人不歇”，金茂岳靠轮流骑着这四马去给边区军民看病、授课，尤其是为产妇做好新生儿的接生工作。

还有更重要的一点，金茂岳也深得王明和孟庆树夫妇的信任。王明的儿子是金茂岳接生的，孟庆树的妇科病也是由金茂岳医治好的。因此，王明生病后，在挑选主治医生的问题上，他对金茂岳是完全同意

[150] 赵炎：《毛主席和延安中央医院》，载《陕西卫生志》1993 年第 3 期和 1994 年第 1 期；《白衣战士的光辉篇章》，陕西人民出版社 1995 年 9 月第 1 版，第 5 页。

金茂岳在中央医院

金茂岳和长子金德崇

的。金茂岳之子金德崇至今还记得王明和孟庆树夫妇对他父亲的好感和对他的喜爱，他还保存着1941年元旦孟庆树赠送给他的一本《救国日记》。他深有感情地告诉笔者："那个时候，我父亲在延安是很有名气的。中共中央的毛主席，包括王明，对爸爸都非常好。那个时候，延安对知识分子和高级技术干部也非常尊重。我爸爸有四匹马，上课、看病，非常忙。1941年元旦，王首道给中央医院打电话说，今天中央领导放假，你们可以过来拜年。于是，中央医院的领导和科室主任七八个人就集体赶往杨家岭给中央首长拜年。我也跟着爸爸去了。那时候，我才十一二岁。我们先去的是毛主席家，然后来到王明家的窑洞。那天，王明不在家，孟庆树热情地接待，大家坐在那里一边喝茶、吃瓜子，一边聊天。过了一会儿，孟庆树从里间的窑洞拿出来一个红色的笔记本送给我。这是一本烫金的《救国日记》，在缺少纸张的延安，可谓宝贵至极。她还在笔记本的扉页上给我题了词：'金德崇小朋友，祝你新年愉快和进步！你的大朋友孟庆树，1941年1月1日。'我拿着笔记本高兴得不得了。那时候我的字也写得不好，我感到我有这个漂亮的本子很可惜，就跟爸爸商量，想请毛主席等中央领导人签名去。爸爸答应了。于是我又跑回毛主席那里，请他给我题了词，主席给我的题词是'又学习，又玩耍'。……"[151]随后，朱德、任弼时、洛甫（张闻天）、王明、陈云、罗迈（李维汉）、何凯丰、林伯渠等中共中央领导人和数十位文化界知名人士都在这个笔记本上签名题词。王明给金德崇的题词是："儿童是幸福的时代，不仅现在作幸福的儿童，还要立志为将来一切儿童谋幸福！"

综合分析上述实际情况，在中央医院仅有的傅连暲、何穆、魏一斋、金茂岳、毕道文、侯健存、李志中等几位专家中，他们或忙于全院的领导工作，或身兼数职，或忙

[151] 丁晓平采访金德崇谈话录音，2011年1月20日，北京。

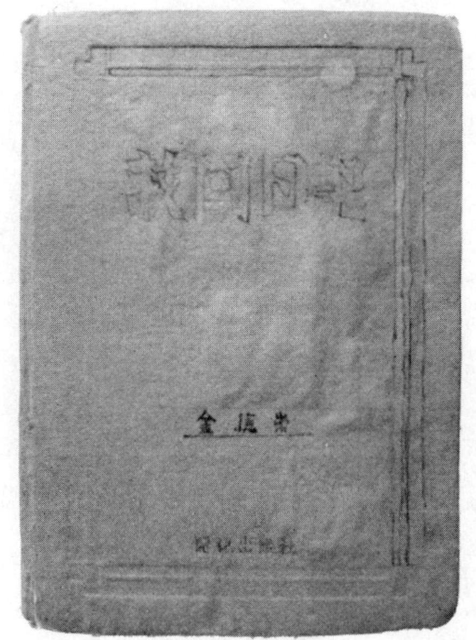

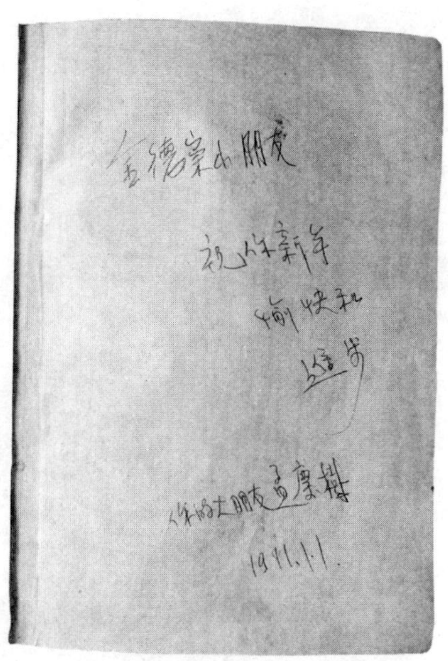

1941年元旦孟庆树赠送给金德崇《救国日记》笔记本并题词

1941年1月1日，毛泽东在《救国日记》上为金德崇题词

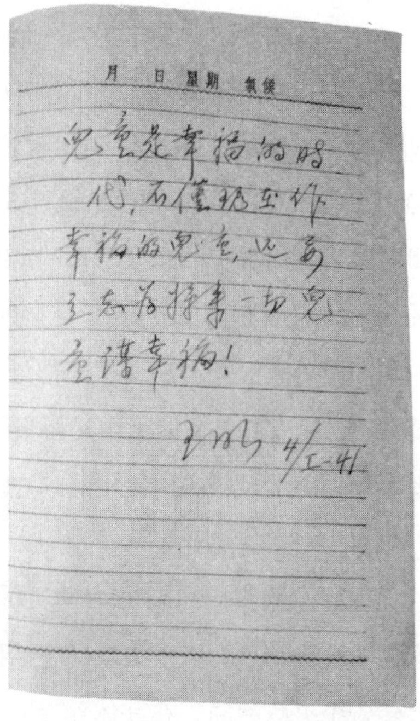

1941年1月4日，王明在《救国日记》上为金德崇题词

和康克清（前排右一戴军帽者）一起到毛泽东家做客的中央医院医务人员，后排右二为黎平、右四为郁彬（刘煜提供）

于突发的流行伤寒诊治工作，而侯健存是儿科专家，只有深受王明信任的金茂岳担任王明的主治医生是比较合适的选择（王明生病住院时期中央医院机构和工作人员任职情况参见链接 3：《中央医院机构沿革和主要科室负责人员概况》）。更何况王明患有严重的痔疮，这也应是兼任中央医院外科主任的全茂岳分管的医疗工作。事实上，对金茂岳担任自己的主治医生，王明是完全同意的。即使后来医疗上出现了药物过敏反应等技术上的问题，王明也没有责怨金茂岳；而且当中央征询王明是否更换主治医生的意见时，王明和孟庆树也明确要金茂岳继续担任主治医生（这在下文中还将有证据具体论述）。

现在，让我们回到 1941 年 10 月 12 日。这一天，王明和妻子孟庆树对专家们的会诊结果、医疗方案和主治医生的安排，均表示同意。王明还委托李富春转告中央政治局，在其休养期间不参加中央书记处工作会议，只参加政治局会议。毛泽东获悉王明的病情后，又马上派任弼时前去看望。王明对任弼时明确表示，他接受毛泽东在10月8日会议上对他在武汉时期错误问题所作的结论，即在政治上组织上有原则性的错误，但不是路线错误。他对暂时不能出席政治局会议表示抱歉。但关于对目前时局的意见，仍可请政治局同志到他房间去谈，然后由政治局讨论，他病好之后再看记录。

13日下午，中共中央召开书记处工作会议。任弼时向会议报告了王明的病情和想法。接着，毛泽东宣布，因为王明生病，关于武汉时期工作只好停止讨论。关于王明在武汉时期工作中的错误，就以10月8日书记处工作会议的意见作为定论。会上，毛泽东说："对他说明，他在武汉时期的工作，路线是对的，但在个别问题上的错误是有的，我们就是这些意见。如他还有什么意见，等他病好了后随时都可以谈。以上意见委托弼时同志向他说明。关于政治局会议讨论苏维埃后期'左'倾机会主义错误的结论问题，我准备在此次政治局会议上只作一个结论草案，提交七中全会。七中全会也只作结论草案，再提交七次大会作成党内的结论。"

10月14日，王明住进了延安城北门外李家坬的中央医院。

链接："王明中毒事件调查"大事记

王明生病了，住进了中央医院，但王明中毒了吗？这是一个核心问题。因为本次调查报告是笔者根据新发现的文献史料，采用倒推法对"王明中毒事件"进行横截面的解剖分析的。而为了让读者更清晰地了解"王明中毒事件"的经过，在这里我们不妨先按照时间顺序对"王明中毒事件"的来龙去脉进行一个纵深的梳理，以便在阅读下述调查报告时有一个时空的对照。

★ 1941年9月10日至22日，中共中央政治局扩大会议在延安召开，检讨中共在十年内战后期的领导路线问题，史称"九月会议"。

★ 1941年10月12日，王明在杨家岭的家中突发心脏病，发生休克，中共中央立即派中央办公厅副主任李富春前去探望，并组织专家进行会诊。参加会诊的专家有：傅连暲、马海德、王斌、黄树则等。

★ 1941年10月13日，王明因病请假缺席中共中央书记处会议。中央组织医疗专家继续到杨家岭为王明会诊。参加会诊的专家有：傅连暲、马海德、王斌、饶正锡、巴思华、马海德、毕道文、何穆、朱涟、朱仲丽、李润诗、金茂岳。傅连暲提出到中央医院住院；李富春指派金茂岳为主治医师。

★ 1941 年 10 月 13 日，王明入住中央医院。为此，中央医院将托儿所搬走，腾出三间石面窑洞，王明住一间，孟庆树和儿子住一间，警卫人员住一间，并配备三间平房。

★ 1942 年 8 月 13 日，王明出院回到杨家岭，继续休养。在中央医院住院期间，中央医院先后组织专家对王明进行了七次正式大会诊和三四次小型会诊。在家休养期间，由傅连暲、阿洛夫和金茂岳三人共同负责王明的健康。

★ 1943 年 5 月 1 日，延安整风运动进入审干阶段。该月，王明孟庆树夫妇向任弼时和李富春告发金茂岳是国民党特务，要“蓄意毒害王明”。不久，金茂岳即遭中央社会部逮捕关押在枣园。随后，中共中央组织延安最强的医疗专家队伍对王明进行会诊。

★ 1943 年 6 月 13 日至 14 日，专家们对王明进行会诊，并作出了《关于王明同志患病经过及诊断治疗的讨论》的会诊记录。参加会诊的多是中央医院之外的专家，主要是王斌、鲁之俊、马海德、李润诗。

★ 1943 年 6 月 30 日，专家们进行大会诊。由李志中担任会诊记录并于 7 月 7 日整理后交李富春存查（即本书简称的《630 会诊记录》）。参加会诊的专家有：傅连暲、王斌、曲政、何穆、侯健存、金茂岳、陈应谦、鲁之俊、李润诗、史书翰、马荔、马海德、李志中、阿洛夫，此外还有王明的夫人孟庆树，共 15 人。

★ 1943 年 7 月 20 日，专家们进行会诊，并写出总结（即本书中简称的《720 总结》）。这个总结是按照孟庆树的要求，在 7 月 17 日、18 日和 19 日连续三天对 1941 年 9 月至 1943 年 6 月王明的病历及调查材料进行系统整理、研究后，作出的会诊总结。参加会诊的专家有：王斌、鲁之俊、马海德、马荔、李润诗、金茂岳、阿洛夫、傅连暲、陈应谦、李志中、朱仲丽、史书翰、曲正、侯健存、魏一斋等。

★ 1943 年 8 月 6 日，刘少奇、任弼时等亲自参加审查委员会，对金茂岳进行审讯。参加会议的有：刘少奇、任弼时、康生、邓发、李富春、李克农、傅连暲、王斌、王鹤峰、廖鲁言、陈一新。

★ 1943 年 8 月 14 日，金茂岳致信康生并中共中央，写出检查。

★ 1943 年 8 月，孟庆树等写出“王明患病经过的报告”，请求苏联提供医生和医疗技术帮助。也就是在这个时候，王明、孟庆树夫妇制造的“毛泽东毒害王明”的谣言在延安公开传播。

★ 1943 年 8 月，医疗专家再次作出《王明同志现病临床诊断和今后治疗初步意见》。在这份共计 12 页的报告的扉页上，有“两点声明”（见本书第 265 页，原件影印见第 427 页）写得十分客观和实事求是，非常值得研究并引起读者注意。

★ 1943 年 11 月 11 日，傅连暲、石昌杰向中共中央作出关于《王明住院经过情形报告》。

★ 1943 年 11 月 15 日，孟庆树致信任弼时、李富春并转毛泽东和中央各位同志，对其制造的“毛泽东蓄意毒害王明”的谣言作出解释，一方面把责任继续推卸给金茂岳和一个叫李国华的人，另一方面又向毛泽东和中共中央对王明病情的关心表达十万分的感谢。

★ 1944 年 8 月 31 日，延安的医疗专家再次对王明进行会诊。参加会诊的专家有：傅连暲、阿洛夫、李润诗、李志中、王斌、鲁之俊、陈应谦、何穆，王明本人也参加了会诊。

★ 1944 年 10 月，延安市人民法院开庭审理金茂岳，判处有期徒刑五年，缓刑五年。

★ 1944 年 10 月，金茂岳回到中央医院，继续担任妇产科主任。

★ 1945 年 7 月 29 日，专家们对王明进行会诊检查。参加会诊的专家有：王斌、史书翰、鲁之俊、陈应谦、黄树则、李志中、马海德、苏井观、曲正等。检查结果显示，王明的身体已经恢复了健康。

王明中毒了吗？

王明是真的病了。

这一病，就是四年多，直到抗日战争结束的1945年底，王明才开始工作。

在《中共五十年》一书中，王明说："1943年6月30日到7月30日（应为7月20日，引者注），医生们在延安进行会诊的记录，结论和其他材料（会诊结论写了两份，一份由我保存，另一份当时经李富春转中共中央）。"王明所说的，"会诊记录"即1943年6月30日所作的《为王明同志会诊记录（李部长存查）》（见链接1：《王明中毒事件调查原始历史证据》之证据2，以下简称《630会诊记录》，原件见附录），"结论"即王明、孟庆树保存的1943年7月20日所作的《对于王明同志病过去诊断与治疗的总结》（见链接1：《王明中毒事件调查原始历史证据》之证据3，以下简称《720总结》，原件见附录）。

《630会诊记录》是1943年6月30日由傅连暲主持的一次正式会诊记录整理手稿。参加人员主要有（按发言顺序）：傅连暲、王斌、曲正、何穆、侯健存、金茂岳、陈应谦、鲁之俊、李润诗、孟庆树、史书翰、马荔、马海德、李志中、阿洛夫等15人，毕道文没有参加会议但专门写了"意见"。《630会诊记录》由李志中于7月7日整理好，交给李富春存查。

《720总结》是1943年7月20日由王斌作为会议主席主持的一次正式会诊记录整理手稿。这个总结是经过王斌、鲁之俊、马海德、马荔、李润诗、金

傅连暲

何穆

魏一斋

石昌杰

茂岳、阿洛夫、傅连暲、陈应谦、李志中、朱仲丽组成的11人小组，在7月17日、18日、19日连续三天对1941年9月至1943年6月王明的患病历史和各方调查搜得的材料，进行整理研究讨论后，并在除以上11人小组之外又有史书翰、曲正、侯健存、魏一斋等参加的大会上讨论后通过的总结。

为了完整地叙述王明从生病住院到所谓“中毒”事件的全过程，本次调查将依据《630会诊记录》、《720总结》和傅连暲、石昌杰1943年11月11日联名写的《住院报告》，以及王明在《中共五十年》的记叙和金茂岳的口述资料，作为主要调查内容和证据，回到历史的现场，尽最大限度还原历史的真相。

王明是真的生病了。但王明是真的中毒了吗？

对自己患病住进中央医院，王明在《中共五十年》一书中用《蓄意毒害王明并摧残他的健康》为标题，并以“因为它要占的篇幅太大”为理由，没有详细地叙述事情的经过，实际上只写了下面这段文字——

> 在医院里，金茂岳给我规定的治疗方法，摧残了我的健康，使我不能出院。从1942年3月到5月，金茂岳逐渐用大剂量的含汞药物来毒害我。这时，毛泽东正好公开进行“整风运动”，反对共产国际和苏联，反对中国共产党，反对王明和其他被他列入“莫斯科集团”的人。我常常失去知觉。我能够免于一死是由于当时陪我一起住院的、我的妻子孟庆树的精心照料和警惕性。遗憾的是她那时还不懂医学和药理学，但看到我的身体对药物的反应异常，就不许我再吃这些药并把药扔了。后来她开始对药方发生怀疑，就不按此方去取药了，转而找中医和西医定期给以帮助。[152]

事情就出在这里。王明没有完整地讲述“王明中毒事件”的经过。真的是因为“占的篇幅太大”，还是他不愿意或者不敢说出真相？金茂岳1986年在接受中央档案馆人员采访时说：“关于给王明治病问题，我总想向中央负责同志讲一讲，但一直没有能好好谈谈。我希望能好好谈谈这个事情。我给王明治

[152] 王明：《中共五十年》，现代史料编刊社1981年2月版，第39—40页。

病的一些病历，当时的护士记录，讨论给王明看病的情况的材料，他都拿走了，都在他爱人孟庆树那里，没有留底子。”对此，傅连暲、石昌杰在1943年11月11日写的《住院报告》中第一句话就说：“先申明一点，因在办公厅研究王明同志病的治疗过程时，一切病历与护病记录均取走了，医院一点也没有材料，有好多我们都没有直接参加（尤其是石），现在所写的材料，都是凭记忆与各方面所搜集来的材料，虽然有的还是可以作参考。”病历和会诊记录这些原始医疗档案本应该由医院保管，这是一种基本的常识。但王明为什么要取走这些原始资料？这是不符合医院管理程序的。显然，占有第一手资料的王明对“王明中毒事件”的真实情况是完全掌握的。可他为什么不完整地公开事件的真相呢？可见，王明依然以莫斯科代言人的身份自居，强调毛泽东“蓄意毒害王明并摧残他的健康”，目的是为了“反对共产国际和苏联，反对中国共产党，反对王明和其他被他列入‘莫斯科集团’的人”。而他在《中共五十年》中断章取义、遮遮掩掩的记叙，令人读起来既有些匪夷所思，又有些云遮雾罩，以至给了人们许多想象的空间，尤其是给那些惯于妖魔化中国、歪曲和丑化中共历史的人提供了发挥的由头。毛泽东真的“给王明下毒”了吗？

“王明中毒事件”调查的取证工作就从这里开始。

让我们回到历史的现场。

在《720总结》中，专家们根据1941年9月至1943年6月一年多以来王明的病状，将其患病经过分为五个阶段。即：

第一阶段——自王明生病到服用Streptocide（自1941年9月到1942年3月13日）；

第二阶段——服Streptocide到服甘汞（自1942年3月13日到1942年3月21日）；

第三阶段——服甘汞时期（自1942年3月21日到同年6月）；

第四阶段——服用Sulfanilamide时期到出中央医院（自1942年6月29日到1942年8月13日）；

第五阶段——回杨家岭后到现在（自1942年8月13日到1943年6月）。

应该说，《720总结》将王明患病诊断和治疗过程划分为这样五个阶段，比较清晰地勾勒出了他从患病到在中央医院住院以及出院后的详细经过。但有

一点需要首先特别提醒注意和说明，即：《720总结》是在延安整风进入审干阶段的“抢救运动”高潮时作出的。金茂岳本人正处于中央社会部拘留审查期间。所以在《720总结》签字的时候，金茂岳在签名之后又在括号内注明“其中数点另外声明”。这是一个不可忽略的问题。

本次“王明中毒事件”调查，也就依据上述五个阶段来进行，所有引文对原文手稿的错字、漏字和衍字均按现代修辞进行了规范和统一。

在调查之前，我们有必要对“王明中毒事件”中涉及的下述几种药物作出说明，这也是“王明中毒事件”调查的关键词。

关键词之一：Streptocide，药名。磺胺类消炎药物。“王明中毒事件”调查中，金茂岳处方王明服用的就是这种剂型的药品。

关键词之二：Sulfanilamide，药名。磺胺类消炎药物。“王明中毒事件”调查中，苏军情报局大夫阿洛夫处方王明服用的就是这种剂型的药品。俄文名译作萨洛非丁。在“王明中毒事件”调查的会诊记录等原始历史证据中亦译为萨尔费定、萨拉废丁、所罗非丁。

因为磺胺类消炎药物的剂型较多，其英文药名的拼写方式也各不相同。在“王明中毒事件”调查的原始历史证据中，主要有三种：Streptocide，Sulfanilamide和Sufphidine，其中后两种属于同一剂型。其英文缩写当时有SD、ST、SP、SG、PN等。为搞清磺胺类药物的发展历史和品种，笔者专门请教了有关医药专家，对磺胺类药物进行了如下考证，请参考阅读。

根据《临床药物手册》（陈钟英、刘天培、杨玉主编，上海科学技术出版社1995年8月第3版第79—86页）介绍：磺胺类药物的发展大致分为四个阶段：一是1935年至1944年为兴盛时期，从磺胺衍生物百浪多息（Prontosil）开始，合成了大批磺胺制剂，对当时防治感染性疾病起了重要作用；二是1945年至1954年为发展低潮期，因为青霉素等抗生素开始应用于临床；三是1955年至1968年为再盛时期，因为长效、高效和速效磺胺药不断发展；四是1969年甲氧苄啶（TMP）与磺胺药联合使用，证明其疗效有显著增加，抗菌范围大幅度扩大，使磺胺药又进入了新的发展阶段。目前总的认为磺胺药仍然是一类比较常用的抗菌药物，具有抗菌谱广、口服方便、制剂较为稳定、不易变质等优点。但也不能忽视其存在的缺点：一是副作用和毒性较多。二是肝、肾功能不全者需慎用或免用；三是细菌对本类药品有交叉耐药，机体对本类药品有交叉过敏，因此不能调换。如上所述，随着时代的变化，磺胺类药物也在不断地发展和更新。

由此，可以得到印证的是，1941 年至 1943 年，王明在中央医院住院期间，磺胺类药物正处于第一阶段 1935 年至 1944 年的兴盛时期，即“从磺胺衍生物百浪多息（Prontosil）开始，合成了大批磺胺制剂”的时候。

中央医院护训班第二期（1942 年 5 月）学员骆行（郭曼莉），曾任中央门诊部护士，她保存了 1943 年亲笔记录的“中央医院临床用药手册”（见图），非常清楚地记载了当时延安医疗卫生系统大部分临床西药的名称，其中序号为 207、209、210 和 211 的四种药品，即磺胺类药物。现抄录如下：

207. Streptocide Rubrum（Prontosil）红色抗链球菌粉

209. Sulfanilamide（Streptocide album；Prontosil album 磺胺苯胺（山番米地）0.5—4gm

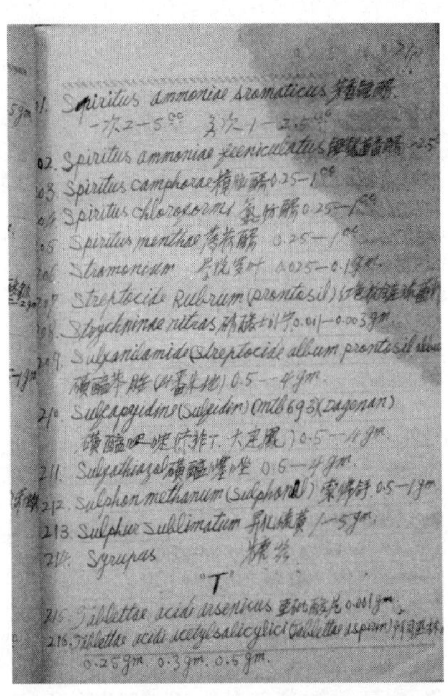

Spiritus ammoniae aromaticus
一次 2—5cc
202. Spiritus ammoniae foeniculatus
203. Spiritus camphorae 樟脑醑 0.25—1cc
204. Spiritus chloroformi 氯仿醑 0.25—1cc
205. Spiritus menthae 薄荷醑 0.25—1cc
206. Stramonium 0.025—0.1gm
207. Streptocide Rubrum (prontosil)
208. Strychninae nitras 0.001—0.003gm
209. Sulfanilamide (Streptocide album prontosil
0.5—4gm
210. Sulfapyridine (Sulfidin) (mb 693) (Dagenan)
0.5—4gm
211. Sulfathiazol 0.5—4gm
212. Sulphonmethanum (Sulphonal) 0.5—1gm
213. Sulphur Sublimatum 1—5gm
214. Syrupus
"T"
215. Tablettae acidi arsenicus 0.001gm
216. Tablettae acidi acetylsalicylici
0.25gm. 0.3gm. 0.5gm.

骆行在中央医院护训班学习时笔记的“中央医院临床用药手册”。其中序号为 207、209、210 和 211 的四种药品为当时延安中央医院临床使用的磺胺类药物。

210. Sulfapyidine (Sulfidin) (mtb693) (Dagenan) 磺胺嘧啶（索菲丁）0.5—4gm

211. Sulfathiazole 磺胺噻唑 0.5—4gm

经笔者比对，骆行记录的上述磺胺类药物英文拼写方式，与1943年延安医疗专家们为王明所作的会诊记录全部相同。

综上所述，“王明中毒事件”中涉及的金茂岳处方的“Streptocide”和后来阿洛夫处方的“Sulfanilamide”，均属于磺胺类药物，是延安当时的临床用药之一。

关键词之三：甘汞和汞中毒及其诊断标准★

▲**汞**（mercury）Hg，俗称水银，是常温状态下呈液态的唯一金属。汞在常温下即能蒸发（0℃亦能蒸发），温度越高蒸发量越大。汞蒸气容易经肺泡吸收，吸收快，吸收量可达75—100%，可以发生化学性肺炎。金属汞不溶于水和有机溶剂，也不溶于盐酸、稀硫酸，一般不与各种碱液发生反应，因此，经消化道吸收甚微，常少于摄入量的0.01%，几乎不被吸收，而以原型随粪便排出，口服金属汞100—500克一般不出现中毒性作用。

▲**甘汞**（Calomel）Hg+，即氯化亚汞（Mercurous chloride, Hydragyri Monochloridum）。甘汞是汞的一价化合物，为白色极细粉末，无臭无味。甘汞溶解度低，溶解度仅为0.0002%，18℃时，1升水中仅溶解2.1毫克。甘汞不溶于乙醇、乙醚或稀盐酸，所以在人体消化道中吸收较慢。一价汞（Hg+）在消化道中存留后，则被氧化成二价汞（Hg++），易于吸收，吸收率可达5—7%，服用后极少吸收，毒性很低。甘

★本关键词的资料来源：《临床职业病学（第2版）》，赵金垣著，北京医科大学出版社2010年再版；《职业病》，吴执中著，人民卫生出版社版；《金属毒理学》，常元勋著，北京大学医学出版社2008年版；《汞》，喜田村正次（日本）等著，原子能出版社版，《中华人民共和国药典》，中央人民政府卫生部编，商务印书馆出版1953年版和1963年版；《司药手册》，东北医学图书出版社1952年1月版；《司药必读》，华北军区卫生部军药处编，1953年版；《司药必携》（上册），国民革命军第十八集团军留守兵团卫生部编，1943年版；《希氏内科学》，中国人民解放军华北军区卫生部编，1950年版；《中华人民共和国国家职业卫生标准（GBZ）职业性汞中毒诊断标准》，中华人民共和国卫生部2007年11月7日发布。

汞在常温下无色，稍加热即可变成黄色，冷却后又恢复为无色。受光照后部分甘汞析出金属汞而成二氯化汞（升汞），变成黑色，氯化亚汞应避光储存在棕色瓶中。氯化亚汞与石灰水、氢氧化钠反应，形成氧化亚汞（Hg O）而变成黑色。加服小苏打有助于降低对胃粘膜的刺激，也有助于防止高汞生成，有一定解毒作用。甘汞在医药中常做泻剂和利尿剂，曾被用来治疗梅毒下疳。剂型多种，有片、丸、锭、膏和注射液。泻剂用 0.3−0.5 克（可顿服），利尿剂用 0.1−0.2 克。甘汞日服最大剂量 0.6 克，致死量 2−3 克。甘汞虽为不溶性汞盐，但若连用也能发生汞中毒症状。

▲**升汞**(Sublimate)Hg++，即氯化汞（Mercuric Chloride，Mercuric Bicheloradue，Hydragyri Dichloridum）。氯化汞是汞的二价化合物，呈白色颗粒状粉末。本身以单盐状态存在时不甚稳定，挥发性强，放置时析出甘汞而分解。氯化汞易溶解，在水溶液中水解呈酸性，口服可迅速经消化道吸收，其毒性强，急性氯化汞中毒可在 15 分钟内出现症状。氯化汞是重要的消毒剂和化工原料。0.1% 氯化汞用于非金属器皿的消毒。氯化汞剧毒，并有强烈腐蚀性，口服 0.5 克即能致胃穿孔或死亡。遇肥皂即失效。致死量 0.1−0.5 克。氯化汞与碳酸氢钠（小苏打、重曹）可以生成黄白色碳酸亚汞沉淀物。碳酸亚汞（Hg2CO3）为不稳定化合物，易分解为汞、氧化汞及二氧化碳。早年医书和手册中记载抢救口服氯化汞急性中毒者可以及早给予 2% 碳酸氢钠溶液洗胃来还原高汞为难溶的碳酸亚汞和汞。

▲**汞及其化合物的吸收代谢**。汞及其化合物的吸收、毒性主要取决于物质的化学形式和接触途径。一般通过饮用水、食物、药品经消化道进入体内，也可以经呼吸道、皮肤吸收。无论何种途径进入身体内的汞及其化合物在红细胞中很快被氧化成二价汞（Hg++）进入血浆与蛋白质结合，主要聚集在肾脏和肝脏，肾汞含量达 80% 以上。一部分汞可以溶解在血脂中通过血脑屏障及胎盘，氧化成（Hg++）而长期储存。Hg++ 在血中的生物半衰期为 2−4 天，两个半衰期后，约 90% 的血汞可以得到清除。但仍有部分 Hg+ 排出缓慢，在停止汞接触后依然能从尿中检测到汞。肠道是早期主要排出途径之一，至少有 50% 是经肾脏从尿中排出，呼吸道、汗腺、唾液、乳汁也有排出。甘汞的作用在体内不会累积，小剂量的汞及化合物不会引起汞中毒。

▲汞中毒。长期或大量接触汞及其化合物，过量吸收后可以引发汞中毒。汞中毒分为急性中毒和慢性中毒。慢性汞中毒又分为轻度中毒、中度中毒和重度中毒。慢性汞中毒典型的临床特征为易兴奋、激动不安，震颤和口腔、牙龈炎，其中性格改变及精神异常是慢性汞中毒最具特色的临床表现，具有诊断价值。如果口腔卫生不好，汞与口腔中存在的硫化氢结合生成硫化汞，沉着在龈齿交界处，出现蓝黑色“汞线。”肾脏损伤可以出现蛋白尿，少数病人肝大。无机汞对组织的损害是可逆的。对于有汞接触的人群，仅见尿汞升高无汞中毒临床表现者定为汞吸收，列为临床观察对象，不属于汞中毒。汞中毒诊断的要点主要是有确切的汞接触史，过量的汞吸收是汞中毒诊断的基础，专科医师根据患者临床症状结合特异的实验室检查才能做出汞中毒的诊断。检测汞中毒的指标有尿汞、血汞、发汞和唾液汞。汞中毒发生后，首先要停止汞接触，口服大量汞盐应洗胃、灌肠减少汞盐的继续吸收，可以根据病情进行驱汞治疗和对症治疗，经过适当治疗多能痊愈。但也有的症状可以持续较长时间。

▲尿汞。尿汞在汞接触后 3–5 天才见增高，1–3 个月达到高峰，停止接触后尿汞延搁期可持续 6–8 个月或更长时间。排出量与接触汞的浓度、类型密切相关。但是，尿汞每天、每次的排出量都有较大的变异，尿汞与汞中毒的症状、体征之间无平行关系，因此，尿汞反映接触汞水平，只能作为过量汞吸收的指标，故无法用来判断汞中毒。尿汞国家标准为 20μmol/molCr(35μg/gCr)，正常值为≤ 2.25μmol/molCr(4μg/gCr)。

▲血汞。血汞可在汞及其化合物进入体内后迅速出现，但是两个半衰期后，约有 90% 的汞已经从血中清除，血汞很难检出。血汞只能作为急性汞中毒或早期汞接触的可靠指标。正常人血汞为 0.125μmol/L(25μg/L)。

▲发汞。发汞是诊断慢性汞中毒的可靠指标，增高和血汞有平行关系，但与环境污染关系明显，个体差异性比较大，检测繁琐，难以做为常规检查。

特别需要提请读者注意的是，上述有关“汞中毒”诊断的医学理论和临床诊断标准，应该是判断汞中毒的科学依据。本次“王明中毒事件调查”将依据上述医学理论和标准进行论证。

第一阶段诊治情况（1941 年 9 月至 1942 年 3 月 13 日）

1941 年 10 月 14 日，王明住进了中央医院，妇产科主任兼外科主任金茂岳作为主治医生，领受中央办公厅主任李富春和中央医院院长傅连暲指派的任务后，立即着手对患病的王明进行治疗准备工作。

应该说，给王明看病可谓一项艰巨和光荣的任务。而作为金茂岳（包括参与大会诊的所有医疗专家们）来说，对 1941 年九月会议上王明受到毛泽东和中央政治局其他成员的批评的情况是一无所知的。也就是说，此时此刻，在金茂岳眼里和心中，王明不仅是中共中央领导人，而且是天才的理论家，大名鼎鼎。1986 年春，80 岁的金茂岳躺在病床上，接受中央档案馆工作人员访问时，就“王明治病始末”进行了谈话。他回忆说：

> 第二天，我们回到医院，准备接收王明住院。回去我就和我们副院长石昌杰[153]研究，王明来了住在哪里？怎么办？我们那些窑洞是一排排的，第二排窑洞是我们的一个托儿所，有四间窑洞，把托儿所搬走，让他住在托儿所的窑洞里。这样腾了三个窑洞，一个窑洞是他的警卫员住，一个窑洞是他住，还有个窑洞他爱人孟庆树和他儿子（叫王明明）住，占了三个窑洞，他就来住院了。
>
> 王明住下以后，我就问他的病历，身体情况，从前得过什么病，问了以后，就检查身体，查了以后，我就和他谈，我说，你现在一个病，就是扁桃腺肥大，经常发炎，容易感冒。这是个病，扁桃腺发炎，也影响心脏，心脏有点肥大，有点杂音。当时我们也没心脏处理的东西，就是一般听听就完了。这大概是 1942 年四五月间，是春天。[154]王明大便秘结，有痔疮。王明这个人比较胖，个子矮，所以，我们认为是肥胖性的典型的心脏病症体质。再一个就是得过胸膜炎，肺部不太好，有时感冒时有点咳嗽，没有其他什么病，吃饭、睡眠还

[153] 石昌杰时任中央医院代院长。

[154] 此处记忆的时间有误。因为是围绕“王明中毒事件”发表谈话，80 岁的金茂岳所言“大概时间”是指王明中毒发生的时间，即后面的第三阶段时间。

可以，自己可以活动。我们医院离延河很近，他有时出来还到延河边转一转。验血、查尿、化验大便，这些化验，当时我们中央医院是可以做的，进一步的化验，那时还没有。有X光机，还不太用，不熟练，也没有人去具体管理，电也靠不住，更没有片子，所以X光机等于一个样子。医院里的设备就是这么个情况。查完以后，我就向傅连暲同志汇报了，傅连暲同志和我们本院的何穆、魏一斋、毕大夫他们也查了查，看了看，也同意这个情况。[155]

中央医院的医疗条件和设施，无论从硬件和软件来说，当时确实是极其艰苦的。金茂岳所言是一个基本的历史事实。在第一阶段，王明住院后，心脏病基本得到了有效控制，金茂岳治疗方案主要是对他进行了心脏的常规检查及血液、大小便等化验，要求他进行适当的运动，重在休养生息。金茂岳对王明所患心脏病、扁桃腺炎、痔疮等的诊断也是正确的。同时，金茂岳对王明的便秘进行了诊治，以缓解痔疮带来的病痛。

对于第一阶段的诊治情况，《720总结》认为：

这时期主治医生金茂岳对王明同志病的诊断，大会认为：

一、诊断

据金茂岳同志及1941年10月12日参加会诊医生的诊断，都认为王明同志有心脏扩大，听诊有收缩期杂音，并有期外收缩等心脏病，其原因：在基因上是有遗传及家族病史的；在病因方面是由于幼年的重伤寒症的遗患，过去患过的风湿病（既往症）及现在还在患着的扁桃腺炎、龋齿等，诱因是在已有以上种种病因而扩大了的心脏上，加上1941年9月的过于疲劳，而致发作心脏病。这种诊断大家是同意的，至于神经性的心脏病的诊断，金主任当时会诊医生认为是起于中枢神经过劳，同时病人在苏联皇宫医院及南俄心病疗养所也有同样的诊断，但苏联尚有部分医生认为王明同志有希氏束的阻

[155]《中央档案馆丛刊》资料室：《关于王明治病和出国的材料》之《给王明治病始末（金茂岳同志谈话记录）》，《中央档案馆丛刊》1986年第3期。

塞（HIS 束），在苏联时医生也曾争论未解决。关于这一点 1941 年 10 月 12 日的会诊时也无明确结论，到今天大会上对此仍未能完全确定，须待以后研究。病人有痔疮、扁桃腺炎的诊断，也是正确的，但当时金主任对王明同志心病估计不足，只能想到王明同志官能性的心脏病，而未想到既往的心脏器质的变化。

二、治疗

①服 mistalla（盐类泻剂），大会认为服的时期过长，一共连续的用了八天（1941 年 10 月 21 日到 1941 年 10 月 28 日）共 120cc，这样长期的使用盐类泻剂可引起肠胃衰弱，以致消化不良。

②“mistalla”可使盆腔充血，而致痔疮便血增加，不得已时偶用一次则可，最好用油类泻剂，或用油来灌肠。而金主任都长期使用“mistalla”，这是不适合的。

③当时病人在吃了“mistalla”后，已经通便，而且每天大便数次，便血及量亦同时增加，金主任对此还没有注意，对病的经过缺严密的观察，没有即时吩咐停止服用“mistalla”。

④在病人便血时，金主任用腹部按摩是不对的。

⑤病人所患的是心脏病，而金主任的治疗都是劝病人打铁球、打麻将、过劳地到河边散步，而致使病人过劳又犯病。但在休息几天后，金主任仍强叫病人继续做，这是违反治疗原则的。

《720 总结》的诊断是明确的，但却对金茂岳使用盐类泻剂、腹部按摩治疗慢性便秘以及适当运动有利疾病恢复的治疗方案给予了批评。显然，在当时延安落后的医疗条件下，这些不切实际，甚至有悖于当时医疗理论的批评，金茂岳并不能接受。

因为正处于整风运动的“抢救运动”高潮，1943 年 7 月 20 日作出的这份《720 总结》，对已处于关押状态的金茂岳的治疗进行了一些吹毛求疵的批评，但对于这一阶段的治疗情况，王明本人及妻子孟庆树在当时直至以后始终都没有提出任何质疑，也是完全认可的。

第二阶段诊治情况（1942年3月13至1942年3月21日）

第二阶段从3月13日至21日，共计7天，也就是一周的时间。从因果关系上来讲，“王明中毒事件”的萌芽就是从这一周悄悄地开始出现了。

金茂岳在1986年回忆说：

为了防止心脏病继续恶化，把扁桃腺割掉，是当时会诊提出的一个意见。其他别的就是休养，确定饮食，离开工作环境，这就是根本的治疗。我的检查情况和意见同王明谈了，他也很同意的，也没有什么意见，都很好的，他当时对我还比较友好。我把情况和病历、治疗意见先和傅连暲同志讲了一下。傅连暲同意以后，我再找黄树则、马海德他们一块研究，有什么意见。治疗的方案都是这么定的。没有我单独想怎么办就怎么办。我以后凡是治疗一段就汇报一段情况，总结一段，提出下一段怎么办，每次都是这么办的。

这样就决定了准备割扁桃腺，做手术。谁给他割，白求恩已经到前方去了，当时我们中央医院没有耳鼻喉科专家，根据白求恩教给我的方法，我给别的大夫、护士、工作人员做过这一类的手术，也都做得很好的，我就准备给他割。这样就去做准备，一个准备麻药，一个准备葡萄糖——静脉注射液，因为手术后不能吃。当时的麻醉药、消炎药，还有静脉注射的葡萄糖，这三样东西延安中央医院还没有，现写信到军委卫生部姜齐贤那里去批，到军委卫生部去领这个药。管这些药的是姜齐贤的爱人叫李紫圣，她管这些药。所以，我就开了当时消炎药中最好的、最有效的磺胺药，要了12片，磺胺药ST 0.5的。要了2克局部麻药“那布卡因”。要了10瓶40%的静脉注射的葡萄糖。开了这么个单子，傅连暲同志认为这个东西只有到军委卫生部请姜齐贤同志批，我们中央卫生处没有这东西。从那里取比较好一些，保险一点。这样我开了这个方，王明亲自写了信，让姜齐贤同志批，他派了他的一个警卫员，去卫生部领了这些药来。领了这些药来也没交我，也没交我们药房，就直接放在他那个窑洞里面。

金茂岳在延安

可是还没等手术时，他扁桃腺又发炎了，扁桃腺又肿大又发炎，喉咙又疼痛，又咳嗽。发炎就不能做手术。磺胺药治发炎是很有效的，手术现在不能做了，先吃磺胺药治扁桃腺发炎，我和傅连暲讲了，王明同意了，也就这么办了。吃这个药，一次是0.5，是药片子，一天3次，这么吃法。[156]

吃了二片药后，他感到肝脏的右边有些疼痛。当时，我就观察，问他从前有没有肝区疼痛，他说没有过。检查也没有什么其他情况。他不是患过肋膜炎吗，所以，我特别请何穆同志下来给他查一查，因为他是搞肺科的，他也查了查，不是什么肋膜炎发生，也不是什么肺炎，感冒是感冒，可是还没有感到肺部有什么情况。这个是何穆亲自给检查的。从前没有肝区疼痛，也不是感冒引起的呼吸道感染。当时我就想是否和吃这药有关系？因为是吃了两片磺胺药以后发生的，当时也只能有这么种想法。可谁也不知道吃了磺胺可以发生肝区疼痛的情况，吃这个药以前没事，可吃了这个药以后发生了疼痛，所以在我的思想里边就确定了和吃这个药有关系，就停了这个药，不再吃了，王明也同意了。

据陈仲武、郁彬夫妇[157]在1989年1月回忆说："那时盘尼西林等抗菌素还没有问世，磺胺类药物也是刚刚合成，偶尔得到少量叫做Prontosil（百浪多息）的新药，总是留给重病号，特别是儿童使用。"实际上，盘尼西林当时已经问世，但当年在延安还非常罕见。这类药品只有军委卫生部才有保存，中央卫生处所属的中央医院也没有。可见，金茂岳给王明处方开的磺胺类消炎药，当年在延安确

[156] 中央档案馆：《关于王明治病和出国的材料》，《中央档案馆丛刊》1986年第3期。

[157] 陈仲武（1916—2009），印尼华侨。祖籍福建福清。中央医院、中央门诊部从事医疗和教学工作，离休前任卫生部司长、卫生出版社总编辑。郁彬（1918—　），上海人，肄业于上海仁济高级护士学校，1937年全国抗战爆发后辗转至武汉，经邓颖超介绍到江西从事妇女救亡运动，并加入中国共产党。1938年11月到延安，入中央组织部训练班学习。1939年3月，分配在中央卫生处工作。同年4月，受傅连暲派遣到中央医院协助何穆组建中央医院的工作，负责护士训练班的组织培训。8月，任中央医院党支部副书记；1939年9月至1941年1月担任中央医院总护士长，1941年1月至1944年11月任中央医院护理部副主任。其间曾兼任内科医生和护士训练班教员。离休前任中央直属机关事务管理局党委副书记。

郁彬（陈仲武夫人，曾任中央医院总护士长，参与过王明的护理工作。2010 年 6 月 1 日，丁晓平摄）

实是难得的一种昂贵新药，一般的病号是很难得到的。郁彬说："当时金茂岳给王明服用的 Streptocide，就是百浪多息，叫磺胺药片，又叫 SD，就是磺胺嘧啶。"她的这种说法可以在骆行（郭曼莉）保存的手抄本"中央医院临床用药手册"中得到证实。

对第二阶段的诊治情况，《720 总结》是这样写的：

> 在未服此药[158]以前，王明同志的心脏病状，一般的好转，只有扁桃腺炎，当时病人准备出院，但：
>
> ①金主任主张拔牙、割痔疮、割扁桃腺。在金主任决定要开刀割扁桃腺的前两天，由傅处长（即傅连暲，引者注）、魏一斋临时不赞成，而才作罢。王明同志的扁桃腺在苏联烧过四次，已经扁平，离血管很近，割是危险的，当时还有些发炎，如割可能染菌，同时王明同志身体尚弱，可能经不住此项手术，金主任也不是耳鼻喉专家，又在我们设备不适的条件下，割扁腺的止血（特别在充血时）与防止病灶传染蔓延都是困难的。因此我们认为金主任对一个负责同志行如此的大手术，不经向上级商妥，也不顾客观条件就贸然决定，是不对的。
>
> ②至于割痔疮，金主任也没有估计到病人的身体，而要割那样大的面积的痔疮，也不对的，因为脊椎麻醉对病人也是不适宜的。

[158] 即 Streptocide，磺胺类药。

以上手术是由傅处长、魏一斋建议停止施行是对的。

决定扁桃腺不割后，金主任与侯主任、傅处长商量，侯主任主张服 Streptocide，金主任、傅处长赞成，遂决服 Streptocide。

③但当时所服之药究竟是否 Streptocide 还值得调查，因为——

a. 该药六粒是由金主任直接拿给王明同志的，没有第三人证明，也没有药方。

b. 直到大讨论会的第二天会上（1943.7.18），金主任的答复是模糊的，一会说是 Streptocide，一会又说是 Sulfanilamide，一会说是 0.3 一片的（据鲁部长讲卫生部的 Streptocide 是 0.5 的，不是 0.3 的），一会又说是 0.5 一片的（但病历记载上是 0.3），药是什么形状大小也都谈不清楚，药究竟是从药房拿的（药房无此处方），还是从卫生部拿的（卫生部拿来的不是 Streptocide，病人的记忆与卫生部拿来的大小形状也不相同），金也答复不清楚，也找不出证明是 Streptocide 的根据来。

c. 服此药后病人的中毒症状与某些其他药品中毒症状是相同的，例如，砒制剂，服后肝脾都可肿大，这也是我们难于分清的。

d. 如是 Streptocide 或 Sulfanilamide 虽可因特异质而发生肝炎甚至胆囊炎等，但这些药的排泄是快的，一两天内药排泄后，肝即可复原，病人只吃了四片(如是 0.3 的只有 1.2 克，如是 0.5 的则只有 2.0 克）很难使肝脏长期发炎，以至如此严重。

④即令金主任给王明服用的的确是 Streptocide，但直到小组研究材料时，金主任对此药药理作用，用法禁忌及副作用特异质等仍没有很好的研究。当时轻易给王明同志用此药是冒险的。

5. 王明同志服了此药（所谓 Streptocide）就发生反应与副作用，3 月 13 日服一片即头晕，3 月 14 日服二片即呕吐头晕、肝剧痛、脾肿大、心区痛、体温上升。金主任全未注意，未即时停止服药。在 3 月 15 日又叫病人吃一片，于是吐及其他症状更加剧烈，肝区痛。这时病人自动停服了，当即请金主任看，金尚认为是睡的。第二天的诊断就发现急性胆囊炎及肝炎，肝肿大了，这种情形说明金主任是未负起责任来的，这也是不对的。

总之，王明同志服所谓 Streptocide 的药以前，只有心脏病、扁桃腺炎、痔疮，吃此药后，就发生严重的肝胆病。

这个结论与金茂岳的回忆有多处不同：

第一，在割扁桃腺和痔疮的问题上，金茂岳认为，“把扁桃腺割掉，是当时会诊提出的一个意见”，而且治疗方案“没有我单独想怎么办就怎么办。我以后凡是治疗一段就汇报一段情况，总结一段，提出下一段怎么办，每次都是这么办的”。而《720 总结》却认为，“金主任对一个负责同志行如此的大手术，不经向上级商妥，也不顾客观条件就贸然决定，是不对的”，“以上手术是由傅处长、魏一斋建议停止施行是对的”。这里的矛盾是金茂岳在决定做手术之前，是否“向上级商妥”汇报的问题。但从历史事实和上述两种材料的文字表述上来分析，当时的情况应该是：以手术方式根治扁桃腺，是金茂岳与傅连暲、魏一斋等一起会诊的意见，而最终决定停止施行手术的原因是因为王明扁桃腺发炎，并非因为傅连暲、魏一斋临时不赞成才作罢。

至于金茂岳能不能在当时的那个条件下进行外科手术，答案是可能的。一方面，金茂岳当时不仅是妇产科主任，而且兼任外科主任；另一方面，金茂岳在边区医院工作时就向白求恩大夫学习过做扁桃腺手术，并在中央医院也主持过这种手术，而且很成功。当时在中央党校学习的女生陈然在 1992 年 6 月回忆说：“1940 年 4 月，我的痔疮犯了，中央党校医务室介绍我去中央医院做切除手术。那时中央医院开办不久，还只设了内、外、妇产三个科，收了数十名病员，工作人员不过百人，虽然设备简陋，但一切秩序井然，我是第一次住进中央医院，感到十分惊奇：延安竟然有这样大规模的医院！由刘允中医生主刀，在金茂岳主任的指导下，顺利地给我实施了手术。”[159] 病愈后，陈然就留在中央医院当了政治指导员。

第二，在服用 Streptocide 的问题上，金茂岳是经过与傅连暲、侯健存会诊后共同决定的，这一点没有异议。但问题是，《720 总结》对金茂岳给王明

[159] 陈然：《“历历开元事，分明在眼前”》，《白衣战士的光辉篇章》，陕西人民出版社 1995 年 9 月第 1 版，第 125 页。

服的药究竟是不是 Streptocide 表示怀疑，并提出了上述 a、b、c、d 四点理由，指出金茂岳在 1943 年 7 月 18 日会诊讨论时的答复“是模糊的，一会说是 Streptocide，一会又说是 Sulfanilamide；一会说是 0.3 一片的，一会又说是 0.5 一片的（但病历记载上是 0.3），药是什么形状大小也都谈不清楚，药究竟是从药房拿的（药房无此处方），还是从卫生部拿的（卫生部拿来的不是 Streptocide，病人的记忆与卫生部拿来的大小形状也不相同），金也答复不清楚，也找不出证明是 Streptocide 的根据来。”对此，1986 年 80 高龄的金茂岳的回答是：“开了当时消炎药中最好的、最有效的磺胺药，要了 12 片，磺胺药 ST0.5 的”；“王明亲自写了信，让姜齐贤同志批，他派了他一个警卫员，去卫生部领了这些药来。领了这些药来也没交我，也没交我们药房，就直接放在他那个窑洞里面。”

从金茂岳 1986 年的口述与《720 总结》的对比中，我们可以看到：Strept-ocide 片剂有 0.3 和 0.5 两种剂型。在药品是 0.5 一片的问题上取得了一致，但药的数量上没有取得一致，金茂岳说是 12 片，《720 总结》说是 6 片。在药品来源的问题上，金茂岳说药品来自军委卫生部，正好与《720 总结》中“鲁部长（鲁之俊）讲卫生部的 Streptocide 是 0.5 的，不是 0.3 的”相一致。但在《720 总结》中，金茂岳在当年会诊讨论时的“答复是模糊的”，这也是值得研究的。笔者认为：受当时延安医疗技术条件落后和药品匮乏所限，此种磺胺类新药属于贵重药品，金茂岳在中央医院开了处方，从军委卫生部取药，药品存放在王明的家中，这些不可忽略的历史细节，造成了当年医护和医药之间管理上出现了漏洞。

第三，关于王明服药（Streptocide）发生过敏反应与副作用，导致发生严重的肝胆病的问题。《720 总结》认为，金茂岳“对此药药理作用，用法禁忌及副作用特异质等仍没有很好的研究。当时轻易给王明同志用此药是冒险的”。但就当时医疗技术条件和药品本身成分、规格和适应症来看，Streptocide 是当时最好的新药，金茂岳处方此药的目的和动机完全是为了治疗疾病。但因为王明本身体质的原因，在 1942 年的医疗过程中，因为药物的反应与副作用，导致发生肝胆病。事实上，Streptocide 是从苏联进口的新药，金茂岳也确实缺少或者说没有完全掌握对此药不良反应和禁忌的临床经验。再说，病人首次

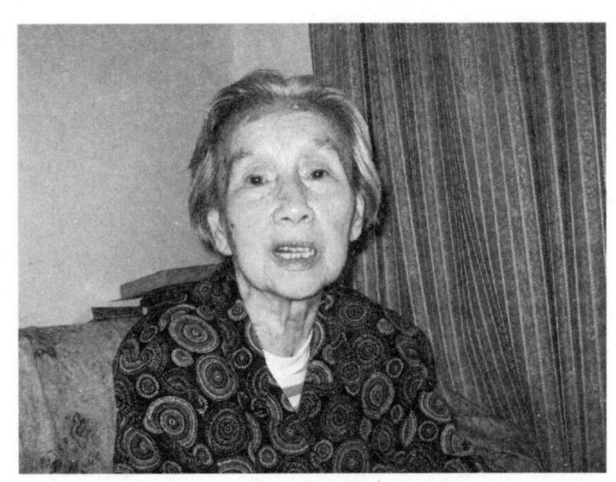
李坚（魏一斋夫人，在中央医院担任护士期间曾负责王明的特护工作。2010 年 6 月 9 日，丁晓平摄）

对药物的不良反应是每一个医生都无法预料的。而实际上，金茂岳和延安的其他医疗专家对此药的不良反应情况，还是 1943 年底从周恩来在重庆带回送给中央医院的医学杂志上看到的。后来苏联专家阿洛夫来延安为王明会诊后，处方开的同样也是这种磺胺类药（即萨罗菲丁），同样也导致王明肝胆病发作和尿血的症状。可见，在当年那样的医疗卫生条件下，从医学诊治的角度上来讲，金茂岳的处方用药是没有过错的。而金茂岳能根据王明的临床表现，分析出 Streptocide 的不良反应而停止用药，已实属不易。问题主要还是出在王明身体特异质过敏反应上。这个问题在下面的第四阶段将继续论述。

对于磺胺药物导致发生肝胆病的副作用问题，魏一斋的夫人、曾任王明特护的中央医院护士李坚[160]告诉笔者："磺胺药是贵重的药，只有中央领导和重要病号才能得到。魏一斋患有心肌炎，在中央医院也曾吃过这种药，吃了就尿血。"[161]

第三阶段诊治情况（1942 年 3 月 21 日至 6 月 29 日）

在第二阶段诊治过程中，王明因体质原因，在服用 Streptocide 的过程中发生了药物不良反应，导致肝胆出现了疾病。

[160] 李坚 1923 年出生于山西夏县，1941 年 2 月在中央党校学习时抽调到中央医院护训班第二期学习护理专业。毕业后，李坚就参加了王明的护理工作。

[161] 丁晓平采访李坚的谈话录音，2010 年 6 月 9 日，北京。

心脏病、扁桃腺炎、痔疮等这些老病没有消除，新的疾病又来了，怎么办？

金茂岳回忆说：

我看病是这样的，我们医生是帮助病人来研究病，治疗病的，他有什么情况和我讲，我再把这种情况和他一块研究，我看病是这么看的。不是简单的大夫问几句，开方吃药。不行，得要通过病人，他知道了，我们再帮助他怎样来战胜疾病，得要他认识，我是这么治病的。所以，停这个药，当天查了不是什么肺炎、肋膜炎，呼吸道病，肝区疼痛是不是和吃这个药有关系，当天的情况是这么想的。到了第二天，这个药就不吃了，第二天不但肝区痛还未停，又发生了黄疸。角膜发黄，面部也有点黄，发生了黄疸。这个时候诊断就叫肝炎，卡塔尔性的黄疸，就这么个诊断。原因，第一个想的是不是吃那个药的关系，可是没这个经验，也没这个材料，只是这么设想的，推想的，这是当天的情况。下午，又想为什么药不吃了，还是痛，而且发生了黄疸，这就联想起他有慢性大便秘结，而且有痔疮，痔疮有时还带血，是不是因为这个大便秘结，痔疮破裂感染引起了门静脉，上升到肝脏，引起卡塔尔性的黄疸？所以，把这个论断和现象联系起来，又找我们本院的那些大夫，何穆、魏一斋、傅连暲同志和毕大夫，我们一块研究，大家认为可能是这么个情况。根据这种情况，怎么去处理，药已经停了，卡塔尔性黄疸已经出来了，这个诊断已经出了，原因想可能是从便秘，痔疮感染而引起肝脏发生黄疸的，就这么个实际情况，这么分析的。所以，现在进一步治疗这个黄疸，治疗肝区疼，卡塔尔性的黄疸肝炎。当时，我们内科一般采取的治疗办法是清泄，是饮食来管理，不吃什么脂肪，饮食吃清淡的，主要是用静脉注射的方法。因为他大便秘结，肝脏有黄疸了，所以，清泄药当时就用甘汞。我们学内科学，英国有个内科专家叫霍曼，他出了一本书，书中也是这么说的，用甘汞加点苏打，防止分解成氯化汞。吃了这个药以后，大便也很好，肝区疼痛减轻了，黄疸也减少

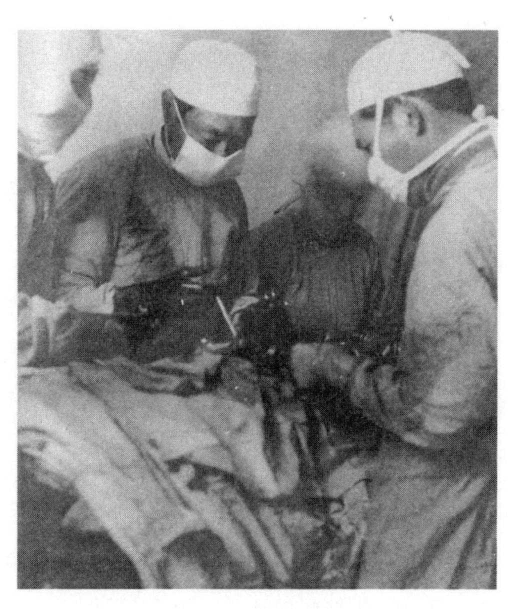
金茂岳和何穆在做手术

了。这表明当时诊断和治疗是一致的、有效的。

静脉注射葡萄糖，因为那个葡萄糖是准备做手术的，正好用上，给他注射。他这个人比较胖，血管比较细，很难注射进去，我那时候的技术还是比较有把握的，高渗的葡萄糖，40%的，只能往血管里打，打到血管外头肌肉就要腐烂的。我跪到那个地方，慢慢地给他注射这个药。我亲自给他注射，护士都不行。我可以说，我们当时的那些护士技术还是不行的，其他别的大夫我没见他们做过。每次都是我给他静脉注射，心里很担心，怕它注射到外边去，也怕一针穿不进去，小心翼翼地给他静脉注射。这样更快一点，恢复得更好一些。就这样，这么治了。大家很高兴，发生了个问题，我们处理了，而且有效。傅连暲同志、何穆同志、魏一斋同志，连他家属孟庆树都感觉不错，这是头两天。[162]

正如金茂岳所言，针对王明肝脏突发卡塔尔性黄疸，他马上与傅连暲、何穆、魏一斋和毕道文等大夫一起进行小型会诊，采用了当时内科学比较流行

[162] 中央档案馆：《关于王明治病和出国的材料》之《给王明治病始末（金茂岳同志谈话记录）》，《中央档案馆丛刊》1986 年第 3 期。

和稳妥的治疗办法——清泄。即：一方面在饮食上吃清淡的食物，静脉注射葡萄糖；一方面用药物进行清泄，采用的就是当时世界上最普遍的清泄药——甘汞。

“甘汞”，英文名作 calomel，这个在“王明中毒事件调查”中最引人注目的关键词，就在 1943 年的 3 月 21 日，进入王明身体和心灵，并从此陪伴他的一生。此时此刻，“甘汞”是作为一种药物，进入他的身体的，并在最初的两天时间里，给刚刚患上卡塔尔性黄疸的他带来了福音。但，自从“甘汞”这两个字与“中毒”这两个字联系在一起之后，历史在那一刻仿佛凝固了一般，盘根错节地缠绕着纠结成一团解不开的疙瘩。而这个像雾霾一样的所谓“汞中毒事件”，也就从 70 年前的延安开始，始终缠绕在毛泽东和王明这两个历史人物的恩恩怨怨之中，并经过不断的歪曲、演绎和夸张，编造成为毛泽东打击王明的一种政治阴谋。

——令王明和他泼辣的妻子孟庆树永远也没有想到的是，金茂岳给他静脉注射葡萄糖和服用清泄药物甘汞的良好感觉，仅仅只过了两天，王明的肝脏疼痛竟然更加严重了。

——令金茂岳永远也不会想到的是，“甘汞”竟然给他的医疗生涯带来了一场巨大的灾祸。

这到底是怎么回事呢？

《720 总结》对王明服用甘汞导致出现慢性“中毒”症状的问题，作出了如下结论：

(1) 金主任认为甘汞是治肝的唯一的圣药，是没有理论根据的，一切内科书上，对胆肝病的治疗，固可用甘汞，但还有其他盐类泻剂（如硫酸镁、硫酸钠、人工盐等）所以并非唯一的。

甘汞是重金属盐类，是剧烈药品，对王明同志不应冒昧采用。

(2) 关于剂量方面：

a. 第一次服用甘汞的处方(3 月 21 至 31 日共服 26 包)是找不到了，在金主任的吩咐上甘汞每包剂量是 0.02 克，但我们遍寻中央总卫生处下的各药房，也未查出此方。而各司药都一致说没有配过 0.02 如此小量的甘汞，而且在一般的药房是不好配的。又叫曾给王明同志吃药的护士乐峰来鉴别 0.02 及 0.1 的甘汞粉子，叫她认出哪一种是给王明同志服用的剂量，她认为 0.02 的甘汞过少。根据她的记忆，没有给王明同志吃过如此少量的。0.1 的剂量倒像给王明同志吃的剂量。同时有人认为王明同志服甘汞后病情变化的程度，也不像 0.02 的剂量所致。因此，第一次甘汞处方到底是 0.02 或是 0.1，或是 0.2(0.1 及 0.2 的剂量以后都开过）还是疑问，仍待调查研究。

b. 用甘汞自小量渐加到最大量（曾开过一天 0.4 的甘汞的处方)，同时甘汞粉子，一开就是 10 或 20 或 30 包，放在病人处是危险的，特别是见光后，可以分解，就更毒。

用汞的时间，金主任采取长期服用甘汞治肝病的办法：

第一次自 1942 年 3 月 21 日到 1942 年 4 月 3 日，服用了 13 天的甘汞。

第二次自 1942 的 4 月 29 日到 5 月 5 日，又吃甘汞 7 天，而且在病人回杨家岭以后直到今年 2 月，金主任还开过两次甘汞，其中并有一日总量为 0.6 克者。据中华药典及中国人体质，这是超过极量的(幸而病人未吃)。**(甘汞最大的日服量为 0.6 克，中毒剂量为日服 3.0 克。见《中华人民共和国药典》，参阅前述关键词之三。引者注)**

王明同志究竟服了多少汞，因处方与吩咐与护病记录的记载都有出入，处方又不全，所以王明同志到底吃了多少甘汞，是难于计算的。即使就已经确实服下之甘汞而言，总量确实大量的（若按医生吩咐服法，续服下去则可吃到 20.4gm 的甘汞，如此大量足以引起数人中毒或致死）而致中毒，影响心脏、脾、肾、肠、胃、口腔、牙齿、神经等器官，这是事实。

(3) 甘汞的用法：甘汞本不溶于水，而金主任给王明配甘汞水剂吃，服药前摇荡若是不匀，可能先吃的含少量甘汞，而甘汞沉下去，最后一次服下更易中毒。

(4) 甘汞的配伍禁忌：甘汞与小苏打或与硫酸钠、硫酸镁、溴化物等配在一起，可使甘汞变为升汞，或把汞变为可溶性的水银盐，则吸收更易增加毒力。而金主任给王明服甘汞时有时把禁忌品配在一起用，有时禁忌药品虽不与处方开在一个处方上，却把两个处方的药同时间给王明服，这是很不对的。（**此处诊断有误，不应变为升汞。有医疗专家认为“甘汞加服小苏打有助于降低对胃粘膜的刺激，也有助于防止高汞生成，有一定解毒作用”。参阅前述关键词之三。引者注**）

(5) 在病人服汞过程中曾发生：

a. 病情恶化——病人大便中有肠黏膜，有肠炎现象，日流口水到1000cc，发生口腔炎，牙坯坏了，小便有糖，白血球减少，这都是汞中毒现象，但金主任仍叫病人继续服用。

b. 司药提出甘汞不溶于水，请金主任改处方；金主任看了药典，仍继续又开数日处方。

c. 护士报告金主任药水变色了，但金主任仍叫病人继续吃，病人不吃，金主任不高兴。（**此处诊断有误，甘汞常温下无色，稍遇热可以变为黄色，冷却后又恢复为无色。可参阅前述关键词之三。引者注**）

(6) 关于甘汞服法剂量等，都没有在会诊时向会诊医生报告商讨。

(7) 金主任的病历表中在服甘汞期间记载很简单（别的时期也有这样现象），重要症状及处方没有记上，对护士的口头吩咐与文字吩咐有时不一致，特别是甘汞的处方有改的，这都是不合乎医生规则的。

对《720总结》作出的上述结论，处在“抢救”关押之中的金茂岳是拒绝接受的。但第三阶段的治疗的的确确出现了问题，王明确实因为服用金茂岳处方的甘汞出现了所谓的“中毒”现象，给王明的身心造成了伤害和痛苦。

作为中央医院乃至延安都屈指可数的专家级人物，金茂岳为什么犯下了这样低级的错误？是故意还是无意？或者是其他的原因？

首先，让我们来听听金茂岳是怎么说的。1986年春天，躺在病床上的他，对44年前的往事依然记忆犹新。他说：

用甘汞这个药，注射葡萄糖，吃清泄的药，吃饭就好一点了，好一点我就把它停了。白班护士停了；白班护士没通知给夜班护士。

夜班护士还继续给他吃。这样甘汞又接着吃了。这一吃事情又改变了，肝区疼痛，黄疸不但没继续减轻，而且又加重了。可这个时候，我并不知道夜班护士没有停药。问题就出在这里。

这时他的病态不但疼痛，而且发烧，口腔炎嘆流水，这些现象都没想到用甘汞的情况，以为他病的加重是甘汞用的不够。在这种思想的支配下又用了药，当时的思想就是这样的。没想到用药之后病情加重了，疼痛，口腔流水，发炎，引起发烧，这么一来就乱套了，弄不清怎么回事了，但直肠有所好转，大便了。发烧和疼痛怎么办呢？正好富春同志牙痛，住在医院的另一个窑洞里边。我就和富春同志讲了目前的情况，富春同志说：先继续研究，了解。

孟庆树的爸爸是个中医，这期间他也看了看，号了号脉。他说是肝火旺盛，是否吃点中药，他有这么个想法。还有一位叫郭子化，他跟我很熟悉，安徽人，也来看，我就把西医诊断的情况对他讲了，他也说是肝火旺盛，最好清理肝脏，吃点中药最好，他也有这么个建议。两人都有此建议，孟庆树也提这个问题，但二人都没有开药。

当时延安有名的中医是李鼎铭。富春同志说：既然中医有此建议，你们西医暂时也拿不出更好的办法，可以请李鼎铭先生看看。我说：好极了，请他来一起研究研究。就这样决定了，王明也同意了。李鼎铭来了以后，我也把前边中医说的情况向他说了，他同意是肝火旺盛的说法，并说可以开方，也可以治，但条件是停止使用一切西药。孟庆树说：王明现在不能吃东西，注射葡萄糖是否可以？李表示可以。这样就达成了一个协议。富春同志也表示同意。他还说：你继续观察，他不吃东西，生活护理的工作你还应继续做，我表示同意。我父亲是中医，我还有些中医的常识。李先生开的方子是黄连和吴茱萸。

王明吃后第二天，体温下来了，不发烧了，肝的疼痛也减轻了，黄疸也下去了，吃了中药，这些症状全好了。以后他也不找我了，晚上请李老看看，开点药。我当时也比较忙，对当时病情好转的原因也不清楚，只知道停了西药，吃了中药就好了，后来只有静脉注射，吃

金茂岳在延安家中学习

些调理肠胃的中药，情况很快好转。至于什么原因，不知道，后来我们才知道夜班护士没有停甘汞。[163]

这真是谁也没有想到的事情。

因为夜班护士和白班护士没有交接好，而发错了药，导致本该停服的甘汞没有停服。而药又是放在王明住的窑洞里，接班的夜班护士依然按部就班地根据之前的处方来配药、发药。这真是阴差阳错。可这一切就发生在这最不应该发生的时间、最不应该发生的地点、最不应该发生的人物、最不应该发生的情节上。

而关于护士发错药的情况后来又是怎么发现的呢？

“王明中毒事件”对金茂岳来说，也是他一辈子的隐痛。作为一名医生，如果因为他医疗的失误而给病人带来生命的痛苦，这是他最不愿意看到的。耄耋之年的他，谈起往事，真是感慨万千，依然觉得当年“不但没有把病治好，反而病情又发展了，心里很难过”，觉得对不住王明。他说：

后来（1943年6月至7月间，引者注），中央医院、和平医院和八路军医院的医务人员组织大会诊，记得有黄树则、王斌、马海德、陈应谦，还有边区政府的曲正等人都来到杨家岭共同会诊。首先我讲

[163] 中央档案馆：《关于王明治病和出国的材料》之《给王明治病始末（金茂岳同志谈话记录）》，《中央档案馆丛刊》1986年第3期。

中央医院治疗的经过和介绍病历。当时我写病历大部分是英文，也有汉字，马海德看了英文病历也就清楚了，这是病历的情况。此外还有护病记录（就是记吃了什么药，有什么反应等叫护病记录）。当时有一位八路军医院的小儿科大夫叫李润诗，曾留学日本。她在查看护病记录的时候发现，值班护士白天停了药，可晚上没有停。她看到了这么个情况后对我说："金大夫，你看白天停了药，可是夜班护士并没有停药。药没停问题就发生了，病情加重并发生了甘汞中毒。"这个情况当时是不知道的。这对我来说也是个新情况，从来没有听值班护士说过。所以李润诗对我说："为什么王明的病情更重了呢，原因就是护士没停药。你们看到病加重了，又加重用药，所以这样一来病情就更加重。"我当时很感谢李润诗同志。我说："你查出来好极了，我当时也没查出来，也没看这个护病记录，这是我的责任。当时药没停而发生了这个问题，查出了原因就好办了。"

后来护士也承认了这件事。护士乐峰和潘莉，乐是白班，潘是夜班，潘承认他给王明吃了，乐也承认有责任。郁彬是护士部主任，她每天负责查病房，当时她也应该了解这个情况，提出这个问题。那时医院人员的分工是主任全部管，主治大夫确定诊断、治疗，住院大夫负责观察、汇报；护士、护士长都各有分工，负责护理、生活照料，治疗大夫负责打针、吃药和打扫卫生。当时虽有分工，但不严格。郁彬同志是正式护校毕业的，是我们中央医院的护士部主任，我当时找她谈，她和我都认为，如果当时检查严格的话也可以查出来。我是医务副主任，惭愧的是，不但没有把病治好，反而病情又发展了，心里很难过，自己是党员，是领导嘛。王明是上级领导，我没有能够完成任务，却发生了这么个问题，对革命，对同志都不利。我和王明说："对不起你。"王明说："这也不光怨你。"[164]

金茂岳回忆中提到的乐峰和潘莉这两名护士，都是中央医院1941年2月举办的护士训练班二班（即第二期）学员，与魏一斋的夫人李坚都是同班同学。

[164] 中央档案馆：《关于王明治病和出国的材料》，《中央档案馆丛刊》1986年第3期。

与她们同时期参与护理王明的还有护训一班的纪敏、宁光、栾朴、张万霞、周易和护训二班的王心，以及兼任护训班教员的刘正绘等11人。

2010年6月9日，李坚告诉笔者："在'抢救运动'中，当时中央医院学委的王鹤峰、刘亚雄、薛焰等人找乐峰谈话。在大会压、小会斗的'车轮战法'之下，乐峰经受不了'逼供信'就违心地按照审查组的意见，承认自己用甘汞来毒害王明。会后，我就问乐峰：你当时知道不知道那药有毒？乐峰说：不知道。我说：你不知道，为什么要承认你毒害王明。你是不是真要害人家？她说：没有。我说：你没有，你怎么承认啦？其实这就是'逼供信'的结果。听我这么一说，乐峰赶紧就去找审查组要推翻自己的口供。当天晚上，真的推翻了。第二天，薛焰还找我，说：你干吗叫人家推翻？我说，人家乐峰根本不知道这药的内容是什么，他怎么会去毒害王明呢？因为这是'抢救运动'中晚期了，所以可以推翻，要是早期乐峰也被抓起来了。那时候，康生把特务称作'鬼'，吓唬我们。通过乐峰这件事，我才知道王明中毒的事情，到七大之后才知道一些党内斗争的小道消息。我接的就是乐峰的班，负责王明的护理工作，那时开始吃李鼎铭的中药。王明出院以后，需要护理，我又被抽调到杨家岭他家去做特别护理。金大夫也去过。金大夫这个人很严格，工作非常认真，威信很高，我们也不敢跟他多说话。"[165]

正是由于李润诗及时在护病记录上发现了问题的所在——值班护士白天停了药，可晚上没有停。因为护士没停药，金茂岳看到王明的病加重了，就又加重用药，这样一来，病情反而更加严重了。对此，不仅金茂岳非常感谢李润诗，而且王明和孟庆树夫妇对李润诗也十分感激。王明在《中共五十年》一书中这样写道："由于党内许多同志和医务人员的关怀和帮助，特别是由于非常有经验的中医李鼎铭（陕甘宁边区政府副主席）和诚挚热情的李润诗医生的积极努力，把我从死亡的边缘抢救过来。"

2010年6月1日，时任中央医院总护士长的郁彬在接受笔者采访时说："金茂岳开的甘汞剂量是正常的，正常的剂量不会损害身体，只是服用的时间长了点，属于疏忽。而且护士也疏忽了，也有责任。"从医学理论上来讲，尿中含有汞，并不一定就是汞中毒。[166]而王明原本就患有牙龈炎、龋齿，这不能算

[165] 丁晓平采访李坚谈话录音，2010年6月9日，北京。
[166] 丁晓平采访郁彬谈话录音，2010年6月1日，北京。

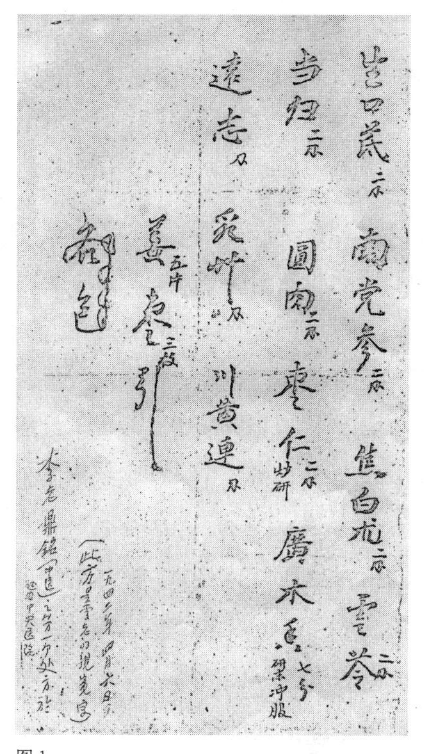
生口芪二钱 南党参二钱 焦白术二钱 云苓二钱
当归二钱 圆肉二钱 枣仁二钱炒研 广木香七分研冲服
远志八分 川黄连八分
姜五片 大枣三枚 引

图 1

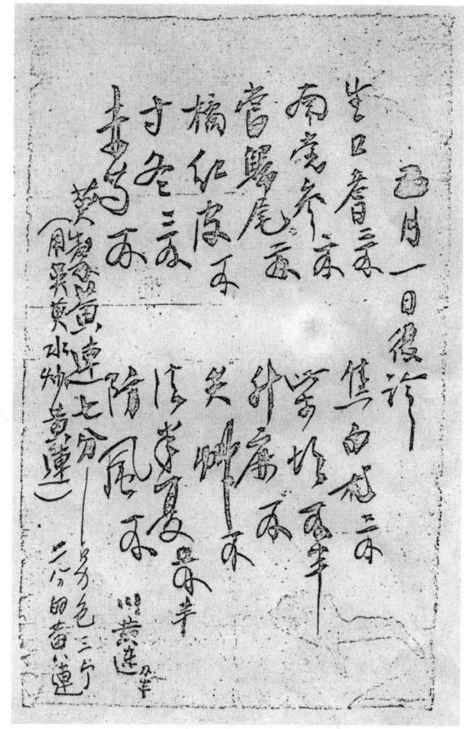
五月一日复诊
川黄连一钱半
另包三个二分的黄连

图 2

是王明汞中毒的特异性症状。尽管王明服用甘汞是事实，但仅有两次在尿中血中测到汞（见链接 1:《王明中毒事件调查原始证据》之证据 7,1943 年 8 月《王明同志现病临时诊断和今后治疗初步意见》)，说明王明的汞盐服用量并不大。因此，仅仅根据临床现象的分析和推断，就臆断王明汞中毒，就显得诊断依据不足，缺乏科学和准确，难以令人信服。

关于李鼎铭用中药治病的问题，从王明和孟庆树保存的两份中药药方来看，第一个处方是 1942 年 4 月 6 日开的（见图 1)，这是李鼎铭在中央医院亲笔手写的。第二个处方是 5 月 1 日开的（见图 2)，这个处方是由李鼎铭口述，他的儿子笔记的。据孟庆树说明，第二个处方左下角的“川黄连一钱半”是李鼎铭自己亲笔加上去的，“另包三个二分的黄连”是孟庆树写的。这三包黄连是按照李鼎铭的医嘱，在内服黄连的同时，要经常用黄连来漱口。

如金茂岳所言，经过李鼎铭处方的中药调理，王明的病情很快好转，“体温下来了，不发烧了，肝的疼痛也减轻了，黄疸也下去了，吃了中药，这些症状全好了”。尽管当时王明说“这也不光怨你”，但金茂岳已经明显感到：“从那以后，王明就对我产生了看法。虽然李老给他治好了病，但他对中医还是不太相信，当然对我也不像以前，我怎么说，他就怎么治。这段时间，他对我给他治病好像心中有数了。他就向我提出说：‘金大夫，后方有什么大夫治这种病？’有去后方看病的考虑。他提这个问题我心里也有一些想法，我也不是内科大夫，但事情却发生了，虽然已经好转，但整个情况没有彻底的变化。我对他说；后方医院我不太了解，我只知道我们的老师和同学有一部分从齐鲁医院搬到成都了，那里有一位林大夫是专搞肝脏病的，但现在的情况我也不太清楚。他提出这个问题，我也想，今后我不想再负责为他治病了，我把这个思想也对富春同志说了……”[167]

俗话说：“三分医疗，七分护理。”“王明中毒事件”的发生，显然与护理工作的疏忽有着密不可分的关系。但在当年，不仅医疗设备、药品器材奇缺和医疗技术手段落后，中央医院的护理人员也非常稀少，护理技术水平自然也不高。从建院之初开始，中央医院就开始举办护士训练班，在延安时期前后共连续举办了 8 期。但实事求是地说，在 1941 年至 1943 年这段时间，中央医院的护理技术相对还是比较低下的。药品器材缺乏不说，大量的消毒仅靠洗涤、蒸、煮。连体温表都非常少，一个病房三四十病人仅有一两支，要挨个轮流测试，一般病人一日两次，重病人四小时一次。注射器、针头也奇缺，只能靠煮沸消毒重复使用，磨针头也成了护士们的一项特别任务。消毒用的高锰酸钾、石炭酸、来苏（又称来苏尔）、升汞都很少。即使如此，中央医院的治疗水平和治愈率还是非常高的。从 1939 年 9 月至 1946 年 6 月，全院共收治病人 13886 人，共治愈出院 13413 人，年平均治愈率达 97.3%。仅金茂岳负责的妇产科就收治病员达 4689 人（其中妇科 1546 人，产科 3143 人），约占全院收治病员总数的 1/3。

根据 1946 年 6 月军委总卫生部编印的《卫生资料》、《抗战八年来延安国际和平医院总院的概述》的附表统计，由金茂岳主持工作的外科、妇科和产科在 1941 年和 1942 年收治的病员占整个中央医院救治病员总数的 2/3 左右，

[167] 中央档案馆：《关于王明治病和出国的材料》之《给王明治病始末（金茂岳同志谈话记录）》，《中央档案馆丛刊》1986 年第 3 期。

达 1827 人。

“王明中毒事件”的发生，使金茂岳感到十分委屈和伤心。因为王明和孟庆树对他失去了原来的信任，再加上本身的工作又忙得不可开交，金茂岳真的有些焦头烂额。

就是在这个时候，斯大林派来了著名的外科专家、苏军情报局大夫安德烈 · 阿洛夫（Andrei Orlv）。

第四阶段诊治情况（1942 年 6 月 29 日至 8 月 13 日）

有关第四阶段诊治的情况，《720 总结》写得非常简单，只有如下短短不到两百个字：

> 王明同志在吃 Sulfanilamide 前，内脏主要器官为肝肾等部曾被所谓 Streptocide 及甘汞所侵害，在中毒的肝与肾上用 Sulfanilamide，促进 Sulfanilamide 可能有的副作用发展起来，所以在 1942 年 6 月 29 日到 7 月 3 日中间共服 9 克 Sulfanilamide，使王明同志血尿，尿中有蛋白，肾区痛得难忍，为肾脏炎症。阿洛夫同志为了治肝病而未经详查病人肝病的缘因，就用 Sulfanilamide，是不对的。在发生肾脏炎后，阿洛夫同志仍认为不是 Sulfanilamide 所致，所以在治疗上主张少吃水，这更是不对的。

在《720 总结》的这段文字中，第一次提到了“阿洛夫同志”，并且直接指出阿洛夫“为了治肝病而未经详查病人肝病的缘因，就用 Sulfanilamide，是不对的。在发生肾脏炎后，阿洛夫同志仍认为不是 Sulfanilamide 所致，所以在治疗上主张少吃水，这更是不对的”。Sulfanilamide 一译萨洛菲丁，与此前金茂岳处方的 Streptocide 同属磺胺类消炎药。阿洛夫这次给王明吃的 Sulfanilamide，是他从苏联专门带来的。而这两种剂型的磺胺消炎药在当时都非常稀少且昂贵，在延安更是如此。

阿洛夫是 1942 年 5 月乘苏联空军运输机来到延安的。他来延安的主要任务之一，就是来给王明治病。他还带来一批新的药品和器械，包括当时面世不久的磺胺（SP、PN）、索夫卡因之类的新药，对缓解中央医院药械的困难，起到了一定作用。阿洛夫来了之后，金茂岳就不再兼任中央医院外科主任，改由阿洛夫担任。在外科主任的岗位上，他一直干到抗日战争胜利后的1945年9月离开延安回苏联为止。时年37岁的阿洛夫，毕业于莫斯科第一医科大学，曾参加苏芬战争与苏德战争，历任莫斯科医院外科主任、医科大学教授，是著名的野战外科专家。毛泽东欢迎阿洛夫的到来，特别送他一匹小黄马。阿洛夫非常喜欢，给他取了个俄国名字叫“马什卡”。中共中央对阿洛夫的工作非常支持，为改善他的工作条件，专门拨款建设了一幢外科手术室。毛泽东应阿洛夫的请求亲笔题写“治病救人”，镶嵌在门额上。1944年6月，阿洛夫当选中央医院模范医务工作者，并获得延安卫生动员大会特等奖，获毛泽东亲书“模范医生”刺绣锦旗一面。同年12月在陕甘宁边区英模大会上阿洛夫还荣获边区政府颁发的奖状一面。但是，阿洛夫也有缺点，常常表现出自负、主观和傲慢，且是苏联克格勃驻延安的情报官。

在《720总结》中，我们还可以看到这样一句话，即：“在发生肾脏炎后，

安德烈·阿洛夫

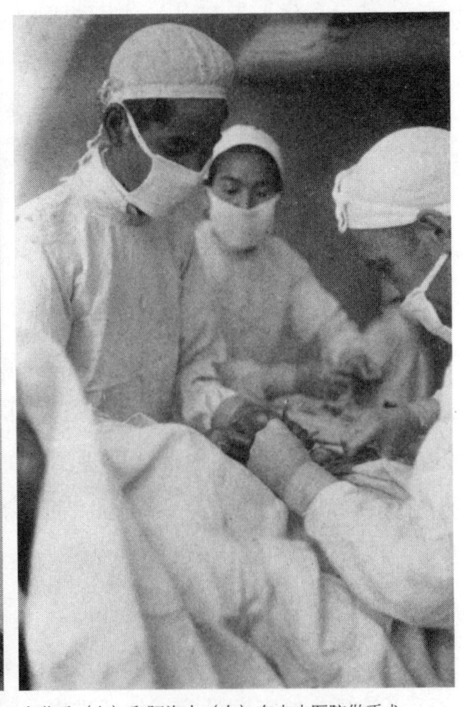

金茂岳（左）和阿洛夫（右）在中央医院做手术

中央医院手术室

阿洛夫同志仍认为不是Sulfanilamide所致，所以在治疗上主张少吃水，这更是不对的。”事实上确实如此。在《630会诊记录》里，就有这样的记载。在当天15名专家参加的会诊中，阿洛夫非常强烈地坚持了自己的观点。他说：“关于今天的会诊，我是没有很好的准备的，我可能说的不对。我向王校长、鲁院长提议不知你们是否看了。关于Sulfanilamide的最近的材料，我可以找着所有的一切任何病人，并给以随便的量的Sulfanilamide，即使给20gm一天也可以，不会发生任何病。我们大家共同来用科学的态度，搜集这些药的研究材料。金主任在外边早已用过Streptocide，可以说说他的经验，如治产褥热即是。侯主任也可把对Sulfanilamide使用经验和我们谈谈。”

对于王明服用阿洛夫处方的Sulfanilamide导致血尿，“肾区痛得难忍”，发生了肾脏炎症，王明在《中共五十年》中却只字不提。1974年10月至11月间，孟庆树在其为“王明中毒事件”和《720总结》所作的“补充说明和材料”中，也没有点阿洛夫的名字。她说：“1942年7月初，又因某医生未经查明王明同志的肝胆病是由于中毒的结果，就给王明服用大量的Sulfanilamide，因而使王明发生急性血尿的肾炎。7月4日，又请李鼎铭来看王明。李老又开了一个中药处方。可惜这个处方已在1946年冬我们由延安出发时遗失了。”

那么，阿洛夫到底是给王明怎么治病的呢？又是如何导致王明再次尿血发生肾炎的呢？金茂岳对此事也作了非常详实的回忆：

阿洛夫来了之后，我把治病的整个经过都通过翻译对他讲了。后来，我提议干脆到王明那里去。王明懂俄文，我讲的话他也可以听得懂，王明和阿洛夫有什么想法都可以互相交谈。这样，我们三人就一同到王明那去了，包括孟庆树我们一起谈。

当初（指1941年9月，引者注）得病的情况我不知道，只是抢救完了以后，组织上让我帮助傅连暲一同诊治。我看病从来都是和病人谈清楚了，并征求病人的意见的，给王明看病也是和他一起分析的。我对阿洛夫也是这样说的。我说：“你可以看看，我对王明是不是这么讲的，是不是帮他这么分析的。”

到了王明那，我就说：“我给他吃的是ST磺胺药，也是苏联出的，但吃了磺胺药，就发生了这么个情况。”

阿洛夫说：“我带的也是磺胺ST，苏联叫萨洛菲丁，这个药不但不发生这个病而且还能治疗这个病，还治肝炎。”

我说：“我不管别的情况，我只知道你（指王明）从前从来没有肝脏疼，也没有发现过黄疸，可是从那天吃了二片药后，你就感觉疼，第二天就出现了黄疸。我就开始治这个黄疸，吃了甘汞，病情减轻了。后来就完全停了西药，吃中药，这才好了。这个情况我清楚，你也很清楚，我在这方面经验不足，手头也没有现成的业务方面的书刊。但我想，你对磺胺药是有些过敏的。因为事实上，你吃药后，第二天就发生了这个情况，以后药一停，吃了清泄药，病情好转。就这么个情况，这是事实，你也亲身感受到了。现在组织上让阿洛夫负责，咱们四个人应该把事情讲清楚。”

阿洛夫还是说：“这个药，可以治这个病，我们也给别的病人吃过，如阑尾炎病人，但病人吃后有恶心呕吐的现象。吃这个药有个方法，首先吃这个药时，使血液里饱和。一个星期一个疗程，叫七六五四三二一。即：第一天吃七克，第二天吃六克，这么个吃法。”

我当时就对王明说："ST 你吃了发生了这么一种情况，究竟阿洛夫的药怎么样，我不清楚。"

王明说："这样吧，他既然把药带来了我就吃。"

谈完，我就查病房去了。这样给王明治病的事就交给阿洛夫了。

第二天，我正在给别人动手术，上午 10 点多钟的样子，护士来找我，说王明同志现在肚子疼，疼得挺厉害，疼得直叫，并且尿血，叫我下来赶快去看。当时阿洛夫没住在医院，住在枣园和苏联塔斯社的记者们住在一起。我便对护士说："赶快请阿洛夫。"

见到王明后，我问他怎么回事，他说，我吃了这个药（指磺胺）按七六五四三二一的方法，刚吃了二片肚子就疼了。我问，你从前有没有肚子疼，尿过血或者腰疼？王明说，从来没有过。我说，你以前从来没有肚子痛和尿血的情况，现在吃了药发生了，现在不管怎么说药是不能再吃了。王明也说：不能再吃了，吃了两粒就腰疼，肚子疼。我说你应多喝水，他说对。王明对我说，阿洛夫来了，我和他谈，你不要讲话。我说，我确实跟他也没什么可讲的。王明又说，阿洛夫要问，你就说还在继续吃药。

过了一会，阿洛夫来，我就又回去做手术去了。以后他俩的情况我也不知道了。后来他发生尿血，急性肾炎。我就按我们西医的办法，急性肾炎，少吃盐，少吃蛋白，吃清淡的，多喝水，和注射葡萄糖，当时我还是想继续从这方面想办法。我每天早晚两次给他注射各 50CC 的葡萄糖。这样一段时间以后，慢慢地肚子不疼了，尿血的现象也消失了。

但这里有一个问题特别需要说清楚，就是当时对阿洛夫讲继续吃这个药，现在病好了，是不是阿洛夫还以为他的急性肾炎是吃萨洛菲丁治好的呢？阿洛夫到底知道不知道王明是继续吃这个药，还是停止了呢？这些情况我不知道。我问王明，他说"光喝水药不吃了"。但他对阿洛夫究竟怎么讲的呢？我不清楚。

之后，我就想阿洛夫住在枣园，离医院太远了，很不方便，如果能住在医院里就方便多了，治疗、观察病情都方便。但医院没有多余的房子，我就说，我有三个窑洞，给阿洛夫让出两个，一个当卧室，一间做厨房用，这样既方便，我还可以向他学习。阿洛夫对急救外科方面的技术很熟练，组织能力很强。阿洛夫和白求恩这两位国际友人对我在各方面都有一定的帮助和启发。

给王明治疗了一段时间以后，由于病情好转，他就想回家治疗，要求出院。我们研究之后，尿及各方面的情况都很好，可以出院，我们都同意他回家。但阿洛夫说，王明回家以后，我们还要一个星期到他家去两次，了解和观察病情。所以以后，我们就骑着马，去他的家。有时我们单独去，也有时一块去，就这样又治了这么一段时间，傅连暲同志也经常去。这就是阿洛夫来了以后用萨洛菲丁 ST 治这个病，从而发生了急性肾炎，尿血。在这期间我们组织上很慎重，专门打电报问莫斯科有没有发现这种情况，对方回答说，有这个现象。听说法国有一个病人急性肾炎，尿血，答复仅仅是听说有此现象，但没有肯定地说，磺胺药可以导致这种现象。[168]

按照金茂岳的说法，阿洛夫给王明治疗肝炎所采取的方案与他是相同的，吃的是同类的磺胺类消炎药。王明同样也出现了尿血发生肾炎，再次给王明增添了痛苦。但金茂岳说的这些是否真实可信呢?

为此，笔者采访了当年作为王明特护的中央医院护士、魏一斋的夫人李坚。王明从中央医院出院后，李坚也随之来到杨家岭王明的家中继续负责王明的特护工作。2010 年 6 月 9 日，87 岁高龄的李坚清晰地回顾了她在王明身边工作的往事。她说:"有一天，因为乔陆（李坚在中央医院护训二班的同学，作者注)结婚，我就跟王明请了一天假，到青云山参加婚礼去了。就是在这天，阿洛夫给王明服用了萨洛菲丁，王明就尿血了。因为阿洛夫让王明吃萨洛菲丁，尿血了。王明就很生气，骂阿洛夫是‘二毛子’，说那‘老毛子’不要让他来。我记得非常清楚，王明不让阿洛夫来。其实，这个药谁吃了都尿血。后来，我给王明熬中药时不小心把脚烫了一个大包，就不再负责王明的护理工作了。"[169]

[168] 中央档案馆:《关于王明治病和出国的材料》之《给王明治病始末（金茂岳同志谈话记录)》,《中央档案馆丛刊》1986 年第 3 期。

[169] 丁晓平采访李坚谈话录音，2010 年 6 月 9 日，北京。

Streptocide 和 Sulfanilamide 都同属于磺胺类消炎药品，只是剂型有所不同。也就是说，在针对王明肝炎服用磺胺药的问题上，金茂岳和阿洛夫是采取了同样的医疗方案，但王明和孟庆树为什么不点阿洛夫的名字，却紧紧咬着金茂岳不放手呢？而且王明还在阿洛夫面前说假话，隐瞒自己没有吃阿洛夫让他服用萨洛菲丁的实情，并让金茂岳也不要告诉阿洛夫。对于这一切，王明和孟庆树是不愿意说，还是不敢说呢？显然，其中的道理非常简单，因为阿洛夫是苏联人，是斯大林派来的。唯莫斯科马首是瞻的王明不敢得罪阿洛夫，更不敢公开说阿洛夫半个不好。王明夫妇定居苏联之后，更不敢说苏联人半个不字了。而王明之所以敢指控金茂岳，其“醉翁之意不在酒”，目的还是攻击毛泽东。尤其还须强调的是，对于这第四阶段的诊治情况，因为主治医生是阿洛夫，《720 总结》作出的结论在文字上简短了许多，没敢直言批评阿洛夫。这也说明 1943 年 7 月 20 日的大会诊多多少少考虑了政治因素，不可避免地有不敢得罪苏联和斯大林的意味。

值得注意的是，在傅连暲和石昌杰联名写的《住院报告》中可以看到，王明自 1941 年 10 月 14 日住院至 1942 年 8 月 13 日出院之前，中央医院先后组织专家进行了七次大的正式会诊和三四次小会诊。王明享受如此高级别待遇，在中央医院的所有病员中，包括林彪、张浩、关向应等等，都是从来没有的，此后也没有过。

第五阶段诊治情况（1942 年 8 月 13 日至 1943 年 6 月 30 日）

1942 年 8 月 13 日，王明终于出院了，回到了杨家岭的家中。关于这一段时间的诊治情况，我们还是先看看《720 总结》是如何总结的。

> 回杨家岭后，王明同志由傅、金、阿共同治疗的，决定权由傅处长。但在此时期中（10 个月）没有很好推求病因，及仔细研究治疗办法，因而在治疗上有以下的缺点和错误：
>
> (1)从 1942 年 12 月 22 日到 3 月 5 日共服硫酸镁 13 包，每次 1 包，每包 15 克，平均三四天吃 1 包，以致在此期间，病人拉了 80 多天黄疸，王明同志卧病不起，这也是重要原因之一。

(2) 只顾王明同志有慢性肾炎，都没有注意营养，而减少吃蛋白质，也没有确定一个饮食谱（这是对肾脏患者应有的）。因而营养不够，每天的卡路（即千卡、大卡,Kilocalorie。引者注）也是少得太多（每天要差 1000），以致使病人连发 10 天的心脏病。

(3) 注射葡萄糖与胰岛素的比重例也不对。

(4) 病人不能睡眠，未用其他办法，专靠服安眠药，安眠药用的过长，致使病人头晕。

(5) 2 月 19 日，金主任为王明同志开“单宁酸”灌肠，处方是 4% 未说明用法，取回来的药，瓶子上也未注明成分及用法（过了两天病人问他，他始加注 10%的标记），这是不对的。幸而病人未用此药灌肠（因等不及取药回来，从吴老那儿临时拿来 1%的单宁酸用的）。如果用了，则更有严重危险。现据金主任解释说，照吴老用法，但开给吴老的单宁酸是 1%，用时不必加水。金主任开给王明同志者无论是 4%或 10%，均必须加水始能灌肠，照开给吴老者一样，用的说法更是不对的。

从《720 总结》的上述文字中，我们可以发现，对王明第五阶段的诊治已经不是金茂岳一个人负责了，而是由傅连暲、金茂岳和阿洛夫三个人“共同治疗的，决定权由傅处长”。但是，在治疗过程中还是连续出现了一系列医疗技术问题：一是服用硫酸镁过量，导致王明卧病不起；二是没有注意营养，导致王明连发 10 天的心脏病；三是金茂岳开“单宁酸”灌肠处方用法用量不清。看样子，对王明的疾病，斯大林派来的阿洛夫并没有帮上多少忙。比如像第四阶段的时候，阿洛夫也同样让王明服用磺胺帮了一把倒忙，令王明痛苦不已，直骂阿洛夫是“老毛子”。但究其根本原因，还是受当时缺医少药、医疗技术落后的制约，加上护理人员的粗心，以及王明夫妇的别有用心和孟庆树对医护人员的恶劣态度（下文有具体叙述），才导致本不应该发生的技术事故发生了。

尽管第五阶段这些医疗技术问题的责任，应该由傅连暲、阿洛夫和金茂岳三个人共同承担，但在《720 总结》中却把问题的责任推卸给了金茂岳一人，显然有失公平。

综合上述《720 总结》王明生病住院五个阶段的情况，再结合《630 会诊记录》（下节将详细叙述）和 1943 年 11 月 11 日傅连暲和石昌杰写的《住院报告》进行分析，不难看出，这份《720 总结》是在当时延安整风运动进入审干“抢救”运动的紧张氛围中作出的，再加上王明中共中央领导人的特殊身份，明显带有一定的强制性。在临床医学证据明显不足、检验技术条件非常落后甚至没有，且对慢性汞中毒难以有正确认识的条件下，参加会诊的几乎所有医疗专家都没有从正面论述汞中毒的药理和病理情况，就通过《720 总结》强行确认王明“汞中毒”，显然缺乏科学的依据。关于这一点，作为《720 总结》会议主席的王斌，在此前的《630 会诊记录》中也说，自己不是临床医生，仅仅是“推断”王明出现了“汞中毒现象”。李润诗正确地提出了服用方法和夜班、白班护士交接班失误导致服药时间过长的问题，但她也只是推断有汞中毒的可能性。

王明真的汞中毒了吗？

显然，当年延安的医疗专家们都没有给出一个明确的答案。

大会诊

自1941年10月住进中央医院以来，在王明身上发生的这些药物过敏和所谓“中毒”现象，令王明和孟庆树极其怨愤。更重要的是，本来就在1941年九月会议上受到毛泽东批判的王明，这个时候尽管在中央医院躲避了毛泽东在中共中央高层整风运动中对王明路线的正面强攻，但他死不认错的态度并继续坚持教条主义和机会主义路线，已经在中央政治局遭到一致的强烈批判。在整风运动巨大的政治冲击下，牢骚太甚的王明精神防线全盘崩溃，一下子跌落人生的低谷。落寞和失败，简直像一条毒蛇蚕食着王明痛苦和失落的心。

一个人寂寞地躺在病床上，王明自然很容易陷入对往事的回忆。遥想当年，在莫斯科坐镇共产国际遥控中共中央的日子，那真是群龙之首的“太上皇”；1937年乘坐苏联斯大林派的专机回到延安，连毛泽东也不得不赞扬手捧尚方宝剑的他是“神仙下凡”；执掌长江局的时候，他在武汉颐指气使，我行我素地以中共中央名义发号施令，在国民党和全国媒体面前也是抢尽了风头；即使在延安，他凭着天生的记忆力和超人的口才，将马列主义教条理论倒背如流，成为中共最权威的理论家，令刚刚投奔延安的知识青年和扛着大刀长矛干革命的老干部们惊羡不已，“王明万岁”的呼号声不绝于耳。可如今，在延安的宝塔山下，在延河水畔，这一切都如过眼云烟。

秀才不出门，能知天下事。躺在杨家岭窑洞里的王明没有闲着，作为中共中央政治局委员、书记处书记，他依然享受着阅读中共中央内部机密文件，有着参与决策的权利和义务。但到了1943年，3月20日刚刚结束的中央政治局会议通过了《中共中央关于中央机构调整及精简的决定》，毛泽东名正言顺地升任中共中央一把手，刘少奇排名第二，王明不再担任书记处书记。这对王明的打击实在太大了，他内心深切感受到“城头变幻大王旗”的悲凉。为此，他在背后开始搞一些密谋串联活动，并不断通过苏联驻延安的联络小组向莫斯科发密电，状告毛泽东“拼凑‘整风运动’的领导班子”，“夺取中央总书记的职务”，以达到挽救自己在党内的领导危机的目的。但共产国际的突然解散，无异于又给王明泼了一瓢冷水，浇了个透心凉。

机会终于来了。就是在这个时候，从1943年5月1日开始，整风运动进入审干阶段，中共中央要用1943年4月3日至1944年4月3日整整一年的时间，在组织上进行清党。审干工作在康生的一手操纵下，大搞“逼供信”，一下子扩大化为“抢救运动”，延安满城风雨，人人笼罩在岌岌可危的阴霾之中。躺在自家窑洞里的王明不甘被人遗忘，开始琢磨要抓住这个机会，干出一件震惊延安乃至震惊莫斯科的大事情。在这方面，王明有的是经验。比如，在莫斯科中山大学的时候，因为1927年苏联十月革命十周年庆典时有人公开呼喊反对斯大林的口号，只是一名翻译的他立即抓住机会积极参加反托派斗争，利用米夫的权势控制了中山大学的制高点，捕风捉影地制造了“江浙同乡会”事件，打击异己，与瞿秋白结下不解之怨，一夜之间成为中山大学的“无冕之王”。更何况，坐镇共产国际的时候，他在莫斯科四处宣扬六届四中全会的“丰功伟绩”，谁要是批评抵制，无一例外地受到整肃。当年康生就是他的左膀右臂，紧跟他借着苏联“大清洗”之机大搞残酷的路线斗争，迫害和冤枉了不知道多少人。如今，又是曾经为他冲锋陷阵的康生主持延安整风的“抢救运动”，王明不能不联想起他们曾经并肩战斗的岁月，从中似乎看到了命运的转机。置之死地而后生。王明随即大胆决定在“抢救运动”的这池浑水中也来搅和搅和，看一看能不能浑水摸鱼。

对此，王明又是怎么说的呢？我们来听一听：

1942年8月13日，我回到杨家岭家中（我早就想出院，但是毛泽东借口中央办公厅的兴建工程尚未完工，工人还在我家门前继续采石，以此来阻碍我及早出院）。但金茂岳继续给我“治疗”。在1943年2月，我收到了季米特洛夫给我的回电以后，他更加紧了对我的“治疗”。季米特洛夫在回电中说，“我们设法用飞机把你接到莫斯科治病”。

这里我必须说明一下，一个月以前我的唯一的电报是怎样发往莫斯科的。1943年1月8日，有两位同志——他们是苏联的军事记者，来看望我。我问他们，可不可以通过他们的电台向季米特洛夫同志发一份电报，他们同意了。当时我的病非常重。我想，这是我履行国际主义义务的最后一次机会了。我请求他们向共产国际领导上报告，在我于1937年11月底回到延安以后，在最近这五年里，毛泽东犯了许多原则性的政治错误和罪行，特别是这一年多来他搞的所谓“整风运动”，实质上是反列宁主义、反共，反苏和反党的运动。最后我问了一下，是否有可能派一架飞机来，把我接到莫斯科去治病，那样，我还可以同时向共产国际的领导详细叙述毛泽东的罪行。

季米特洛夫同志的回电，特别是我可能要飞往莫斯科这一点，使毛泽东深感不安；因此他马上吩咐金茂岳采取新的措施来害我。1943年2月12日，金茂岳按照毛泽东的命令送来了大剂量的甘汞和碳酸氢纳及硫酸镁合制的内服药水，后两种东西可以把甘汞变成升汞。2月19日，他用10%高浓缩的鞣酸液给我灌肠。这两项使命的目的是马上置我于死地。但孟庆树发生了怀疑，她请求别的医生研究一下这些药方，他们真的证实了药物具有上述毒性，绝对不适宜服用。于是她便正式向党中央和医务人员对金茂岳的犯罪行为提出指责。慑于社会舆论，在我们的再三坚持下，毛泽东不得不同意让李富春请延安中央医院、白求恩和平医院和医学院的医生来会诊。[170]

与《720总结》第五阶段的诊治结论相比较，就不难看出王明所说“金茂岳按照毛泽东的命令送来了大剂量的甘汞和碳酸氢钠及硫酸镁合制的内服药水”的事情，完全是杜撰的。事实上，这个时候已经出院的王明，病情得到了基本控制，并非他所说的“当时我的病非常重”。而他的这些所谓“说明”，一方面为自己在背后搞小动作进行开释，把自己向莫斯科状告毛泽东形容为其“履行国际主义义务的最后一次机会”；另一方面又借机指控金茂岳从而达到“拔出萝卜带出泥”的效果，说什么“特别是我可能要飞往莫斯科这一点，使

[170] 王明：《中共五十年》，现代史料编刊社1981年2月版，第40页。

毛泽东深感不安；因此他马上吩咐金茂岳采取新的措施来害我”，其目的显然都是冲着毛泽东而来。

金茂岳、黎平夫妇在延安

王明的小算盘打得实在是太精明了。他就地取材，一下子就有“理”有“据”地把来自国统区由中国红十字会派来的金茂岳告到了中共中央，理由是——金茂岳是国民党“特务”，并宣称有人指使金茂岳给王明下毒，这是一场阴谋。

风乍起，吹皱一池春水。1943 年的 5 月，延安整风的审干工作刚刚开始，王明就借机发难，硬说中共中央有人要通过金茂岳暗害他。有一次在王明家中，孟庆树甚至举起凳子要打傅连暲，逼着傅连暲承认要害王明。康生遂把金茂岳抓去“审查”。[171]

于是，“王明中毒事件”就像一颗炸弹，在春暖花开的延安由王明和孟庆树夫妇引爆了……

于是，“王明中毒事件”一下子从医疗技术事故上升为政治事件，惊动了中共中央……

王明和孟庆树直接把金茂岳告发到中共中央的任弼时和李富春那里。

一接到王明和孟庆树的告状信，中共中央高度重视。尽管现在没有文字材料表明毛泽东当年是否关注过此事，但从后来刘少奇、任弼时、康生、邓发、李富春等中共中央领导都直接亲自参与调查和审查，并且组成高级专家组进行会诊来看，毛泽东对“王明中毒事件”不可能不关心。但因为该事件已涉及毛泽东本人，他只能回避。

1943年5月，对金茂岳新婚不久的妻子黎平来说，那真是平地起风雷。她在 1992 年 7 月回忆说，那天，有人来叫金茂岳“去给首长看病”，结果到了枣园，

[171] 赵炎：《毛主席和延安中央医院》，载《陕西卫生志》1993 年第 3 期和 1994 年第 1 期；《白衣战士的光辉篇章》，陕西人民出版社 1995 年 9 月第 1 版，第 23–24 页。

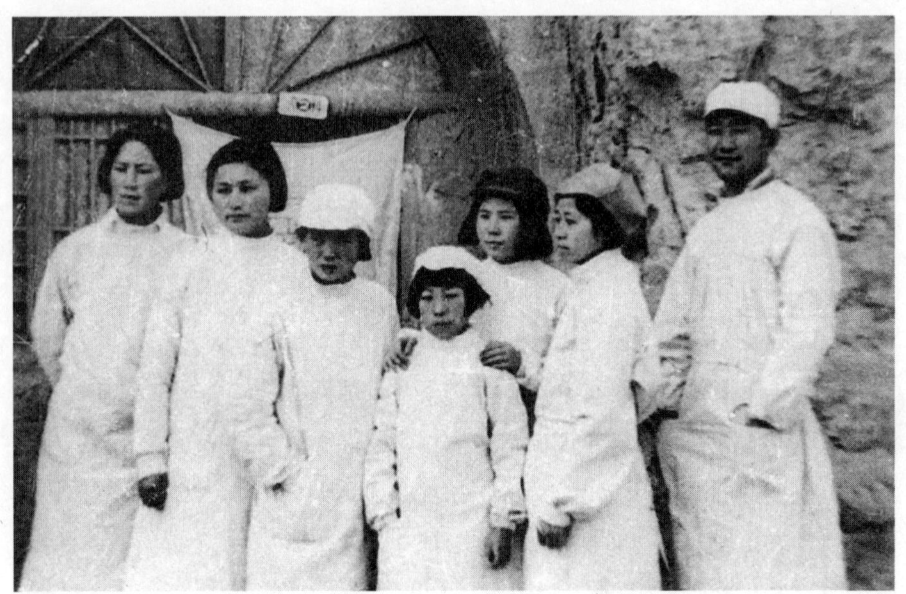
金茂岳（右一）和中央医院妇产科人员合影

便被康生抓起来，拘留在社会部。“当时真把我急坏了，他犯了什么罪呀？后来听说，罪名是‘蓄意谋害王明’。这真是平地起风雷，从何谈起呢？在逼供的情况下，他始终坚持实事求是，据实说明情况。原来王明对中央批判他的错误怀恨在心，便伙同康生趁机发难，把他的病情恶化，说成是中央有人要通过金茂岳暗害他，借以中伤中央领导同志！真是以小人之心，度君子之腹。”[172]

对这段刻骨铭心的经历，金茂岳一辈子也忘不了。他说：

> 过了几天，王明和孟庆树告了我，告到中央去了。中央组织了一个委员会审查我，我成了被告。王明有病没有去。孟庆树诬蔑说，我和傅连暲害了他们。我当时站起来，讲了我怎样来到延安中央医院，我勤勤恳恳为别人治病，不但为王明治病也为其他人治病，从来没害过人。……当时孟庆树在庭上大骂，虽没骂我是国民党派来的，但却指桑骂槐含沙射影。我说，我到延安来是八路军西安办事处林老

[172] 黎平：《中央医院妇产科忆事》，《白衣战士的光辉篇章》，陕西人民出版社 1995 年 9 月第 1 版，第 73 页。

（即林伯渠，引者注）欢迎并派汽车送我们来的，不是红十字会国民党派来的……当时承认没检查出来是我的责任，以后吸取教训。

这时已是下午了，开了半天会。后来宣布散会、吃饭，都走了。让我到枣园去，当时骑马走的，到了枣园，把我绑了起来，往枣园后沟走。这时我想政治问题，是不是枪毙？这时我就想，我是相信共产党的。相信党抗战，我是为了抗战，救人，却弄得这么个程度。当时，我就想碰死，但又想抗战还没胜利，很多病人还等着我，让走就走吧。走到一个窑洞前，窑洞里面有灯光，就住在那里，一夜也没睡着。想起了以往的事情：我在学校时，1932 年国民党怀疑我是共产党，押了 12 天。现在真是共产党了，参加革命了，反倒成了国民党的特务了，而且还“害”中央领导同志，真想不通。这样，我天天写，白天写，晚上开会、审查，审家庭成分、上学，审成立医疗队，怎样到延安，闹了几天，还不行。……

毫无疑问，被捕审查，如同晴天霹雳。金茂岳有些想不通。虽然自己在诊治王明的过程中出现了医疗技术上的事故，但自己并没有任何主观毒害王明的过错和动机。他感到万分委屈。走在枣园后沟的路上，金茂岳甚至想撞死在山沟的岩石上。他希望以死来表明自己的清白。作为一名刚刚加入中国共产党才一年两个月的新党员，他不禁想起自己光荣入党的时刻。他回忆说：

1942 年 3 月 28 号这一天，中央组织部陈云同志打电话，让我去一趟。我以为他病了，很快骑上马就去了。到了组织部，陈云同志说他有点不舒服，我给他检查之后说：“你没有病，各器官都很好。”陈云同志笑着说：“不是叫你来看病，而是要和你谈一个事情。”陈云同志是医疗卫生工作的领导，他下面听了群众的反映，说明是找我来谈我的组织问题，让我详细说了家庭情况，我从在家上学一直谈到进延安工作。陈云同志给我讲了共产党员的两个条件：一是要为共产主义奋斗到底，建立没有人剥削人的共产主义世界；第二是，共产党员要为人类牺牲，要服从组织。我表示，我愿意为共产主义奋斗一生，不怕牺牲。后来谈到我是回族，陈云同志说，这只是生活习惯的不同，和加入党组织并不矛盾。最后我还表示，自己各方面还很差，工作、思想还跟不上，需要组织和同志们的帮助。陈云同志勉励我说，加入共产党，组织上成了党员，但思想上还要接受组织的帮助和教育，进一步改造思想，为党的事业奋斗一生。我们谈完话，陈云同志打电话请来了两位同志，一位是我们的副院长石昌杰同志，一位是医院秘书长苏爱吾同志。他们带我一起到组织部干部处的处长张凯的房间里，那里挂着鲜红的党旗。我就在这里，举起我的右手宣誓加入了中国共产党。宣誓后，陈云同志对我们三人说："茂岳同志已批准为中国共产党正式党员，但暂时还不公开，是秘密党员。你们三人是一个党小组，石昌杰同志是组长。你们三人一起过组织生活时，让医院支部知道就行了，不必向群众说，也不要向其他党员讲。有什么重要事情由石昌杰同志传达给你们。"这一天，1942 年 3 月 28 号，延安还下着小雪，我的心里却是暖烘烘的。我，一个农民的孩子，一个知识分子，在党的培养教育下，终于迈出了坚实的一步，这一步仅仅是开始，开始了新的里程——为共产主义事业而奋斗。[173]

为了彻底把"王明中毒事件"搞个水落石出，中共中央专门成立了调查委员会，对金茂岳进行了严格的业务和政治审查，具体工作由中央办公厅主任李富春负责。审查工作首先还是从医疗技术层面对王明患病的经过及诊断治疗方面进行讨论和会诊，拿出意见。中共中央对王明和孟庆树夫妇"正式向党中央和医务人员对金茂岳的犯罪行为提出指责"如此高度重视，王明却在《中共五十年》里变了味地说，这是"慑于社会舆论，在我们的再三坚持下，毛泽东不得不同意让李富春请延安中央医院、白求恩和平医院和医学院的医生来会诊"。[174]

自 1942 年 8 月 13 日王明出院回到杨家岭家中休养之后，主治医生由金茂

[173] 金茂岳：《林老指引我走上革命道路》，1982 年 6 月，口述未刊稿。
[174] 王明：《中共五十年》，现代史料编刊社 1981 年 2 月版，第 41 页。

岳一人变成了傅连暲、金茂岳和阿洛夫三个人，共同治疗，决定权在傅连暲。这个时期的诊断确实再次出现了医疗问题，这在上文已经专门叙述（参见本书上节“第五阶段诊治情况”）。这也是王明和孟庆树夫妇向中央告状的直接导火索。于是，中央办公厅再次组织专家对王明进行会诊。

从笔者发现的现有文献来看，第一次专家集体会诊讨论是在 1943 年 6 月 13 日，地点在中央医院，参加人员主要有：延安白求恩国际和平医院院长兼外科主任鲁之俊、中央军委卫生部顾问马海德、中国医科大学校长王斌、中央总卫生处处长兼中央医院院长傅连暲和延安白求恩国际和平医院儿科主任李润诗等五人，经过两天的讨论，在 6 月 14 日形成了会议记录《关于王明同志患病经过及诊断治疗的讨论》（见链接 1 ：王明中毒事件调查原始历史证据之证据 1）。

这份 6 月 14 日的会诊讨论记录稿，共 9 页，大 32 开，用黑色钢笔书写在马兰纸上。会诊讨论时，王斌、鲁之俊、马海德、李润诗依次发言。其中马海德发言 3 次，王斌 2 次，其他人各 1 次，傅连暲没有发言记录。本人认为这份文件或许有残缺。

王斌的主要意见：王明同志对于 Sulfanilamide 有特异质，以致肝发炎，在第二次服 Sulfanilamide 后，使肝更肿大。Sulfanilamide 可发生肾变化，如小便有血，由此证明肝、肾因药而发炎，毫无疑义。当时或是肾盂肾脏炎。在目前没有肝肾的炎症。对于 calomel 的服用，以前长期服用是应当慎重的。在今天因 calomel 带来的病状尚无具体结果，只是口腔炎、牙齿松是 calomel 的原因，如有人证明是病，即是 calomel 中毒无疑，本人不敢决定。对于肝脏的侵害，非经 X 光检查，不能证明 calomel 用量是多了。calomel 与重曹同时内服，calomel 可能变成碳酸汞或升汞。王明同志因心脏与扁桃腺炎而用了 calomel + Streptocide + Sulfanilamide 等而引起了肝、肾、肠胃病，现在肠管是否有溃疡，是否为网膜瘀着，很难确定，不是用单宁酸而来。肠子溃疡原因可能为长期服用泻剂与 calomel 而来？ calomel 服法是不对，Streptocide 与 Sulfanilamide 是有特异质。不赞成住院，只多找些人来负责研究。

鲁之俊的主要意见：阿洛夫为根治扁桃腺，即用 Sulfanilamide，用量较大，服后有血尿，认为是肾膜炎。在半年以前，肝肾所受的中毒影响已经过去，应当每天吃些蛋白。现在瘦弱亦是营养不够所影响。

马海德的主要意见：诊断意见相同。现在可能是慢性溃疡性大肠炎，可用大肠镜检查。对于病的经过的分析，用 Streptocide 发生胆囊炎，仍须考虑用 Sulfanilamide 发生肾炎，是对的。用 calomel 发生肠胃炎的问题，不仅是 calomel，即是泄剂用了过度均可发生慢性炎症。calomel 如以前所用的方法，多数量均可发生影响，至于慢性汞中毒，现在不能以科学的方法完全决定，因为肾脏发生的现象不似汞中毒，而口腔炎及牙齿脱落，是似 calomel 中毒。胆囊炎是由肠胃而发生的，因胆炎而发生肝炎，今天中心的问题是胃肠的。

李润诗的主要意见：心脏已好转，Streptocide 与 Sulfanilamide 与肝肾病有关，肠胃病与 calomel 有关。因 calomel 用好多，很少停，可以发生蓄积作用（中毒现象）。calomel 服法不宜（calomel 不能与 sod Bicarb[175] 配合）。是否为 calomel 慢性中毒很无法确定。应加以深刻研究，肠子有溃疡，肝有周围炎可能，须用 X 光检查。治疗以着重营养，注射大量葡萄糖，蛋白质可以渐渐增加，脂肪渐（暂）不吃，检查直肠与 X 光须待全身好些再说。暂时不住院，因可能少动，在家要有专人负责，按大家决定才执行。现在一般治疗可以在家进行。主要是责任心问题。

半个月后的 1943 年 6 月 30 日，按照李富春的指示，中央卫生处处长兼中央医院院长傅连暲再次召集 14 位专家进行了一次大会诊。

按大会诊依次发言的顺序，这 14 位专家分别是：傅连暲、王斌、曲正、何穆、侯健存、金茂岳、陈应谦、鲁之俊、李润诗、史书翰、马荔、马海德、李志中、阿洛夫。这次会诊，被中央社会部审查关押的金茂岳也被临时调回参加会诊，陈述自己在担任王明主治医生期间的治疗情况。这次大会诊的会诊记录由李志中于 7 月 7 日整理好，交给李富春存查，即上文已经提到的《630 会诊记录》（见链接 1 王明中毒事件调查原始证据之证据 2）。

这份会诊记录是用钢笔书写在马兰纸上，16 开，连封面共 15 页。封面上用毛笔书写有“李部长存查，为王明同志会诊记录，一九四三年六月卅日”等

[175] Sod Bicarb(onate)，即小苏打（片剂），碳酸氢钠，又叫重曹。

字样。毕道文没有参加会议，但他在7月1日给王明诊断后专门写了诊断“意见”，也由李志中于7月7日整理好，作为《630会诊记录》的附件一起呈送给了李富春。

这次大会诊整整进行了一天时间。大家都是在亲自给王明进行诊断的基础上，坐在一起各抒己见，谈得非常直率，对病因、病状和治疗都提出了具体的意见和方案。王明的妻子孟庆树自始至终参加了会议，并多次插话发言。

会议一开始，傅连暲说：“今天我们大家来为王明同志会诊，是用调查研究的精神来推求王明同志今日的病，特别着重讨论治疗方面及饮食方面的，研究讨论如何看X光，如用大透视板看，但是太晚了，或少叫几个同志看看。现在请同志们发表意见，病人的意见是愿意要留一个医生轮流住在这里来看看，过去由金主任一人负责，现在拟请大家负责，一人执行具体治疗方案。”

王斌第一个发表了自己的看法。他认为，王明现在的主要病情是轻度肝炎，卡塔尔性的胆囊炎及胆道炎，过去的及现在的肝区痛可能是因了肝炎而把大网膜淤着于肝上所致。肝、胆、肾是王明同志现在的主要病症。肝与肾主要是因了服用 Streptocide 与 Sulfanilamide 以后，而有特异性所致，现在肝与肾可能有些变性。

接着，曲正询问了当天的检查情况。何穆、侯健存和金茂岳分别简单地作了回答。随后，多次参加王明会诊的鲁之俊综合自己1941年以来对王明会诊的经验，详细谈了自己对王明患病与治疗的看法。他说：

> 基本上的毛病，按过去的会诊及病历上的检讨，有以下几个诊断：1. 心脏是机能性的还是器官性的病，是不大能确定的。过去诊断为神经性的，但在X光的检查，心又大些。2. 扁桃腺炎。3. 便秘、痔疮及消化不良。
>
> 病因：1. 遗传及家庭的素因，家族病史，父子都有心脏病及痔疮。2. 疲劳、刺激也可引起病。3. 慢性扁桃腺炎，又可能引起心脏病及消化不良及痔疮。4. 生活习惯：自幼喜吃肉，不吃蔬菜，生活不规律。这是在1941年10月的病，心脏病是基本的毛病。
>
> 进行治疗过程中的变化：在入院前曾会诊，大家的意见是神经

性的心脏病，大家一致主张易地休息，并根治扁桃腺炎。是在四一年十月到四二年三月，五个月中是好些，心脏病的发作是少了，发作次数是减少了，证明心脏病是有了进步，对扁桃腺炎是采取保守疗法。在这五个月中，因了消化不良及痔疮的关系，吃了许多泻剂，特别是用了甘汞多些，这结果更能影响了消化不良。因没有器械开扁桃腺，于是用了 Streptocide 治疗，而后发生了副作用，以致得急性胆囊炎，这并不是细菌的，因白血球反应发炎期减少，但仍又吃泻剂，仍用甘汞，但后因甘汞继续用的太长了，发生蓄积作用（**甘汞在人体内的毒副作用不累积。可参阅前述关键词之三。引者注**），又发生了肝脏肿大，同时发生溃疡性的口腔炎，可能是甘汞中的汞中毒，大便少，胃疼，呕吐等。后用葡萄糖及胰岛素，于是胃及肝的功能又提高了，病人也好了一些。在四二年六月又用 Sulfanilamide，于是发生血尿，这不是一般的肾炎，因没有高热，没有高血压，没有水肿，而在此药吃了以后就得的。药品停后一星期血尿也就停止了。为了治肾炎，又停止半年的蛋白质，于是全身营养不够，病人更弱了。

因此总结病因有以下的几点：1. 长期服用甘汞就更影响和加重了消化不良。2. Streptocide 及 Sulfanilamide ，在王明同志是有特异质有副作用的。3. 停止吃蛋白质营养太欠缺，于是更加衰弱了。

现在存在的疾病：1. 心脏病，没有很大的变化，心机能还好。2. 扁桃腺炎，还如过去一样。3. Streptocide，Sulfanilamide 对肝、肾是有害的，是否因此使肝、肾起了部分的变性，更因了汞的蓄积作用更促进中毒。4. 消化不良是否因了汞的长期服用有关，现在并有溃疡性肠炎，因为过去曾有肠子黏膜脱落及下痢、便秘等现象。

治疗方法：① 提高营养，食物种类好好调剂并计算卡路里。② 用浓缩葡萄糖液 40%静脉注射以提高肝肾功能并排毒。③ 必要时对症治疗，如助消化的药品用及灌肠等。④ 必要时才用催眠剂，不可长期服用而致发生头痛等。⑤ 利尿剂，看情形再决定下药办法。⑥ 买一个烧灼器，以便以后烧灼扁桃腺。这些治疗都要专人负责的，会诊只是提供意见。

应该说，鲁之俊的观点基本上代表了专家们对王明患病和治疗的意见。紧接着，李润诗发言，在分析了王明的病症和病因之后，她说："今后处理及治疗同意上边同志的意见。脂肪不可多吃，最好吃脱脂牛奶。内服药最好不吃，只吃一般的健胃剂。治便秘只可吃一些果子盐一类的缓泻剂，中药中的黄连还可以吃。吃饭，以吃的能够维持营养，能够消化为宜。同意有医生专门负责，并可多找几个人负责。"

随后，史书翰、曲正、陈应谦、马荔、马海德、侯健存发表了各自的意见，并提出了具体的治疗方案。对王明患病的病因和现状，他们的意见整体基本上趋于一致。

听了大家的汇报之后，中央医院内科主任何穆具体地讲了自己参与会诊的意见。他说：

王明起初的病是心脏病，及因心脏病而抽风，到中央医院住五个月后，又碰巧吃了一些 Streptocide，而发生肝病，而碰巧吃了 Sulfanilamide 而发生肾炎。

现在看来是否是 calomel 或其他药中毒，Streptocide 是否是可使肝发生炎症？Sulfanilamide 与肾发生炎症或出血是否一定有关？我不敢说，但应停了药就该好了。但为何肝现在还肿大呢？据自己的经验，这些药只是在大肠内反应，而不是反应在肝内。肾炎仍没有好，到现在小便仍有 1.031 的比重，我建议作 Diff.sp.gr[176]。并记下吃饭及吃水的量，以作比较研究。但现在仍不能决定是肾脏炎，因此更不能说出原因，心、肝、肾、肠胃病灶，几个病中，有互相联系的关系，互相发展，何者为先，是不容易决定的。

马海德说的神经痛的问题我全同意，但肝肿大是事实。心脏与其他病的关系小，但与病灶有关系，但其他病是可以相联系的。心病与

[176] 应为尿液的常规检查项目。

肝之肿大的联系是少有可能的。现在我很困难找到病因。calomel 问题，我记得吃得不多，而是很少，如发现 calomel 中毒，则很快会好，而到今天已经一年，故不赞成汞中毒的说法。

治疗：Glucose[177]，生姜可以继续服用，脂肪可以限制，但不可不吃，尿的 Diff.sp.gl，仍要多作几次才可决定蛋白质的服量，一般药品少吃为妙。

接着，李志中说了六点意见：

1. 到底吃了多少甘汞如何吃的，要好好研究，统计。

2. 过去甘汞如何吃的（作水药吃的，把药放在阳光下太久，或与小苏打合用，或与溴化物 Bromide 合吃都是不妥的）也要好好研究。研究以上两项可能确定汞中毒的可能性。

3. Streptocide 中毒，我不相信。但肝病前 calomel 吃了多久，为何吃的，吃甘汞多久，又吃 Streptocide 是要研究的。

4. 还要研究这一年多来王明同志的病状与吃汞剂的关系，然后来确定是否是药中毒。

5. 用营养及物理疗法来治王明同志的病，我是同意的。

6. 我赞成由一个医生负责。

听完李志中的发言后，阿洛夫直截了当地指出：Sulfanilamide 不可能使人中毒。因为他来到延安后，王明就是吃了他从苏联带来的这个萨洛菲丁，又出现了尿血。他强调说："关于 Sulfanilamide 的最近的材料，我可以找着所有的一切任何病人，并给以随便的量的 Sulfanilamide，即使给 20gm 一天也可以，不会发生任何病。"他甚至说"大家可以看看一个两个月的小孩吃了 7 克 Sulfanilamide，也没有什么病"。最后，就是否有汞中毒的问题，阿洛夫发表了个人意见："在四二年三月，王明牙上是有很多汞中毒的灰腺的（如果口腔

---

[177] Glucose，即葡萄糖。

卫生情况好，即使发生汞中毒症状也不会出现灰腺。可参阅前述关键词之三。引者注)，以后又吃了四天汞剂，更病得厉害了。王明同志的病到底是为何有这种变化，是Streptocide1.5克的作用吗？Sulfanilamide是否可能使人血尿呢？但我不知，已经中毒的肝肾是可以中毒的，可能使人尿血的。现在还可请金主任来详谈这些。王明自吃了calomel以后，就有肝炎及肝变性，胆囊炎。肾炎则现在还不知，扁桃腺炎、口腔炎都是有害健康的，心脏衰弱是有的。王明同志是可能有神经痛（炎），过去我以为有，现在仍以为有，现在全身都痛，我同意他有结肠炎。”

在听了大家的发言以后，金茂岳将1941年10月14日王明住进中央医院以来诊断治疗的前前后后，进行了一次非常完整的汇报。在这份《630会诊记录》中，可以看到金茂岳汇报得十分仔细，如：诊治时间、处方药名、使用方法和剂量，以及王明发病时的症状等，都有具体的数据。因为这是当年李志中的手书记录，又涉及大量的医学术语和专用名词，笔者实在无法全文准确地抄录下来（参阅附录)。金茂岳的汇报实事求是，没有人提出任何不同意见。包括在场的孟庆树，对金茂岳的发言也没有说一句话。

会诊快要结束的时候，傅连暲说：“李部长主要请大家来讨论怎样诊治好王明同志，留一医生来执行。X光看的问题如何？金主任在中央医院用的药方没有检查过，用药分量和时间故不知道，今年才知道。”可见，傅连暲也是在作自我批评。

鲁之俊说：“医生可执行大家意见，小的问题可参考，而大的有一定方向，不过医生不好负责了，哪一个人可由傅处长提出，由组织上决定。”

侯健存说：“主张送苏联或重庆治疗。”

侯健存的提议，立即遭到孟庆树的反对，她说：“现在病很复杂，不能出去，要一医生住此随时向傅处长商讨，就现在条件给以营养，希望大家来帮助。”

孟庆树反对让王明去苏联或重庆治病。这是一个非常重要而且值得研究的信息。因为王明在《中共五十年》中曾经指责毛泽东害怕季米特洛夫派飞机接他去苏联治病。他说：“是否有可能派一架飞机来，把我接到莫斯科去治病，那样，我还可以同时向共产国际的领导详细叙述毛泽东的罪行。季米特洛夫同志的回电，特别是我可能要飞往莫斯科这一点，使毛泽东深感不安；因此他马上吩咐金茂岳采取新的措施来害我。”[178] 现在孟庆树在1943年6月30日的会诊大会上公开不同意送王明去苏联或重庆治病，就足以证明王明《中共五十年》中的说法完全是编造的谎言。

孟庆树说完后，正被关押、临时调回来参加会诊的金茂岳诚恳地说：“从前，我并不是故意用此药去毒死王明同志的。关于治病一人不敢负责，且不能负责，用药、检查均困难。因无药只有吃calomel，如开错了，应当有人阻止我的，希望以后不要客气，应当马上讲。病人也不讲，也不吃，吃了西药又吃中药，病人也不对，当负责任。治时又有人来参加意见，要另外办法。同意找一个医生住此看王明同志的变化。”

最后，傅连暲说：“关于医生问题，能找一个医生及护士都好。个人意见等李部长商讨好了再决定。看X光的医生名单由王明同志决定好了，过去太客气了，写错方子、司药护士不告诉金主任，而金主任是粗枝大叶的，以后多开几个会议，来讨论治疗办法才好。”

孟庆树最后说：“病人是告诉金主任的，希望他再加以研究。”

1943年6月30日的会诊，就此结束。

由此可见，延安的15位医疗专家在会诊中，发表了不同甚至截然相反的意见。在《630会诊记录》中，我们可以看到专家们的争论还是相当激烈的。其中史书翰、曲正没有明确表态，马荔客观地分析了甘汞的用药剂量和用药方法，李润诗认为慢性汞中毒很无法确定，何穆、马海德、侯健存认为没有中毒，其中何穆甚至认为实际服用的甘汞剂量不是多了而是不够，只有陈应谦、阿洛夫认为出现了中毒症状。会诊结束时，他们的意见最终并没有达成共识和统一，都只是停留在个人的推论或者推断上（参见附录的影印件）。可见，专家们当时对甘汞制剂的药性、药物的代谢、不良反应等药理知识的了解还非常欠缺，甚至存在概念上的错误，又没有专业的医学参考书，对汞中毒也缺乏认识，甚至有些专家就误以为尿中有汞就是汞中毒。其实，进入体内的汞只有变成升汞（Hg^{++}）之后才能吸收代谢。

[178] 王明：《中共五十年》，现代史料编刊社1981年2月版，第40页。

7月7日，李志中将《630会诊记录》整理好后，交给傅连暲等人进行审阅后，再呈送给李富春。与此同时，李志中还将中央疗养所主任毕道文的意见整理好，一起呈送给了李富春。毕道文的意见如下：

1. 王明同志没有什么显著的病，心是好的。只是每日不动，造成他的过敏，所以应该使他运动一下；

2. calomel（甘汞）和sod Bicarbonate（小苏打）已成为养（氧）化汞（应为氯化汞。可参阅前述关键词之三。引者注）。

3. 王明的肝从前确实是胆囊炎，这种病的过程也只是三星期便会好的。

4. 现在王明同志肝脏大可能因为注射Glucose（葡萄糖）的原因。因为Glucose注射可以使肝充血，便胀大，以后可能成为硬化。

5. 边区的病人，医生只知道打针、打针，葡萄糖、葡萄糖，其实和吃馍有什么区别呢？

6. 汞中毒的现象，如口腔炎可能是有的，但病历我没有详细看，若只吃0.02的量几日不一定因此而发。现在吃甘汞的最后，又吃什么药，是否又和中药吃的有关，就很难说了。

作为一名国际主义战士，参加过反法西斯战争的毕道文，毅然抛妻舍子将妻儿安置在苏联，自己却独自来到中国无私援助抗日战争。毕道文之所以提出上面的意见，完全是根据他亲自对王明进行诊断后得出的结论。正如他所说，王明的确早就患有胆囊炎。从医学理论上来讲，胆囊炎是以腹痛、发热伴有黄疸的一种常见的消化系统疾病。肥胖人群容易发病，常因肝胆内结石、饱餐或高脂肪饮食后诱发，慢性胆囊炎可以反复发作。此前和此后，胆囊炎在王明的身上多次反复发作，伴随其终生。在这份意见中，毕道文不仅直言不讳地批评边区的医生推注葡萄糖是一种过度的医疗、和吃馍没有什么区别，而且对王明是否发生汞中毒并没有做出明确的诊断。在他的眼中，王明身体上并没有什么大病，而是意志不坚强，为此他在给王明看病时还专门做了王明的思想工作。时任毕道文大夫翻译的郭戈奇回忆说，1943 年 7 月 1 日，中央办公厅派人来请毕道文为王明看病。王明住在杨家岭，毕道文来了之后，和王明谈了一阵子，就对他进行了详细的查体，掌握他的病情后，用英语对王明说："王明同志，你的病并不严重，你是老布尔什维克，意志应该坚强一点，努力战胜疾病。"接着，他还举了两个德国共产党同志患肺结核的例子，一位较重，一位较轻，那位重的意志顽强，乐观，结果还多活了几年，那位轻的意志脆弱，悲观，结果不久就离开了人间。他说："一个人患了病，千万不要轻易卧床不起，卧床多年，身上的各种机能都要衰退的。王明同志，你看，由于你卧床多年，你两腿的肌肉都萎缩了，'生命在于运动'，这句话是有哲理的。"王明听了只好勉强地点头，表示同意毕大夫的建议。在王明家中吃过晚饭，王明拿出两张入场券，对毕道文说："为了纪念党的 22 周年生日，明晚在中央大礼堂举行纪念会，毛主席将作重要讲话，你们去听吧！"王明给了票，又给中央办公厅写了介绍信。2 日晚，毕道文和翻译郭戈奇一起参加了庆祝大会，聆听了毛泽东作的《关于目前国际形势与党的二十二年艰苦奋斗光辉成绩》的报告。毕道文对于有幸聆听毛泽东的讲话感到十分感奋。[179]

作为中央领导，王明在延安的影响是非常大的。下面的一件小事也从另外一个侧面反映出了王明的作风。郭戈奇回忆说："王明有个侄儿，依仗王明的权势，经常无病装病，小病装大病，不工作，今天到这个门诊部检查，以欺骗手法住进医院，明天又到疗养所搞同样的一套。延安所有的门诊部、医院、疗养所都住遍了，称得上是一位'病痞'。他以故技住进中央卫生处门诊部病室，在医生来查房前喝开水，说是'吃药'。躺在床上装病，医生不在时和护士谈天说地。毕大夫了解这种情况后，来个'突然'袭击，经详细检查开了出院证明，要他立即出院，并向中央卫生处报告了此事。事后，有人议论：毕大夫原则性强，敢碰这种依仗权势的人。"王明的侄子都敢依仗王明弄虚作假、没病装病，成了延安的"病痞"，可见王明自己没有给身边的人和亲属做好榜样。

---

[179] 郭戈奇：《缅怀国际主义战士毕道文大夫》，《白衣战士的光辉篇章》，陕西人民出版社 1995 年 9 月第 1 版，第 88 页。

事实上，对王明的病情，中共中央包括毛泽东本人在内的所有驻延安的领导人，都极其重视，极为关心。毛泽东等中央领导同志多次前往医院或家中看望，及时解决医疗问题。而参与王明患病会诊的医疗专家阵容也是空前的最高规格，延安的中外医疗专家全部悉数参加，这是中共中央任何一位领导人包括毛泽东本人也都没有享受过的待遇。（见链接 2《为王明会诊的医疗专家阵容》）

在 6 月 30 日大会诊的基础上，中央办公厅随后又决定由中国医科大学校长王斌担任主席，组成由王斌、鲁之俊、马海德、马荔、李润诗、金茂岳、阿洛夫、傅连暲、陈应谦、李志中、朱仲丽等参加 11 人的专家组，前后用八九天的时间集中“对王明患病过去的诊断与治疗”进行全面总结。其间，孟庆树竟然以防止专家们互相串联帮助金茂岳为由，专门向李富春和任弼时请示，强行要求参与会诊人员不准离开会场驻地，必须等总结会议结束签字后才能回家。孟庆树的这种姿态，其实就是对组织和专家们的不信任，引起许多参与会诊的专家们的反感。但考虑到王明中毒事件的严重性，任弼时和李富春还是接受了孟庆树的无理要求。

7 月 14 日，专家组对王明进行了临床会诊。专家们对王明的口腔、咽喉、颈部、胸部、心脏、肝脏、腹部、肛门、脊柱、下肢、反射、血压、脉搏等进行了全面临床检查，并对王明进行了血液、尿液、唾液等化验检查和脾脏机能检查，结果显示“正常”，认为“颜面稍苍白，精神尚好，营养状态中等”。（见链接 1 王明中毒事件调查原始历史证据之证据 7《王明同志现病临时诊断和今后治疗初步意见》）

7 月 17 日、18 日、19 日，专家组接连三天开会，专门研究王明的病情和治疗方案。7 月 20 日，在经过 11 人专家小组研究之后，又由史书翰、曲正、侯健存、魏一斋等专家共同参加的大会上，讨论通过了《对于王明同志病过去诊断与治疗的总结》（即《720 总结》）。该总结由李志中、孟侃记录，王斌、史书翰、鲁之俊、李志中、马海德、马荔、金茂岳、李润诗、陈应谦、魏一斋和傅连暲等人都签了名。金茂岳在签名后特别注明“其中数点另外声明”，遗憾的是这个“声明”目前仍然没有发现。有关《720 总结》的内容，本书为了完整叙述王明患病和治疗的经过，已经提前在上一节全文摘引论述。

就金茂岳在《720 总结》最后签名时特别在括弧内注明“其他数点另外声明”

的问题，金茂岳子女金德崇、金星和金胜利结合父亲生前与他们的谈话，在认真分析上述历史原始资料后，2011年2月11日给笔者发来电子邮件，认为："我们估计金茂岳一直没有机会写出他的'数点另外声明'。一，在1943年审干的大形势下，被关押的他有话说不出来，能到哪里去说数点另外声明。二，因为治疗过程中有错，他认为医生给病人治病，没有治好病，反而增加了痛苦，他就应该主动承担全部责任。但他不知道这个'责任'让他忍受了多大委屈和痛苦。三，被迫无奈，但又不服气，才在后面括弧内书写'其中数点另外声明'。四，这个"声明"直到20世纪70年代王明旧事重提并诬蔑为毛泽东陷害他时才有机会说出来。因为他说：关于给王明治病问题，我总想向中央负责同志讲一讲，但一直没有能好好谈谈——可此时他能去哪里又能对谁去谈呢！"金茂岳亲属的上述意见是比较客观的，值得思考。的确，直到1986年中央档案馆工作人员采访金茂岳时，他才如实地吐出了积压在心中40多年的苦水。

值得注意的是，中共中央耗费如此之多的人力、物力和财力资源为王明会诊，对他的病情给予高度关怀，可是王明不但不领情，反而制造"毛泽东蓄意毒害王明"的无耻谰言，谣言惑众。他还在《中共五十年》一书中歪曲1943年7月20日的会诊"总结"大会，漫骂和丑化他不喜欢的曲正、侯健存、马海德和金茂岳等人，而对他同样不喜欢的阿洛夫和毕道文这两位有苏联共产国际背景的医生却只字未提。他说：

参加会诊的15个医生中有11人在结论上签了字，其中包括金茂岳本人和为他辩护的美国医生马海德（乔治·海特姆）。在人证物证面前，他们不能不签字。

在没有签字的四个人中间，有一个叫曲正，他是江青和金茂岳的山东老乡，在法西斯德国受的教育，他在整个会诊期间千方百计为金茂岳辩护，而到最后必须在文件上签字时却逃跑了；还有一个侯健存，他是金茂岳在美国人开办的山东"齐鲁"大学医学院学习时的同学，也是他在美国人开办的北京"协和"医院工作时的同事。他是毛泽东和江青的女儿李讷的"干爹"，是中央医院的儿科主任。他的妻子是中央医院的老护士；江青经常把女儿留给他们照管。另外两个是朱仲丽和 A. 阿洛夫，他们在签字那天未能来参加会诊。

结论写好后，由于金茂岳坚决否认，马海德和曲正又企图为他辩护，签字拖延了两天。大多数医生，其中包括苏联医生阿洛夫，按照金茂岳给王明开的药方，从药房取来了含有相克药物的甘汞药水，他们准备好了药水，把断言金茂岳的药方不可能引起中毒现象的马海德请了来，叫他喝下去。马海德坚决不喝。过了几小时，玻璃瓶里的药水呈现出绿色，然后，突然响起了噼啪声，瓶塞蹦得老高。马海德吓得面如土色，再也不为金茂岳说一句辩护的话了。曲正害怕也让他尝这种药水而逃跑不参加会诊了。只有金茂岳一个人还在胡搅蛮缠。但是，当孟庆树把金茂岳 1943 年 2 月 2 日开的药方公诸于众时，他跑到她面前，跪下哭着说："谢谢您，孟庆树同志！您没有照这张药方取药，没有让王明同志服用这种药。这样，您不仅救了王明同志，而且还救了我。"在这以后，参加会诊的 12 位医生中有 11 位签了字（只有侯健存一人未签）。[180]

1974 年 10 月至 11 月，孟庆树在《对于 1943 年 6—7 月延安医生给王明同志会诊总结的补充说明和材料》一文中，也同样写道：

1942 年 5 月以后，连王明这样老实得可怜的人也不敢相信金茂岳了。这不仅是痛苦的事实教训了我们，也不仅是因为那本《军医必携》里写得很明白，而且是由于毛泽东 1942 年春开始公开地实行所谓整风运动后，许多同志都已提出王明中毒的可能和原因问题。而金茂岳受毛泽东命于 1943 年 2 月 12 日来看王明时，又开了一包甘汞和苏打、硫酸钠、硫酸镁等配合的水剂叫王明服用。我把这个处方收起来没取药，并请来当时任和平医院小儿科主任的李润诗来给王明看病，我把金的这个处方给李医生看，请她谈谈对于这种处方的意见。她看后很吃惊地说："甘汞不能和重曹配伍呀！"我问她："什么是重曹？"她说：

[180] 王明：《中共五十年》，现代史料编刊社 1981 年 2 月版，第 42–43 页。

“日本人把苏打叫重曹，我说惯了，重曹就是苏打。”（李医生是日本东京帝大医学系毕业的）然后她肯定地说：“从这个处方看，王明同志是汞中毒无疑问了。因为这种配法，不仅把甘汞变为升汞，而且更加复杂化更加毒化了。”参加1943年6月至7月会诊的医生们委托李润诗医生作王明同志的主治医生，直到1945年秋苏军打败日本关东军解放东北，李医生才离开我处到东北去了。[181]

值得注意的是，在1943年11月15日孟庆树写给任弼时、李富春转毛泽东及中央各位同志的信中，孟庆树却是这么说的：“直到今年2月间（去年8月搬回来的），金又开一次和以前相同的处方，我们因为回来后实际上已由傅处长负责主治，故将该方先交傅看，他看后即说：这方子用不得，因方内中甘汞不溶于水，且分量太大，如此服法，可能中毒……”[182]一会儿说是李润诗发现的，一会儿又说是傅连暲发现的，孟庆树自说自话，且前后大相径庭，怎能令人信服？！

王明和孟庆树上述一连串胡乱联系的说法和断章取义的结论，除了明显的时间不一致之外（一个说是1943年2月2日，一个说是2月12日，但也不排除可能是翻译的笔误），还编造金茂岳对孟庆树下跪的故事侮辱金茂岳。孟庆树说“连王明这样老实得可怜的人也不敢相信金茂岳了”，这句话又有谁相信呢？事实上，当中央办公厅准备更换王明的主治医生时，王明却依然坚持要金茂岳来担任。这在傅连暲和石昌杰写的《住院报告》中可以找到佐证。而从《630会诊记录》和《720总结》等现存史料来看，也根本没有孟庆树所说的“参加1943年6月至7月会诊的医生们委托李润诗医生作王明同志的主治医生”的记录。

俗话说“吹牛不打草稿”，王明和孟庆树夫妇制造谎言也不打草稿。在《中共五十年》一书中，王明还将金茂岳1943年7月20日在《720总结》签字后的情况进行了一番“惟妙惟肖”的文学想象：

[181] 孟庆树：《对于1943年6—7月延安医生给王明同志会诊总结的补充说明和材料》，1974年10月至11月，手稿。存王明之子王丹之处。郭德宏提供，复印件。

[182] 中央档案馆：《关于王明治病和出国的材料》，《中央档案馆丛刊》1986年第3期，第79页。

金茂岳在结论上签字以后，跑到我这里来，跪在我的床前，痛哭流涕地说："王明同志，我在您面前是个有罪的人。我对您下了毒。每一次当我给你开毒药时，我的心情都非常沉重。"

"那您为什么要这样做？"我问。

"是李富春吩咐的。他说，您是个教条主义者，是反对毛主席的，因此决定要除掉您。我是主治医生，他们就把这事委托给我了。我说我是一个软心肠的人，前不久党中央决定吸收我为秘密党员，我怎么能这样做呢？但李富春说：'这是一件不平常的事情，一旦决定让你做，你就应当去完成；你已经是党员了，必须服从党的决定！……'"

这时，屋里闯进来了两个军人，其中一个冲着金茂岳喊道："我们到处找你，原来你在这里。你跪着干什么，哭什么，还嘟囔什么？走！到枣园去！你是个犯罪分子，没有权利同别人讲话！"

他们揪住金茂岳的衣领把他带走了。[183]

1986年6月4日，中央档案馆人员再次就"给王明治病始末"问题访问了金茂岳。这一次，他们专门把上述王明在《中共五十年》中写的这段话，一字一句地读给金茂岳听。听了王明的污蔑之词，因脑血栓而瘫痪在床上的80高龄的金茂岳，用劲地欠起身来说："王明放屁！混蛋！没的事！""那时候王明是教条主义者，我根本不知道！""双十二连蒋介石都放了，说毛主席要害王明，小孩子也不相信！"可见，对王明子虚乌有的诬蔑，金茂岳真是气愤至极。

历史没有假设。现在，我们假设王明和孟庆树上面所说的这些漏洞百出的谣言和谎言都是真实的话，那么他们自己说的话正好给历史提供了一个破绽——"我把这个处方收起来没取药"——既然孟庆树没有取金茂岳处方的"甘汞和重曹"，也就说明王明没有吃。没有吃药，哪里来的药中毒呢？这也正好

[183] 王明：《中共五十年》，现代史料编刊社1981年2月版，第43—44页。

印证了毕道文医生的诊断意见是正确的。也就是说，1943年的这个时候，躺在杨家岭家中休养的王明已经“没有什么显著的病”了。

而对于王明生病的情况，马海德夫人苏菲在她的著作《我的丈夫马海德》一书中却有着这样的记载：“比如说康生诬陷马说他‘陷害王明’，说穿了不过是下面这么一回事。马给王明治病，是在整风之前的事。那时候王明正跟中央闹意见，曾不止一次地装病吓唬人。有一次王明身边的人，又来汇报说王明突然昏迷不醒了。中央便派马去给他看病，在对他全身上下仔细地检查了一遍后，马发现王明本人的脉搏、血压、心脏全都正常，根本就没有引起休克的任何症状，马正纳闷这到底是怎么一回事之时，猛地瞥见了他桌上有一瓶安眠药。于是马便确证王明这种情况是由于过量的安眠药引起的昏睡。果不其然，在安眠药的药劲儿过去后，王明什么事都没有一下子就好了。还有一次，王明说试体温时，水银跑到他胃里去了，同时他还闹着要去苏联养病。这次组织上又派马给他做检查，在给王明做了全面检查之后，马发现根本就没有王明所说的那么一回事。当然王明也没有借这个理由去成苏联。”[184]

综上所述，我们可以得出如此结论，或者说，王明在“王明中毒事件”中给人留下的印象是——王明患的不仅是心脏病，而更大的病是心病；王明不是心不好，而是人不好。而这一切都是因为王明自己向毛泽东发起挑战失败后自讨苦吃、借机向中共中央和毛泽东发难的结果。

[184] 苏菲：《我的丈夫马海德》第142页，马海德基金会印行。

谣言始于 1943

本次调查进行到这里的时候，需要我们解决的根本问题出现了，那就是——“王明中毒事件”到底是偶然的医疗技术事故，还是真的像王明在《中共五十年》中所说的是毛泽东“蓄意毒害王明”呢?

在《中共五十年》一书中，王明是这样详细描述“谣言”诞生的经过的：

由于毛泽东主义或“毛泽东思想”同列宁主义之间存在着原则分歧，在“整风运动”第三个时期选定的主要打击对象依然是中国党内的列宁主义者，首先是王明。

比如，在杨家岭的中共中央会议大厅不止一次地召开了“抢救大会”（出席大会的有中共中央直属机关的全体工作人员；中央政治局委员和候补委员，包括毛泽东在内；中共中央委员和候补中央委员；以及到延安参加中共七大的代表等共一千多人）。大会开始前，“整风委员会”指使人们诬蔑王明，说他不仅是“教条主义者”，而且是“俄国人豢养的走狗”，是“叛徒”、“反革命分子”。毛泽东企图以此来吓唬到会者，使他们谁也不敢发言支持王明，特别是不敢对医生会诊所证实的、王明由于中毒而患重病的事实表示同情。因为当时对这个问题有许多议论，不少人猜测，这事可能是毛泽东干的，这种情况引起了他很大的不安。

这就是为什么当孟庆树（中共中央妇女工作委员会常设局成员，中共七大代表）在一次大会上发言驳斥那些诬蔑者，声明王明严重中毒、生命垂危的时候，毛泽东的私人秘书胡乔木站起来大声叫嚷说：

“你为什么对别人说，王明中毒是毛主席干的?!”

“我对谁说了?”孟庆树问。

李国华当场跳起来说：“你对我说了。”

“什么时候，在什么场合我跟你说了?”孟庆树问。

“去年三月，当王明同志病情严重，我去中央医院看望他时，你对我说的。”李国华同志这样回答说。

对此，孟庆树说：“当时每天都有很多人来看王明（在1942年）。可是，你来医院时，王明正处于病危之际。警卫没让你进病房，因此，无论是我还是王明都没有见到你。这个情况，警卫可以证明。我倒也要问问你，你怎么在去年三月就已经知道王明中毒了？而且你还知道这是谁干的？要知道，王明中毒的事实是在今年夏天医生会诊后才肯定下来的。事实上究竟是谁毒害了王明？当然，这是帝国主义分子、民族叛徒、国民党间谍、托洛茨基分子等一类混蛋干的”。

争论时毛泽东坐在第一排正中，脸一直红到耳朵，手里拿着香烟，低着头。博古坐在第三排正中，瞪大了两眼看着孟庆树，唯恐她出于坚持原则的性格而把她知道的一切都讲出来。

我们的警卫立即写了一个条子给大会执行主席，证明他没让李国华进病房，因此，李国华既没有见到王明，也没有见到孟庆树。

毛泽东企图吓唬大家，使人们相信王明是装病。结果反而使人们对中毒问题和谁毒害王明的问题予以更大的注意。[185]

“胡为自坠，言虚行伪。”追根溯源，有关“毛泽东蓄意毒害王明”或者“给王明下毒”的谣言，大概就是1943年的这个时间节点开始的。

李国华是何许人也？据王明《中共五十年》的注释：“李国华是一名红军战士，三十年代在莫斯科学习。在‘整风’和‘抢救’时期遭到诬陷。当时他出来作证，当然是根据毛泽东的指示。”在本次调查过程中，本人采访郁彬、李坚等健在的老人，她们均不知道这个人。在现有的史料中，也没有找到更多有关李国华的资料记载。

王明在上述文字中还提到了毛泽东的秘书胡乔木，胡是家喻户晓的“中共中央第一支笔”。1986年1月13日，胡乔木在《回忆毛泽东》一书中就“关于历史问题决议的起草”发表谈话时，曾顺便谈及“王明中毒事件”。他说：

[185] 王明：《中共五十年》，现代史料编刊社1981年2月版，第144–146页。

> 当时犯错误的同志除王明外大多数都认识了错误。王明后来在七十年代还出了一个很坏的小册子——《中共五十年》。这个小册子在国际影响较大，在苏联印过，在越南也印过。在这个小册子中，王明说毛主席要毒死他，这是胡说八道。"文革"那么残酷，毛主席也没有下过这种命令，"文革"中很多事情是江青他们搞的，毛主席并不知道。整风起初王明还参加，后来就生病了。[186]

好事不出门，坏事传千里。从 1943 年的这个夏天开始，有关"毛泽东蓄意毒害王明"的谣言开始在延安小范围传播了。这种政治性谣言，总是与"阴谋"这个敏感又可怕的词语相连，极具杀伤力。谣言未必止于智者。自古以来，小道消息在中国社会的传播是最快的。显然，这个谣言对中共中央的团结极其不利，也不利于正在进行的整风运动的顺利开展，必须查清事实，给人们一个交代。因为这不仅是关系到中共党的建设的一件大事情，而且也是关系到毛泽东个人品质和荣誉的大事情。因此，中共中央高度重视，任弼时、李富春亲自找孟庆树谈话，希望她将自己制造的"毛泽东蓄意谋害王明"的谣言作出解释。也就是说，中共中央包括毛泽东本人，不希望将一个本来纯粹的医疗技术事故与党内路线斗争联系起来上升为一起政治事件。

2010 年 6 月 1 日，笔者采访曾任中央医院总护士长的郁彬，问她："当你第一次听到'毛泽东蓄意毒害王明'的谣言时，你相信吗？"90 岁高龄的郁彬非常肯定地说："我不相信。我觉得根本没有这回事。在延安时，我没有听说过这件事。这是王明在《中共五十年》中写的。这本书是完全反党反毛主席的。新中国成立后，王明去苏联不回来，我就想他将来会变成党的叛徒。这人啊，一变反动了，什么反动的话都编得出来，胡说八道。其实，这是他反对毛主席的借口，因为他不能公开反对毛主席呀，大家反对他，他就找借口。中毒发生后，王明还是不要金大夫走，依然坚持要金大夫为他看病，他不相信别人。撤离延安后，在山西临县我跟了他一年多，他身体可好了，哪里像中毒呀！王明这个人呀，脚跟不稳，一会儿左，一会儿右，不是'左'就是右，

[186]《胡乔木回忆毛泽东》，人民出版社 2003 年 12 月第 2 版，第 66 页。

不是右就是‘左’。”[187]

2010年6月9日，笔者采访曾任王明特护的李坚。李坚说：“我当然不相信毛主席去害王明。毛主席多伟大，没有毛主席就没有新中国。”[188]

“江海不与坎井争其清，雷霆不与蛙蚓斗其声。”现有史料表明，毛泽东对王明和孟庆树制造如此恶意诬蔑攻击他的谣言，根本没有作出任何反击行动，他没有时间也没有精力去为这些无稽之谈耗费时间，他正在为中国革命的胜利运筹帷幄。君子坦荡荡，小人常戚戚。显然，毛泽东非常低调地回避，他相信用事实说话，实事求是是真正的中国共产党人的品质。

欺人者，必自欺。在中央调查组如此高度重视下，孟庆树确实感到了压力。1943年11月15日，她不得不致信任弼时、李富春转毛泽东及中央各位同志，专门就她制造的“毛泽东蓄意谋害王明”的谣言作出解释。这封信现存中央档案馆，1986年由《中央档案馆丛刊》作为《关于王明治病和出国的材料》之一公开发表。抄录如下：

弼时、富春同志请转

毛主席及中央各位同志：

关于李国华同志说我去年在中央医院时曾向他说过：王明同志之中毒是中央或中央某某人所为的问题，我在当天提出这个问题的大会上和当天晚中央书记处会议（?）上都已正式的答复过，即：我没有向李国华说过那样的话。现在我经过许久的考虑后，认为有必要再作一次书面声明，即：我绝没有说过那样的话，也没有那样想过。这不仅是因为我无论如何幼稚也不会糊涂到如此地步，而且因为我有以下几点事实可以证明：李国华同志的这种话是没有根据的：

第一，首先是在去年当李国华去中央医院看王明同志的时候，谁也还不知道王明同志是中毒了。这是今年六月间由于中央召集了许多医生来会诊时才确定的。这与李去医院相隔是一年多的时间，当李去

[187] 丁晓平采访郁彬谈话录音，2010年6月1日，北京。

[188] 丁晓平采访李坚谈话录音，2010年6月9日，北京。

医院时，我们不仅不知王明同志是中毒，而且连这种可能也未想到过。因此，在这一年时间，我们还继续的相信金大夫，并继续的服用过不止一次的他的有害的处方，这点只能说明我和王明同志当时对金警惕性不够，怎么能谈到我曾向李国华同志说过我做梦也没有想过的事呢？！可见李国华同志的话完全是无根据的。

第二，在今年六月以前，我们对于金大夫有没有不满之处呢？有的，但只是对于他医生的本事有些不相信。例如，还在前年冬天，由于金大夫给我刮子宫后，使我几个月不能走动，不能提稍重的东西（如一壶水，一盆火），而在做手术之前金吹嘘得如何如何的好。这样，第一次地使我感到金说的与做的不全一样，第一次地感觉到他的本事并不高明。但当时王明同志还不同意我的这种感觉，还责备我对金态度不够尊重。到去年三月间，由于金的处方错误，使王明同志患急性肝胆病，后又经过几次实际经验的证明，每服金的处方似乎病即更坏些，并且金自己当时也承认情况严重。不得已，我们才试服中药，但由于金的屡次劝说，王明同志竟又同意停服中药再服用金之处方，因而又第三次犯病。这次以后（去年五月），王明同志也才对金的本事发生怀疑，但对金本人还比对有些外来医生相信些，所以还请金主治。直到今年二月间（去年八月搬回来的），金又开一次和以前相同的处方，我们因为回来后实际上已由傅处长负责主治，故将该方先交傅看，他看后即说：这方子用不得，因方内中甘汞不溶于水，且分量太大，如此服法，可能中毒……等。当时我和王明同志即告诉傅处长过去在医院时，金大夫时常用这样的处方，也未和傅商量过很不对……等。并请傅处长回去和金谈谈，以免他再给别人用这样错误的处方，同时又请傅处长转告富春同志。但当时也还未确定金是坏人。自今年二月到六月这期间，由于金又把灌肠用的单宁酸的分量开得很大，如果不是偶然的注意，几乎又使王明同志发生性命危险（如我在大会上所说者）。后又因为王明同志的病越来越重，于是我自己又将上述情形报告富春同志，继又报告弼时同志，并和他们两位谈到金到底是混蛋抑是糊涂蛋的问题值得研究，因为金是红十字会派来，又与侯大夫关系很好，而侯是东北人，有些可疑……等。这些情形弼时和富春同志都很清楚。于是得中央指示于今年六月间由富春同志召集延安许多医生来给王明同志会诊。经过许多医生花了很多时间才研究出王明同志病的主要诊断是，除心脏病外确又中汞毒。详细情形亦已见会诊医生们之结论。我亦曾专函报告过毛主席，故此处不多写。

记得在会诊过程中富春同志曾指示注意金和各医生之表现以便发现问题，所以我还向富春同志后又向弼时同志报告过关于在会诊开始后马海德不承认中毒，并有些为金辩护的情形，因此曾怀疑到金、马之间是否有关，因金是英美派医生——这点现在看来也许是因为开始时材料不够，因为金大夫没有把许多重要的有害处方写在他的记录上，从他的记录上找到的材料看来，不一定能中毒，幸而后来傅处长命中央医院的马司药[189]把其他药方找出，于是大家和马、金自己都不得不承认中毒的严重事实了。这些经过情形很多同志也都知道。总之，这些实情也足够证明李国华同志的话是撒谎的。

第三，李国华同志说他去年到医院去看王明同志时，王明向他如何如何说过，也完全是胡说。因为我非常清楚地记得：王明同志从病到现在李国华就去看过那一次，那一次恰好是王明同志病重，特务员同志没有让他进去，带他到隔壁平房里坐着等我，因为我当时在王明房内帮助医生替王明打针（现在回忆起来，好像当时曾有一人站在王明门口把帘子揭开来看了一下又退回去了，也许就是李，但据特务员同志的记忆，李本来就没有到王明门口去）。我把事情作完出来，特务员同志告诉我李来看王明，在平房里等着，我觉得他很久不来，未让他看见不大好，便去平房里见他，并问他好吗？他开头就说："他妈的，组织不相信我，把我送到党校学习去了。"我听了很奇怪，便说，这为什么是不相信呢？尤其是现在的党校，不相信的人还不能进呢。我自己等王明同志病好了也想去党校学习。接着他便问

[189] 即马忠明，时任中央医院药房主任。

王明的病为何越来越坏了？我说金大夫说的王明得的是肝胆病，不易好，并已宣布很严重了，我很着急。大概是在这时小鬼进去，我即叫小鬼倒茶给他喝——这点他造谣说我把特务员赶出去，在那天大会上因我一时生气，未能说明，现在据特务员同志和我自己的记忆完全没有这回事。附上特务员同志（巴万廷）给我写的二页证明信——后来李国华又说，金大夫越诊越坏，不要他，换一个医生看。我说，别的医生也未见得比金高明些，且金是我们大家比较相信的医生，所以不必换。

话谈此至，因为王明同志又犯病，小鬼来喊，我即回病房去了，李也即走了。由此可见，李国华同志的许多话都是撒谎的。

第四，虽然由于我自己心地狭隘，脾气不好及党性不强，和由于我对王明病重的焦急情绪，以及由于有时药品异常困难——尤其是去年肝胆病重时，连一点葡萄糖的注射剂开始时也找不到——等原因，我承认我有些牢骚，这点，我在那天的大会上也已向中央和大家同志承认过错误，现在，我愿再一次地向中央承认我的这个错误，愿意受到党的处罚和教育。但是：我要声明：第一，我从来也未对中央对党不满，第二，我从来也未样样不满和经常不满，相反地，有时感觉到为了王明同志的病，党化（花）了很多钱，尤其是在生活各方面，要什么给什么，只要是延安有的，而且富春同志还常去电重庆西安等地为王明同志买药买东西。这些是王明同志和我都常感不安的。假使说我有时还有些牢骚，王明同志确连牢骚也未有过——在治病方面。第三，那天大会上有些同志因为听到李国华同志提出这样严重的问题，于是许多的疑问都和这联系起来想，这当然是很自然的和应当的，但同样很多也都是误会。例如廖鲁言同志所提的问题（关于我不赞成参加会诊的医生们在讨论完第一部分——关于王明同志病的诊断及汞中毒问题——后即先回去休息几天，回来再写这一部分的结论，是否“有鬼”的问题）。那完全是因为我当时怕金医生回去活动捣鬼，富春同志也曾指示不要让金和侯发生联系——咬耳朵。所以我也是怕他们回去几天就使金有机会与侯等商量，回来恐又要变卦，又要化（花）很多时间和金算账，很麻烦。因而我主张请医生们先将第一部分讨论的结果写出来再回去休息，而这只需医生们多留半天或一天即可办完的事，即可把已花了八九天的研究结果写出，这样一方面可以免去上述之麻烦，另方面可以使医生们回去参考些书籍后，回来即可集中精力于研究今后治疗方法上，这个意见先还是几位医生同志提出的，即鲁言同志自己也曾说同意，并答应转告弼时同志，请示弼时同志意见。后来第二天早上鲁言即告诉我说弼时同志也同意了，所以才让医生们把结论写好后签了名才回去休息的。现在鲁言同志把这些情形说成为我不相信中央或弼时同志，所以不赞成医生们先回去……等，我想这也完全是由于李国华同志造谣的影响。

因此，不能因为我有时有些牢骚，和有些同志的误会即证明李国华同志的话是对的。

总之，我非常欢迎党来进一步的从各方面了解我，考查我，但我对李国华这样无根据的造谣是不能接受的。我请求中央把这个问题考查清楚，并给以指示。

最后，我再一次地以十万分的热忱，感谢毛主席和中央各位同志，为了给王明同志治病，想尽了许多办法，无论在医药生活方面和对金大夫问题处理方面，都已化（花）了很多力量。只要是延安办得到的都办了。过去如果没有毛主席和中央各同志之关照，王明同志恐早已不在人间了，将来在毛主席和中央各同志的继续爱护之下，王明同志还有恢复健康重新为党工作之可能。并将在毛主席和中央各同志的领导与帮助之下在实际工作中改正他的错误。

谨致敬礼

孟庆树

一九四三年十一月十五日

“但见丹诚赤如血，谁知伪言巧似簧。”孟庆树的这封信，是对王明在《中共五十年》中炮制“毛泽东蓄意毒害王明”之词的最好回答。在这封长达

3000多字的长信中，孟庆树一方面继续推卸责任，把造谣的责任打包后一股脑儿地推给李国华；一方面继续指责已经被中央社会部关押的金茂岳，把金茂岳形容成致使王明生病的“罪魁祸首”。

王明、孟庆树夫妇

谣言总是不攻自破，经不起时间的检验。孟庆树在这封信中自说自话，且难以自圆其说。比如，关于孟庆树和李国华是否见面的事情，我们不妨将王明《中共五十年》中的说法和孟庆树在这封信中的说法进行比较，就可以看出他们说的完全不一样。《中共五十年》记载：“孟庆树说：‘当时每天都有很多人来看王明（在1942年）。可是，你来医院时，王明正处于病危之际。警卫没让你进病房，因此，无论是我还是王明都没有见到你。”而孟庆树在这封信中却说：“我非常清楚地记得：王明同志从病到现在李国华就去看过那一次……在平房里等着，我觉得他很久不来，未让他看见不大好，便去平房里见他，并问他好吗？……”这是记忆有误吗？还是公开造假、售假呢？

再如，孟庆树在1943年11月15日写的这封长信中，完全承认中共中央和毛泽东“为了给王明同志治病，想尽了许多办法，无论在医药生活方面和对金大夫问题处理方面，都已花了很多力量。只要是延安办得到的都办了。过去如果没有毛主席和中央各同志之关照，王明同志恐早已不在人间了”。她的这些说法，与王明后来在《中共五十年》中莫须有地捏造毛泽东“蓄意毒害王明并摧残他的健康”的诬蔑，真是一个天上一个地下，前后自相矛盾。王明和孟庆树胡说八道的嘴脸昭然若揭。

“君子山岳定，小人丝毫争。”王明和孟庆树夫妇如此出尔反尔的作风，实在露骨又蹩脚，令人嗤之以鼻，不值一驳。但他们的这些谣言和诬蔑经过《中共五十年》的出版发行，在世界上造成了极其恶劣的影响，而且这种坏影响至今仍然在被人一边倒地利用，继续被贩卖和炒作。比如，自称“中共执政以来第一位获英国博士学位的中国大陆人”张戎和她的外国夫婿乔·哈利戴共同拼凑的《毛泽东：鲜为人知的故事》这本书，以近30种文字版本在许多国家登上畅销书榜。就是这本被誉为“一部震撼世界的书”，打着西方所谓的新闻自由，断章取义、哗众取宠地以“给王明下毒”这样骇人听闻的标题，完全片面地引用王明《中共五十年》中的谎言和虚假细节，大肆攻击毛泽东和中国共产党。卑鄙是卑鄙者的通行证。岂不知，再也没有什么比被他们断章取义和歪曲的历史，更能说明他们的行径的可耻。

“非莫非于饰非，过莫过于文过。”谣言流惑于世，正义没有得到伸张，这对金茂岳是不公平的，对毛泽东是不公平的，对历史也是不公正的。这正是笔者在“王明中毒事件”事发70年后的今天，引导热爱历史的人们回到历史的现场，完整呈现“王明中毒事件”真相的目的、价值和意义。

大审查

从 1943 年 6 月 30 日的《630 会诊记录》到 7 月 20 日的《720 总结》，对王明前前后后历经一个月的大会诊基本结束。显然，从医疗技术层面上来讲，金茂岳作为王明的主治医生，对王明的患病和出现的中毒现象具有不可回避的责任，而且傅连暲和阿洛夫在对王明的诊断治疗上同样也有不对的地方。

到了 1943 年 8 月，由于王明长期卧床，加上肠胃不好，营养明显不良，体重下降到 41 公斤。中央对王明的身体健康问题非常关心，又多次组织医疗专家对王明进行会诊。我们可以在现存的 1943 年 8 月《王明同志现病临时诊断和今后治疗初步意见》（见链接 1 王明中毒事件调查原始证据之证据 7，以下简称《初步意见》）上看到，中央决定对王明的治疗采取的是特别护理，每两周一次小组会诊，每月一次大会诊。在这份《初步意见》的扉页上，写有“两点声明”：

1. 王明同志的病，在我们边区的现有条件下，只能做了些理学的部分化学的检查，诊断多凭藉临床，故暂作临时诊断，但应尽量争取设法更多的检查用具，以期能获得更加科学和精确诊断。

2. 因为检查小便的结果，在血液化验中，有两次发现有汞，至于现在体内有汞多少，使汞如何迅速排出，尚未研究出来。我们对于慢性汞中毒，全都没有经验，在医学书籍上（延安现有医学者）也没有很具体的很详细的说明，因之在现在只是对症的治疗。

对于其他内脏各种疾病，亦只就延安现在的条件作初步治疗。

以上“两点声明”非常客观地说明了当时延安的医疗条件。由于边区被封锁，缺乏医学参考书籍，当时延安所有的医疗专家（包括金茂岳）对慢性汞中毒是根本不了解的。他们在多次的病历讨论和会诊中，说出了许多错误的观点、错误的方法，甚至做出了错误的判断，同时又因为缺乏科学的检查手段，根本无法确诊王明的病症是否属于汞中毒。而这从另一个角度再次证明和澄清了金茂岳在“王明中毒事件”中应该承担的责任问题。

这份《初步意见》“临时诊断”认为：“根据王明同志全部病历研究，原只有心脏病、慢性扁桃腺炎、痔疮（详细可考查病历总结部分），在治疗过程中，因为药物引起中毒（所讲 Streptocide，Calomel，Sulfanilamide）其中以慢性汞中毒为主，以致全身衰弱并存在着下列各种病变。”因此，王明现在主要患有慢性胆囊炎、心肌衰弱症、慢性轻度肾脏炎、自主神经失调和多发性神经炎，以及其他尚有慢性扁桃腺炎、痔疮、口腔炎、龋齿等疾病。《初步意见》还针对王明的病情，提出了一些专业的医疗和饮食方案。

这个时候，王明和孟庆树还是没有闲着，依然希望得到苏联的帮助。为此，他们还专门给苏联莫斯科草拟了一份“王明患病经过报告”（见王明中毒事件调查原始证据之证据 6，以下简称《电报稿》)。这份《电报稿》由毛笔手书，蓝色钢笔修改，时间为 1943 年 8 月，但没有具体日期，16 开，存 5 页。笔者认为，此件应为王明和妻子孟庆树向莫斯科发出的电报手稿。《电报稿》分为两个部分，第一部分简要讲了“王明同志患病的开始”；第二部分从四个方面具体讲述了“王明患病的经过”。

《电报稿》一开始就说：“兹因王明同志患病甚重，希望来一专门内科精于内科学的研究且富有经验的医生同志来延治疗与指示研究（方法)。来时并携带内科一切的理学核查、化学核查、血液核查及细菌核查所需用的器械与药品。并请将王明同志病史研究后，携带治疗上所需用一切药品。”

《电报稿》第二部分的第一句话就说“在 1942 年 3 月因为主治医生是个坏人”，并详细讲述了王明患病治疗、服用药物和现在的病症等情况。最后，《电报稿》说：

> 据我们这里的医生检查结果（尿中曾证明有过微量的汞），认为是由慢性汞中毒而引起的慢性肝炎、慢性胆囊炎与慢性肾脏炎，及因全身衰弱而引起心脏衰弱，望为研究指示，并望答复下列几个问题：
>
> a）慢性汞中毒时的吸收及排泄情形如何，怎样推算？现在体内仍否有汞及其量是多少？
>
> b）慢性汞中毒的疗法如何，其中何者为最有效？

c）尿中微量汞的定量方法？

d）慢性肝炎与胆囊炎的疗法如何？

e）请示知诊断该病的各种检查法？

f）慢性汞中毒时应当注意的问题是什么？

显然，因为延安当时的医疗技术和条件的限制，对王明出现的所谓慢性汞中毒的症状一时还难以确诊。因此《720总结》作出的所谓王明汞中毒的结论是不准确的，也就是说金茂岳担任王明主治医生期间让王明服用甘汞的处方诊断在理论上没有任何过错。这封《电报稿》就是希望斯大林派医疗专家来为王明治疗，并希望得到一些医疗技术上的帮助，尤其是关于慢性汞中毒的检测和治疗方法。但这封《电报稿》是否已发往莫斯科、莫斯科收到后是否给予答复，目前都不得而知。但从金茂岳的回忆中可以看到，阿洛夫来延安在给王明服用萨洛菲丁出现尿血问题后，也曾打电报向莫斯科咨询，倒是得到了明确的答复。

事实上，毛泽东对王明的健康状况非常关心。1943年9月9日，毛泽东、周恩来还给重庆的董必武发电报说："如有此机会，你可顺带交涉王明、王稼祥等大小7人乘这次苏联来延飞机去苏治病。此间亦经过联络参谋向国民党交涉，如得许可，苏机当可照办。"[190]

1943年5月，金茂岳被康生派人抓走、撤销中央医院妇产科主任职务之后，除了参加6月至7月对王明的专家会诊之外，他就一直被关押在枣园，再也没有回到地处李家坬中央医院的家中。其实，与其说这是对王明患病和治疗的大会诊，还不如说是对金茂岳医疗工作的大审查。因为这个时候整风运动刚刚进入审干阶段，中共中央对金茂岳这样从国统区来延安参加革命的干部进行政治审查，在当时的政治空气之下自然是必要的。

尽管当初指定金茂岳担任王明主治医生，是李富春亲自点名的，而且金茂岳还是经中央组织部部长陈云亲自介绍秘密加入中国共产党的，但"王明中毒

[190]《党史通讯》1984年第7期。

事件”的发生，确实令中共中央和具体负责调查的李富春对金茂岳产生了怀疑。

金茂岳突然被中央社会部关押，在中央医院当时还是一个秘密，只有极少数的几个党员知道，普通群众是根本不知道的，都以为金是调到枣园给中央首长看病去了。但随着审干运动的扩大化，中央医院也开始变得鸡犬不宁了。康生专门从中央党校派人到中央医院搞“抢救”，大搞“逼、供、信”，通过大会压、小会斗的“车轮战法”，从 335 个工作人员中，揪出了 108 个“特务”、“汉奸”等“两条心”的人。从国民党统治区来到延安的革命知识分子和知识青年，百分之九十以上都戴上了“特务”的帽子。中央医院“混入”这么的“阶级敌人”，工作一下子乱了套。阿洛夫看在眼里，急在心中，便借给毛泽东看病的机会，直接说了他的忧虑。翻译杨金涛乘机发挥，也反映了中央医院大搞“逼、供、信”的情况。当毛泽东在对延安整风开展的“抢救运动”进行全面了解之后，于 8 月 15 日作出了《关于审查干部的规定》，严禁“逼、供、信”。此后，中共中央又派中央直属机关党委书记陈曾固到中央医院担任学分委的指导员，收拾残局，运动进入甄别平反阶段。经过几个月实事求是的内查外调，终于查明了绝大多数同志的冤案，公开宣布平反。[191]

但金茂岳没有他们那么幸运，从被中央社会部拘留审查停止工作开始，直到 1944 年 10 月才正式回到中央医院上班。在这长达一年半的时间里，金茂岳都干什么去了呢？

按照金茂岳自己的回忆，他在枣园的处境是：“我天天写，白天写，晚上开会、审查，审家庭成分、上学，审成立医疗队，怎样到延安，闹了几天，还不行……当然后来到法院还是判定是‘技术事故’。”遗憾的是，我们无法看到他更为详细的回忆。

显然，因为王明的特殊身份，王明患病到住院治疗和所谓“中毒事件”的发生，再到孟庆树向中共中央状告金茂岳，乃至“毛泽东蓄意毒害王明”谣言的散布，一个本来非常简单的医疗技术事故，在这个时候已经上升为延安整风运动中震惊中共中央高层的一起政治事件。在 6 月至 7 月的大会诊结束后，中央办公厅根据《720 总结》进一步对金茂岳进行了政治审查。

---

[191] 赵炎：《毛主席和延安中央医院》，载《陕西卫生志》1993 年第 3 期和 1994 年第 1 期；《白衣战士的光辉篇章》，陕西人民出版社 1995 年 9 月第 1 版，第 23 页。

1943年8月6日，中共中央调查委员会对金茂岳进行了问讯。

从笔者发现的这份《委员会记录》中（见链接1王明中毒事件调查原始证据之证据4《委员会记录》），我们可以看到参加这天审讯的中共中央领导人和有关人员的名单，具体如下：

刘少奇　中共中央政治局委员、书记处书记
任弼时　中共中央政治局委员、书记处书记
康　生　中央总学委副主任、中央社会部部长
邓　发　中央党校副校长兼中央职工运动委员会书记
李富春　中共中央副秘书长、中央组织部副部长、中央办公厅主任
李克农　中共中央社会部副部长兼中共中央情报部副部长
傅连暲　中央卫生处处长兼中央医院院长
王　斌　中国医科大学校长
王鹤峰　中央医院学委
廖鲁言　王明的秘书
陈一新　中共中央统战部秘书（原名绍燧）

这确实是一个特别的审讯。规格之高，在中共党史上可谓空前绝后。要知道，1943年3月中央政治局会议通过《中共中央关于中央机构调整及精简的决定》之后，中共中央书记处只设三名书记，即毛泽东、刘少奇和任弼时。为了彻底查清王明中毒事件的真相，给王明和孟庆树一个公开、公平、公正的答复，消除谣言的恶劣影响，中共中央委派两位书记处书记组成如此高规格的调查委员会专门审查金茂岳，可见中共中央和毛泽东对王明中毒事件是高度重视的。

现将这份《委员会记录》原文抄录如下：

任（即任弼时）：扼要指出过去诊治的错误。

金（即金茂岳）：① 承认犯了很大的错误；

②但不是有意的，而是主观主义的错误。

(一) 王明入院后，我即尽力治，用 Mistalla 是为利大便；但承认不该用这么长的时间，欠检查。运动，是为了减少脂肪，增加肌肉，加强心脏功能，这不会使心脏病发作；按摩四肢、腹部，加强肌肉，减少脂肪，以利大便；但有一次室内太热，这是不对的。

(二) 割扁桃腺，是认为慢性扁桃腺炎及龋齿影响心脏，而主张割扁桃腺，这是很冒昧的。但出发点是为了治病，而未注意烧了不好割及主观条件，这是主观主义的。

(三) Streptocide 是为了治扁桃腺炎，药的来源现在我也没有弄清楚，不过小儿科有此药，大概是小儿科领的，绝未给其他的药。

服药后，肝脏炎发生了，当时未弄清楚发生的原因，于是用甘汞了。

(四) 甘汞开始用剂很小，与 Mistalla 同服。后肝病发展，以为是加答儿黄疸，仍继续用甘汞。

在此次检查中，证明是 Streptocide 中毒。但在服用时，未注意不能服鸡蛋及硫化物，也未与苏打配服，分剂也未注意，结果是中毒。

(五) 甘汞服用后，我当时以为是病的发展，未注意是甘汞中毒；配合禁忌及水剂都是不应该的，改用药方也是医药界所不许的。甘汞中毒我是同意的。

付 (即傅连暲)：用 Streptocide 没有开方，也没人证明。这是怀疑的。

用甘汞是可以吃一次两次的，但长服是不对的。

金：甘汞长服是一定要中毒的。

刘 (即刘少奇)：吃 “Streptocide” 中毒，服甘汞不对，甘汞又中毒。

金：从王明病历的反映，也证明是有中毒现象。

刘：吃药是中毒，王明确也中了毒，金也知道这是要中毒的。

金：承认。

刘：照法律上讲是否医生应该负责？

金：是我负责。

刘：无意也应该负责否？

金：无意也应该负责的。

刘：到底是有意还是无意？

金：我是无意的。

邓（即邓发）：服药的过程，次数，时间，分量——过程是违背医药常识的。

金：是的。

邓：为什么？

王（即王鹤峰）：研究材料证明是第一次连服十三天，二次连服七天；甘汞顿服，大量都可以，少量连服更危险。

金：以前也知道这样连服不对；王明是甘汞中毒这也是肯定的。

王：金前已承认：长期服用甘汞，由小量到大量，水剂，与酸性配合，这都是不对的，这都是金的错误。

刘：单宁酸10%灌肠是危险，你知道否？

金：当时不知道这样危险，但10%或4%如用了都是危险的。当时没有想这一点。

王：Streptocide服后的中毒症可以速消，而王明的肝病直到现在，故怀疑。而且其他药，如砒、升汞均可生此现象。

弼时：此药无方，未经药方、司药，也未经护理员，这是不对的。

金：承认这一点，也不记有药方没有。

康（即康生）：你知道长服是要中毒的，故吩咐停服。但看护未停，你知道，你为什么又不管？不能配水，你应该知道，事实上你也看了书，为什么又要配水？看护说，病人说不能吃，看护说变了色，你说还可以吃，为什么？

金：分剂小，次数多，功能大。病历表，没有好好看。不能配水，是因为不溶解于水，故吩咐摇一摇。

这份《委员会记录》是用铅笔写在马兰纸上的，共5页，大32开。穿越

70年的时空，它保存得还非常完好。显然，1943年8月6日的这次讯问是在枣园举行的，由任弼时主持。在共计12次的讯问中，无论是刘少奇、任弼时，还是康生、邓发，其语气和言辞都相当犀利，咄咄逼人。其中，刘少奇讯问了6次，直截了当，直奔主题。金茂岳的回答除一开始按任弼时要求“扼要指出过去诊治的错误”时讲得比较多一点之外，大多回答得十分简单。认真读一读金茂岳的答辩，不难看出他内心有一种莫名的恐惧，思维比较慌乱，连磺胺药物是怎么取来的都没有说清楚，甚至有些语无伦次。显然，此时此刻正值延安整风进入审干的“抢救运动”高潮期，面对中共中央除毛泽东之外两位最高领导人亲自参加的审讯，金茂岳根本没有做好思想和心理上的准备。一心一意投身民族抗日救亡事业的他，也根本不懂得什么叫做政治，更从来没有见过这种场面，他的心境是难以用语言形容的，不是亲历者永远都无法体味个中的滋味，有委屈、有痛苦、有恐惧，还有不可想象的后怕。但他的态度极其诚恳，毫不掩饰地承认自己“犯了很大的错误；但不是有意的，而是主观主义的错误”，并主动承担了全部责任。从这份简短的《委员会记录》来看，中央调查委员会对金茂岳的讯问时间不算太长。毫无疑问，通过这次讯问，刘少奇、任弼时等对金茂岳本人和王明中毒事件有了更加清楚的认识。

8月14日，依然被关押在枣园的金茂岳，迫切地渴望回到自己的工作岗位，虔诚地给中共中央写了一封“检讨信”。全文如下：

亲爱的康生同志转中央各首长：

这次我为王明同志治病，不但没有治好，反而因用药治病而加了其他别的病，因而使王明同志身体失了健康，而使党的事业受了极大的损失，这个责任我应完全负。现在我恳求的（地）请求党宽大我，我将以更大努力将我生命，为党工作，为党的事业、为无产阶级革命事业，在我们伟大党的领袖毛泽东同志领导下，及各位同志帮助下，奋斗到底来回答党。我再诚恳的向党坦白的（地）讲，我没有一点意思来用药毒害我亲爱的王明同志，也没有受任何人的指示利诱威胁等等，及利用红十字会而来害王明同志，及破坏党、破坏边区的情形及行动。这完全是因药发生的副作用，肝炎，而又用其他药来治发生中毒现象。当时认为病的发展错下去的。详细情形见前次报告，以后作一详细说明。

这次从治疗王明同志病的过程至现在，使我得了须（许）多经验与教训，特别是最后的会诊及到此地，使我知到（道）党的伟大，使我在技术工作方面，更提高、更虚心、更关心每个同志的健康；在政治斗争方面，更坚强、更惊觉、更努力为无产阶级革命事业奋斗到底。我认为这次这是党给我的很好的锻炼与教育，为使我成一个有力的、纯粹的布尔塞维克的技术干部，我诚恳的感谢党，我宣誓我要一生要为我党伟大领袖毛泽东同志领导下的中国共产党无产阶级革命事业奋斗到底。

我想，最近几天你们合（和）病人都希望我、我也与我的全家都诚恳的要求党很快的，（让我）回到我的岗位为党努力工作，我并希望党时常教育我与检查我。

谨致革命敬礼

金茂岳　谨禀

14/8/43

金茂岳的女儿金星告诉笔者：习惯于用钢笔写字的金茂岳，英文比中文写得漂亮。而这封信金茂岳却是用毛笔写在两张马兰纸上，笔迹确实显得稚拙，其中还夹杂着三四个错别字，而且个别地方在表达上也不是很顺畅。在这封信的第一页右上角，有两行红色小字："弼时少奇及委员会同志阅"，应该是康生的手迹。

金茂岳的信经过康生转呈刘少奇和任弼时后，并没有马上作出最后的结论。金茂岳依然被关押在枣园，直到 1944 年 10 月，他才回到中央医院继续担任妇产科主任。在这么长的时间里，金茂岳到底在枣园做什么呢？

曾任中央门诊部护士的季明非常清楚地记得这样一个故事。1944 年 5 月 21 日至 1945 年 4 月 20 日，六届七中全会在延安召开。其间，彭德怀从前线回来参加了这次大会。因为他老拉肚子，拉了好多年，非常痛苦。一天，彭德怀到中央门诊部看病时，就问护士季明："你说说延安哪个大夫比较好？能看

凌云

好我这拉肚子的病？”季明回答说：“中央医院有个金大夫看得比较好。”彭德怀说：“能不能让这个金大夫给我看一看？”季明说：“他现在被中央社会部关起来了。”于是，彭德怀就去问康生：“金茂岳这个人到底有什么问题？”康生说：“没有什么问题。”彭德怀说：“没什么问题，就让他来给我看一看拉肚子的毛病。”后来，经金茂岳诊断，彭德怀患的是阿米巴痢疾。病因找到了，药到病除了。彭德怀非常高兴，夸奖金茂岳是个好医生。[192]

曾任公安部副部长的凌云，当年就在中央社会部工作，并直接参与了金茂岳在中央社会部关押期间的审讯工作。他回忆说：“金茂岳同志是好同志，在延安医疗方面起了很大的作用，是个名医，大家都很尊重他。为什么把他送到枣园呢？因为那个时候正在开展整风运动，而整风的根本问题就是清算教条主义，教条主义的代表就是王明。当时，在中共中央高层范围里头，王明是被批判的对象。王明生病后，金茂岳负责给他看病。在治疗中，因为王明尿中有问题（药物副作用发生了慢性中毒），他就提出来说金茂岳暗害他，这当然成了一件大事情。但更大的事情是，金茂岳为什么要害王明呢？显然，这涉及党中央内部的斗争，王明向中央发难，暗示这是党中央和毛泽东这些人要整死他，金茂岳来执行这个事情。这就成了党中央的问题了。中央怎么处理这个问题呢？中央很慎重，就送到中央社会部进行调查。这是1943年的事情。中央和社会部经过调查，也包括党中央的同志在内，明知道这件事不是这么回事。但中央又不能不

[192] 丁晓平采访金星转述季明的谈话录音，2011年1月5日，北京。

把金茂岳送到社会部进行审查，因为王明在闹啊，说是阴谋。因为这涉及到中央的问题，不仅仅是金茂岳个人的问题了。中央社会部有一个同志叫种永骥（后来调到外交部改名叶成章，当过驻外大使），由他专门负责进行研究，认为是药品问题。当时，研究讨论时，我也参与了。磺胺药那时候刚到延安，在世界上也是新药，叫SD、ST、SG什么的，可能在用量上有过量的问题，发生问题也是偶然的东西。中央社会部当时是很清楚的，既不是阴谋，也不是陷害。但王明不相信，一直在那里闹，认为这是阴谋，不是个人问题。这个问题是很清楚的。1943年审干最紧张的时期过去后，还是不能处理。到了甄别阶段，还是不能处理。怎么办呢？中央社会部就决定把金茂岳从关押的地方放出来，就住在我住的窑洞隔壁的窑洞。当时关押金茂岳的时间已经不短了，已经是1944年的时候了。我住的这里是中央社会部的工作区，也没有戒备。他一边做医疗工作，和我们一起吃住，并允许黎平（金茂岳妻子）来过礼拜六（周末放假，夫妻团聚），所以我和黎平也很熟。那时中央社会部就已经写了一个材料（这些材料在1945年抗战胜利后装在一个木箱中转运到瓦窑堡，后来被社会部其他科室的同志在处理文件时烧毁了），定性为医疗技术事故。现在我不太记得是1944年的什么时候，李克农找到我，说金茂岳的事情中央认为现在要处理，不能老拖着。怎么处理呢？他说，你去延安市法院联系一下，找法院院长王斐然，给他判一下。怎么判？李克农说，判处责任事故（据金茂岳回忆当时定的是“医疗技术事故”，引者注），五年有期徒刑，缓刑五年。我理解，当时这么做是为了对付王明，不然他还在那里闹。大家心照不宣，我也不便多问，就去了延安市法院一趟，找到法院院长王斐然，定了开庭的日子。开庭的那一天，我弄了一匹马，请金茂岳骑上，我步行，送他去。从枣园到南门外的法院，十几里地。到了法院，开庭很简单，一张大桌子，一个法官，茂岳同志就对着法官站着，我就站在旁边，就我们三个人。法官宣判，判处金茂岳有期徒刑五年，缓刑五年。宣判结束后，金茂岳就骑着马回中央医院了。”[193]

这样的法律判决，显然只是“走过场”。与其说这是中央社会部对关押审讯金茂岳一年多作出的一个形式上的结论，不如说这是中共中央给王明甚至莫

[193] 凌云口述影像资料，2008年9月3日，北京。

金茂岳、苏井观、马海德等在山西三交县双塔村

晚年金茂岳

斯科一个政治上的交代。但王明孟庆树夫妇导演的这场“闹剧”，对金茂岳个人来说，无论是从法律上还是情感上来讲，都是有些冤枉和委屈的。因为在“王明中毒事件”整个过程中，金茂岳唯一的过错主要是没有及时发现护士执行医嘱的错误，致使甘汞的服药时间过长；但因王明实际的服药量并没有超过日服药的最大剂量，所以根本不存在药物性汞中毒的危险，更重要的是王明的身体此后也从未因为在延安中央医院服用甘汞的问题而影响健康。

但，这就是政治。

在“关押”金茂岳一年半之后，1944 年 10 月，一场莫须有的“陷害阴谋”就这样平平淡淡地结束了。王明和孟庆树的无理取闹终于收场了。随后，李克农亲自到中央医院宣布：金茂岳没有政治问题，是个好同志，继续担任中央医院的工作。金茂岳又回到了中央医院的工作岗位，继续担任妇产科主任。后来，李克农和杨超带金茂岳去见毛泽东（有的说是给毛泽东看病的时候，亦说是在枣园的一次舞会上），毛泽东握着金茂岳的手说：“茂岳同志是好同志，为党为国受了点委屈，站起来继续革命！”

毛泽东的一句话，金茂岳感动得热泪盈眶。

因受“王明中毒事件”的错误打击和迫害，金茂岳蒙受了巨大的冤屈，身心遭受了巨大的伤害，但他始终坚持真理，始终坚定革命信念。他经常跟他的孩子们说：“毛主席‘实事求是’四个字不仅救了我，也救了我们全家。”回到工作岗位后，他严格要求自己，积极工作。1945 年，831 名新生儿经过金茂岳和黎平夫妇的手，在中央医院呱呱坠地，创下了中央医院的历史记录。中共中央撤离延安后，金茂岳单独带领一支医疗队到达山西三交，多次渡过黄河来往于留在陕北的中央机关，从事医疗工作，经受了战争年代血与火、生与死的考验。

1987 年 7 月 17 日，金茂岳去世，北京市卫生局在他的生平中这样写道：“他是一位久经考验的老党员，也是一位有贡献的高级知识分子，但他从不居功自傲，从不向党伸手，不搞特殊，不以权谋私。1943 年和 1960 年曾两次受到‘左’的错误路线的审查和批判，‘文化大革命’中又遭到更严重的政治迫害。以上问题，都经过党中央和有关地方党委的甄别平反。他屡次身处逆境，但是仍然坚持真理，始终坚定革命信念，坚信党中央的正确领导，对中央领导怀有很深的感情，表现了共产党员的高贵品质。”

王明在中央医院的日子

自1941年10月14日住进中央医院，到1942年8月13日出院，王明在中央医院共住院299天。

在这299天里，王明在中央医院除了治疗、休养之外，还发生了哪些故事呢？他和妻子孟庆树的表现如何呢？在中央医院医护人员的眼里，王明和孟庆树到底是个什么样的人呢？

这也是一个值得研究的话题。

1943年11月11日，中央卫生处处长兼中央医院院长傅连暲和中央医院党支部书记兼副院长石昌杰，专门写了一份《关于王明同志住院的经过情形的报告》(即《住院报告》)。这份报告共5页，16开，钢笔手书在马兰纸上。在本次"王明中毒事件调查"中，傅连暲和石昌杰联名写的这份报告可谓举足轻重。

显然，当中共中央调查委员会在6、7月份完成对王明的"大会诊"和8月份对金茂岳的"大审查"之后，在取得各种调查资料的基础上，对于如何处理金茂岳和"王明中毒事件"，还必须采取慎重的态度。

于是，中央调查委员会要求中央医院对王明在中央医院住院期间的情况作出总结汇报。根据中央调查委员会的指示，傅连暲和石昌杰联名作出了如下报告：

关于王明同志住院的经过情形的报告

先申明一点，因在办公厅研究王明同志病的治疗过程时，一切病历与护病记录均取走了，医院一点也没有材料，有好多我们都没有直接参加（尤其是石[194]），现在所写的材料，都是凭记忆与各方面

[194] 石，即石昌杰。

所搜集来的材料，虽然有的还是可以作参考。

王明同志是因为“神经性的心脏病”于一九四一年十月下旬住院，四二年八月十三日出院，共十个月之久，本人指定金茂岳为主治医生，未住院前在杨家岭即会诊两次（第一次的详情已记不清了，第二次参加医生有饶飞锡、巴苏华、马海德、毕道文、何穆、朱涟、朱仲丽、李润诗、金茂岳等，当时诊断结论是血压150，有些期外收缩，心扩大到一个米立米特（**即毫米，引者注**），当时因睡不着觉，会诊后打了少量吗啡和阿托品，大家都认为会诊后应以休养为主，金主任提议在医院住几天，以便进行各种化验，因此才决定住医院）。到医院后，正式会诊七次（有外面医生参加者），小会诊有三四次（几个医生交换意见者）。在正式会诊方面，第一次会诊时间大约在十一月初，参加的医生有毕道文、李志中、侯健存、何穆、金茂岳等人，会诊检查结果与上次检查（指入院前在杨家岭最后一次会诊）差不多，只是期外收缩没有听着，又决定继续休养。

第二次大约在一二月间，因以下原因抽风（洗了足，与裁缝吵架，李冰〔克农女〕按摩），遂邀请马海德、侯健存、李志中、毕道文、何穆、傅处长、金茂岳等人会诊。检查结果其他各部与前同，抽风的原因系煤气关系。王明同志在会诊、讨论时也抽了风的，原因是烧了两盆火。病人因检查动了几次，治疗仍照以前。

第三次大约在二三月间，参加医生有鲁之俊、马荔（？）、马海德（？）、侯健存、李志中、何穆、魏一斋、金茂岳等人。会诊讨论是心脏的病，是官能性？或是神经性？结果都没有结论。

第四次会诊，大约在四月底，参加的有李副主席、郭子华、毕道文、侯健存、李志中、何穆、金茂岳等人。会诊讨论是肝部问题（因用汞的时间过久、分量过多，配合不宜，以致慢性中毒，在医院因金主任主治没有把药方拿出来看，故未发觉，待至今年春始知中了汞毒）。当时，孟庆树同志提问西医对肝病是否有特效药，金答：没有。小孟又说：中医有特效药。因此，即决定吃一时期中药。即由李副主席处方，金可以帮忙，为检查体温，及大小便的变化等。但金云：中西不能混合（毕道文、李副主席亦同意）。由李副主席治疗后，金的态度即消极了。我还记得有这种印象，好像曾征求过王明同志的意见，是否改变主治医生（但王明同志表示仍要金主任主治，大约是在肝发炎的时候）。

第五次会诊，大约在五月间，参加会诊的医生有阿洛夫（师哲翻译）、侯健存、何穆、李志中、毕道文、傅处长。会诊讨论，其他差不多。但发生了肝不太好(？)。到七月一号，吃了阿洛夫“所罗非丁”，吃后王明同志即小便便血（他与此药有特异性质），立即停止了此药，又吃中药，小便便血即好些。

第六次会诊，大约在吃“所罗非丁”以后，出院前在办公厅专门讨论吃“所罗非丁”问题。参加的医生有魏一斋、李志中、何穆、金茂岳、阿洛夫、侯健存（他参加一会即走了[195]），还有傅处长。讨论没有什么结果。当时，金云：系“所罗非丁”引起了肾炎。阿洛夫提出了许多材料作根据，证明绝对不会引起肾炎。其他医生说“有可能性”。

第七次会诊，是出院时（在八月间），有阿洛夫、魏一斋、侯健存、何穆、傅处长、金茂岳等。讨论时各有不同意见，主要的是金的意见：认为一切是由肠不好才影响到肝、心，又由肝影响到痔疮。

以上是治疗上主要的经过情形。

在护理方面有郁彬、刘正绘、王心、潘莉、乐峰、纪敏、宁光、栾朴、李坚、张万霞、周易等十一个人。这些人在当时的工作上、技术上、政治上，都是比较好的（当然现在来看有些是特务[196]），其中如，有在外面学过的，在医院也任护士长的，如：郁彬、刘正绘。其他都是二班的护士，在住院期间，没有间断过，到出院也曾派过特别护士。

在他的生活方面，开始是由我们管理的。当时需要什么即买什么，一切费用都是实报实销，都经陈一新同志向邓洁同志报销的。以后由他们自己管理，我即不知道了。他所住的房子除了三个窑洞外，还有三间平房。在他住院期中，大家都觉得他是很特殊的，好多特殊的药品（如像割扁桃腺时的药品等）及医生、护士、生活等问题仍不

[195] 侯健存为什么半途离开会议，据金茂岳女儿金星考证，原因是当他听说金茂岳已经加入中国共产党，就说：“这是你们党内的事。”然后他就转身离开了。侯健存是一个个性鲜明的知识分子。

[196] 傅连暲之所以说“当然现在看来有些是特务”，可见还是深受当时“抢救运动”政治氛围的影响。

能满足他的需要。

关于孟庆树同志，在王明同志住院时，所有医生、护士都觉得她表现不好。这表现在常常发牢骚（另有材料），与王明同志经常吵嘴，常常影响到王明同志的病不好。对于医生、护士的态度也不好，特别是对于护士看不起，把护士当使用人使用，没有一个护士不背后议论她的。（当时）护士们好多都不愿意在王明同志处工作。有一次陈一新同志来调查小孟在医院表现，与小孟面谈过后，小孟即与王明同志讲了。王明同志也责备她对护士的态度是不好的。结果她与王明同志大吵一顿，一天不吃饭，三天不去照顾王明同志。这是我们记得起的一些主要问题。

另外，王明同志与小孟刚入院时，对金的关系是非常好的。王明与小孟似乎对金谈过，有关中央有关他病的一些问题。因为我脑中有这样一个印象，是金从谈王明赴苏联治病谈起谈到的。但我总想不起来了，这还可以问金茂岳即知。

傅连暲

石昌杰

十一月十一日

傅连暲和石昌杰的这份《住院报告》，不仅清楚地记叙了王明住院的前前后后和会诊治疗经过的情形，而且真实写照了王明和孟庆树在中央医院的所作所为。可谓是对王明和孟庆树夫妇在“王明中毒事件”调查中的表现的一个总结，也是“王明中毒事件”的一个缩影。

在这份《住院报告》中，我们还可以看到以下三个主要信息：

第一，在第四次会诊时，王明表示仍要主治医生金茂岳主治。《住院报告》认为：从 1941 年 10 月 14 日至 1942 年 8 月 13 日王明在中央医院住院治疗，共计 10 个月。对王明患病，中共中央高度重视，汇聚了延安所有的最好的医疗专家和护理人员，一起为王明的病患进行诊断。王明因患神经性心脏病和扁桃腺炎住院后，又出现了便秘和卡塔尔黄疸。在缺医少药的客观条件下，主治医生金茂岳采取静脉注射葡萄糖的同时，让王明服用清泻药物甘汞治疗。却因为医、护之间没有认真检查，导致服用甘汞时间过长，病情又有反复和加重的趋势。在出现汞中毒症状后，改用中药医治。在第四次会诊时，专家组曾征求王明是否更换主治医生，王明表示仍要金茂岳担任。

第二，《住院报告》排除金茂岳受人指使给王明下毒的可能性，认为王明中毒属于医疗技术事故，即“因用汞的时间过久、分量过多，配合不宜，以致慢性中毒”。主要原因是医护人员在治疗当中粗枝大叶造成的，所谓“慢性汞中毒”完全是药物的副作用所致。

第三，王明住院规格高条件好，孟庆树发牢骚态度差。在《住院报告》中，我们还可以看到，当时王明住院的条件和规格非常高，除了医疗和护理都是精兵强将之外，在生活上是“需要什么买什么，一切费用都是实报实销”。王明在中央医院享受的是特殊待遇，不仅住宿条件特殊，而且药品供应也特殊，医生、护士、生活等问题无不满足他的需要，但他们却始终感到不满足。对于孟庆树的表现，中央医院几乎所有的医生护士都有意见，“这表现在常常发牢骚与王明同志经常吵嘴，常常影响到王明同志的病不好。对于医生护士的态度也不好，特别对于护士看不起，把护士当使佣人使用”，“王明同志也责备过她对护士的态度是不好的。结果她与王明同志大吵一顿，一天不吃饭，三天不去照顾王明同志”。

由此可见，在王明中毒事件中，孟庆树作为一个革命者、一名中共党员，经常在那里无事生非，滋事挑刺，无理取闹，始终没有起到好的作用，影响了王明的心情和心态，也没有尽到一个妻子应尽的责任。遗憾的是傅连暲和石昌杰这份《住院报告》中提到对于孟庆树常常发牢骚“另有材料”的报告，目前没有发现。

傅连暲、石昌杰的《住院报告》，对王明和孟庆树的作风和态度问题写得如此具体，可谓是中央医院参与王明医护人员集体情绪的大宣泄。

王明的脾气也是不好的，非常专横。这份《住院报告》中就记载了他“与裁缝吵架”的事情。曾任中央医院院长的何穆回忆：“当我呈上住院制度后，王明曾严厉地批评我。张闻天同志知道后，他特地邀我去谈心，说：‘我们实行集体领导，少数必须服从多数。个人意见只代表个人。过几天我们有会，我们讨论一下。’几句话稳定了我的情绪。的确，一星期后，制度批

中央医院大门（吴印咸摄影，吴筑清提供）

准了。”[197]

对孟庆树的蛮横和霸道，郁彬也有着深切的体会。2010 年 6 月，90 高龄的她还清楚地记得她和孟庆树交往的故事。她对笔者说：“孟庆树太娇气了。在后甘泉村，他的孩子明明、亮亮生病了，就叫我去。谁知我去了，孩子在睡觉，她就让我坐在那里等。我忙啊，医院还有病人等我呢！可是没有办法。孟庆树就是这样，太刁了。我还想，你怎么这么娇气，还是老革命呢！吴玉章老、谢觉哉老和夫人王定国也都在那里，没有一个人像她那样。可我也只能敢怒不敢言。王明和孟庆树夫妇经常吵架。但他们吵架从来不用汉语，而是用俄语。”[198]

王明住院期间，毛泽东多次前来看望。一天中午，毛泽东赶到李家坬中央医院时，医院大门紧闭，门上挂着“午睡”的牌子。警卫员见门口的收发员正躺在门内阴凉处休息，便叫他开门，却被毛泽东制止了，说：“医院有医院的规则，我们也应该遵守，否则，影响病人休息，影响工作，就不好了。”就这

[197] 何穆：《延安中央医院是怎样创办起来的》，载《陕西卫生志》1989 年第 3 期。
[198] 采访郁彬的谈话录音，2010 年 6 月 1 日，北京。

1948 年在石家庄 309 号院的合影。前排左起：刘昂（钱之光夫人）、陈琮英（任弼时夫人）、粟裕；后排左起：金茂岳、李先念、陈毅、柯庆施、任弼时、杨明山、毛铎

样，毛泽东一直等到中央医院午睡结束后才进去。时任王明特护的李坚告诉笔者："1942 年夏天，毛主席来看望王明。来的时候，王明正在睡觉。王明住的三个窑洞是在中央医院的第二层，还有三间平房。看见毛主席来了，我赶紧上去跟毛主席握手。这是我第二次跟毛主席握手，第一次是 1941 年在杨家岭。因为午睡时间已经过了，我就准备去喊王明。毛主席就说，不要喊醒他，等一等，让他多睡一会儿。因为王明患的是心脏病，整天都躺在床上，不出来散步。毛主席就坐在外面的石凳子上，等了好久，直到王明醒了，才走进窑洞里去。他们谈了半个多小时。出门时，毛主席还非常高兴地与我们打招呼。我当时并不知道有王明汞中毒的事儿，知道金大夫被抓走的时候已经是 1943 年'抢救运动'的后期了。"[199]

1941 年 10 月，王明住进中央医院时，八路军的两位师政委张浩和关向应

[199] 丁晓平采访李坚的谈话录音，2010 年 6 月 9 日，北京。

1948 年秋，金茂岳和陈琮英、任弼时、陈毅在石家庄

也同时住院。病中的王明，获悉老战友张浩也在中央医院，就决定去看看。当四个战士用担架将王明快要抬到张浩住的窑洞前时，张浩的儿子林汉雄正在门口玩耍。孩子一眼就认出了王明，马上跑回窑洞对张浩说："王伯伯来了。"张浩冷冷地说："是王明吗？我不见！"可这时，王明的担架已经抬到了窑洞门前了。林汉雄对坐在担架上的王明说："我爸爸不想见你。"王明以为这是孩子的恶作剧，就隔着厚实的棉布门帘大声地喊道："我们都是快要死的人了，我是特地来看你的。过去的事就算了，不要记在心里。"听到王明这么说，张浩心里更加生气了。为什么呢？原来，1931 年王明在六届四中全会夺权后，张浩的堂弟林育南被王明扣上右倾机会主义帽子，与何孟雄、李求实等人一起牺牲。如今，在延安，他正要求中共中央清算"左"倾遗毒，给林育南予以平反。还有，在武汉时期，王明指责张浩假传圣旨，将"联蒋抗日"传达为"反蒋抗日"。其实，"联蒋抗日"的口号是共产国际根据形势的变化临时修改的，张浩千辛万苦地跋涉到达瓦窑堡时根本不知道。想到这些，张浩怒不可遏，隔着大

门说："你这个人，我不想见，还是快回去！"王明吃了一个闭门羹。

求见张浩不成，王明坐在担架上失声痛哭。

新怅惘，旧悲凉；愁未去，惹恨长。遗憾的是，王明独自流下的伤心泪，并没有擦亮他的眼睛，清醒他的灵魂。在中国革命苦难又辉煌的道路上，王明自陷于政治路线斗争的泥沼不能自拔，最终孤独地走向沉沦……

下面的段落，是对本次"王明中毒事件"调查新发现的几份历史证据的补充说明。

王明出院回到杨家岭以后，中共中央对王明的健康问题依然高度重视，定期派医疗专家对他进行会诊和治疗，并安排了专门的特护人员。在笔者新发现的这批关于"王明中毒事件"的史料中，还有1944年8月31日的《王明的会诊记录》和1945年7月29日的《王明同志的检查结果》，以及5张中央医院化验室的报告单（其中1944年7月5日王明、孟庆树和儿子明明各1张，11月10日孟庆树和儿子明明各1张。见链接1王明中毒事件调查原始历史证据之证据9至证据15）。

1944年8月31日的会诊，由傅连暲主持，参加的医生有阿洛夫、李润诗、李志中、王斌、鲁之俊、陈应谦、何穆。由陈仲武记录。这次会诊是在杨家岭举行的。王明本人也参加了会诊。会诊主要是根据孟庆树有关王明当前病症的汇报（查谷申记录），针对王明的拔牙问题、腹部按摩问题和肠胃问题等作了简单的讨论。对拔牙问题，专家建议："坏的拔掉"、"能够治好的可不拔"或"分期拔"。专家们还建议王明不要长期卧床，应该起床适当地做做腰部运动。

1945年7月29日的会诊，专家们对王明继续作了认真检查。专家们针对王明的全身方面、食物方面、外用治疗、洗肠用药、内服药物等提出了具体的治疗方案，建议：一是要采用"水浴法"（行全身温浴，每日至少一次），同时"行有规则之全身运动（如短少之散步及室内柔软体操等）"；二是要注意精食，忌酸性食物（可能增加肠蠕动）；三是外用治疗上要注意保持腹部温暖，并用处方药物时时搽腹部；四是坚持每日或隔日一次用药物洗肠；五是内服处方药物治疗。参加这次会诊的医生有王斌、史书翰、鲁之俊、陈应谦、黄树则、李志中、马海德、苏井观和曲正。这份《王明同志的检查结果》由周泽昭和陈仲武抄存，并请上述专家审阅，其中除了黄树则（不在家）、李志中（病假）和马海德三人没有审阅签名之外，王斌、史书翰、鲁之俊、陈应谦、苏井观和曲正等人审阅后分别用毛笔、钢笔或铅笔签名已阅。这份《王明同志的检查结果》内容如下：

Ⅰ．心、肺无特殊发现。

Ⅱ．肝脏：1．无肿大；

2．无硬化（腹壁静脉不扩大，下腹无腹水，痔核出血好转）。

Ⅲ．结肠：（横行及下行结肠）有显著压痛感。从患者其他自觉症状（如积气、下泻、不消化等）观察，配以治疗所见，可诊断为：慢性结肠炎。

以上检查结果显示，王明的身体至1945年7月已恢复了健康。

“名长意短，口正心邪。”王明在《中共五十年》中歪曲事实，造谣说毛泽东派李富春指使中央医院院长傅连暲和医生金茂岳“蓄意毒害王明并摧残他的健康”，至此已真相大白。王明是以小人之心度君子之腹，多年之后仍把一起纯粹的医疗技术事故炒作为政治阴谋，可叹！可悲！

“王明中毒事件”调查报告写到此处，不禁令人扼腕唏嘘，忽然想起毛泽东词《贺新郎·别友》中的一句——

“人有病，天知否？”

九月会议 (1943)

历史决议

朱豪医院“中毒事件”

沉沦不归路

大江东去，浪淘尽

——王明中毒事件后续影响

王明之所以坚持自己的思想路线，关键还是他和早年的年轻共产党员一样，投身中国革命的精神准备和斗争准备都不是很充分，而且革命一开始他就完全接受了苏联的革命理论，完全地迷信与套用苏联的革命经验，并深深地渴望得到来自苏联的直接援助和干涉，简单而又生硬地移植苏联的革命模式，对莫斯科的指示和决策是“孔步亦步，孔趋亦趋”，并毫无保留地去贯彻和执行。王明在革命上的“纸上谈兵”，没有把中国革命的实际和中国国情与马克思列宁主义进行有机结合，注定经不起实践的检验，也必然遭到在经历过革命的挫折和失败之后走向务实的毛泽东的坚决反对，从而在不断的党内思想路线斗争中败下阵来。而作为革命道路上的同志，毛泽东和王明最大的不同点正是“志同，道不合”。

政治的失败、人生的失意和追求的失落，紧紧地纠葛在一起，成为王明政治生涯一个永远也解不开的死结。在苏联的庇护下，唯书唯上的王明始终没有把自己的根扎在祖国的大地上，在钻进意识形态的死胡同之后，企图在中苏关系的裂缝中寻求生存和自尊，却失了一个中国人的自我，丢失了一个中国共产党人的品格，就这样逐渐走向了沉沦……

苏东坡曰：“大江东去，浪淘尽，千古风流人物。”

毛泽东曰：“国际悲歌歌一曲，狂飙为我从天落。”

浪底见真金。

东方红，太阳升，中国出了个毛泽东……

王明

九月会议(1943)

历史往往总是有许多巧合，其中的安排既有天时，有地利，也有人和。

“九月会议”，是一个非常特别的称谓，是中共中央1941年9月和1943年9月召开的政治局扩大会议的简称。1943年9月，因为中央领导机构的调整、共产国际的解散，以及全党整风运动的深入，在准备召开中共第七次全国代表大会的情况下，为了统一高级干部思想，中央政治局决定按照1941年九月会议的方式继续召开政治局扩大会议，讨论党的路线问题，尤其是抗战时期党中央的路线是非问题。

为什么按照1941年九月会议的方式召开这次政治局扩大会议呢?

胡乔木分析认为：1941年九月会议本来主要是讨论苏维埃运动后期的党的路线问题，对1931年九一八事变后的中央路线的认识也基本取得了共识。但是在10月8日的中央书记处会议上，王明声称抗战以来中央的路线错了，他要到共产国际去告状，这就使认识的分歧加剧了。1942年底刘少奇回到延安，1943年3月张闻天从农村调查归来，王明向他们宣传了中央路线有错误的观点，并要他们主持公道。1943年5月，共产国际解散，王明继续宣扬国民党是民族联盟，实行的是民主政治、是民粹派主张的观点。当时中央正在准备召开七大，中央高级干部的思想必须统一，因此，讨论党的路线问题再次提上日程。由于王明认为抗战以来党的路线错了，这次会议在继续深入揭发批判苏维埃运动后期错误路线的同时，着重讨论抗战时期党中央的路线是非。[200]

同时，还有一个不可忽略的背景！那就是国际和国内政治格局已经发生了显著的变化。1941年九月会议是在经历皖南事变、打退国民党第二次反共高潮，特别是苏德战争爆发后，欧洲战争形势发展还不太明朗，国共两党关系在这年秋天开始相对缓和的情况下召开的。而1943年九月会议则有所不同，国际国内战争形势和国共两党关系的变化，导致党内的路线斗争也随之发生了变化。

---

[200]《胡乔木回忆毛泽东》，人民出版社2003年12月第2版，第279页

斯大林格勒战役的胜利和太平洋战争的爆发，使世界格局发生了新的变化，日本冒险进攻苏联的可能性大大降低，这对一直企图利用德日合力攻苏之机挑起反共高潮的蒋介石不啻是个重大打击。但蒋介石并不甘心。1943年3月，国民党抛出了由陶希圣执笔、蒋介石署名的《中国之命运》，从理论上为国民党再次发动反共内战作舆论准备。5月份共产国际解散后，国民党反共气焰高涨，叫嚣"马克思主义已经破产"，"共产主义不适用于中国"，并提出"解散共产党、交出边区"等等。6月，胡宗南在洛川开会，决定调集大军九路闪击延安。7月，国民党军队开始向陕甘宁边区做试探性进攻。这时，中共中央接到八路军驻西安办事处转来的可靠情报，蒋介石和胡宗南正在秘密调兵准备进攻延安。而早在4月，国民党中央就通知各省党部和政府，称中共为"奸党"。军事上，韩德勤、蒋鼎文、庞炳勋等国民军也不断挑衅八路军，制造摩擦事件。内战危机空前严重，形势紧张。为避免内战，毛泽东立即采取三项措施：一是把蒋　胡阴谋进攻边区的消息迅速向外界传播，运用国际国内统一战线发动制止内战运动；二是在边区进行紧急动员，准备以武力还击国民党的进攻；三是请正在由渝赴延途中的周恩来和林彪火速赶往西安，直接向胡宗南交涉。按照毛泽东的部署，中共以"宣传闪击"的方式一下子戳穿了国民党的反共阴谋。在国内人民的反对、美英苏三国的压力和边区军民的严阵以待之下，蒋介石被迫改变反共计划。从此至抗战结束，国民党再不能明目张胆地大兴反共之师了。[201]

尽管不费一枪一弹就打退了国民党的第三次反共高潮，粉碎了国民党妄图进攻陕甘宁边区的阴谋，但毛泽东坚持对国民党继续进行斗争的路线并没有改变。于是，反对对国民党的右倾投降，成为1943年九月会议的主要倾向。也就是说，国民党发动第三次反共高潮，无形中又成为毛泽东批判王明路线的一个契机。而对王明路线的批判，事实上早在7月中旬就已经开始了。

7月11日，中共中央总学委发出《关于在延安进行反对内战保卫边区的群众教育的通知》，要求"利用这次国民党企图进攻陕甘宁边区的具体事实，进行无产阶级和非无产阶级、革命和反革命的思想斗争，使全体干部和党员认

[201]《胡乔木回忆毛泽东》，人民出版社2003年12月第2版，第170—173页。

识和拥护毛泽东同志的马克思列宁主义的思想方法和他所提出的‘既团结，又斗争’的正确路线，反对那‘只团结，不斗争’的投降主义，反对那些认为现在国民党还是民族联盟，共产国际取消后中国共产党可以‘取消’并‘合并’到国民党中去的叛徒理论”。“一切半条心的人，在大敌当前之际，应诚心地批评、纠正和克服自己的错误思想，团结在以毛泽东同志为首的中央的周围，同民族的、阶级的、公开的、暗藏的敌人坚决斗争”。显然，这个“通知”中提出的“反对那‘只团结，不斗争’的投降主义，反对那些认为现在国民党还是民族联盟”一语，就是在不点名地批判王明。

7 月 13 日，在中共中央政治局会议上，毛泽东借机第一次点名批评了王明，并把王明在抗战初期的路线上纲至“右倾机会主义”和“投降主义”的高度。他异常尖锐地说：“抗战以来，我党内部有部分同志没有阶级立场，对大地主大资产阶级的国民党对我进攻、对我大后方党员的屠杀等没有表示义愤，这是右倾机会主义思想。国民党打共、捉共、杀共、骂共、钻共，我们不表示坚决反抗，还不是投降主义？代表人物就是王明同志。他的思想是大地主大资产阶级在党内的应声虫。他曾认为中央路线是错误的，认为对国民党要团结不要斗争，认为他是马列主义，实际上他是假马列主义。对于中国蒋介石的流氓政治，我们屡次站稳阶级立场予以坚决反抗，都被我们打垮了，这是实际的教训。我们党内要把历史问题弄清楚，同志们准备意见，要进行讨论。过去党中央的两条路线也必须弄清楚，把党内无产阶级思想与非无产阶级思想弄清楚，对党外要把革命与反革命弄清楚。机会主义者不改正思想上的错误，有走向当敌人的危险，如张国焘。过去一切犯过错误的同志，只要改正错误，都能团结一起工作。”

8 月 30 日，毛泽东在中央政治局会议上，再次批评王明 1941 年进中央医院前在书记处会议上说中央路线是错误的意见，强调蒋介石集古今中外反革命的大成，是封建买办的法西斯主义，我党的反国民党反动派的宣传还可进行四个月，直到国民党向我有所表示时方可停下来。

毛泽东为什么在这个时候公开批评王明，而且上纲上线，毫不留情，情绪十分激动，主要还是因为整风运动在思想清洗和组织清洗相结合之后，党内斗争变得异常复杂尖锐，加上国民党持续反共，从而使得整风运动迅速阶级斗争化。在这样的气候、土壤下，整风运动一方面很民主，一方面很紧张。再加上王明本人顽固坚持错误路线、拒不承担责任，并且指责毛泽东执行的中央路线是错误路线，使得毛泽东再也忍不住了，不得不改变对王明的宽容态度。

1943 年九月会议就在这样的历史背景下召开了。而这一历史背景反映到党内斗争上，对于错误路线的批评，在基本方向和内容上无疑是正确的，但在言词上要比 1941 年九月会议尖锐得多，涉及的人也更多，会议的空气也更紧张一些。用胡乔木的话说："毛主席的这些认识，就对蒋介石国民党的评论来说是正确的，就对王明错误的批判来说也是无可非议的，但是由于对抗战初期跟着王明犯错误的一些领导人的情况没有强调做具体的历史分析，因而有的批评也失之偏颇。这种状况影响了 9 月政治局扩大会议讨论抗日时期路线问题的氛围。"[202]

九月会议是从 9 月 7 日开始的，原来准备只开五次会议，隔一天开一次，但后来改变了计划，使整风检查与党史学习穿插进行，断断续续地一直开到年底，实际上直到 1945 年 5 月 21 日六届七中全会才完全结束检查。参加这次九月会议的政治局委员和候补委员有：毛泽东、刘少奇、任弼时、朱德、周恩来、陈云、康生、彭德怀、洛甫、博古、邓发，共 11 人，王明、王稼祥、凯丰因病未参加。列席者有：李富春、杨尚昆、林伯渠、吴玉章、彭真、高岗、王若飞、李维汉、叶剑英、刘伯承、聂荣臻、贺龙、林彪、罗瑞卿、陆定一、孔原、陈伯达、肖向荣和胡乔木，共 19 人。

九月会议共分为三个阶段。第一阶段从 9 月 7 日至 10 月 6 日。在 9 月 7 日、8 日、9 日三天，博古、林伯渠、叶剑英和朱德先后发言，他们对抗战以来王明路线的错误开展了严肃的批评和自我批评。

博古在发言中进一步作了自我批评。他说：抗战时期党的路线问题，我同意毛主席提出有两条路线，一条是毛主席为首的党的正确路线——布尔什维克路线；一条是王明在武汉时期的错误路线——孟什维克的新陈独秀主义。这

[202]《胡乔木回忆毛泽东》，人民出版社 2003 年 12 月第 2 版，第 281 页。

条路线，只看见国民党抗战的一面，忘记了它反动的一面，只看见并夸大它变化的方面，忘记了它不变的方面；对八路军，不敢大胆深入敌后，不敢大胆扩充，华中、华南失去许多机会；对根据地，不建立政权，一切要合国民党的法；对国民党不敢批评；对抗战，强调运动战，忽视游击战，对持久战基本观点是不同意的。

针对王明把错误的责任都推给博古，毛泽东在会上插话指出：内战时期的错误路线，第一个是王明，第二个是博古。王明是这个路线理论的创造者与支持者，博古等是执行者与发挥者。

林伯渠批评王明的路线错误，认为王明是“洋共”，引用了许多马、恩、列、斯的话来欺负我们许多“土共”；他是“洋钦差”，硬搬外国经验来指导中国革命，这是新陈独秀主义的手法。

叶剑英在发言中谈到了与国民党的关系，指出：我们主要做一篇半文章，即进行民族民主革命的半篇文章，与社会主义的一篇文章。国民党只做半篇文章，对抗战也是想半途而废的，因此我们要同国民党进行斗争。在处理与国民党的关系上，王明是身在毛营心在蒋，不能不犯投降主义错误。

朱德结合中国共产党领导革命 20 年的历史，批评抗战以来王明路线错误的实质是“不要领导权，投降大地主大资产阶级”。具体说来，就是不要政权，不要枪杆子，不要游击战争，不了解中国革命的特色就是靠游击战争来发展我们的力量；对党内，是站在共产国际的立场来指挥中央，党内关系也采取统一战线一打一拉手段，因此，形成对外一切服从，对内“独立自主”的特点。他还对新老陈独秀主义进行了比较，相同点有五个：一是都不要革命的领导权，甘愿让给资产阶级；二是不要武装力量，又幻想革命成功，这完全是空想；三是看不起无产阶级自己的力量，而把资产阶级的力量看得很强大；四是忽视游击战争，陈独秀也骂红军是土匪；五是怕统一战线破裂，打烂家当，其实无产阶级是没有家当的，有家当的是资产阶级，怕打烂就会产生投降心理。两者的不同是，王明有共产国际招牌，穿上马列主义的外衣，把人吓住了，老陈独秀主义则是反共产国际的。

在 9 月 13 日的会议上，康生首先发言。他一是攻击王明，二是吹嘘自己。

康生提出：首先要用历史的方法来检讨王明的投降主义，不能孤立地看他抗战时期的问题，还要联系十年内战时期来找王明主义的来源。他说：过去我们说，“左”的路线应从1931年9月20日决议起，现在看来要重新考虑，因为王明是在四中全会之前就有一个从中国革命根本问题起的比立三“左”的机会主义纲领——《为中共更加布尔什维克化而斗争》的小册子。1940年，他不经中央同意，又将这本书印发到延安及各根据地，使许多新干部新党员误以为他是反立三路线的英雄。我花了两天时间读完这本书，发现这是一个大骗局。王明是扩大立三路线更加孟什维克化，因为他不是反立三路线的“左”倾机会主义，而是反对立三的右。王明比立三路线“左”得多，要从1930年的小册子算起，这是代表“左”的纲领。第二，要联系实际工作中造成的恶果来检讨。康生说，王明不仅是几篇文章的问题，而是长江局、东南局的领导路线，并影响到华北，这就是要求长江局的同志应当对这些情况多多揭发。第三，要用自我批评的方法来进行。康生批评博古讲话抽象，不揭发具体事实是不对的，而且博古自我批评精神不够。同时，康生自我吹嘘：在共产国际时期，王明说我要篡他的位，我哪敢？事实上矛盾是有的，政治上虽然跟他走，但组织上不愿与他同流合污。回国后，有组织上的阴谋，我是知道的，他想抓军队。我与王明的关系，如他得势是十年也说不清的。他派了人来侦察我。抗战以来，我在毛主席教育下，没执行王明投降主义路线，真是一个幸福。但假如将来换一个环境，遇到一个不是王明，而是李明，是否受蒙蔽？这可是要常想到的一个问题。

当年参加会议的胡乔木认为，康生的发言含有严重错误，有些问题混淆了错误的性质，并且对后来的会议进程发生了较大影响。尤其是康生提出的王明的小册子这个问题，就受到毛泽东的重视。毛泽东在第一阶段会议的最后一天（10月6日）说：“九月的会是有收获的，以前许多同志未注意的问题引起了注意，如王明《为中共更加布尔什维克化而斗争》一书。”“现在康生、少奇、恩来等议论，四中全会是错误的，此事大家可以研究。”

这天，毛泽东也着重讲了“两个宗派”问题——“教条主义的宗派主义”和“经验主义的宗派主义、山头主义”。对教条主义宗派，毛泽东点名批评王明、博古，说他们是“钦差大臣满天飞”，利用四中全会来夺取中央的权利，打击许多老干部，拉拢一些老干部，凭着“国际”招牌统治中央三年又四个月，党政军民学，东西南北中，无处不被其毒。教条宗派只有罪恶无功劳，超过了李立三、陈独秀。王明有何功劳？四中全会已被揭穿，八一宣言还能考虑。洛甫（张闻天）在广昌战役后有转变。在长征途中，稼祥、洛甫从这个集团中分化出来了。遵义会议改变了军事路线，撤了博古，书记换为洛甫。遵义会议以后、抗战以后，原来教条宗派有的同志还有宗派活动。从1937年十二月会议到1938年六中全会，在武汉时期形成两个中央，造成党内危机。对经验主义宗派，毛泽东点名批评张国焘是经验宗派中的邪派人物，不打碎是危险的。在两个宗派中，教条宗派是主要的，穿了马列主义外衣，利用“国际”名义来称雄吓人，与经验宗派中的不正派的人结合起来，危害最大。对王明、博古、洛甫这些同志要“将军”，要全党揭露。说是不对的，还要把一切宗派打坍，打破各个山头，包括其他老干部、新干部。我们只“整”思想，不把人“整死”，是治病救人，做分析工作，不是乱打一顿；对犯错误同志还是要有条件地与他们团结，打破宗派主义来建设一个统一的党。毛泽东还就开会的方法提议：先用一周到十天研究文件，允许交头接耳、交换意见；要提倡展开批评与自我批评，火力不够，不能克“敌”制胜。

对毛泽东的这次发言，胡乔木认为“有一些过激之词，有些批评也很不恰当。但在当时不可能表示异议”。而毛泽东的这个发言实际上也为1943年九月会议的整风定下了基调，整风的内容和方式也因此与1941年的九月会议发生了变化，犯错误的同志都按照这个思路进行检讨，其他同志也按照这个思路展开批评。[203] 毛泽东提出教条主义和经验主义是主观主义在党内的两种具体形态是正确的，对其中一些过激的话，他自己不久作了纠正。如两个宗派的问题，在扩大的六届七中全会上，肯定了毛泽东的提议：“在党的历史上曾经存在过教条宗派和经验宗派，但自遵义会议以来，经过各种变化，作为政治纲领与组织形态的这两个宗派，现在已经不存在了。”[204]

因为要等待彭德怀等前方负责人回到延安，九月会议就暂停下来。9月30

[203]《胡乔木回忆毛泽东》，人民出版社2003年12月第2版，第286页。

[204]《毛泽东传（1893-1949）》，中央文献出版社1996年8月第1版，第660页。

日和10月5日，中央书记处先后两次开会，研究党史问题和拟定党史学习计划。决定毛泽东仍担任中央总学委主任，刘少奇和康生为副主任，胡乔木担任秘书。

10月6日，在九月会议第一阶段最后一次会上，毛泽东还作了关于学习党的路线的发言。毛泽东先通报了书记处关于整风检查暂停，高级干部先行学习的决定。他充分肯定了这次会议取得的成绩，并且说：整风学习的目的是打碎两个宗派，教条宗派是头，经验宗派是脚。"这些宗派并无组织系统，但有思想方法、政治路线为纲领。打的方法即是改造思想，以马列为武器，批判自己，批判别人。"教条宗派是经验宗派的灵魂，故克服前者，后者再加马列，事情就差不多了。要发展自觉性，也要适当地将军，内力外力合作，才会有成效。对时局问题，他说：今年国民党搞了第三次反共高潮，"我们的方针是后发制人，不为戎首"。国民党十一中全会和国民参政会骂了我们八个字："破坏抗战，危害国家"，又拉了一下："政治解决"。我们"从今天起，对国民党的揭露在《解放日报》一律停止，但阶级教育、反特务斗争继续进行"。他再次强调，斗争的性质是两条路线的斗争，错误的路线以米夫、王明、博古为首。书记处提议，在整风期间，凡参加学习者，人人有批评自由；对任何人、任何文件、任何问题都可以批评。我们希望各人扩大自己头脑中的马列根据地，缩小宗派的地盘，以灵魂与人相见，把一切不可告人之隐都坦白出来，不要像《西游记》中的鲤鱼精，吃了唐僧的经，打一下，吐一字。只有内力、外力合作，整风才会有效。[205]

在毛泽东讲话之后，康生报告了学习计划。随后，刘少奇、朱德和周恩来相继发言。

刘少奇着重谈党内斗争传统问题。他强调，首先要有自我批评的空气，特别是中央负责同志应该有这种精神准备，随时接受干部和群众的监督与批评；其次，批评只准明枪，不许暗箭，彼此挑拨也是不对的；第三，发言一律称同志，不称首长，以利争论的展开，党内历史有许多不清楚的，要组织几个报告，要留下些文件给后代。[206]

---

[205] 毛泽东在中央政治局扩大会议上的发言记录，1943年10月6日。

[206] 刘少奇在中央政治局扩大会议上的发言记录，1943年10月6日。

从井冈山时期起就和毛泽东一起患难与共的朱德，在中共党内德高望重，又与毛泽东有着“朱毛不可分”的关系。他说，王明的教条主义、投降主义现在看来很明显，他们只知道外国，不知道中国。现在看清楚了，我们也要外国，也要中国，从实际出发都对，从教条出发都错。毛主席办事脚踏实地，有魄力、有能力，遇到困难总能想出办法，在人家反对他时还能坚持按实际情况办事；同时他读的书也不比别人少，但他读得通，能使理论实际合一。实践证明，有毛主席领导，各方面都有发展；照毛主席的方法办事，中国革命一定有把握胜利。[207]

三年来一直在大后方工作的周恩来是第一次参加政治局整风会议。8 月 2 日，他在中央办公厅举行的欢迎他回延安的大会上说：“没有比这三年来事变的发展再明白了。过去一切反对过、怀疑过毛泽东同志领导或其意见的人，现在彻头彻尾地证明其为错误了。”“我们党的历史证明：毛泽东同志的意见是贯串着整个党的历史时期，发展成为一条马列主义中国化、也就是中国共产主义的路线！”“毛泽东同志的方向，就是中国共产党的方向！毛泽东同志的路线就是中国布尔什维克的路线！”此后，周恩来在会议中多次发言，一边汇报南方局三年工作，一边检查自己过去工作中的错误。周恩来还在 9 月 16 日至 30 日的半个月时间内写了 4 篇长达 5 万字的学习笔记。在这天的会议上，周恩来系统回顾了党的历史，分析了党成立以来几次出现路线错误的国际原因和社会根源。他说，在这几次错误中，王明的教条更完备，还有“国际”的帽子，又有米夫做后台，这样才在中央占了统治地位。[208]

会议结束时，毛泽东作小结又谈了两点意见：第一，团结问题。他说：我们是要团结的，但办法是要大家觉悟起来，犯路线错误或犯个别错误的同志觉悟起来，弄清路线的是非，是达到真正团结的基础。真正要团结就要展开批评，掩盖分歧的人就是不要团结。整风是一个大的自我批评，就是以斗争求团结。毛泽东说，“我们是要把党斗好，不是斗翻，只要不把党斗翻，言论一概自由。这样做的目的就是为了对付国民党。”第二，党内斗争的方法。他说：这次要

[207] 朱德在中央政治局扩大会议上的发言记录，1943 年 10 月 6 日。
[208] 周恩来在中央政治局扩大会议上的发言记录，1943 年 10 月 6 日。

避免党的历史上的错误斗争方法。“过去党内斗争没有解决思想问题”，“现在的斗争还是继续整风的精神，惩前毖后，治病救人”。[209]

九月会议第一阶段结束后，中央总学委组织一般干部进行人生观的学习。随后，毛泽东对王明路线的批评继续升级，和风细雨变成了疾风骤雨。毛泽东左右开弓，批判王明的范围逐渐扩大。不可否认，毛泽东批评王明的言词十分激烈，有时也缺乏一些冷静的具体分析，有许多非常尖锐的批评经常重复使用，使会议充满了火药味。

10 月 14 日，毛泽东在西北局高干会议上作报告，第一次在比较大的范围公开点名批评王明路线。他综合过去在政治局会议的发言，对王明路线的特点作了概括。他指出：我们党已经有 22 年三次革命的经验，不能再容许王明路线占领导地位了。他把抗战初期王明错误的特点概括为四条：一、以速胜论反对持久战；二、以一切经过统一战线反对独立自主；三、军事上反对游击战，主张运动战；四、组织上闹独立性，不服从中央，闹宗派主义。这是一条投降主义路线。这条路线在 1938 年时曾危害过党，全党各地差不多都受了影响，直到六中全会才在政治上克服了。

在这次会议上，毛泽东还揭露说：“王明最近两年，一面养病，一面还做破坏活动，向一些同志讲怪话，批评中央不对。我们要有对付党可能发生破裂的准备。”

九月会议第二阶段是在一个月后的 11 月 13 日开始的。在毛泽东作了动员讲话之后，13 日博古作了第二次检查，14 日罗迈（李维汉）作了检查，21 日洛甫作了检查，27 日周恩来作了检查。

在 11 月 13 日的讲话中，毛泽东严厉批评了王明宗派，指出：现在的中央并不是六大选的，而是四中全会、五中全会选的。王明的宗派控制了中央码头。王明宗派中最主要的人物，在政治上以“左”倾为外衣，用“国际”旗号，用马列招牌，欺骗了党十多年，现在要揭破这个大欺骗。遵义会议为什么不能提出路线问题？就是要分化他们这个宗派。这是我打祝家庄实

[209] 毛泽东在中央政治局扩大会议上的结论记录，1943 年 10 月 6 日。

行内部分化的一幕。当时仅仅反对军事上的机会主义，实际上解决了政治路线问题。因为领导军队的权拿过来了便是解决政治路线。如果当时提政治路线，三人团便会分化。在前年九月会议前没有在党内讲王明路线错误，也是大多数人还不觉悟，等待一些同志是需要的。接着毛泽东还进一步评论了一些中央领导同志的功过和在重大事件和重要关头的表现，认为有的是一贯犯错误，有的只有个别错误，有的是不断犯错误又改正错误，有的则长期坚持错误；有的功大于过，有的有功有过，有的有过无功。他强调整风与审干要经过分析与综合才能得出正确结论。有许多同志在工作中是老练的，但在马列主义方面是幼稚的，这是犯错误的一个认识原因。他要求犯错误的同志宁可把问题看得严重些，不要光是解释，这样才能认识错误，前途才光明。他说："所有经验宗派的人，与教条宗派是有区别的，大多数是被欺骗的，不觉悟的。他们常常被教条宗派利用'共产国际'、'马恩列斯'的外衣和威逼利诱所蒙蔽，所迷惑。"

《毛泽东年谱》非常清楚地记叙了毛泽东在这次会议上的发言，继续批评王明在十年内战时期的"左"倾机会主义错误和在抗战初期的右倾机会主义错误。毛泽东在发言中说：遵义会议以后的路线和遵义会议以前的路线，是马列主义和非马列主义的区别。遵义会议前被诬为机会主义者的，今天已变为主要领导者。但这个码头仍是四中全会、五中全会选出的中央。这是一个矛盾，已经忍耐了多少年，从前年九月会议到现在又忍耐了两年，我还要求同志们再忍耐一下，不忙解决这个问题。遵义会议只集中解决军事路线，因为中央在长征中，军事领导是中心问题。当时军事领导的解决差不多等于政治路线的解决。1937 年十二月会议时，由于王明的回国，进攻中央路线，结果中断了遵义会议以后的中央路线。十二月会议我是孤立的，我只对持久战、游击战为主、统一战线中独立自主原则是坚持到底的。六届六中全会，我对王明的"一切经过统一战线"等是作了否定的结论的，但当时没有发表。六中全会的很好的条件是王稼祥带回了共产国际的指示。前年九月会议，提到抗战时期党的路线问题，王明坚决不承认路线错误。我说不说路线错误也可以，但有四个原则错误，即（一）速胜论，（二）运动战，（三）对国民党只要团结不要斗争，(四)组织上闹独立性。但王明仍不承认，不久来了反攻，说他的路线是正确的，中央路线是错误的。对具体问题进行具体分析是马列主义的灵魂。有许多同志喜欢作总结，而不喜欢分析问题。综合是分析的结果，分析是综合的手段。统一的东西必须经过分析，发现问题，暴露问题，分析问题，才能有正确的结论。洛川会议我提出抗战后主要危险是右倾，大家都没有了解。在革命中，资产阶级采取暴力政策，革命队伍容易出“左”倾机会主义；资产阶级采取改良政策，革命队伍容易出右倾机会主义。蒋介石在他的阶级敌人面前是警觉、坚定、明确的，每个共产党员都要学习这一点，他是阶级政治家。大革命时，我们第一个失败的关键是国民党第二次全国代表大会。当时我主张反击，因我们有三分之一，左派三分之一，其他三分之一，左派很赞成，结果我们自动退却。《联共党史》上很少提“路线”二字，中国同志就喜欢咬此二字，以后少用为好。[210] 同时，值得注意的是，毛泽东在发言中强调：“我们的目的是揭发路线错误，又要保护同志，不要离开这个方向。”

博古紧接着作了第二次检查。他首先表示，在教条宗派中，除王明外，他是第一名；在内战时期，他在国内是第一名；抗战时的投降主义，以王明为首，他是执行者和赞助者。

11 月 27 日，周恩来在会上作整风检查。参加中共中央核心领导时间最长、资格最老、了解情况最多的周恩来，从 11 月 15 日就开始准备发言提纲。这份提纲长达两万字，分为“自我反省”和“历史检讨”两大部分，以“历史检讨”为主线，从大革命后期的五大讲起，是整个会议中讲得最细、检查时间最长的发言，可谓是 1927 年以来的中共党史报告。周恩来说，王明路线的本质是：党外步步投降，党内处处独立。在形势的估计上，是速胜论、外援论；战略思想上是外援论、唯武器论；在统战工作上是投降主义，中心是放弃领导权，取消阶级教育和党的独立宣传；在党的关系上是把党作为私人工具，取消党的正确领导，与延安中央闹独立性，准备使“武汉中央化”。

[210]《毛泽东年谱》中卷，中央文献出版社 2002 年 8 月版，第 480-481 页。

归纳起来，这就是“抗战中的机会主义，统战中的投降主义，党的问题上的取消主义，故本质上是较老陈独秀主义坏得多了”。周恩来在讲话中还详细检查了自己的错误，既高度概括又具体详细，既具体问题具体分析又不以偏概全，非常有说服力。后来他自己说：做了20多年工作，就根本没有这样反省过。

40年后，胡乔木认为第二阶段的会议有些同志对张闻天和周恩来的整风检查意见有偏激之词，造成了会议的紧张气氛，尤其在康生不断的煽风点火、推波助澜之下，这个阶段的政治局会议有党内斗争过火的偏向。[211]

王明在杨家岭的家中养病，始终没有参加会议。11月29日，中共中央委托李富春找王明谈话，传达九月会议的精神。李富春告诉他中央即将召开七大，正组织各级干部700人学习讨论党的历史问题；同时，中央政治局正在开会讨论六大以来党的路线问题，特别是教条主义宗派的错误，包括王明的错误问题，希望他认真作出检讨。

12月1日，由妻子孟庆树代笔，王明本人签名，给毛泽东并中央政治局诸位同志写了一封信。他在信中说：“现在因病不能参加会议和学习，很觉难过。”“中央所讨论的关于我的主要的是哪些问题，我还不知道。等我得到中央的正式通知后，我将尽可能的加以检讨”。他写道：“关于过去已经毛主席和中央书记处同志指示我的错误和缺点问题，虽然我现在没有精力详加检讨和说明，但我认为有向此次政治局会议作原则上的明确承认之必要。”在这封信中，他承认1941年9月底10月初时，同毛主席讲的关于国共关系和中央抗战路线问题的那些意见都是错误的。“现在我再一次地向中央声明：我完全放弃我自己的那些意见”，“一切问题以党的领袖毛主席和中央大多数同志的意见为决定”；“我很感谢毛主席和中央各位同志提出我的这些错误和缺点，使我有可能和我的这些错误和缺点作斗争。”他还表示：“在毛主席和中央各位同志的领导和教育之下，我愿意做一个毛主席的小学生，重新学起，改造自己的思想意识，纠正自己的教条宗派主义错误，克服自己的弱点。”[212]

[211]《胡乔木回忆毛泽东》，人民出版社2003年12月第2版，第295页。
[212]《胡乔木回忆毛泽东》，人民出版社2003年12月第2版，第295–296页。

这个时候，始终没有参加会议的王明尚不清楚会议讨论的具体情况。

12月初，中央总学委发出了关于学习《反对统一战线中的机会主义》文件的通知。这个文件摘录了季米特洛夫、曼努伊尔斯基等共产国际负责人反对统一战线中的机会主义等有关论述，旨在认识统一战线与投降主义的严格区别及反对统战工作中的右倾投降错误的必要性，提高贯彻执行毛泽东关于民族统一战线的思想的自觉性。

12月下旬，中央书记处第一次以中央文件的名义发出了关于研究王明、博古宗派机会主义错误的指示，要求各中央分局在所属地区组织100到200人左右的高级干部学习两条路线的有关文件和《反对统一战线中的机会主义》的辑录，把整风运动引向深入的高级阶段，为将来的七大讨论历史作准备。在这份文件中，对王明路线问题的表述是十分严重的，即："王明的投降主义，实质上是国民党在共产党内的代表，是大地主大资产阶级在无产阶级队伍中的反映"，是帮助国民党、瓦解共产党的腐蚀剂。这等于将毛泽东7月13日在中央政治局会议上对王明的批评以中央文件的名义进行了法律上的定性。同时，中央政治局发出指示，对王明抗战时期的主要错误作了进一步概括：一是主张速胜论，反对持久战；二是迷信国民党，反对统一战线的独立自主；三是主张运动战，反对游击战；四是在武汉形成事实上的第二个中央，并提倡党内闹独立性，破坏党纪军纪。但通知要求在一般干部中目前不传达这些内容，但应使党员和干部明白，自遵义会议以来，以毛泽东同志为首的中央领导路线是完全正确的，一切对于这个路线的诬蔑都是错误的，现在除了王明、博古以外，一切领导同志都是团结一致的。现在我们党已成了中国民族解放战争的核心力量，全党同志均应团结在以毛泽东同志为首的中央的周围，为中央的路线而奋斗！

至此，关于抗战时期党的路线问题的学习和讨论，以及对王明投降主义路线的错误的批判，实际上已在全党高级干部范围内逐渐展开了。但值得注意的是，我们研究工作者和一般读者在关注王明"投降主义"路线这个问题时，存在一个误区，可能会把"投降主义"这个形而上的概念和"投降"这个形而下的动词，在政治和道义上混为一谈。笔者认为，"投降主义"并不

延安桥儿沟天主堂

等于“投降”。在延安整风运动中，上纲上线地批判王明“投降主义”路线，批判的是错误路线和错误思想，而不是认定行为的事实错误。也就是说，王明路线并不是王明个人的思想路线；而把“投降主义”戴在王明的头上，并不就此证明王明向国民党投降了。事实上，王明的政治信念始终没有动摇变化，政治立场上始终没有背弃共产党而转向国民党，实际行动上也没有投降国民党，更没有像张国焘一样分裂共产党，而中共中央和毛泽东同样也没有开除王明的党籍，此时他依然是中共中央政治局委员。说白了，毛泽东和王明的斗争还是中共党内高层的政治路线斗争，是党内矛盾，是政治策略上的矛盾，不是敌我矛盾，不存在人身攻击。

经过第一阶段和第二阶段的会议，中央政治局在政治上、思想上和行动上已经取得了一致。毛泽东觉得中央政治局整风应该转入对整风进行总结和对党的历史问题作出正确结论的阶段了。与此同时，毛泽东也开始认识到前面两个阶段存在一些过激或过火的问题，应当加以纠正。因此在1943年底到1944年初，中央政治局整风会议暂停了一个段落。按照计划，到1944年4月底前，1000多名干部开始集中学习7本书，即：《共产主义运动中的“左”

派幼稚病》《社会民主党在民主革命中的两个策略》《共产党宣言》《社会主义从空想到科学的发展》《联共党史》和《两条路线》上下册。中共中央要求参加学习的干部必须认识到，中国22年来无产阶级领导的人民大众的反帝反封建的革命运动是轰轰烈烈的，只有在某些关节时，某些领导人犯了错误，使革命受到损失；要把各个时期的历史关节与轰轰烈烈的革命运动作普遍宣传。

读史可以明智，读史可知得失。整风的目的就是搞清历史，丢掉包袱，开辟未来。毛泽东说：如果不把党的历史搞清楚，不把党在历史上所走的路搞清楚，便不能把事情办得更好。经过9月以来的紧张学习和对错误路线的深入批判，高级干部中对党的历史上的路线是非已能看清。但是又出现一些新的偏向。有些过去受过错误打击的干部对那些犯了“左”倾错误的干部也进行过火斗争，使有些人在毫无思想准备的情况下被揪上台去交代问题，有的甚至被轰出会场，一度造成十分紧张的气氛。对党史中的一些重要问题还存在严重争议，主要是：王明、博古等属于党内问题还是党外问题？临时中央和五中全会是合法的还是非法的？怎样处理思想要弄清和结论要宽大的关系？对六大如何估价？党内的宗派是否还存在？对这些问题，毛泽东非常重视。历史经验告诉他，如果这些问题处理不好，还会重复过去犯过的错误，党内也不可能实现真正的团结与统一。[213]

又是一年春草绿。1944年开春后，中央的整风会议继续进行。

2月24日，中央书记处会议就上述党的历史上有争议的问题进行了讨论，统一了认识：一是王明博古的错误应视为党内问题；二是临时中央与五中全会因有“国际”承认，应承认是合法的，但必须指出合法手续不完备；三是学习路线时，对于历史的思想问题要弄清楚，对结论必须力求宽大，目前是应该强调团结，以便团结一切同志共同工作；四是在学习路线时，须指出六大基本方针是正确的，六大是起了进步作用的；五是对四中全会到遵义会议时期，也不采取一切否定的态度，凡做得对的，也应承认它。[214]

---

[213]《毛泽东传（1893—1949）》，中央文献出版社1996年8月第1版，第665页。

[214]《胡乔木回忆毛泽东》，人民出版社2003年12月第2版，第297—298页。

2月26日，周恩来到杨家岭找王明谈话，系统地指出了他应该反省的问题，希望他认真检查自己的错误。王明和周恩来共事多年，对周应该是比较信任的。当他得知中央对他的错误问题做出的结论后，他感到难以理解。

第二天，经过复杂的思想斗争之后，王明致信周恩来，感谢周给了他“如何反省问题的宝贵的启示”，同时又很不服气地提出一系列问题，“以供你下次来我处谈话时更便于给我以指示”。他在信中说：

> 一、关于四中全会至9月20日决议期间的路线错误问题，我有下列两点，请给我解释：(1) 为什么四中全会决议及9月20日决议路线错误？其具体内容如何？(2) 即假定为路线错误，为什么这是所谓的王明路线？因为我总不是此时期重要决议的起草人。……同时，也不是这一时期党的主要负责人。……
>
> 当然，我并非推卸责任。我认为从四中全会我当选为中委和政治局委员后，我对中央通过的任何决议，都有政治上和道义上的责任，而那些由我看过和同意通过的文件，如其中有错误和缺点，而应负一个政治局委员应负的责任。
>
> 二、关于在莫斯科作代表时期的工作，我自信虽在个别问题上有错误缺点，但决无大过……此部分问题，虽中央不准备作结论，但我必须反省和说明清楚。
>
> 三、关于十二月会议及武汉时期的问题，中央虽暂不作结论，但我认为和中央谈清楚，弄清是非，使我了解真实而具体的错误何在，对党的政策了解，对我的教育只有好处。[215]

最后，他还说他“深信在毛主席所坚持的调查研究实事求是的作风及现在强调的全党团结精神领导下，党会弄清一切问题的是非真相的，请你再抽时间来和我谈一次”。

[215] 周国全、郭德宏、李明三：《王明评传》，安徽人民出版社1989年5月第1版，第407-408页。

3月2日，周恩来将王明写的信送交中央领导人传阅，并指出王明“还是站在个人利害上来了解问题”。

3月5日，毛泽东主持政治局扩大会议，作关于路线学习、工作作风和时局问题的长篇讲话，并对2月24日中央书记处会议就中共党史上有争议问题达成的共识，再次进行了具体阐述。他明确指出：

一、党内党外问题。在去年党的路线学习中，有部分同志怀疑王明、博古同志是党外问题，现在确定是党内错误问题。

二、合法与非法问题。过去有的同志认为临时中央和五中全会是非法的。现在查到临时中央有共产国际来电批准过，五中全会也经过国际批准，所以是合法的，但选举手续不完备。四中全会是合法的，但政治路线的内容是不好的。

三、思想弄清与结论宽大问题。自整风以来，我们的方针就是“治病救人”。我们要强调产生错误的社会原因，不要强调个人责任。因此，组织结论可作宽大些。现在要宣传解释这个方针，使同志们了解实行这个方针的必要。思想要弄清，结论要宽大，对党才有利。对抗战时期的问题也许不在七大上作结论，七大只做四中全会至遵义会议这一段历史的结论。

四、不要反对一切。对四中全会至遵义会议这一段历史，也不要否定一切。当时我和博古一起工作，有共同点，都要打蒋介石，分歧点就是如何打蒋介石，就是策略上的分歧。如果把过去一切都否定，就是一种偏向。

五、对六大的估计。六大基本上是正确的。

六、党内宗派问题。经过遵义会议和六中全会，党内没有宗派了，现在比较严重的问题是山头主义。也就是说“二十八个半布尔什维克的派别”这个团体现在没有了。

毛泽东讲得多么清楚！毛泽东的这个讲话实际上是对政治局整风会议上

关于中共党的历史问题的讨论作了明确的总结，对全党的团结和巩固起了重要作用。与会者都十分赞同。胡乔木对这个讲话评价很高，认为“让犯过错误的同志解除了思想包袱，未犯错误的同志也对一些历史问题有了正确的看法”。邓力群说：“一批人解脱了，许多人心服了，大家心里的石头都落了地。”

但王明心中的石头并没有落地。

4 月 12 日，在延安高级干部会议上，毛泽东作了《学习和时局》的演讲，传达了中央政治局关于历史问题的结论，强调研究历史经验的正确态度是：既要使干部对于党内历史问题在思想上完全弄清楚，又要对于历史上犯过错误的同志在作结论时采取宽大的方针；不要着重于一些个别同志的责任方面，而应着重于当时环境的分析，当时的错误的内容，当时错误的社会根源、历史根源和思想根源；对于人的处理问题取慎重态度，既不含糊敷衍，又不损害同志；对于任何问题取分析态度，不要否定一切，尽量避免作绝对肯定或绝对否定的简单结论。

5 月 10 日，在毛泽东讲话的精神指导下，中央书记处决定成立“党内历史问题决议准备委员会”。这标志着中共中央高级干部的整风和党的历史问题的讨论进入了最后的总结阶段。这个“准备委员会”由任弼时召集，刘少奇、康生、周恩来、张闻天、彭真、高岗为成员，后来博古也参加进来。同时还分别组成了军事问题报告委员会、组织问题报告委员会、统战工作报告委员会，并决定 5 月 20 日左右召开六届七中全会，为七大作准备。

至此，从 1941 年“九月会议”开始，经 1943 年“九月会议”深入开展的中央领导层的整风运动，历经两年八个月结束了。它也宣告从 1941 年 5 月毛泽东作《改造我们的学习》报告开始的全党整风运动，历经整整四年，最终以全党空前团结的形势结束了。中国共产党人在经过艰难困苦的打拼，克服来自内外的各种磨难之后，以一个全新的面貌在陕北的黄土高原上拔地而起，并成为中华民族寻求独立自由的中流砥柱。

延安整风运动为什么会发生？整风运动到底起了什么历史作用？海内外学者对此莫衷一是。作为亲历者，胡乔木认为，整风运动解决了“一切从实际出发的问题”，确立了“毛泽东思想”在中共的指导地位。他说：“整风为什么会产生？要从整个历史背景、党的历史背景来说明。要解决一个从实际出发的问题。对立面就是从教条出发。从教条出发，关键是从共产国际的决议、指示出发。中国革命要依靠中国共产党人根据中国情况来做工作，来解决问题，这是一个总的原则。”胡乔木晚年非常冷静地说：“整风运动，一方面很民主，一方面又很紧张。让我给整风运动打分，我不会打100分。”[216]他指出——

中国共产党要真正懂得中国的实际，这一点是很不容易的。中国共产党从一开始就是在俄共、在共产国际的帮助下产生的。他们一方面给中国共产党许多积极的东西，但同时也给中国党带来许多消极的东西，造成很多困难。当然，在遵义会议后，经过长征的胜利，西安事变和平解决，第二次国共合作的实现，中国党已经能够独立地按照中国情况来决定自己的政治战略。尽管如此，还是有很多困难。这才产生第二次王明路线。而且，这种教条主义倾向不仅仅是到1938年为止，它在党内的思想影响一直还存在，并没有完全解决。如果不经过整风，全党在这个问题（从中国实际出发解决中国革命的问题）上的认识是解决不了的。

另一点从中国实际出发就是要依靠人民，依靠群众。如果不依靠群众，党的斗争也是要失败的。所谓反对主观主义宗派主义，就是有依靠中国实际依靠中国人民这么一个根本的问题。所以党的历史是一个比较曲折复杂的历史。只有把这个讲清楚，整风运动才能讲清楚。不然一般人对整风不太容易理解。为什么整风文件要那样学习讨论？要开展批评和自我批评，并用那么长的时间？这里还有个重要原因，是抗日战争处在相持阶段，前方根据地正处在缩小时期、困难时期。毛主席给彭德怀讲，只有你才懂得这一点，其他很

[216]《胡乔木回忆毛泽东》，人民出版社2003年12月第2版，第70页。

> 多人不懂得这个意义。如果不是那个条件，在延安集中那么多干部来学习也是很难理解的。国民党的王世杰曾经问周恩来，你们怎么拿那么长的时间来作历史总结？这在国民党是不会这样搞的。普通的政党都不会这样搞。我们党以前的整顿也都同这次的整风不能比。那么多干部达到思想统一，一到需要的时候就能派出去工作，而且很顶用。如日本投降时去东北，都是整风取得成功的结果。不然，那是难以想象的。
>
> 通过这次整风，毛泽东思想在全党的指导地位确定了。这需要作些说明。为什么要提毛泽东思想？有这个需要。如果中国共产党不提毛泽东思想，很难在全党形成思想上的统一。提毛泽东思想这就是对着苏共的。共产国际尽管解散了，但是共产国际的影子、它对中国党的影响始终没有断。为什么八大没有提毛泽东思想？也是因为苏联的关系。苏联始终拒绝承认毛泽东思想，在苏联报刊上绝口不提毛泽东思想。凡是中共文件中提了的，他们刊用的时候都给删掉。这成了一个禁区。所以毛泽东思想是中国人民自己的、中国共产党自己的革命道路的象征。通过这个，实现党的统一和团结。党内各方面的关系，党同群众之间的关系，都在毛泽东思想基础上确定下来。为什么四十年代中国党能够在那么困难的条件下取得那么大的胜利？根本原因是党正确解决了这个问题。这一点就是到今天也仍然显出它的重要意义。[217]

胡乔木对整风运动这个带有定义性的总结是实事求是的，可谓对延安整风的盖棺定论。整风运动，的确是中共党史上极其重要的一章，它确立的毛泽东思想为中国革命翻开了崭新的一页。而国民党眼里的延安整风运动又是一个什么样子的呢？

其实，1942 年 2 月初毛泽东发表《整顿学风党风文风》和《反对党八股》

[217]《胡乔木回忆毛泽东》，人民出版社 2003 年 12 月第 2 版，第 9–11 页。

两个报告后，立即引起国民党的高度关注。2月26日，国民党中宣部机关刊物《中央周刊》就发表了题为《毛泽东底“三风主义”》的文章，给予报道和评论。其中，叶青所写的《毛泽东底三风运动》一文，以他们一贯关注派系之争的思维模式，比较集中地反映了当时国民党对延安整风的普遍看法。他这么写道：“很明白的说，……这是共产党内毛泽东派与陈绍禹派斗争的表现。必须知道，共产党在陈独秀派开除，李立三派到台，罗章龙派失败以后，只有毛泽东派和陈绍禹派之存在……毛泽东的整顿三风，特别是在学风和文风方面含有打击陈绍禹的意思，并且非常明显。……我以为毛泽东对于陈绍禹们的反对是很有力的。陈绍禹们在共产党内纵还可以苟延残喘，亦必遍体鳞伤。所以毛泽东底三风运动，对于共产党虽不能解决问题，对于他自己则颇能解决问题。他必然压倒‘理论家’的陈绍禹们而成为党中唯一的最高领袖。”平心而论，这篇文章应该是体察到了整风运动的用意，即用马克思主义中国化来反对王明等人的教条主义、宗派主义和党八股。[218]

事实上正是如此，国民党对延安整风的态度大体上也经历了一个从诋毁到借鉴的转变过程。尤其是蒋介石本人对延安整风更是给予了长期的非常关注，并极力主张借鉴其经验以改变国民党的面貌。在1947年9月9日召开的国民党六届四中全会上，蒋介石居然指示印发了中共延安整风的《关于调查研究的决定》《关于在职干部教育的决定》和《关于增强党性的决定》等三个文件作为重要的学习参考材料。会上，蒋介石还费尽口舌地指出：“我们各级干部必须把他们这一运动的内容和办法作为研究的中心资料，探讨他们的战斗技术，用他们的方法再加以切实的整理来制定比他们更高明更正确的方案，同他们斗争，这样才能消灭敌人……大家要特别注意研究，看看他们是如何增强党性，加强全党的统一，如何调查敌情，研究敌情，如何教育干部，改造学习的风气。如果他们党的纪律，是这样认真这样严密，而我们则松懈散漫，毫无教育毫无计划。”此后，蒋介石还多次提到中共的整风运动，指出中共“发起整风运动，逐渐打破其过去空疏迂阔的形式主义，使一般干

[218] 卢毅：《国民党眼中的延安整风》，《党的文献》2010年第3期，《新华文摘》2010年第16期。

部养成了注重客观实际、实事求是的精神。这可以说是共匪训练最大的成功，大家不可不切实注意”。败退台湾后，蒋介石更决心仿效延安整风，在 1950 年开展了国民党改造运动，又下令翻印了中共延安整风的有关文献作为参考资料，并要求学习《辩证法》《中共干部教育》《中共工作领导及党的建设》《中共整风运动》等四种书籍，试图借鉴延安整风运动的方法，振兴国民党。蒋介石亲自主持制定的《本党改造纲要》等文件，大量吸收了延安整风运动的基本原则，甚至直接搬用了中共的术语。他还根据延安整风的经验，将研究党史作为政治训练的主要内容，以致后来台湾有人戏称应该把蒋介石评为“学习毛主席著作的积极分子”。[219]

---

[219] 卢毅：《国民党眼中的延安整风》，《党的文献》2010 年第 3 期，《新华文摘》2010 年第 16 期。

历史决议

整风运动结束了，但王明心中的石头确实难以落地。

让王明一直耿耿于怀的是，中共中央和毛泽东为什么要把六届四中全会以来至遵义会议期间执行的错误路线定义为“王明路线”？

为什么叫做王明路线？为什么说王明是四中全会及四中全会以后错误路线的主要负责人？作为整风运动的亲历者，当时身兼四职——毛泽东政治秘书、中央政治局秘书、中央总学委秘书和中央宣传委员会秘书的胡乔木在晚年指出：

> 这是因为四中全会以前就是王明在那里闹，米夫与他是搭档，互相配合、互相利用。四中全会把王明搞上来，非常不正常，不是像康生所说的什么既反“左”又反右，而是把“左”当做右来反，大家对四中全会义愤很大。左联五烈士就是反四中全会的。不能说，四中全会是正确的，“九一八”以后党的路线才是错误的。四中全会就错了，不仅是政治路线错误，所采取的组织形式在党内也是从来没有过的，所以很多同志说是篡权。王明走了，博古上台，可还是说王明路线，因为第一，没有王明就没有博古上台，当时博古连中央委员都不是，完全是小宗派。第二，博古执行的路线与王明是一脉相承的。第三，王明到共产国际搞的还是四中全会那一套。1941 年历史问题草案稿为什么写博古路线而没有提王明路线，这一方面是因为博古的错误时间较长，另一方面是王明 1937 年第二次回国，又是共产国际的代表，对毛主席的领导大有取而代之的味道。虽然六中全会批评了王明，不让他去南方局作负责人，留在延安，但王明始终不承认自己的错误，而说是博古的错误。[220]

---

[220]《胡乔木回忆毛泽东》，人民出版社 2003 年 12 月第 2 版，第 66-67 页。

在延安整风运动已结束 40 年之久的 1986 年 1 月，胡乔木在与《回忆毛泽东》编写组成员谈话时，就“关于历史问题决议的起草”问题作了上述回答。应该说，这是一个比较客观的答案。

当然，对王明来说，他难以接受“王明路线”这个概念。除了将错误推给博古之外，他还将自己的错误推给共产国际。王明知道，对共产国际，毛泽东是不能也无法像批评自己一样去批评的。事实确实如此，当中共中央和毛泽东一方面把斗争的矛头集中指向莫斯科实际利益的代理人王明，并不顾莫斯科的意愿就大树毛泽东思想的时候，一方面仍旧继续表现出对莫斯科的高度尊敬，维护莫斯科的权威，极力在王明和莫斯科之间寻找最佳的平衡点——或者说是不同点。

尽管共产国际已经解散，但包括毛泽东在内的中共中央领导人对莫斯科的尊敬态度没有改变。也就是说，中共与共产国际的关系，是父子关系也好，还是师生关系也罢，这个时候，即使存在着利害冲突，毛泽东也绝对没有想与莫斯科翻脸。至少在形式上如此。比如，如火如荼的整风运动几乎大部分的理论学习材料和指导原则，也仍旧采用莫斯科的文献。就连毛泽东本人，在接受斯大林喜欢的电影导演卡尔曼采访时，也在室外和煦的阳光下，坐在藤椅上认真阅读斯大林的著作。但如何处理好批判莫斯科的代理人王明和继续保持与苏联斯大林非同一般的关系呢？还是周恩来找出了办法。

在 1943 年 11 月 27 日召开的中央政治局整风会议上，周恩来在作整风检查时，采取了具体问题具体分析的方法，不以偏概全，避免了片面性。周恩来在详细介绍每一位与中国共产党历史有关的莫斯科领导人和共产国际的代表之后，将“国际”区分为“真假”两种，并把绝大多数错误都归结为个人行为。他认为，从马、列到季米特洛夫代表真“国际”，米夫等代表假“国际”。而共产国际之所以在中国革命中犯了许多错误，关键在于那些曾经亲自指导中国革命的共产国际领导人和共产国际代表，包括东方大学、中山大学培养出来的学生，除了季米特洛夫等少数人以外，大部分都在苏共肃反运动中或在中国革命中被证明是“坏人”。而斯大林、莫洛托夫、季米特洛夫、曼努伊尔斯基等人则是代表着共产国际的正确路线，他们的主张基本上是符合中国革命实际的。周恩来区分“真”“假”共产国际的说法不一定确切，但却巧妙清楚地说明了共产国际内也有正确的与错误的两条路线的思想。这一下子令毛泽东茅塞顿开，他深有感慨地说："列宁主义及无产阶级影响中国党的产生，但国际中的坏蛋也影响中国革命的失败。"

对于这一点，其实毛泽东在1941年九月会议后为驳第三次"左"倾路线写的"九篇文章"中，就已经有意无意地将王明、博古路线与国际路线进行了"真和假"的分割。他说：

"左"倾路线随时都把自己的路线冒称为国际路线，许多文件上都可见到。这是不对的。……我们不说共产国际在这个时期内对中国革命的指导上没有错误，这是有过的，并且是严重的；但共产国际指导中国革命的基本路线就是纠正李立三冒险主义的那个路线，就是反对先锋队不顾主客观条件，脱离群众，冒险激进的"左"倾机会主义，同时又反对不顾主客观条件，脱离群众，畏缩不前的右倾机会主义的那种路线。王明、博古、洛甫的路线并不是共产国际的路线，共产国际并没有叫我们举行上海暴动，又没有叫我们号召罢操，抢劫军粮与举行飞行集会，又没有叫我们强迫示威与强迫罢工，又没有叫我们率领灾民在武汉、九江、芜湖、江北成立苏维埃，又没有叫我们否认革命不平衡，又没有叫我们在华北建立苏维埃，又没有叫我们在广东、江苏、山东组织义勇军，又没有叫我们指挥红军打大城市，又没有叫我们成天地说什么帝国主义全体一致地进攻苏联，又没有叫我们成天地说什么国民经济总崩溃或国民党统治总崩溃，又没有叫我们成天地说什么兵变潮流普及全国，又没有叫我们不顾实际地实行那些错误的脱离群众的土地政策、劳动政策、肃反政策与文化政策，又没有叫我们指定几个毫无经验的新党员成立临时中央这样一件大事也不告诉大多数政治局委员与中央委员一声，就大摇大摆地垄断一切与命令一切……又没有叫我们幼稚得像个三岁小孩子，蠢笨得像个陕北的驴狗子，滑稽得像个鲁迅的阿Q，狂妄得像个塞万提斯的堂·吉诃德。一切这些，共产国际都并没有叫我们做过，都是我们这批坚决执行"左"倾机会主义的老爷们自造自卖的道地货色，这一点是断乎不可以不辨的。[221]

在这里，毛泽东嬉笑怒骂，天马行空，文采飞扬。显然，这个时候，毛泽东也只是停留在文字上发泄发泄而已。他很清醒，革命不是发牢骚。如此咄咄逼人言辞尖锐的文章公开发表，肯定不利于团结犯错误的同志们，所以当时他把这“九篇文章”只送给了刘少奇、任弼时两个人看过。

正如后来毛泽东所说，整风运动“实际上是整苏联的风，是批判斯大林和第三国际的错误，但是关于斯大林和第三国际我们是一字未提”。如果按毛泽东这么说，那么王明是不是就成了斯大林和共产国际的“替罪羊”了？非也。毛泽东发动整风运动的目的，就是要破除中共全党对苏联和共产国际的迷信，但不是反共产国际，也不是反斯大林和季米特洛夫。正因为如此，毛泽东始终把握着整风运动的方向，严格防止有人把批评王明教条主义与共产国际挂起钩来，特别是防止与斯大林和季米特洛夫联系起来，避免授人以柄，造成“不尊重斯大林”、“不尊重苏联”、“不尊重共产国际”的口实。对此，我们可以在毛泽东回复季米特洛夫的一封电报上看出来，在如何批判王明路线与维护共产国际权威的问题上，他可谓是如履薄冰，小心翼翼。

1943 年 12 月 22 日，就在延安把党内路线斗争的矛头尖锐地指向王明的时候，前共产国际总书记、时任苏共中央国际宣传部主任的季米特洛夫根据从重庆和延安的苏联人那里得来的情报，以个人的名义致电毛泽东，说他本不应该干预中国党内事务，但从私人友好感情和关心中国革命的愿望出发，请毛泽东不要减少对日军事行动；不要放弃与国民党的合作政策；不要指控王明和周恩来执行了共产国际倡导的统一战线政策并开展对他们的斗争，主张把他们留在党内，尽量利用他们为党工作；不要在党的干部中造成对苏联不信任的情绪；尤其不要相信康生，因为康生所实行的清洗办法帮助敌人从内部瓦解共产党，是在为国民党效劳。

1944 年 1 月 2 日，当毛泽东从苏联红军情报总局驻延安联络员伏拉基米洛夫（中文名孙平）那里看到这封电报后，立即挥笔写下了回电：

[221] 毛泽东：《驳第三次“左”倾路线》。原文引自杨奎松著《毛泽东与莫斯科的恩恩怨怨》，江西人民出版社 2008 年 4 月第 4 版第 132 页。

（一）我们并没有削弱对日斗争。相反，在1943年八路军在10处地方实行了积极的对日作战。因此，在1940年和1942年失去的一些地区又夺回来了。八路军现在的人数达到了50万。1943年的对日斗争是在坚决的指挥之下的。

（二）我们与国民党合作的方针没有任何变化。1943年7月出现了紧张和危险的局面，国民党准备对边区发动进攻。由于我们采取了有效措施，避免了冲突的发生。1944年还可能发生同样的紧张局势，但我们会用我们的政策来努力避免军事冲突。

（三）我们与周恩来的关系是好的，我们毫无把他开除出党的打算。周已经取得了相当大的进步。

（四）王明一直在从事各种反党活动。对此，所有高级干部都已经得到了通报，但我们没有告诉一般党员，更没有通知非党群众。在党的高级干部中讨论王明错误后，大家更加团结一致。

（五）我向您保证并且可以担保，中国共产党热爱并且深深地尊敬斯大林同志和苏联。我们对在这里的所有苏联同志，如伏拉基米洛夫、阿洛夫、雷玛、尤金和塞洛夫等，都有好印象。

（六）在我看来，王明是不可靠的。他以前在上海被捕过。几个人都谈起他，他在监狱中承认了自己的党员身份，后来才释放的。也有一些同志谈到了他与米夫的可疑关系。王明进行了很多反党活动。

康生是一个值得信赖的人。他的部门并不负责审查干部，他们只调查证据确凿的特务。我们审查干部的工作是全面和慎重的。[222]

这封电报，是毛泽东独自以个人名义发给季米特洛夫的。他明确告诉伏拉基米洛夫，电报内容不要告诉任何人，包括康生。而当伏拉基米洛夫提到一些党的领导人对康生有看法时，毛泽东竟然毫不客气地批评了这些人。但电报发出以后，毛泽东又似乎有些不安，担心季米特洛夫不满意。于是，在1月7日上午，他再次给季米特洛夫发了一封电报，在谈到王明的问题时，虽然依旧强

[222] 杨奎松：《毛泽东与莫斯科的恩恩怨怨》，江西人民出版社2008年4月第4版第133页。

调王明的错误，但没有重提其“反党”和政治上的可疑问题。他说:“关于党内问题，我们的方针旨在团结。这一方针也同样适用于王明。由于在 1943 年下半年针对党内形势做了工作，党的团结相当地改善了。”事实上正是如此，毛泽东在中共中央领导层整风运动中最后把王明、博古路线的错误定性为“党内问题”，临时中央“篡党”的问题也被取消，承认是合法的。而对王明路线的批判也的确只是停留在中共高级干部的范围内。当然，毛泽东在季米特洛夫特别强调的“不要相信康生”的问题上，没有听进规劝。而这个“值得信赖的人”，结果成了祸国殃民的大贼，最终被开除出党。这或许是毛泽东怎么也不会想到的吧?

值得一提的是，康生曾经作为王明的追随者和忠实助手，在 1935 年 8 月共产国际召开的第七次代表大会的宴会上，带头举杯高呼“王明同志万岁！”，并借机提议拥护王明当中共中央总书记。可当王明在整风运动中逐渐失势没落之时，康生竟然要把“叛徒”、“特务”的帽子戴到王明的头上，以此与王明划清界限，势不两立，讨得毛泽东的欢心。对此，毛泽东坚决不同意，他对康生说，思想问题、路线问题，认识就好，王明是有代表性的，不能乱整。

从 1921 年以来，中共曲曲折折的历史犹如一条坎坎坷坷的山路，在 1944 年的这个春天里开始走出深山，走向坦途。

用一“右”三“左”来形容中共大革命时期和土地革命时期的历史是恰如其分的:先是陈独秀的右倾错误，接着是瞿秋白的“左”倾盲动、李立三的“左”倾冒险，再就是王明、博古的“左”倾宗派和教条;长征中又发生了张国焘的分裂。为了把中共党史搞清，检讨过去中央领导路线的是非，从 1941 年“九月会议”开始，深受错误路线之害的毛泽东花了极大的精力，领导全党高级干部学习研究中共党史，并从 1942 年 2 月开始了全党性的整风学习运动，来提高广大干部的马克思主义水平。再经过 1943 年的“九月会议”，使中共广大高级干部认清了路线是非，因此重新起草历史决议的问题再次提上了议事日程。毛泽东决心要还中共的历史一个清白，让中共之舟驶上一条正确的航道。

1944 年 5 月 21 日，距离 1938 年 9 月召开的中共六届六中全会已近六年之久的六届七中全会在延安杨家岭召开。这次会议的主要任务是在整风运动的基础上全面总结党的历史经验，为七大召开作准备。因此，作为全面总结党的历史经验的最基础的工作——起草历史决议，也是这次大会最为重要的工作。出席会议的中央委员共 17 人，分别是：毛泽东、朱德、刘少奇、任弼时、周恩来、康生、彭德怀、洛甫、邓发、陈云、博古、罗迈、李富春、吴玉章、杨尚昆、孔原、陈郁；因病请假者 4 人：王稼祥、王明、凯丰、关向应；因公出差的 3 人：林伯渠、董必武、李立三；参加会议的各方面负责同志共 12 人，分别是：彭真、高岗、贺龙、林彪、叶剑英、陈毅、刘伯承、聂荣臻、朱瑞、徐向前、谭政、陈伯达，这 12 人均有发言权。会议记录由胡乔木和王首道担任。

六届七中全会在中共历史上不仅是创记录的——从 1944 年 5 月 21 日举行第一次会议到 1945 年 4 月 20 日结束，长达 11 个月，开了 8 次全体会议，而且这次会议还具有划时代的意义——第一次会议选举通过了由毛泽东、朱德、刘少奇、任弼时和周恩来组成的七中全会主席团，毛泽东为中共中央委员会主席；这五人在一年后的中共七大上均当选为中共中央书记处书记，即“五大书记”。

那么这个原本只准备开两个月的会议，为什么一下子开了 11 个月呢？其中一个最为重要也最为直接的原因就是《历史决议》的起草和修改。

为历史写决议，这确实是一项政治性、理论性、思想性很强的高难度工作。而十天前中央书记处就成立了“党内历史问题决议准备委员会”，任弼时作为召集人负责主持历史决议的起草工作。对于任弼时的这个“草案初稿”，毛泽东等中央领导看了，不甚满意。于是，毛泽东指定由胡乔木以任弼时的稿子为基础，重新起草一个稿子。但大家仍然感到不满意。于是，中央又指定熟悉这段历史的张闻天参加修改。至此，经过半年多的琢磨，历史决议的大思路和基本格局整理出来了。从 1945 年春天开始，毛泽东在这个“抄清件”上亲自动手进行了修改，前前后后至少又改了 7 次。第一次修改，毛泽东就将标题改为《关于若干历史问题的决议（草案)》。历史决议的题目从此就定了下来，随后又经过大家七八次的反复修改。第二次修改，毛泽东主要对涉及中共党史上的一些重要事件和人物的评价增加了一些有分量的话，强调了六大的正确方面；批评四中全会在过分地打击犯立三路线错误的同志、错误地打击所谓犯调和路线错误的同志后，还错误地打击了当时所谓“右派”中的绝大多数同志，

延安中央大礼堂，1945 年中共七大会址

并对受打击的被诬为“右派”的何孟雄、林育南、李求实等作了肯定的评价；还指出遵义会议纠正了当时具有决定意义的军事上和组织上的“左”倾错误，确立中央的新的领导，这是中国党内最有历史意义的转变。他还在结尾处加写了“团结全党同志如同一个和睦的家庭一样，如同一块坚固的钢铁一样”这段话。第七次修改时，毛泽东对分析“左”倾错误路线的社会根源，加写了一个非常重要的思想，即：“一般地说，在资产阶级与无产阶级分裂的时期，轻易发生‘左’倾错误。在资产阶级与无产阶级联合的时期，轻易发生右的错误。”这个思想后来经过修饰和润色，成为毛泽东的名言之一。就这样，历史决议稿在经过反反复复的修改后，总体布局和内容终于在六届七中全会第五次大会召开前五天大体上完成了定型。

在会议期间和历史决议起草修改过程中，对四中全会的评价始终是一个敏感的话题。有人提出，历史决议草案中应写上教条宗派和经验宗派，要求写上王明“左”倾路线使白区工作损失百分之百，根据地损失百分之九十，不同意四中全会与临时中央是合法的。为此，毛泽东耐心地作了说服和解释。

1945 年 3 月 25 日，中共六届七中全会主席团决定将《关于若干历史问题的决议》由原来定于七大讨论并通过，改在六届七中全会上讨论通过。为什么要做出这样重大的变动呢？3月31日，毛泽东在七中全会全体会议上作了说明：总结经验可以说是算账，但不采用大会这个形式来算账，才能使大会集中注意力于当前问题。他说：历史上的错误是一个社会现象，因为那时党在政治上不成熟，犯错误的同志是因为不自觉。现在大家都觉悟了，主要思想都一致了，如果使用大会这个武器，势必要扯两三个星期，转移了中心目标，结果仍不能超过现在的草案。毛泽东要求参加七中全会的同志说服七大的代表们，把过去党的历史问题委托七中全会解决比较好，以便集中力量来解决当前和今后抗战和建国的任务。他还讲到：草案中没有说“左”倾路线造成白区损失百分之百、苏区损失百分之九十的问题，没有说犯错误者的品质问题，也没有说四中、五中全会的非法问题，也没有说教条宗派、经验宗派问题。“这些不说，我看至多是缺点；说得过分，说得不对，却会造成错误。”对《决议》草案中没有就抗战时期党的路线问题作结论，毛泽东也作了说明：七大的方针是只解决已经成熟的历史问题，没有成熟的问题都不必急于作结论。

4月20日，扩大的六届七中全会最后一次会议在杨家岭召开。任弼时主持。会议讨论并通过了朱德准备的军事工作报告和原则上通过《关于若干历史问题的决议》。

最令大家欣喜且有些意外的是，大会一开始就由李富春宣读了一直称病没有参加会议的王明给七中全会写来的声明书，对历史决议和它对第三次“左”倾路线所犯严重错误的分析和估计表示“完全同意和拥护”。此前，中共中央将历史决议的三次草案稿都送给王明看了，七中全会主席团的毛泽东、朱德、刘少奇、任弼时和周恩来都先后找他谈过话，传达会议内容，听取意见，帮助他反省错误。王明在信中“心悦诚服”地说：

> 首先，我对这个决议草案的第一个基本认识，就是这个决议草案在党的历史问题、思想问题和党的建设方面，有重大的积极建设性的意义。
>
> 其次，我对这个决议草案的第二个基本认识，就是它将党内在一定历史时期存在过的各种“左”倾思想和“左”倾路线，都作了明确的批评，而对于决议所指出的从四中全会至遵义会议这一时期的

中央领导“左”倾机会主义路线的错误，尤其作了最彻底的清算。我对于七中全会根据毛泽东同志的正确思想和正确路线以及近年来全党同志在整风运动与党史学习中的认识，而作出的对各次尤其是第三次“左”倾路线在政治上、组织上、思想上所犯严重的错误的内容实质与其重大的危害以及产生的此种错误的社会的和历史的根源的分析和估计完全同意和拥护。……我不仅以一个党员的资格，站在组织观点的立场上，完全服从这个决议；而且要如中央所指示者，以一个第三次“左”倾路线开始形成的主要代表的地位，站在思想政治观点的立场上，认真研究和接受这个决议，作为今后自己改正政治、组织、思想各方面严重错误的指南。我之所以犯教条主义的“左”倾路线的错误，也不是偶然的，这是由于丝毫不懂马克思主义理论及基础，完全不懂中国社会和中国革命的实际情况，全不研究中国的政治、军事、文化的历史事实和历史经验，以及简直不懂国际经验和民族传统的结果。尤其是由于没有群众工作经验和没有群众观点，以及小资产阶级社会出身的劣根性作祟的结果。

再次，我对这个决议草案的第三个基本认识，就是它把许多历史问题作了新的认识和估计。现在认识三中全会已纠正了立三路线错误，认识了四中全会既过分打击了犯立三路线错误的同志（如停止了立三同志的政治局委员，罗迈、贺昌同志中央委员等），和完全错误地打击了以瞿秋白同志为首的所谓犯“调和路线错误”的同志（如停止秋白同志的政治局委员），又很错误地打击了当时所谓“右派”的大多数同志（如不久后英勇牺牲的何孟雄同志等），而中央苏区红军冲破敌人的四次“围剿”胜利，现在知道了不是执行四中全会错误路线的结果，而是在毛主席领导下实行其正确路线的结果。四中全会的确不仅是对党毫无功绩，而且是对党造成严重错误的会议，是使“左”倾路线在中央领导机关内取得胜利而成为“左”倾路线第三次统治全党的开始的会议！我对于七中全会对三中全会和四中全会的这些新的认识和估计，表示完全服从和同意。

至于我在武汉时期工作中所犯的错误问题，因时间和精力的限制，此时来不及自我学习和自我反省，此后当遵循毛主席所指引的方向，尽可能地去学习和研究抗战时期的一切思想和策略问题，以便改造自己的思想和纠正自己的错误。

最后，我郑重声明：中央根据七中全会这一决议的立场和精神与根据对我在各个历史时期中犯各种错误的性质和程度的认识，对我作出任何政治上和组织上的结论，我都服从接受。我决心在党所指定的任何下层工作岗位上，向毛主席和中央各同志学习，向全体干部和党员同志学习，向劳动人民群众学习，一切从头学起，一切重新做起，以便在长期群众工作中，使自己成为一个好的于党有用的党员，为党的事业，为中国人民的解放事业，尽一个小勤务员的能力和责任，以多少补偿由于自己错误缺点而造成的党的工作的重大损失于万一！[223]

这是王明第一次公开向中共中央比较系统地检查自己的错误。虽然这种认识还不全面，但他拥护历史决议，对维护党的团结和七大的胜利召开，还是有积极意义的。然而，王明后来在《中共五十年》中却阳奉阴违地说这次检讨是被迫的，是因为“反毛斗争还要长期进行下去”，是为了“保留党的真相和反毛斗争的主要领导人”，是“留得青山在，不怕没柴烧”。王明的这种出尔反尔的两面手法，令人无法理解。而他寄居苏联的隐痛，大概也只有他自己可怜地默默地去咀嚼。

由于会前毛泽东、任弼时等做了大量细致的准备工作，所以六届七中全会进行得很顺利。与会同志完全同意决议草案的内容，对决议草案未提宗派问题、未讲品质问题和对抗战时期的历史问题不作结论这些重大原则也都拥护。历史上犯过错误的同志也对这个决议举手赞成，就像博古所说：“这个决议是在原则上很严格，而态度对我们犯过错误的人是很温和的。我了解这是给我们留有余地。治病救人，必须我们自己有觉悟，有决心和信心。我们要从头学起，从头做起，愿意接受这个决议作为改造自己的起点。”博古等在发言中真诚地表

[223] 戴茂林、曹仲斌：《王明传》，中共党史出版社 2008 年 11 月版，第 258–259 页。

示拥护这个决议，并向那些曾经受过错误路线迫害的同志道歉。任弼时在发言中坦率地谈到他对毛泽东的认识过程，特别提到：“皖南事变后毛对政策的掌握，直至整风中的思想领导，使我产生了佩服和信赖。”

最后，毛泽东从决议的重要意义、对“历史决议”中的一些历史问题如何估价、治病救人问题、好事挂账问题和防止敌人利用等五个方面发表了讲话。他说：《决议》不但是领导机关内部的，而且是全党性质的，与全国人民有关系的，对全党和全国人民负责任的。哪些政策或哪些部分在群众斗争中证明是适合的，哪些是不对的，如果讲得合乎事实，在观念形态上再现了25年的历史，就对于今后的斗争有益。错误不是少数人的问题，全党大多数干部有这种病菌，非进行教育不可。决议要点名字很容易，但问题不在于他们几个。党是政治团体，不是家族或职业团体，都是来自五湖四海，因为政见相同而结合起来的。政见不同就要有争论，争论时分清界限是必要的，但今后要少戴帽子为好。凡是过去政治上犯过错误的同志，现在都改正了，都要如《决议》所说的像一个和睦的家庭一样。《决议》把许多好事都挂在我的账上，我的错误缺点没有挂上，不是我没有而是没有挂，为了党的利益没有写上。这是大家要认识清楚的，首先是我。孔夫子七十而从心所欲不逾矩，我即使到七十岁，相信一定也会逾矩的。他还说：我们必须准备团结——批评——团结，这是不怕挑拨的。

4月21日，毛泽东在中共七大预备会议上，再次讲到《历史决议》。他说：我们现在学会了谨慎这一条，搞了一个历史决议案。这个决议案写过多少次，经过三番四复的研究，经过多少双眼睛看。单有中央委员会几十双眼睛看还不行，而经过大家一看，一研究，就搞出许多问题来了。没有大家提意见，我一个人就写不出这样完备的文件。昨天七中全会是基本通过了，交给大会以后的新中央采纳修改，精雕细刻。他还讲，我们在这个短短的历史决议案中，要把25年的历史都写进去很不容易。我们还不是修党史，而是主要讲我们党历史上的“左”倾错误，就是说，在党的历史上一种比较适合于中国人民利益的路线与一种有些适合但有些不适合于中国人民利益的路线的斗争，无产阶级思想同小资产阶级思想的斗争。这个问题经过了几年的酝酿，现在比较成熟了，所以写出决议案把它解决了。至于抗战时期的问题，现在还没有成熟，所以不去解决它。这个决议案，将来来看，还可能有错误，但治病救人的方针是不会错的。[224]

1945年4月23日下午，与六大相隔了17年之后，中国共产党第七次全国代表大会在杨家岭中共中央大礼堂召开。8个代表团的755名代表欢聚一堂。与其说这是一次中国革命者的群英会，还不如说这是一次共产党人的朝圣之旅，这既是一次团结的大会胜利的大会，还是一次革命的誓师大会，他们将代表着63万人民军队和解放区9000万老百姓的根本利益，为中国的前途和命运投下庄严的一票。一进大礼堂，两面红艳艳的党旗高悬在主席台上，毛泽东、朱德的巨幅画像挂在红旗的正中间；墙上“同心同德”的大字标语耀眼夺目，两侧的墙上分别写着“坚持真理”和“修正错误”。而最惹人注目的是主席台顶端的横幅“在毛泽东的旗帜下胜利前进”！

因为王明仍在生病休养，开幕这天，警卫员用担架将他抬到会场。参加完开幕式，王明就再也没有到会。这是王明第一次也是最后一次以正式代表的身份出席中国共产党的全国代表大会。出席时间大约15分钟。

4月24日，毛泽东向大会作政治报告。与众不同的是毛泽东没有照本宣科地读文件，他把用马兰纸印制的书面报告《论联合政府》人手一册地发给了大会代表，自己却口若悬河似的就书面报告中的问题和其他问题，另外作了一个口头报告。这个口头报告后来在中共档案文献里却叫“政治报告”，主要讲了路线、政策和党的建设三个问题。

在路线问题上，毛泽东说：七大的路线是，放手发动群众，壮大人民力量，在中国共产党领导下打倒日本帝国主义，解放全国人民，建立新民主主义的中国。毛泽东特别强调了农民问题的重要性。他说：所谓人民大众，最主要的部分是农民；所谓人民战争，就是农民战争，基本上主要的就是农民战争。忘记了农民就没有中国民主革命，也就没有一切革命。“马克思主义的书读得很多，但是注意不要把‘农民’这两个字忘记了。这两个字忘记了，就是读一百万册马克思主义的书，也是没有用处的。”同时，毛泽东也强调了另一面，对党的领导思想来说，我们要同农民划清界限，要把农民提高到无产阶级水

[224]《胡乔木回忆毛泽东》，人民出版社2003年12月第2版，第321页。

七大代表进入会场（吴印咸摄影，吴筑清提供）

平，不要把党同农民混同起来。没有这一条，就不是马克思主义者。

在政策问题上，毛泽东讲了 11 条，最要紧的有两条：一条是继续阐释发展资本主义的问题。毛泽东说："在我们党内有相当长的时期对于这个问题不清楚，这是一种'民粹派'的思想。""我们不要怕发展资本主义。"另一条是准备转变的问题，即由游击战转变为正规战，由乡村转变到城市。毛泽东说："现在就是用很大的力量转到城市，准备到城市做工作，准备夺取大城市"，"像北平、天津这样的三五个中心城市，我们八路军就要到那里去，一定要在那里开'八大'"。

在党的建设问题上，毛泽东讲了个性与共性问题，讲了干部问题和团结问题。毛泽东说：一个阶级革命的胜利，没有知识分子是不行的。整风审干好像把知识分子压低了一点，有点不公平，我们这个大会要把它扶正，欢迎知识分子为党的利益、人民的利益而奋斗。在团结问题上，毛泽东提出要肃清山头主义，"就要承认山头主义、照顾山头，这样才能缩小山头、消灭山头"。最后，毛泽东提出了"讲真话"问题，就是"不偷、不装、不吹"。懂得就是懂得，不懂得就是不懂得，懂得一寸，就讲懂得一寸，不讲多了。

1945 年 4 月至 6 月，中国共产党第七次全国代表大会在延安举行（徐肖冰摄）

在 5 月 24 日举行的七大第 17 次会议上，毛泽东针对“选不选犯过错误的同志”这个问题，回答了代表的疑问。毛泽东说：犯过错误的不选，只是一种好的理想。但是，一个人在世界上哪有不犯错误的道理呢？过去我们图简单，爱方便，不愿意与有不同意见的人合作共事，这种情绪在我们党内还是相当地存在着的。六大没有选陈独秀，四中全会没有选李立三，这都不好，也没有保证我们党不犯错误，甚至犯更大的错误。原因是政治路线问题没有解决。遵义会议以后的这十年，中央的主要成分还是四中全会、五中全会选的。在 25 个中央委员里头，六大选的现在只剩下四个。但是我们和这些同事一道共事，没有犯下大的错误，工作还算有进步。现在把这个账挂在我的身上，其实，没有这些同志以及其他很多同志——反“左”倾路线的同志，包括在第三次“左”倾路线中负有很重要责任的同志，没有他们的赞助，不仅遵义会议的成功是不可能的，而且今天的局面也不会有这样大。因此，我们选举的原则应当是：犯过路线错误，已承认错误并决心改正错误的人，可以选。[225] 包括王明同志这样的人，

[225]《胡乔木回忆毛泽东》，人民出版社 2003 年 12 月第 2 版，第 378–379 页。

希望人家都要选。这是现实主义的方针。

5月31日，毛泽东向大会作政治报告的总结报告。这是毛泽东在七大作的第六个报告。毛泽东根据各代表团的意见和要求，着重讲了国际、国内形势和党的思想政策三个问题。毛泽东在报告中告诉大家：我们的《论联合政府》在重庆发了3万份，蒋介石侍从室的秘书陈布雷看了这本书后，只说了两个字："内战"。

6月9日开始选举，10日公布了选举结果。毛泽东、朱德、刘少奇、周恩来、任弼时等44人当选为正式中央委员。根据"惩前毖后、治病救人"的方针，在毛泽东的说服动员下，王明在44名中央委员中名列倒数第二位，在博古之前。这一天，毛泽东在作关于选举候补中央委员的报告时，专门就王稼祥落选的问题进行了说明，对王稼祥的功过进行了客观公正的评价，并公开说"主席团把他作为候补中央委员第一名候选人，希望大家选他"。后来王稼祥如愿当选候补中央委员。同时，毛泽东深谋远虑地强调了"东北问题"，说：我觉得这次要有东北人当选为好。从我们党，从中国革命的最近将来的前途看，东北是特别重要的。如果我们把现有的一切根据地都丢了，只要我们有了东北，那么中国革命就有巩固的基础。毛泽东在这时进一步强调东北问题，可见他已在深入考虑抗战胜利后的战略格局问题了。

6月11日，七大闭幕。会议通过了《关于军事问题的决议（草案）》和《中国共产党党章》。毛泽东致闭幕词，即后来收入《毛选》第三卷的《愚公移山》。正如毛泽东所说，七大确实是中共历史上一个胜利的大会，团结的大会。作为七大代表，胡乔木直到1991年还清楚地记得毛泽东在讲话中"拿洪秀全的太平天国作例子，表示宁可失败，决不投降"。毛泽东讲这话的时候情绪显得非常激动，胡乔木觉得毛泽东的这个讲话"是表示一种决心，一方面认为必然会胜利，同时带有一种誓师的味道"。

8月9日，七届一中全会第二次会议一致通过了《关于若干历史问题的决议》，并于8月12日正式印成了中共党内文件。经过4年时间，毛泽东直接参与起草反复修改，全党高级干部直至中央委员会全体会议多次讨论，一个伟大的历史文献终于诞生了。它总结了中共党的历史经验，特别是对六届四中全会至遵义会议期间中央的领导路线问题作出正式结论。以"历史决议"的方式决议历史，这在中共党史上是空前的创举，在整个国际共产主义运动历史上也是绝无仅有的。胡乔木说："党的历史上没有这样的文件。拿那过去历史上党的决议看，如四中全会决议等，对比一下，就显出来这是完全不同的。以前有一些决议是苏联人或共产国际的人写的，写好了拿到我们党中央来通过，如八七会议的决议。别人代我们总结，我们予以通过。"[226]

经过整风运动，王明路线在土地革命时期的"左"倾教条主义和抗日战争初期的右倾机会主义，在中共党内得到了揭露和批判。这是中共自我教育自我革新的一次大洗礼。从此，中共的政治、思想和组织路线都在马列主义、毛泽东思想的旗帜下开始高度统一，开辟新的时代。

近70年的时光过去，今天我们来追叙和回顾这段惊心动魄的历史，有一个极其重要的细节必须注意，那就是整风运动是两个层面的，一个层面是全党整风，一个层面是中共中央领导层和高级干部的整风。而有关批判王明路线的问题，就属于后者。当1945年8月的七届一中全会第二次会议一致通过《关于若干历史问题的决议》的时候，毛泽东特别要求《关于若干历史问题的决议》只能印成党内文件，而且也不印发全党。也就是说，这是中共中央的一个秘密文件，除了中央委员以上的高级干部之外，全党的普通党员是无法看到的。

实际上，《关于若干历史问题的决议》正式公开是1953年的事情了。1950年8月19日，毛泽东致信中央政治局，希望将这份"历史决议"作为附录收入《毛泽东选集》第二卷，"须作若干修改，并加上陈秦二同志名字"，请政治局委员们审阅，提出意见。陈为陈绍禹，即王明；秦为秦邦宪，即博古。随后，中央政治局委员都圈阅同意。最后编入《毛选》第三卷于1953年4月出版。遵照毛泽东的意见，参加《毛选》第三卷编辑工作的田家英、胡乔木和陈伯达，对"历史决议"主要作了如下四处改动。

一是凡有"毛泽东思想"、"毛泽东思想体系"用语的地方一律删去，有些是毛泽东亲笔修改的。毛泽东在七届二中全会上曾经强调，不要把他与马、恩、列、斯并列，说"如果平列起来一提，就似乎我们自己有了一套，而请马、恩、

[226]《胡乔木回忆毛泽东》，人民出版社2003年12月第2版，第73页。

列、斯来陪客，这样不好，我们请他们做先生的，我们做学生”。所以毛泽东在相当长的时间内不赞成恢复使用“毛泽东思想”这个概念。个中的原因，胡乔木认为与苏联共产党对毛泽东思想的提法不感兴趣密切相关。中共从一开始就是在苏共、共产国际帮助下发展起来的，它在给中共许多积极东西的同时，也给了许多消极的东西。通过整风，《历史决议》反映全党要求，毛泽东思想确立了在全党的地位，不可避免地有对着苏共的意思。尽管共产国际解散，但苏共始终拒绝承认毛泽东思想。苏联报刊绝口不提，这是一个禁区。从苏中友好和中国革命的前途出发，毛泽东决定在《历史决议》中删除“毛泽东思想”这个提法，并且在 1956 年八大不提了。直到 20 世纪 60 年代初，中苏两党开始论战以后，中共中央才恢复使用毛泽东思想的提法。[227]

第二处改动，就是根据毛泽东 8 月 19 日的意见，在讲到土地革命战争时期的“左”倾路线处，点了陈绍禹（王明）、秦邦宪（博古）的名字。这里有一个非常重要的信息值得我们注意，就是毛泽东要求“须作若干修改，并加上陈秦二同志名字”，可见 1945 年 8 月通过的《关于若干历史问题的决议》当时并没有点王明和博古的名字。直到 1953 年 4 月《毛泽东选集》第三卷出版时，才正式将王明的本名陈绍禹写进“历史决议”，而且称呼上依然带“同志”二字。这是为什么呢？胡乔木认为，毛泽东决定在 20 世纪 50 年代点王明、博古的名，其实没有其他特别严重的意义，因为“犯路线错误的，陈独秀、瞿秋白、李立三都已经在文件中点了名。王明、博古的‘左’倾错误比瞿、李要严重得多，不点名，对这些历史问题摆不平”。[228]

另外，第三处改动是加重了斯大林对中国革命正确指示的分量。第四处改动是将左倾路线的左字都打上了引号，即改为“左”倾路线，一直沿用至今。

当然，到了 1953 年的这个时候，博古因乘坐的飞机在晋西北的黑茶山失事，已于 1946 年 4 月 11 日遇难。“历史决议”中被点名的人只剩下王明一个人健在，这难免对他也是一种精神刺激。但毛泽东的本意应该不是冲着王明本人去的。王明当然是王明路线的代表，而作为一个概念（政治的或者历史的），像毛泽东思

[227]《胡乔木回忆毛泽东》，人民出版社 2003 年 12 月第 2 版，第 325–326 页。

[228]《胡乔木回忆毛泽东》，人民出版社 2003 年 12 月第 2 版，第 326 页。

想并非就是指毛泽东一个人的思想一样，王明路线也并非仅仅指的是王明一个人的路线。

综上所述，毛泽东在延安整风中提出批判王明路线，尽管其中曾短暂出现了过高的“上纲”和过火的批评，但始终是采取“惩前毖后，治病救人”的方针，并没有任何的人身攻击。也就是说，毛泽东发动和领导的这次党内斗争，相对于20世纪30年代江西苏区的“残酷斗争、无情打击”来说，既没有把肃反“逼供信”的错误做法搬到党内来，也没有采取简单化的“惩办主义”，这是一个很大的进步。而明确了这一点，也就非常清楚地了解到“王明中毒事件”调查的历史背景，从而完整地揭开王明在《中共五十年》中炮制的所谓“毛泽东蓄意毒害王明”的历史真相。

经过四年的延安整风，中国共产党在政治上、组织上和思想上达到了步调一致，提倡“实事求是”、反对主观主义成为中共的优良传统，全党在毛泽东思想的旗帜下空前团结起来。从此，中共有了自己的领袖，有了自己的旗帜；从此，陕北高原多了一首民歌——“东方红，太阳升，中国出了个毛泽东……”

“俱往矣，数风流人物，还看今朝。”毛泽东，已成竹在胸，他相信用不了多久，这首发自老百姓心里唱出来的信天游，将唱遍中国，唱红中国！

朱豪医院“中毒事件”

红太阳升起来了。

解放区的天，是人民的天。

1945 年 8 月 15 日，日本宣布无条件投降。

一切似乎都是天意。从 1941 到 1945 年，毛泽东利用国际国内格局中的相对和平环境，充分展示了他政治家军事家的雄才大略和纵横捭阖的风范，以整风的形式把中国共产党和他的军队从思想、组织和干部上高度团结凝聚起来，锻造成了钢铁长城。

抗日战争胜利了，内战打响了。王明路线彻底破产了。对蒋介石一面和谈一面内战的两面派手法，毛泽东早就作了两手准备——和与战。为此，他专门给各大战略区强调对付国民党进攻的两个基本原则：第一是自卫原则，即“人不犯我，我不犯人”，“蒋反我亦反，蒋停我亦停”；第二是胜利原则，即“不要浪打，打则必胜”。在燕赵大地这个名叫西柏坡的小山村，毛泽东领导中国共产党与已经斗争了 20 年的国民党蒋介石进行最后的大决战。他运筹帷幄，争分夺秒亲手写下 190 多封电报发往前线，真是撒豆成兵，指木成阵，怎么打就怎么顺了。

七大之后，王明的身体状况渐渐有所恢复，中共中央任命他担任新成立不久的中央政治研究室主任。这在刀光剑影硝烟滚滚的解放战争时期，自然是一个闲职。

1946 年 6 月，中共中央书记处决定成立中央法律问题研究委员会。中共中央考虑到王明既有深厚的理论功底，又有一定的政策水平，就任命他担任该研究委员会的主任。委员会成员主要有王明、谢觉哉、徐特立、陈伯达、张曙时、李木庵、刘景范、黄松龄、马锡五、廖鲁吉、黄觉民等。随着解放战争的节节推进，解放全中国的目标指日可待，法律工作也必须跟上政治形势。

1947 年 1 月，周恩来代表中央召集工作会议，要求王明负责带领大家起草一个全国性的宪法草案，供解放区人民代表大会使用，限于5月1日前完成。

1946 年，王明和儿子王丹丁在杨家岭
（肖里昂提供）

3 月，国民党胡宗南部的 23 万大军进犯陕北解放区。只有 3 万兵力的陕北解放区形势骤然紧张起来。危机时刻，中共中央审时度势，主动放弃延安，转战陕北。4 月，王明率法律研究委员会的同志们一起东渡黄河，迁到山西。离开延安时，王明主动向毛泽东、刘少奇辞行，并口头汇报了宪法草案的起草原则。不久，他们又经过柳林村来到临县后甘泉村。

在后甘泉村，王明和妻子孟庆树、两个儿子，以及岳父母，还有警卫、秘书和医护人员一起，住在一座小楼里。曾任中央医院总护士长的郁彬在 1945 年抗战胜利以后调到中央办公厅，在撤离延安后也随中央法律委员会成员一起渡过黄河，和王明在一起工作了一段时间。2010 年 6 月 1 日，郁彬在接受笔者采访时说："我们一路上行军，王明的身体都很好，没事。当年延安的中毒事件其实就是王明想把这个事情扩大成为政治问题，来压毛主席。他这个人，极'左'也极右，又'左'又右，教条主义是典型人物。他自己也常跟年轻学生开玩笑说：'你们可别说自己是教条主义，教条主义轮不上你们，我是教条主义老祖宗。'我们听了都乐了。他马克思、恩格斯的著作背得滚瓜烂熟，哪一条哪一句在哪一章哪一页，多少页到多少页，都记得清清楚楚。"可见，王明这个时候身心是比较愉快的。在山西临县一二九师司令部，郁彬和老同学薛明见面了。贺龙夫妇宴请郁彬，在饭桌上，贺龙跟郁彬开玩笑说："你这个医生，把王明的政治病治一治啊！"郁彬笑着说："我哪里治得了王明的政治病啊！"[229]

在这里，王明和谢觉哉等中央法律问题研究委员会成员一起继续起草宪法草案，8 月拿出了初稿，10 月拿出了第二稿。由于解放战争的影响，中共中央无暇讨论王明领衔起草的宪法，这项工作就暂停下来。于是，王明就在村里参加了土地改革，深入基层调查研究，接受革命的锻炼和实际工作的锻炼。热火朝天的土地改革和农村翻天覆地的新变化，使王明一改在延安的忧郁和落寞，身心舒畅。针对当地土改工作中出现的一些关押地主的过激过火行为，王明强调马克思"消灭阶级不是消灭人"的观点，并专门向毛泽东作了汇报，毛泽东采纳了他的正确意见，有力地指导了土改工作向正确的方向发展。

1947 年 12 月 25 日至 28 日，中共中央扩大会议在陕北米脂县杨家沟召开，毛泽东主持会议，并提交了《目前形势和我们的任务》的书面报告。这个报告总结了人民解放军的作战经验，提出了著名的十大军事原则，总结了土地改革的经验，并系统阐明了中共在改革、整党、经济、统一战线等诸多方面的基本政策，提出了夺取全国胜利的各项任务。毛泽东指出："中国人民的革命战争，现在已经达到了一个转折点"，"这是一个历史的转折点。这是蒋介石的二十年反革命统治由发展到消灭的转折点。这是一百年以来帝国主义在中国的统治由发展到消灭的转折点。这是一个伟大的事变。"

作为中央委员，王明参加了会议，并聆听了毛泽东的报告。他认为毛泽东的报告"恰恰回答了现在需要解决的问题，国际国内形势分析完全正确"。会上，他还就统一战线、学习毛泽东思想、起草宪法等问题谈了自己的看法。他说，总结党的历史，指出历史上的错误，他都同意。打击与消灭不同，不但过去苏维埃时期没有弄清楚，以后也有许多人没有弄清楚，我自己就是这样。他认为打击包括准备消灭在内，但不是现在就消灭。在谈到思想方法时，他说，毛泽东思想是马列主义普遍真理与中国革命的具体实际相结合，马列主义的普遍真理就是辩证唯物论与历史唯物论，毛主席提出的区别临时起作用的因素与永久

---

[229] 丁晓平采访郁彬谈话录音。2010 年 6 月 1 日，北京。

1946 年元旦，毛泽东、王明等在延安王家坪（伍绍祖提供）

性起作用的因素，就是重要的方法论。区别全部与局部，轻视全部的一般敌人，重视局部的具体敌人；战略上以少胜多，战役上以多胜少，就是从这个原则而来。党内要提倡学习毛泽东的方法论。

在会议上，毛泽东在报告中分析历史经验教训时，从工作的角度不点名地批评了土地革命和抗日战争时期的“左”倾和右倾错误。这两个错误，王明都有份。其间，毛泽东和王明进行了一次谈话，希望他认识自己过去的错误，在夺取全国胜利的斗争中发挥自己应有的作用。李维汉回忆说：“讨论报告时，王明和我在一个小组，他讲了不少的话，根本不接触报告中的批评。”[230]

在后甘泉村一年的日子，王明过得悠闲自在，思想稳定，享受着家庭的天伦之乐。1948 年春节，他还激情洋溢地创作了《土改新年歌》：“参军参战（一齐）打倒美蒋阎／大家永过太平年／哎咳哎咳土地改革呀／大家永过太平年！……”

1948 年 4 月 22 日，被国民党胡宗南部占领了一年一个月零三天的红都延安，又回到了人民的怀抱。曾坚持不东渡黄河的毛泽东，再也没有回到他当初

[230] 李维汉：《回忆与研究》，中央党史资料出版社 1986 年 4 月版，第 478 页。

依依不舍离开的延安窑洞，3 月 23 日在吴堡县的川口渡口东渡黄河，来到了河北阜平县城南庄。因为特务告密，国民党飞机的炸弹击中了位于晋察冀军区大院的毛泽东住所，正着手准备去苏联的毛泽东，不得不转移至 20 公里外的花山村。5 月 27 日，毛泽东又率领中央机关转移到西柏坡。跟中央机关一起转移的王明，全家也随之移驻到河北建屏县。

此时，毛泽东化名李得胜，周恩来化名胡必成，王明化名王仲石。

就在这个时候，战争年代的艰苦生活导致王明便秘的老毛病复发。他不得不住院治疗，住进了驻扎在朱豪村的中央医院。主治医生是黄树则。护理工作由其妻子孟庆树负责。朱豪是河北省阜平县的一个村庄，距离当时中共中央临时驻地西柏坡大约七八公里。

在这里，有必要对中央医院的历史沿革进行一下说明。1945 年日本投降后，中央总卫生处与中央军委卫生部合并，苏井观任军委总卫生部部长，傅连暲、王斌、沈其震任副部长，中央医院划归总卫生部领导，魏一斋担任院长。1947 年国民党胡宗南部进攻延安后，中央机关兵分三路进行战略转移。刘少奇和朱德率领中央工作委员会前往河北平山，叶剑英领导中央后方委员会转移至山西三交镇一带，毛泽东、周恩来、任弼时则率领中央前委转战陕北。1947

年2月，中央医院改编为陕甘宁晋绥联防军第一后方医院，同时由军委卫生部抽调中央医院部分同志随中央机关行动，继续为中央领导和中央机关的医疗保健服务。随后，中央医院分别在山西三交成立了军委卫生部直属的三交门诊部、在河北平山成立了中央工委东柏坡门诊部。1948年1月，原陕甘宁晋绥联防军卫生部部长黄树则调任中央卫生处处长，负责毛泽东、周恩来、任弼时率领的中央机关医疗保健任务。这年3月，毛泽东率领中央前委东渡黄河至三交，与中央后委会合。随后，总卫生部等中央机关也随之东迁至河北西柏坡与中央工委会合。中央医院的骨干人员金茂岳、侯健存、周泽昭等也随军委总卫生部来到平山。鉴于中央机关云集平山，医疗任务扩大，苏井观、傅连暲遂决定在总卫生部驻地朱豪村开设医院。周泽昭担任院长（亦有说是黄树则担任院长），谢华担任副院长。黄树则任内科主任，周泽昭任外科主任，金茂岳任妇产科主任，侯建存任小儿科主任、李得奇任牙科主任、陈坤惕任护理部主任。该医院因中央机关驻地保密，对外称朱豪医院，对内称中央医院。而中央卫生处对外的临时代号称作“工校第五科”。

王明在朱豪医院住院治疗过程中，出了一起医疗技术事故。王明对此耿耿于怀，26年后在《中共五十年》中旧事重提，并以朱豪医院的这次医疗技术事故作为证据，再次指责毛泽东“采取措施企图加速我的死亡”。他是这么说的：

> 1948年6月25日，朱豪中央医院的主治医生黄树则开的处方是：用来苏尔代替药用石碱给我灌肠。用来苏尔灌肠可以引起死亡。
>
> 只是由于我妻子的警惕性，才得以避免了这一次的不幸后果。这个情况，医院院长周泽昭和其他医生都很清楚。
>
> 由于这一事件，中央卫生处于7月7日发了一个通报，通报确认：“药剂师在配药时犯了错误”。“他用来苏尔代替药用石碱，致使病情急剧恶化，这是严重的疏忽……”。很明显，这种说法的目的在于掩盖加速我死亡的新的企图。这种企图是根据上面的指示而见之于行动的。[231]

[231] 王明：《中共五十年》，现代史料编刊社1981年2月版，第46—47页。

王明的上述事件，像1943年延安的“汞中毒事件”一样，也被国外一些所谓的历史学者和作家们所利用，以狗仔队报料的形式，进行了八卦般的解读。在欧美和东南亚十分畅销的《毛泽东：鲜为人知的故事》一书也根据王明的所谓“陷害下毒”的说法，又添油加醋地进行了如下低劣的描述：

> 五年后的1948年，毛准备访问苏联，那时他与斯大林矛盾又起，怕王明趁他不在时作乱，于是又一次对王明下手。王明因便秘需要灌肠，一名医生就给他开了给尿缸子消毒的、会烧坏肠子的“来舒(Lysol)”。王明痛得大叫，给他灌肠的妻子立刻停止，他才侥幸活了下来。当时的结论说这是“医疗事故”，可是这样的事故从来没有出现在中共其他领导人身上，更不用说一而再，再而三发生。那个开“来舒”处方的大夫以后一直是毛的主要医生之一，官至卫生部副部长。[232]

上述说法的真相到底是什么呢？

历史调查需要证据，用事实说话，既不能自说自话，也不能只听一面之词，更不能断章取义地猜疑和胡乱联系地想象。

黄树则作为当事人，38年后的1986年在接受中央档案馆工作人员采访时，对这次医疗事故也作了谈话记录。他说：

> 我是1948年三四月间和中央一起到的朱豪。王明那时已经在朱豪那了，但不是在医院里边，而是在医院附近的一个村子，由朱豪医院负责，我们去给他看病。当时发病的经过是这样，那时王明经常便秘，有时吃泻药，有时灌肠，灌肠的药也是经常换。那次我给他开的是药物肥皂。药物肥皂是日本的，日本的名称叫药物石碱，瓶子上也是这样写的，所以我当时开的方子写的就是药物石碱。当时药品的排放位置也不合理，把药统放在药架上，而有些药，外国的或者属

[232] 张戎、乔·哈利戴：《毛泽东：鲜为人知的故事》，香港·开放出版社2006年9月版，第231页。

治療方案

姓名 王仲石　性别　　年龄　　第　頁

开始日期	長期治疗	停止日期	臨時治疗	给予时间
24/6	1) 安静休息		24/6 留尿送检	
	2) 流质食，去脂肪		[illegible]	
	3) 每日检温四次			
	4) 记录[illegible]			
	5) 腹痛时行热水袋[illegible]			
	6) 每日送检粪便一次。[illegible]		25/5 Tinct. Belladonna 0,5cc 今日三次加水服 [illegible]	
25/6	Carbon animal 1.5 每日三次。[illegible]		25/6 下午1时：硫酸镁 10gm 水 500cc 灌肠 [illegible]	
			热度超过39°C时 予服 Pyramidon 0.1 [illegible]	
			下午七时：20% Glucose 20cc I.V. [illegible]	
			夜眠不安时可服 Bromural (5gm) [illegible]	
			26/6 下午三时 25% Glucose 20cc I.V. [illegible]	
			27/6 上午10时 40% Glucose 20cc I.V. [illegible]	

王明在朱豪医院的门诊病历（治疗方案）

于哪类药应分别排放。司药看方子，仅看了一个“石”字，就把石碳酸拿出来配成了水发了出去。当时孟庆树是护理王明的，包括灌肠都是她亲自动手，当她正动手给王明灌肠，手刚伸到肛门里边，我正好去看望，我一进门，孟就说了一句：“原来药物石碱就是石碳酸呀。’”我赶紧说：“不是！”所以就赶紧把药管拔了出来。我们赶紧拿食盐水洗。这件事王明很有意见。孟就写了一份报告，当时就把情况报告上去了。卫生部认为这是很不应该的，给司药一个处分。我做了检查，说明并检讨自己。如果当时把药物石碱写成药物肥皂，这件事可能就不会发生了，因为司药对药物石碱不太熟悉。周副主席也很重视，在孟的报告上做了批语，批语的大意是：将药取错，就像理发员给别人理发用刀子，不是理了头发，而是把别人的脸给弄了，因此必须严肃处理。当时朱豪医院院长叫周泽昭，现在是广西卫生厅的顾问。这件事就这么处理了，也把情况向王明解释清楚了，以后他照常在那里治病，我们几位大夫也还都给他看病。这件事是确实存在的。但联系到什么毛主席对他的陷害以及政治上的一些内容完全是胡说。[233]

黄树则上述谈话记录是否准确呢？我们不妨再看看由王明和孟庆树保存下来的当年黄树则开的“治疗方案”和“会诊记录”报告。[234]

在这份“治疗方案”中，我们可以看到：王明化名王仲石，是6月24日住进医院的，当日主治医生黄树则就作了长期治疗和临时治疗的医嘱。长期治疗的医嘱是：1）安静休息；2）流动食，去脂肪；3）每日检温四次；4）记发病记录；5）腹痛时行热水袋敷包；6）每日送检粪便一次。临时治疗的医嘱是：留尿送检。第二天下午四时，黄树则又下了临时治疗的医嘱，即：药用石碱 10gm，水500cc，灌肠。并嘱：热度高过39℃时，可服Pyramidon[235] 0.1。

[233]《中央档案馆丛刊》资料室：《关于王明治病和出国的材料》，《中央档案馆馆刊》1986年第3期。

[234] 这两份资料，是现居住于俄罗斯的王明之子王丹之复印给中共中央党校教授、中国现代史学会会长郭德宏先生的。郭先生获悉本人正在创作《王明中毒事件调查》后，又提供于本人的。

[235] Pyramidon，药名，即氨基比林（匹拉米洞）。

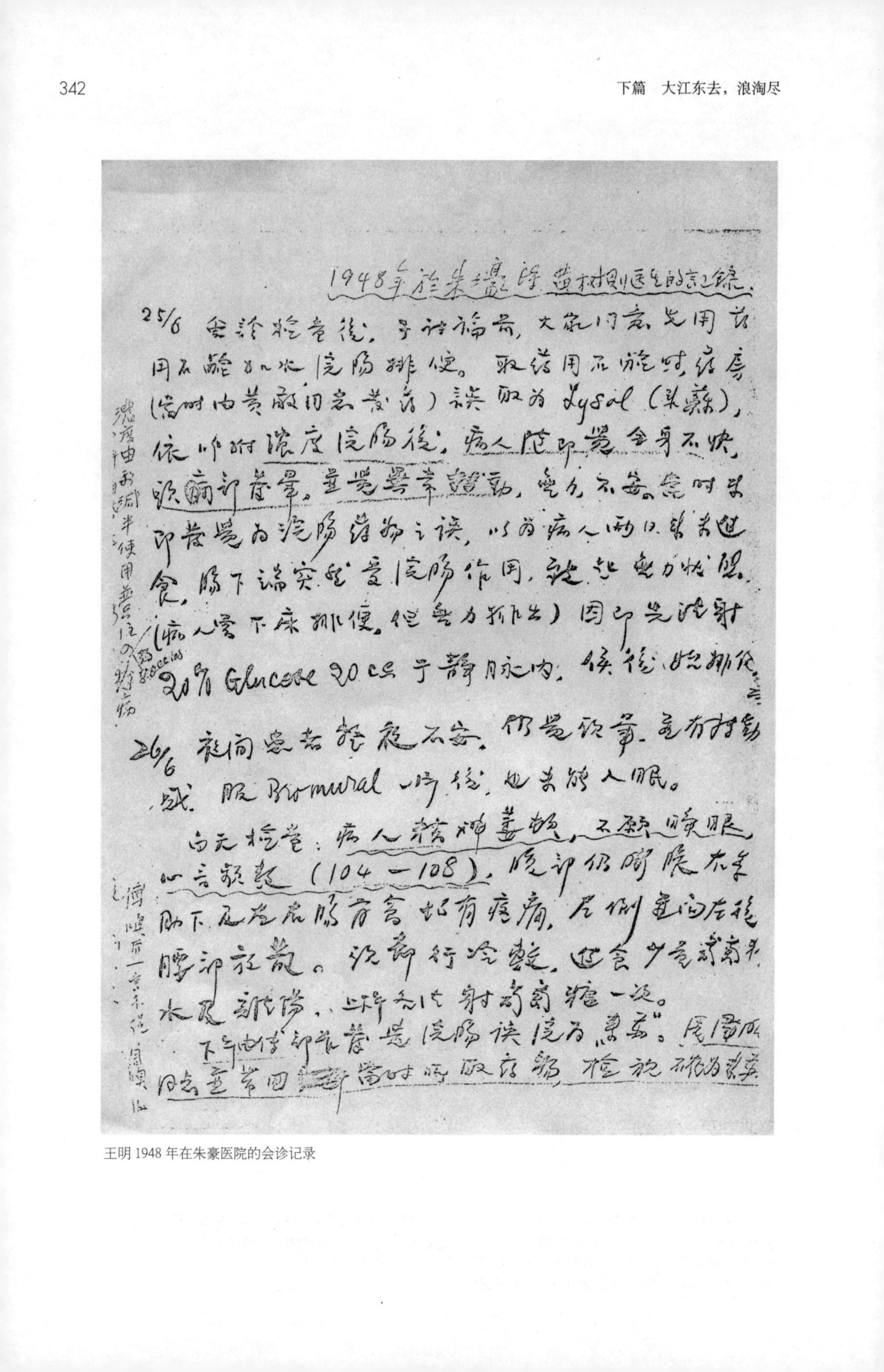

王明 1948 年在朱豪医院的会诊记录

并作印象及同院眼科意见。应继续服用胃舒宁，以免肠粘膜受Lysol刺激。

黄

27/6 较昨日好些。腿抽筋及烦躁均好转。腹部仍胀痛。[illegible]坐位，腰部及右季肋下部压痛甚明。继续服用胃舒宁，并嘱多饮水。

此二页为李[illegible]主任医生1950年[illegible]卫生部任院长的黄树则的笔记。黄是下页有黄之签字者。此页上面有其签字"黄"。

黄树则于1973年[illegible]为中华人民共和国中央卫生部副部长[illegible]

王明 1948 年在朱豪医院的会诊记录（此页下方的两段文字为孟庆树在苏联时所加）

王明保留的“会诊记录”是这么记载的：

25/6 会诊检查后，于讨论前，大家同意先用药用石碱加水灌肠排便。取药用石碱时，药房(临时由黄敬同志发药)误取为Lysol(来苏)，依吩咐浓度灌肠后，病人随即觉全身不快，头部发晕，并觉异常转动，无力，不安。当时未即发觉为灌肠药物之误，以为病人两日来未进食，肠下端突然受灌肠作用，致起无力状态（病人曾下床排便，但无力排出）。因即先注射20%Glucose20cc于静脉内，候后，始排便。

26/6 夜间患者整夜不安，仍觉头晕，并有转动感。服Bromuial一片后，也未能入眠。

白天检查：病人精神委顿，不愿睁眼，心音频数（104 – 108），腹部仍膨胀，右季肋下及左右肠骨窝均有疼痛，左侧并向左后腰部放散。现即行冷敷，进食少量葡萄糖水及鸡汤。上下午各注射葡萄糖一次。

下午由傅部长发觉灌肠误灌为“来苏”。周泽昭同志并带回当时所取药物，检视确为来苏。与傅部长及周泽昭同志商议应继续服用骨炭末，以免肠黏膜受Lysol刺激。

27/6 较昨日好转。脉搏数及□□均恢复。腹部仍胀痛。特以左后腰部及右季肋下部压痛著名。继续服用骨炭末，并嘱多饮水。

会诊记录中的傅部长，即傅连暲。综合研究，我们可以发现，上述1948年的会诊记录与1986年黄树则的谈话，因年代久远有一处在表述上有误：黄树则回忆说，他是在看望王明时，从与孟庆树的对话中发现灌肠药物错用了Lysol；而会诊记录记载的是6月26日傅连暲发现用错药物后，经周泽昭进行验定，确实错用了药物。从王明6月25日灌肠后已出现不良反应的情况来分析，真实情况应该是：6月25日下午，因司药误将药用石碱（药物肥皂）配发为石碳酸，交给孟庆树给王明灌肠，当夜王明发病；6月26日下午，黄树则陪同傅连暲、周泽昭等一起来看望王明时，才发现错用了药物，经及时救治，王明身体很快恢复。

由此可见，在朱豪医院发生的所谓“中毒事件”，完全与中毒无关，纯属一起灌肠医疗技术事故。它的意外发生，还是医护人员粗心大意造成的。人命关天，对发生这样低级的医疗事故，医护人员和医院都应该担负严重责任。事实上，当王明、孟庆树向中央报告后，周恩来非常重视。周的这段批语写得形象生动且十分严厉：“将药取错，就像理发员给别人理发用刀子，不是理了头发，而是把别人的脸给弄了，因此必须严肃处理。”

按照周恩来的指示，朱豪医院对此事进行了严肃处理。7 月 7 日，中央卫生处以临时代号“工校第五科”的名义专门下发了“通知”（见图）。内容如下：

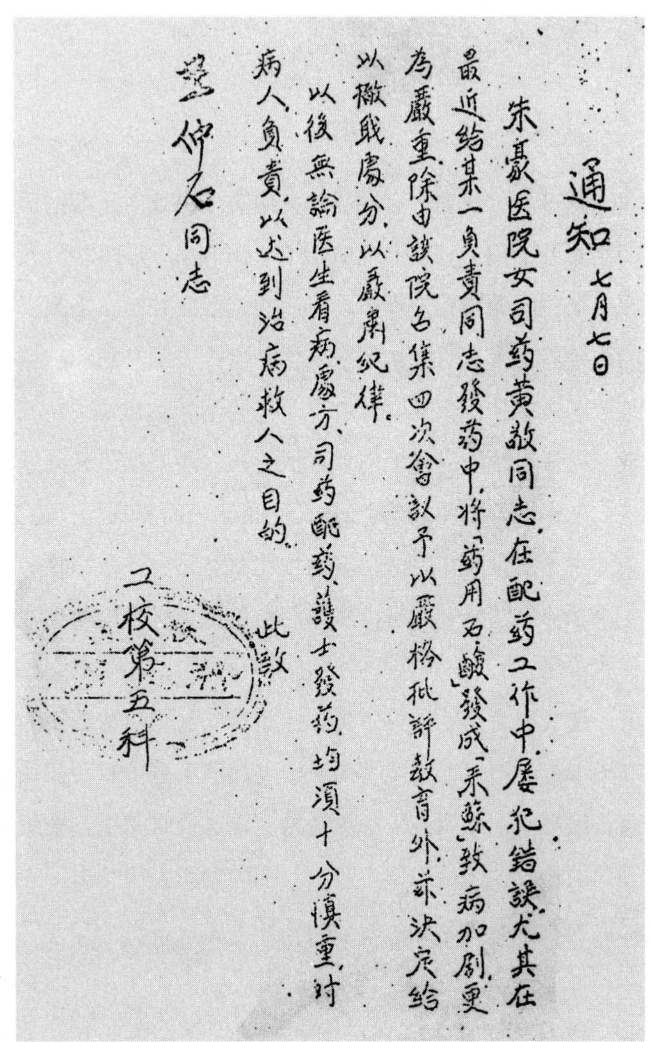

通知　七月七日

朱豪医院女司药黄敬同志，在配药工作中屢犯錯誤，尤其在最近給某一負責同志發药中，將「药用石鹼」發成「汞蘇」，致病加劇，更為嚴重。除由該院召集四次會議予以嚴格批評教育外，並決定給以撤職處分，以嚴肅紀律。

以後無論医生看病處方、司药配药、護士發药，均須十分慎重，對病人負責，以達到治病救人之目的。

此致

[illegible]仲石同志

工校第五科

中央卫生处（临时代号“工校第五科”）下发的“通知”

通知

七月七日

朱豪医院女司药黄敬同志，在配药工作中，屡犯错误，尤其在最近给某一负责同志发药中，将“药用石碱”发成“来苏”，致病加剧，更为严重，除由该院集四次会议给予严格批评教育外，兹决定给以撤职处分，以严肃纪律。

以后无论医生看病、处方，司药配药，护士发药，均须十分慎重，对病人负责，以达到治病救人之目的。

此致

王仲石同志

工校第五科（盖章）

从这份“通知”可以看到，中央卫生处对王明的医疗事故高度重视，先后四次召开专门会议进行批评教育，并对司药黄敬同志给予了严厉的撤职处分。在朱豪医院的精心护理下，王明的病很快好转，恢复了健康。为此，王明还专门致信周恩来，对在朱豪医院休养治疗表示满意和感谢。然而就是这样的一个纯粹的医疗技术事故，却被王明寄居苏联后在《中共五十年》中再次歪曲诬蔑成“毛泽东采取措施企图加速他死亡”的证据，又制造了一个荒唐的笑话。

朱豪医院事件很快就过去了。王明一面养病，一边努力工作。1948 年 10 月，中共中央决定成立宪法草案纲领起草委员会，草拟临时宪法草案。王明所在的中央法律问题研究委员会将他们在后甘泉村写出的宪法草案修改稿提供给中央作为参考。12 月，中央书记处将中央法律问题研究委员会改为中央法律委员会，使其成为协助中共中央具体负责法制与司法工作的机构。根据中央书记处和刘少奇的指示，王明曾代表中央起草了多份有关司法方面的指示和文件，并负责编写了训练司法干部的教材。在这段时间里，王明埋头工作，无论在法制理论的建设，还是工作实践，他都向党和人民交出了一份合格的答卷，也使自己成为新中国法制事业的早期领导人之一。

1949 年 3 月 5 日至 13 日，中共中央七届二中全会在西柏坡召开。出席会议的有中央委员 34 人，候补中央委员 19 人，列席的重要工作人员有 11 人，因为交通条件等原因缺席的中央委员和候补中央委员共 20 人。这是一次制定夺取全国胜利和胜利后的各项方针政策的极其重要的决策性会议。毛泽东在会上作了报告和总结。这次会议标志着中共的战略方针将从乡村转向城市。显然，这是一个由革命战争向和平建设的转变，工作重心由乡村向城市的转变，而且更长远点来看就是由新民主主义革命向社会主义的转变，由五千年的封建农业社会向新的工业国家的转变。

作为中央委员，王明参加了这次会议，并在会上两次发言。

在 3 月 7 日第一次发言时，王明表示他“完全同意毛的报告，这是中国革命在新的关头的新任务”。他说：“为什么我们走的路最多，搞的时间最长，而得到了今天的胜利，这是因为毛将中国的特点和马列主义结合起来了。”他大力颂扬毛泽东的学说，“不仅是政治的、军事的，而且是经济学说的科学，现在不仅一般的人说愿意跟毛走，连国民党的人，来进行谈判的人也表示愿跟毛走，因为毛领导正确”。王明甚至将自己最最看重的“真正的布尔什维克”的桂冠也戴在了毛泽东的头上，说毛泽东“有丰富的历史知识、科学知识，并且与群众有密切的联系，所以他才成为中国的真正的布尔什维克，我们应当向他

1949 年 3 月，毛泽东在西柏坡主持召开中共七届二中全会

学习”。

王明一改过去抵触的情绪，如此高调颂扬毛泽东，并对毛泽东的新民主主义理论作了一些不准确的解读，一下子让会议代表听起来有些做作和虚伪，甚至感到有些演戏的味道。一些中央委员对他这种显得有些口是心非的颂扬，抱着极大的不信任态度。刘少奇当场就插话批评道：“在毛泽东旗帜下，是有两种意义的”，“你提出毛主席的旗帜是掩护”。其他与会代表也在会上对王明进行了批评。

听到大家的批评，王明心中非常不快。当天晚上，他就跟毛泽东进行了一次交谈。毛泽东还是认真地做了他的思想工作，让他放下包袱，继续努力工作。

3 月 10 日，王明在会上第二次发言。他说：“前天，我同毛主席谈，要求再讲一次。同志们对我的批评有三点：一是对毛泽东思想作教条主义了解；二是自我批评不够；三是落后。这些批评是正确的。”就这三点批评意见，王明进一步谈了他的一些看法，并作了检查。

王明为什么要作检查？难道是毛泽东接着延安整风在继续穷追猛打，总是抓着王明的小辫子不放吗？ 25 年后，王明在《中共五十年》里对他在七届二中全会上的发言情况作了认真的描述，或许他的“自说自话”才是最好的回答。他是这么说的：

> 我在 1949 年 3 月中共七届二中全会上的发言中，把毛泽东的著作《新民主主义论》同列宁和共产国际关于中国革命根本问题的基本观点作了对比。我证明，在诸如中国革命的性质、阶段、动力、领导权、前途等根本问题上，毛泽东的观点同列宁和共产国际的观点是不一样的。因此，这实际上揭露了“毛泽东思想”不是马克思列宁主义思想这一事实，从而也就批驳了所谓“毛泽东思想”是“中国共产党唯一的指导思想”的说法。我特别提醒注意的是中国资产阶级民主革命转变为社会主义革命的两个主要条件（无产阶级的领导权和苏联的援助）。我指出了毛泽东的“四个原因”（“帝国主义的存在，土地革命尚未结束，资本主义不发达，民族资产阶级也参加革命”）是站不住脚的。“由于这四个原因”，好像中国的资产阶级民主革命就不可

> 能转变为社会主义革命。
>
> 同时，我说明了我于1934年在《共产国际》杂志上发表的《中华苏维埃是无产阶级和农民民主专政的特殊形式》一文中，详细论述了列宁主义和共产国际关于中国资产阶级民主革命有可能转变为社会主义革命的原理，并着重指出了，这种转变将开始于资产阶级民主革命在中国取得决定性胜利的时候。我向全会说明，这篇文章中关于中国革命转变的基本观点，共产国际是同意的。
>
> 这样，毛泽东无论在当时，还是在以后多年的时间里，都未下决心发表他在中共七届二中全会上的报告。他也未下决心要求二中全会就他的报告作出决议。……因此，他在二中全会的闭幕词中指责我，说我跟过去一样，反对“毛泽东思想”，说我的发言“有毒”。
>
> 而在后来发到党内进行讨论的，他在二中全会上的闭幕词的“提纲”中有这么一条：“如何帮助王明同志改正错误”。这样，党内就发动了又一次的反王明运动。[236]

拒绝承认路线错误，不愿承担历史责任，王明寄居苏联之后，开始标榜自己是“反毛”英雄，诋毁和攻击毛泽东为中国革命寻找的正确道路。即使如此，他上述的回忆是否真实呢？

事实并非如此。在3月10日的大会上，王明说：关于若干历史问题决议分析得很对，指出自己的错误都是对的。他过去不知道自己有右倾投降主义，有严重的无组织无政府主义现象，特别是武汉时期发表文章、声明等，即是严重的闹独立性，给红军、人民、党的事业造成了很大损失，当然痛心。他还说，延安整风就是针对他自己，这是为了党为了人民，七大之后党确实走向了胜利，自己因身体原因，恐难赶上，尽力为之，希望党和同志继续帮助。关于犯错误的原因，他说了三条：一是发号施令，教条主义，不懂方法论；二是党的锻炼很差，工作经验也差；三是自高自大，既骄又躁，盛气凌人。[237]

在自我检查中，王明的讲话多次被提问者打断，当面提出批评，要他作

---

[236] 王明：《中共五十年》，现代史料编刊社1981年2月版，第150-152页。

[237] 周国全、郭德宏、李明三：《王明评传》，安徽人民出版社1989年5月第1版，第446页。

出明确回答。王明对有些问题进行了检讨，对有些问题进行了反驳或解释。比如，关于是否反对毛泽东，反对《新民主主义论》，他说："我未反过新民主主义，只说斯大林对中国革命提出三个阶段，毛提出两个阶段，毛批了，大阶段还可分小阶段，过去确实不了解新民主主义的伟大作用。"关于要求毛泽东作修改这一著作的声明，不能那样孤立大资产阶级顽固分子的问题，他辩驳说："我这样做，为的是与国民党搞得更好些，以便更好地抗日。"他接着解释说："我当时态度不好，对毛发过脾气……我过去不认识毛，不了解毛的思想，落后，我在莫斯科不了解苏区的情况，但在莫斯科却未反过毛，只是不知道他如此伟大……六中全会后多少对毛泽东思想有所了解。"有人向他提出有领袖欲、想当总书记的问题，他说："我心里没有想过当总书记，季米特洛夫提出不许我当总书记……过去以为自己有功：反立三路线一功，提出抗日民族统一战线又一功，其实，这不是自己的，是把党的功劳放在自己身上。"关于为什么不检查自己的错误，他说："过去我想，我的错误是在上海写小册子等，至于苏区的损失，我还认为不是自己的直接责任，而是博古，但后来又同他们的意见有分歧……讲到责任，觉得别人比我负得更多，因为常想是别人搞的，或者我不在那里。另外，多年心中有牢骚、不满，怕负责任，怕引起误会说我搞宗派，拉拉扯扯……怕人家不理，承认了，更不理我了……"[238]

最后，王明罕见地敞开心扉说了一句："我向同志们声明，今后一定抛开个人，不想责任，而好好想自己的缺点……我愿做个驴子，慢慢走，跟毛走，看将来能赶上吗？"

性格决定命运。最终，王明还是那个王明，坚持却又没有坚守，有才气却又缺少骨气，自尊却又有些自卑，妄自尊大却又有些妄自菲薄的一介书生。这不禁令人想起中共党史上无法绕开的另一个安徽人——陈独秀。同为安徽人，同为中共的高级领导人物，同样因为路线错误成为中共历史上备受争议的角色，但不一样的是口碑，不一样的是革命意志、政治品格、人格魅力和文化精神。从未抛开个人功利和恩怨的王明，他永远也不甘心做个驴子跟在毛泽东的后面，慢慢地走，他没有赶上来，也不可能赶得上来。

[238] 熊廷华：《王明的这一生》，湖北人民出版社 2009 年 4 月版，第 352–353 页。

沉沦不归路

人生，其实就是一条不归路。

经过延安整风，偏执又有些自欺的王明在政治生涯上也踏上了一条不归路。他顽固地站在错误的立场上，在错误的道路上反反复复，出尔反尔，始终没有彻底地反省自己，无法抛开套在自己脖子上意识形态的紧箍咒，最终为自己的悲剧人生买单。

1949年3月23日，新华社播发了一篇1500字的新闻《中共召开七届二中全会》。这则新闻罕见地打破了中共多年来一直在新闻稿中保密中央所在地的禁区，由毛泽东本人亲自加上了中共七届二中全会“在石家庄附近”举行。也就在这天上午，中共中央“五大书记”毛泽东、刘少奇、朱德、周恩来、任弼时，带领中共中央机关，在西柏坡整理好行装，踏上了“进京赶考”建设新中国的新征程。

因为孩子生病，王明一家等到5月才从河北平山迁往北平香山。几个月后，全家又迁到市内东皇城根骑河楼孟公府2号，此后就再也没有搬过家。

6月，中国新政治学研究会筹备委员会成立，王明担任了副主席和筹委会主任。9月21日至30日，王明出席了中国人民政治协商会议，并被选为第一届全国政协委员。新中国成立后，王明任政务院政治法律委员会副主任、中央人民政府法制委员会主任、最高人民法院委员、政协全国委员会委员等职。他的妻子孟庆树担任法制委员会委员兼法制委员会资料室主任。王明勤奋工作，积极领导法制委员会为中央人民政府起草各种法律与法规。

政通人和，百废待兴。婚姻制度是家庭制度的基础，也是整个社会制度的重要组成部分。旧中国的婚姻制度不仅奴役了妇女，而且阻碍了社会的发展。1950年，中共中央和毛泽东本着“治病救人”、“以人为本”的理念，决定由王明主持制定新中国第一部《婚姻法》。王明工作非常投入，他引经据典，研究查阅了国内外许多法律法规和书籍文献，很快就拿出了婚姻法的总体精神和基本原则。制定过程中，他经常向毛泽东、刘少奇、周恩来、董必武等请示汇报，给中央领导人留下了新的印象，认为王明在向好的方向发展，没有辜负党和人民的重托。

1950 年 4 月 13 日，在中央人民政府第七次会议上，王明代表法制委员会向会议提交了《中华人民共和国婚姻法草案》，并作了起草经过和起草理由的报告。会议通过了这部 8 章 27 条的《婚姻法》。4 月 30 日，毛泽东主席发布中央政府命令，《婚姻法》于 1950 年 5 月 1 日起在全国实行。这部饱含王明心血和汗水、先后修改了 41 稿的新中国第一部《婚姻法》颁布后，一直使用了 30 年，到 1980 才重新修订。据参与起草的李光灿说："婚姻法报告是由王明口述，我笔记。他一口气讲了 17 个小时，边述边改，一气呵成，形成了 23000 字的报告。"毛泽东高度肯定了婚姻法的起草工作，对这部法律也给予高度评价，认为它是"摧毁封建主义婚姻家庭制度的有力武器，也是建立新民主主义新型家庭关系的法制准绳"。

在法制委员会工作期间，身体并不十分康健的王明，基本上是带病工作。其间，他经常参加和主持一些会议，阐述自己的法制思想。其中 1950 年 2 月 6 日，他在主持全国监狱法律座谈会时，提出了"军事管理，民主生活，劳动教育，改过自新"的十六字方针，基本上指明了监狱工作的方向。[239] 在全国第一次司法会议上，王明在报告中阐明了司法工作的重要性、法律本质、人民司法制度。他还认真解答了代表们提出的镇压与宽大相结合，首恶必办、胁从不问、立功受奖的政策，以及成分、公私兼顾、劳资两利和婚姻法的执行等问题。

作为全国法制委员会的主任，王明在公与私、法与情、是与非面前，也坚决地表现了一个中国共产党党员的本色。他的四叔陈云溪曾经在老家金寨参加过红军，后来却变节当上了国民党保安团团长，并在解放战争中成为土匪。新中国成立后，经王明父亲陈聘之的劝降，他才不得不投降。1950 年在全国镇压反革命的时候，陈云溪因为私藏两支手枪被捕。考虑到是王明的叔叔，当地政府就将此事一层层报到北京，王明亲自批复：依法处理。1951 年，陈云溪被

[239] 周国全、郭德宏、李明三：《王明评传》，安徽人民出版社，第 371 页。

依法判处死刑。此案一下子轰动了金寨，百姓称颂王明大义灭亲。[240]

王明在新中国法制工作战线上的优秀表现和工作精神，本应该成为王明政治生命的新开端。但因为他的偏执和顽固，一再拒绝毛泽东、刘少奇的劝告，一意孤行，始终对历史问题不肯承认错误和承担责任。

1950 年 6 月 6 日至 9 日，中共七届三中全会在北京举行。毛泽东在会上作了《为争取国家财政经济状况的基本好转而斗争》的书面报告和《不要四面出击》的讲话。会议确定了要做好土改、稳定物价、调整工商业、肃清反革命、整党等八项工作，以争取在三年时间内实现国家经济状况的好转。可就在这次会议的最后一天，中共中央还通过了一个《关于王明同志的决定》。

本来，七届三中全会的主要议题为讨论财政经济政策，制定国家发展战略计划。为什么中共中央又旧事重提，好像毛泽东老是要跟王明过意不去呢？事情并非偶然。原来，这个决定还是与七届二中全会上王明对待自己错误的态度有关。1949 年 3 月，在西柏坡举行的七届二中全会上，毛泽东批评王明不肯作自我批评，怕负责任，有功归己，有过归人。在闭幕会上，毛泽东代表中央政治局口头要求王明对历史错误问题写一声明书，提交中央政治局审阅。当时，王明也口头答应了，但一直拖延，没有回音。

1949 年 10 月 23 日，刘少奇代表中共中央政治局同王明谈话，批评他不尊重二中全会决议，催促从速快速写好声明书，交中央政治局审阅。26 日，中央政治局召开会议，在决议的第九项中写道："中央政治局听了刘少奇同志的报告后，认为刘少奇同志对王明同志谈话时所采取的立场是正确的，王明同志必须遵守二中全会决定，并按照二中全会上同志们对王明同志所作批评的方向及王明同志在会上所作愿意写声明书的口头表示，从速写好声明书，交政治局审阅。"

11 月 1 日，中共中央办公厅发出由办公厅主任杨尚昆签发的通知，将 10 月 26 日中央政治局会议通过的这个决议通知了王明。接到通知后，11 月 6 日，王明给毛泽东写了一封信：

[240] 熊廷华：《王明的这一生》，湖北人民出版社 2009 年 4 月版，第 358–359 页。

您在二中全会作结论时，要求我对于您所指出的我在内战时期和抗日时期所犯的错误再写一声明书，现遵示声明如下：

1. 关于内战时期错误问题，我于1945年4月20日已经写了一封信给六届七中全会，表示完全接受七中全会1945年4月20日通过的《关于若干历史问题的决议》。主席四五次反复问我对《关于若干历史问题决议》还有什么意见，并说，如果我认为还有哪些不合事实的话，中央可以修改决议。前几次，我均答复已经没有什么意见了，最后一次我觉得主席既然这样反复地询问，不妨遵照主席的“知无不言，言无不尽”的指示，将我想到的有些意见向党的领袖陈述一次，现在我再向中央正式声明一次：我完全接受六届七中全会通过的《关于若干历史问题的决议》，对于决议中提到的一些问题，再不向任何人发表任何问题的不同意见。

2. 关于抗战初期错误问题，中央作出结论，我是一个党员，一切接受和服从。[241]

在这封信中，王明对自己抗战初期的错误问题，依然只字不提。11月27日，他再次致信毛泽东：“我请求你最近几天来我处谈谈，并抽出较久点的时间，我迫切地期待着，如何，请示复。”可以想见，开国之初，日理万机的毛泽东哪里有时间再跟王明去讨论这个中央政治局会议、政治局扩大会议和书记处工作会议都曾经三番五次激烈讨论过并已决定的问题呢？

显然，中共中央和毛泽东对王明这种犹抱琵琶半遮面的态度和阳奉阴违的做法，已经失去了耐心，于是就在七届三中全会上对王明的问题作出这个决定，认为：王明同志至此时为止，对于他过去所犯的错误是拒绝反省的，对党中央所采取的态度是不诚恳的，其不遵守二中全会决定向政治局写声明书的行为是无纪律的行为。

因为在七届三中全会召开之前，王明去天津了解地方工作，回京后就病倒了。所以这个决定通过的当天，也就是1950年6月9日，王明没有参加会议。

---

[241] 熊廷华：《王明的这一生》，湖北人民出版社2009年4月版，第361–362页。

但在这天他曾写信给杨尚昆并转毛泽东，说："经过医师轮流注射几天葡萄糖后，心脏衰弱情况已经好转，唯肠炎腹泻未好，每日只吃少许流食，故仍不能起来工作，因而不仅三中全会未能参加，恐政协全国委员会头几天的会议，也很少参加，非常着急。除继续请假几天外，特将情况报告，请释念。"

7月30日，病中的王明，收到了由中共中央办公厅转交的七届三中全会《关于王明同志的决定》。决定全文如下：

中共七届三中全会关于王明同志的决定

（1950年6月9日通过）

关于王明同志在内战时期和抗日时期所犯的错误，1949年2月党的七届二中全会，曾决定王明同志应写一个声明书提交政治局审阅。当时王明同志亦曾在全会上口头表示接受这一决定。但事实上，王明同志对这一决定的执行，一直采取拖延的态度。中间虽经政治局的催促，并于1949年10月23日派刘少奇同志代表政治局同王明同志谈话，指出王明同志不尊重二中全会决议，拖延不写声明书，是不对的，并催他从速写好声明书。同年10月26日，政治局听了刘少奇同志同王明同志谈话情形的报告之后，又曾将政治局的决定通知王明同志，指出："王明同志必须遵守二中全会决定，并按照二中全会上同志们对王明同志所作批评的方向，及王明同志在会议上所作愿意写声明书的口头表示，从速写好声明书交政治局审阅。"1949年11月6日王明同志写信给主席说：他对于内战时期所犯错误问题，已在1945年4月20日写了一封信给六届七中全会，表示完全接受七中全会1945年4月20日通过的《关于若干历史问题的决议》，虽然他在后来又向主席表示不同意这个决议，但他除表示接受这个决议外，拒绝再有所声明。他对于抗日时期的错误问题，除准备接受中央的结论外，亦拒绝声明他自己的任何意见。

三中全会认为，王明同志至此时为止，对于他过去所犯的错误是拒绝反省的，对党中央所采取的态度是不诚恳的，对不遵守二中全会

《中华人民共和国婚姻法》

王明在写作

决定向政治局写声明书的行为，是无纪律的行为。

因此三中全会决定：王明同志仍应执行二中全会的决定，对于他在内战时期和抗日时期所写的各种文章、小册子和其他文件中所犯的原则错误作一次深刻的反省，借以证明他自己是深刻地认识了并承认了自己所犯的错误，而在思想上行动上真正有所改正。此次声明书写好后，应即提交中央政治局审阅，并在必要时，由政治局提交以后的中央全会讨论。[242]

因为刚刚从天津了解地方工作情况回来就病倒了，又正准备召开第一次全国法律工作会议，忙于起草报告和准备几个刑法法典草案，因此王明直到 8 月 17 日才致信毛泽东并中央书记处，提出了如下几个问题：

(1) 我有多少时间？要知道，为了把我在内战时期和抗日时期所写的全部文章、小册子和其他文件再看一遍，进行适当的总结，需要相当多的时间。

(2) 我要求毛泽东把我在 1937 年政治局十二月会议上所作的报告提纲和我的笔记本退还给我。因为在政治局会议结束时，中共秘书长王首道根据毛泽东的指示把到会者的笔记本和其他活页纸全收走了，以后并没有归还。

(3) 我保留的武汉时期的《新华日报》合订本、延安的《新中华报》和许多其他材料，在 1947 年延安撤退前，根据毛泽东的布置，都送到瓦窑堡去了，后来就没影了。我在信里要求把这些材料还给我，或者暂时给我另外弄一套以便工作。[243]

[242] 王明：《中共五十年》，现代史料编刊社 1981 年 2 月版，第 154—155 页。

[243] 王明：《中共五十年》，现代史料编刊社 1981 年 2 月版，第 156 页。

王明在《中共五十年》里还说："虽然当时我有病，体质很弱，工作又很忙，可我还是很愿意把我过去写的全部东西再看一遍；愿意严肃地、根据历史事实，为党写出一份与毛泽东的伪造针锋相对的、真正的党的活动总结。但毛泽东没有回信。10月25日他突然安排让我马上到苏联去。"事实是怎么样呢？

毛泽东确实没有给王明回信。但，8月18日，毛泽东在王明的来信上作了批示："王明的声明书应于11月上旬七届四中全会开会前写好，并送交政治局。王明的笔记本及武汉时期的报纸，请尚昆查清是否尚有保存。以上两点，由尚昆口头通知王明。"随后，杨尚昆让孟庆树转达毛泽东的批示，通知了王明。

但王明是怎么做的呢？对中共中央的决定是怎么答复的呢？我们还是用王明自己的回忆来回答：

> 三中全会《关于王明同志的决定》中提到，我在"1945年4月20日写了一封信给六届七中全会，表示完全接受七中全会于1945年4月20日通过的《关于若干历史问题的决议》"。
>
> 正像我已经叙述过的，从1941年10月初到1943年夏，有人根据毛泽东的命令曾多次毒害我。就在那时，毛泽东加紧进行"整风运动"。在我病危之际，毛泽东盼望我死；但由于我们的顽强斗争，由于党内许多同志、还有季米特洛夫同志的支持，由于苏联卫国战争前线传来的捷报（这一时期，红军经过最初的失利已转入反攻），并由于1943年夏医生会诊后改变了治疗方法，我的病虽然还经常复发并起不了床，但健康已开始好转。
>
> 毛泽东打算在1945年4月召开中共七大，为此，于4月20日举行了中共六届七中全会。但是在4月初，他就把《关于若干历史问题的决议》草案送给我看了，他两次派刘少奇、周恩来、任弼时和朱德来和我谈话，他自己来过一次。他们都建议我写一个声明书，承认七中全会的决议是正确的，承认要"交代自己的错误"，但我没有同意。
>
> 同时，还有另外一些同志来看我，我同他们商量怎么办更好。我的出发点首先是，苏联最终战胜法西斯德国已为期不远，因此，即

使我不承认七中全会的决议，毛泽东也未必敢开除我的党籍。可是，同志们列举了以下理由：第一，“共产国际已经解散，再也没有什么组织可以申诉自己的意见了。按照党章，少数应该服从多数。这次中共七大完全是由毛泽东筹备的。你现在既无可能，又无体力向代表大会阐明自己的意见。加之大会也不可能改变七中全会的决议”；第二，“目前无论国内还是国外，都还不完全了解毛泽东发动‘整风运动’的反动实质。反毛斗争还要长期进行下去。我们保留你，就是保留了党的真相和反毛斗争的主要领导人……。如果你拒绝承认七中全会的决议，反正七大也能‘通过’类似的决议；如果你那时再不服从，就会把你开除出党，那时要进行斗争就更加困难了……”

从这一情况出发，我向七中全会声明，我服从中央的决议。

1945 年 12 月 25 日，我在中共中央直属党委、中共中央西北局和陕甘宁边区党委的全体干部一千多人出席的会上做了《目前形势和党的任务》的报告。报告中提出了政治方针，这个报告的内容同毛泽东在中共七大上的报告《论联合政府》[244]是针锋相对的。报告后，一些同志向我祝贺说：“留得青山在，不怕没柴烧。”后来，我在 1949 年 3 月召开的中共七届二中全会上做了两个小时的发言，揭露毛泽东放弃社会主义革命和社会主义建设。有人又对我说：“你注意到了没有，同志们两小时鸦雀无声地听了你的发言。要知道，他们好长时间没有听到你的讲话了。”这是我中毒后第一次，同时也是最后一次参加中央全会（到了北京以后，我因病没有参加历次中央全会和党的全国代表会议）。

正是因为在 1945 年 4 月 20 日以后，我不仅没写声明书，而且从未停止过反毛斗争，毛泽东才强迫中央政治局和中共七届三中全会通过了上述决定。[245]

不仅如此，王明还在《中共五十年》中大言不惭地说：“其实，中央大多

[244] 原注。参看王明《列宁，列宁主义和中国革命》1970 年莫斯科版。

[245] 王明：《中共五十年》，现代史料编刊社 1981 年 2 月版，第 156—158 页。

数同志都知道，国内战争时期和抗日战争时期，王明是党内正确的共产国际路线的代表，恰恰是毛泽东本人在这两个时期执行了错误的政治路线，并且犯了许多原则性错误。因此，尽管中央政治局和三中全会的决定对我进行了各种各样的指责和威胁，但我知道这些决定是在毛泽东的压力下通过的，而且与事实和历史真相是不相符合的，所以我继续坚持事实真相，驳斥种种捏造，不写声明书。”[246]

中国革命的历史已经在毛泽东和王明之间做出了正确的选择。

从王明晚年在莫斯科写的这些自述中，就不难看出“从未停止过反毛斗争”的他始终标榜自己是“反毛斗争”的主要领导人，也真正地回答了他之所以一直拒绝写“声明书”的原因、动机和目的。而这也正是中共中央一再要求王明对自己的历史问题承担责任并向中央政治局写出书面声明的原因所在。

身体的不适，工作的劳累，再加上思想上的压力，组合成精神上的大苦闷，自作自受的王明，病情愈加严重。9 月上旬，顽固坚持不写声明书的王明向中共中央提出要去苏联治病的要求。考虑到王明身体状况和当时苏联医疗设备、技术水平比中国国内好的实际情况，中共中央很快同意了王明的请求。对此，王明却捏造说是毛泽东“突然安排我马上到苏联去”。

9 月 12 日，刘少奇代毛泽东起草了致斯大林的电报，经毛泽东、周恩来、朱德、任弼时圈阅后，由师哲翻译，请苏联驻华大使罗申发往莫斯科。全文如下：

中共中央委员王明同志患胃肠心脏诸病，经长期医治，效果甚少，中共中央同意他的请求到苏联医治。是否可行，望复。

9 月 18 日，斯大林复电毛泽东，说：

你关于王明同志赴苏医病的电报，已获悉。王明同志随时都可以来莫斯科，为王明的医疗和休息将会准备好一切必要的条件。

[246] 王明：《中共五十年》，现代史料编刊社 1981 年 2 月版，第 153−154 页。

9月19日午后，毛泽东收阅后，将斯大林的电报转给了刘少奇。随后，杨尚昆将中共中央的意见和与苏联交涉的结果通知了王明，让其着手准备去莫斯科就医休养。

10月23日，王明给毛泽东和刘少奇写了一封亲笔信：

少奇同志并请转主席：

得中央办公厅通知，一切已准备好了，我可于日内起行。如主席和少奇同志对我有须当面吩咐之事，请于今明两日内通知我，以便前往聆示。否则我即不去辞行了，因你们忙得夜以续日，我不愿去耽搁你们宝贵的时间。

此敬礼，并祝健康。

王明

十月廿三日

1950年10月25日，王明、孟庆树和两个孩子以及保健医生北京医院医生陈锋禹、保姆陈启珍一行6人，在秘书田书元的护送下，乘火车赴苏联治病。对此，20多年后，王明却把自己申请去苏联治病，诬蔑说成是毛泽东“突然安排”，企图假借美国人之手，把他炸死在赴苏的铁路线上。他在《中共五十年》中说：

1950年10月25日上午11点钟，中央办公厅主任杨尚昆来到我家通知说：“早上九点钟刘少奇把我叫去对我说，今天凌晨毛主席同他谈了王明要在今天下午乘开往满洲里车站的火车去苏联。他吩咐我尽快去办理一切手续。我的事情很简单：打电话给外交部，叫他们马上办理您全家人的护照。现在我把护照交给你。你愿意把谁带走都可以，我只不过要他们的照片。我已经通知铁道部，在今晚六点发往满洲里的列车上为您挂一节公车。时间不多了。你还来得及准备吗？”

我问他：“据说，我们的志愿军为了抗美援朝今天午夜通过鸭绿江大桥入朝参战，麦克阿瑟已经下令美国空军在中国志愿军赴朝时，集中轰炸从山海关到满洲里的整条铁路线，以破坏从北京到满洲里和从苏联到满洲里的供给，这消息是真的吗？”

“是真的。”杨尚昆回答。

“如果我们在明天早上到达满洲里，正好赶上集中轰炸，难道不是这样吗？”我问。

“是的，今天走不走，你自己决定”，他回答说，“如果你决定不走，就请告诉我，我好通知铁道部。”

我和孟庆树，当然马上明白为什么毛泽东突然决定让我们起程的原因了。刘少奇早就同意我们到苏联去，而我们等待起程日期已有半年多了。我们商量应该怎么办。尽管有危险，我们还是决定走；否则，走不走得成就难说了。我去莫斯科不仅是为了治病，我愿意再次到离别了13年的、在伟大卫国战争中取得胜利的苏联去。

在五个政法机关为我们饯行的招待会上，一些同志劝我不要拿生命去冒险。但是我们于6点半坐火车启程了。

我们平安地到达了满洲里车站，转乘苏联火车，顺利地到达了盼望已久的莫斯科。当火车就要开进莫斯科车站时，孟庆树这位音乐爱好者，唱起了我写的《莫斯科颂》。

……

1952年冬在莫斯科时，刘少奇才对我们说：“你们没有遭到轰炸，是因为杜鲁门不愿意和中国作战，他严厉地禁止了麦克阿瑟轰炸中国领土……”[247]

从王明这段无中生有且无事生非的“冒险”经历中，可以清楚地看到，王明主动要求到苏联治病的目的是什么呢？——“不仅是为了治病，我愿意再次到离别了13年的、在伟大卫国战争中取得胜利的苏联去。”事实上，毛泽东在10月8日就已经下达抗美援朝的命令，中国人民志愿军于10月19日傍晚就已跨过鸭绿江，进入朝鲜境内，根本谈不上什么“正好赶上集中轰炸”。而王

[247] 王明：《中共五十年》，现代史料编刊社1981年2月版，第47—51页。

明一行乘火车平安到达莫斯科，路上并未遇上任何风险。更重要的是，毛泽东此前和此后从来没有阻止过王明自由出境去包括苏联在内的任何地主，根本不存在“走不走得成”的问题。

从1950年11月到1953年11月，王明和妻子孟庆树及两个孩子一起在苏联休养治病。

1953年12月9日，王明一家回到了阔别三年多的北京孟公府2号。王明马上致信毛泽东说：“9日晨抵京，一路尚好，请释念。听说主席身体健康，至为欣慰。三年未见，很想有机会见到毛主席和江青同志，如主席什么时候能抽出时间见我，请便中示知，以便遵示前往。”知道王明的病情还没有完全康复，中共中央十分关心。董必武亲自前往看望，转达了中央书记处各同志的意见，要他安心治病，继续休养。

就在这个时候，高岗、饶漱石事件爆发，中共中央高层出现震荡，风起云涌。1954年2月6日至10日，中共七届四中全会在北京举行，通过了《关于增强党的团结的决议》。会前，中共中央将这个决议送给王明征求意见。他看后，表示完全同意，并说明自己因病不能出席会议。

1954年4月8日，因肝胆炎和肠炎急性发作，王明住进北京医院，从此再也没有参加工作。

1954年9月15日至28日，第一届全国人民代表大会在北京召开，政务院改称国务院，撤销了一些部委，法制委员会也被撤销，改为法制局。从此，王明在政府中再也没有担任任何职务。

9月下旬，杨尚昆代表中央看望王明，转达了刘少奇的意见：法制委员会机关取消了，关于工作问题，等病好一些的时候，中央再决定。12月14日，王明致信刘少奇并转毛泽东和中央书记处：“像我现在这样的情况，当然不能承担任何比较紧张吃力和经常系统性的工作，但有时身体比较好一些的时候，若不多少参加一点工作，感到自己完全成了不能劳动的废人，精神上是异常痛苦的。……因此，我要求中央考虑分配给我某些轻轻的工作试试看。”

1955年初，王明因胆囊炎急性发作，住进北京医院。医生建议他做胆囊切除手术。王明、孟庆树心有余悸，竭力反对。病根未除，经常发作，王明的身体每况愈下，体重从60公斤下降到40公斤。生病期间，刘少奇、周恩来、董必武、彭真、罗瑞卿、沈钧儒、史良、杨尚昆等都先后到医院看望，对于医疗问题也全力给予解决。

1955年3月21日至31日，中国共产党全国代表会议在北京召开。因王明不参加会议，又一直拒绝写“声明书”，会议代表富振声[248]便给毛泽东和大会主席团写信，认为王明“这是一笔既重且多的债，至今尚未还”。大会主席团将此信转给了王明。

4月1日，王明在医院给主席团写了一封回信：

富振声同志的信收到了。我因病不能出席这次全国党代表会议，只能在床上听读一部分文件，未能听到许多同志的发言，因而未能得到很多的教益，对我确是莫大的损失。虽然这次中央又允许我请病假，但我经常因自己不能为党更多地工作和参加会议而痛苦万分！同时也为五年计划取得的每一个成绩而欢呼——在去年接到五年计划初稿时，我虽有病仍在秘书同志帮助下，读了两遍并提了一点修改意见，为我党完全战胜“高饶联盟”而喜悦——去年讨论“高饶问题”时，我曾带病参加党组小组会议，表明过自己的态度；因此，我自觉并未因病而和党疏远，更未因病而不重视党的代表会议。但是所以使富同志有此感觉，可能如富同志所说由于他不了解我的情况。而我现在的体力不可能给富同志写详细的说明。因此，我请求主席和主席团同志指示：我有无必要把我的有关病历和现在身体情况的材料给富同志看看？或者请主席和少奇同志为我向富同志解释一下，因为我这十几年来的工作和身体情况，都曾经常向你们二位作过报告，想你们都是了解的。

关于我在七大前根据六届七中全会决议所作的很长的检讨错误的声明书（中央曾印发七大代表）；二中全会上我也曾作过检讨性的发言；请考虑是否可向富同志说明，以免他误会我从来未向党交代。至于七届三中全会要我把我在第二次国内革命战争时期和抗日战争

[248] 富振声，辽宁西丰人。1933年入党，曾任东北抗联师代政委、延安中央党校党建研究室主任。新中国成立后，任黑龙江省委宣传部部长、东北局宣传部宣传处处长，时任中共吉林省委副书记。

> 时期十几年来我所写的每一篇文章和每一个文件都重新检讨和作出自我批评来，因为这非我的身体所能，曾经中央允许暂且不作并送我去苏联治病。可惜我的身体越来越坏，正如富同志所说的这是一笔既重且多的债，至今尚未还！我自己比任何同志都更不满这一点，而这也是经常使我痛苦不安的。

王明的这封信确实写得有水平，像他在延安写给六届七中全会的“检讨信”一样，遣词造句可谓是精雕细琢，绘声绘色，可对自己的历史问题和对中共中央的要求依然是采取迂回战术，避重就轻，以达到瞒天过海的目的。在这封信中，他又是采取断章取义、移花接木的手段，把中共中央要求他向中央政治局写出“声明书”的要求放在一边，说成“七届三中全会要我把我在第二次国内革命战争时期和抗日战争时期十几年来我所写的每一篇文章和每一个文件都重新检讨和作出自我批评来，因为这非我的身体所能，曾经中央允许暂且不作并送我去苏联治病”。可见，他依然是死不认错，拒不反省，态度难以说是诚恳的。

1955 年 10 月 4 日至 11 日，中共扩大的七届六中全会在北京召开。10 月 1 日，中共中央通知王明参加会议。

10 月 2 日，王明让孟庆树代笔致信刘少奇并转中央和毛泽东。信中说：“今天下午孟庆树同志告诉我关于中央通知七届六中全会明日召开的消息，……我听了这个消息非常难过，现在我要她用我的名义再给中央写这封信，除再次向中央请假外，并提出下列意见，请中央考虑。七大以来的十年间，我只有约一半时间曾带病工作，另外一半时间则因病不能工作，从去年 4 月，我的肝胆病急性发作……尤其是今年 1 月以来，肝胆炎连续不断的发作，使身体健康情况更加恶化，心脏也极度衰弱，右手已 10 个月不能动……由于病的关系，我不能出席中央的几次会议和全党代表会议，也不能参加党的工作，这就是说，我的身体情况使我不能对党尽一个中央委员的起码责任，因而我认为：我继续担任中央委员的职务是不适宜的，因此，我请求中央解除我的中央委员职务，等我的病好到可以工作时，再由组织另行分配工作。”

在国内治疗一段时间后，王明的病情没有根本好转。于是，他再次向中央提出赴苏治病的要求，中央马上同意并为他办理了出国手续。对于这段历史，王明在《中共五十年》中却是这样记述的：

> 从1953年12月9日我回到北京，到1956年1月30日我再次离开北京去莫斯科，在这段时间里，与毛泽东迫害王明，及王明反对毛泽东的斗争有关的事实，当然还多得很。这里我只简略地提一下。
>
> 在这以后，在1952年底，毛泽东放弃社会主义革命和社会主义建设的错误，受到了批判。许多人开始懂得，我在中共七届二中全会上所坚持的那条路线（资产阶级民主革命一旦在国内取得决定性胜利，就转变为社会主义革命），是正确的路线；而毛泽东强加给那次全会的路线（革命胜利后必须长期走所谓的“新民主主义”道路，即发展资本主义的道路），则是错误的路线。因此，毛泽东在一个时期里不再要求我写声明书了。但是在1955年3月党的全国代表会议上，他公布了一个叫富振声的人给毛泽东和大会主席团的信。作者在信中对我进行了诬蔑。[这封信给我看过，我保存了它的副本。]那时我已卧床不起了。直到1956年1月30日，在刘少奇和其他同志，其中还有几位苏联同志的帮助下，我才从北京医院的病床上直接上了苏联飞机。2月1日，我再次来到我们大家的亲爱的莫斯科。[249]

1956年2月1日，王明和孟庆树带着儿子明明、亮亮及上次的陪同人员一起，抵达了他心中“亲爱的莫斯科”。从此，王明踏上了他人生的末路，再也没有回到生他养他的中国。经过治疗和休养，王明的病情逐渐好转，身体慢慢康复。他去苏联后，秘书田书元按照中央的规定，定期给他寄钱、物、药和报刊，并经常派人前去看望。

1956年9月，中共第八次全国代表大会在北京召开。这是新中国成立后中共第一次召开全国代表大会。会议筹备期间，邓小平代表中央于8月上旬致

[249] 王明：《中共五十年》，现代史料编刊社1981年2月版，第158—159页。

电王明，希望他在身体许可的条件下回国参加会议。9月8日，王明致电刘少奇并转中央和毛泽东说："我个人及医疗、护理方面作了更多的努力，但至今身体状况仍不许我有回国参加八大学习的可能，不得不以深沉的愧疚向中央和八大主席团来电请假。"

尽管王明借口称病不能回国参加中共八大，继续躲避对自己的错误进行深刻反省检讨，但中共中央和毛泽东还是从全党大局出发，本着"团结犯错误的同志，特别是反对过自己而且被实践证明错了的人共同工作的原则"，仍提名王明作为八大中央委员候选人，希望代表能够选他。对此，一些八大代表对王明既不回国出席大会又不承认错误，表示强烈不满。傅连暲致信中央说："从我党的历史上看，王明同志的错误是非常严重的，给党造成了不可估量的损失，任何人回忆起来，深感惨痛，特别严重的是至今尚无承认错误之意。最近，克里姆林宫老医生斯洛巴尼克来我国，我曾向他询问王明同志健康状况。据他讲，王明同志几个月来，体重增加13公斤，每日能走很多的路，行动几如常人，如以现在的活动来估算，他可担任工作。自此可以证明，王明同志来电所述与他自己的身体状况是完全不相符的，他是有意躲避不来出席这次大会的。为了说明他的思想，我有责任把这一情况反映给中央，供中央参考。"王观澜代表说："王明七大没有很好反省，七大以后11年的漫长时间，应该有积极反省自己错误的表示，可是一直到今天，没有令人满意的表示，这是很遗憾的。"[250] 经中央和毛泽东一再动员和说服，许多代表最终"忍痛投他一票"，王明仍然当选为中央委员，可在97名当选者中，王明得票最少，列在最后一名。

1957年11月，毛泽东在访苏期间，曾经专门派人前往看望王明。当时，王明的病情已经好转，可以回国，但他不愿意回来。中共中央为了照顾他，没有催他回国。而且，他和孟庆树依然享受高级干部的待遇，有关部门按时将他们的工资福利兑换成卢布寄往莫斯科。而他居住在北京孟公府2号的四位老人——王明的父亲、继母和岳父、岳母，国家依然给一定的生活补助。王明父亲陈聘之病逝时，国家机关事务局一手操办了丧事，将其安葬于八宝山。后来，

[250] 熊廷华：《王明的这一生》，湖北人民出版社2009年4月版，第371–372页。

中央和政府又给王明继母 700 元安葬费，并将每位老人的生活补贴由原来每月 50 元提高到 150 元。这在 20 世纪 50 年代是相当不错的待遇。为此，王明专门来信表示感谢。

自 20 世纪 60 年代中苏爆发激烈论战之后，尤其是 1966 年“文化大革命”爆发后，王明被戴上了“机会主义头子”、“苏修代理人”和“大叛徒”的帽子，被深入揭批，成了反面典型，他从此和中共中央逐渐失去了联系。但对王明的揭批和斗争，依然只是停留在文字层面，中共中央并没有对他作出任何决议，也没有开除他的党籍。这时，靠口才和笔杆子起家的王明感到机会来了，在“东风压倒西风，还是西风压倒东风”的政治浪尖上，他在莫斯科学到的满腹经纶般的马列主义教条理论终于再次派上了用场。王明利用中苏两党两国之间的矛盾和裂痕，借风使舵，摇身一变，化名马马维奇、波波维奇等，自 1969 年起连续发表一系列攻击中国共产党和毛泽东以及毛泽东思想的文章，如：《毛泽东进行的不是“文化大革命”而是反革命政变》《论中国事件》《列宁、列宁主义和中国革命》等等，连篇累牍地丑化、歪曲、诬蔑中国共产党的历史和毛泽东。

1973 年 7 月 29 日，王明在一篇《非不为也，是不能！》的文章中写道：“我而今只剩下有翅难飞的多病之身；但还留有腾空奋斗的战士之心。不过，我只能在好长的时间里，咏出若干首述怀诗句；在好长的岁月里，倾吐出几篇反毛论文。而且这我还只能躺在床上口述，写和译还要全靠家人。知我者说，我确是在战斗到最后的时刻。不知我者说，我真是个天下少见的懒人。”其情嘤嘤，也哀；其感切切，可悲。

1974 年 3 月，已是病魔缠身的王明将 1971 年至 1974 年间撰写的《“整风运动”是“文化革命”的演习》《“文化大革命”和毛同帝国主义合作的方针》《“孤僧”的命运和毛泽东的十大》《中国共产党五十年》等四篇文章汇集成书，取名《中国共产党五十年和毛泽东的叛徒行径》。其真实的目的有两个：一是继续“反毛反共”，帮助苏联“老大哥”和赫鲁晓夫在一旁吆喝；一是继续标榜自己，为自己验明正身搞翻案。但事实胜于雄辩，他的这部自传式的“反毛斗争英雄史”，充满谎言和谣言，可谓是满纸荒唐言，违背了做人基本的诚信和本分，也失去一个中国共产党员的品格。这是王明最大的悲哀。

1974年3月27日，抱病整理完这部书稿的第四天，王明即病逝于他“亲爱的莫斯科”，遗恨异国他乡，享年70岁。他最终也没能看到耗尽他人生最后心血完成的这部“反毛”著作的出版，而他原本还打算写一部批判毛泽东思想的书的计划也没有完成。至死也没有战胜毛泽东，王明至死不服。直到1975年，这本书经过他患难妻子孟庆树的整理，才由苏联国家政治书籍出版社以俄文出版。孟庆树1983年9月5日于莫斯科去世。

王明去世的第二天，苏共中央机关报《真理报》刊登了王明去世的消息，并配发照片和悼念文章，称赞王明是“国际共产主义运动的老战士，中国共产党著名活动家”，“苏联的老朋友，苏中两国人民友好和合作的积极捍卫者”。苏联政府将王明安葬在莫斯科郊外著名的新圣母公墓。墓碑上用俄文镌刻着：“中国共产党领导人，国际共产主义运动家”。[251]

而在中国大陆，“文化大革命”的狂潮依然波涛汹涌，王明去世的消息没有在公开的报刊上看到一个字眼儿。

浪底见真金。

回顾历史，不禁令人再次想起延安整风时，刚刚从苏联回国不久的师哲，当看到中央批判王明的那些东西分明是共产国际和斯大林的东西时，曾十分诧异地问毛泽东：我们与王明的分歧到底在哪里？毛泽东不紧不慢地告诉他：他为别人考虑得太多了，为我们自己考虑得太少了。毛泽东的话，令师哲豁然开朗。

是啊！毛泽东与王明的分歧到底在哪里？其实，更为深层次的原因是，王明之所以坚持错误的思想路线，关键还是他和早年的年轻共产党员一样，投身中国革命的精神准备和斗争准备都不是很充分，而且革命一开始他就完全接受了苏联的革命理论，完全地迷信与套用苏联的革命经验，并深深地渴望得到来自苏联的直接援助和干涉，简单而又生硬地移植苏联的革命模式，对莫斯科的指示和决策是“孔步亦步，孔趋亦趋”，并毫无保留地去贯彻和执行。王明在革命上的“纸上谈兵”，没有把中国革命的实际和中国国情与马克思列宁主义

[251] 周国全、郭德宏、李明三，《王明评传》，安徽人民出版社1989年5月第1版，第567页。

进行有机结合，注定经不起实践的检验，也必然遭到在经历过革命的挫折和失败之后走向务实的毛泽东的坚决反对，从而在不断的党内思想路线的斗争中败下阵来。

有过是一过，不肯认过，又是一过。这是王明的悲剧。

作为革命道路上的同志，毛泽东和王明最大的不同点正是“志同，道不合”。

道不合，不与谋。

大浪淘沙。

在波峰浪谷的历史舞台上，政治的失败、人生的失意和追求的失落，紧紧地纠葛在一起，成为王明政治生涯一个永远也解不开的死结。在苏联的庇护下，唯书唯上的王明始终没有把自己的根扎在祖国的大地上，在钻进意识形态的死胡同之后，企图在中苏关系的裂缝中寻求生存和自尊，却丢失了一个中国人的自我，丢失了一个中国共产党人的品格，就这样逐渐踏上了一条不归路，走向了沉沦……

最终，王明遗恨异国他乡，留下遗著《中共五十年》，弃忠诚于党，忘信义于国家，写下了人生的大悲剧。弃世者，必自弃。王明的一生，可用他 9 岁时在故乡安徽金家寨与人对的一副对联来形容，正是：“山海关虎啸龙吟，漫道风云难际会；子午谷乌飞兔走，须知日月易蹉跎。”

苏东坡词曰：大江东去，浪淘尽，千古风流人物。

毛泽东词曰：国际悲歌歌一曲，狂飙为我从天落。

不管是东风压倒西风，还是西风压倒东风，东方红，太阳升，中国出了个毛泽东……

2011 年 1 月 22 日初稿

2011 年 4 月 24 日二稿

2011 年 12 月 12 日定稿

历史，总是慢慢地让人知道的
（后记）

《王明中毒事件调查》一书的采访写作前前后后断断续续地进行了四年时间。

四年来，通过对这一历史事件的调查，无论是阅读和查实史料，还是采访亲历者，让我更清楚地知道了中国共产党之所以能够取得中国革命的胜利，最关键最重要的原因就是在不断地艰苦斗争中选择了一条符合中国国情的正确的发展道路，创造了中国特色的理论联系实际的革命理论，独立自主地培养和造就了领导中国革命走向成功的领袖。

历史，总是慢慢地让人知道的。

作为一起长时间造成重大恶劣影响的政治事件，“王明中毒事件“以 1975 年王明遗著《中共五十年》在莫斯科公开出版为标志，他站在反动的立场上，颠倒是非，对中共历史上一些重大事件加以歪曲和篡改，对毛泽东等中共领导人恶毒攻击，千方百计地为他过去所犯的“左”、右倾机会主义路线进行狡辩。至今，这些谰言仍在扑朔迷离中被不断地演绎和夸张，在境外被恶意炒作为所谓的政治阴谋，歪曲和丑化中国共产党、诬蔑和否定中国革命和毛泽东，也给那些堂而皇之的招摇撞骗者带来了卑鄙的名利和可耻的名声。比如：在欧美和东南亚国家出版及香港、台湾地区发行的《毛泽东：鲜为人知的故事》《延安日记》，还有《红太阳是怎样升起的：延安整风运动的来龙去脉》等，这些图书或戴着意识形态的有色眼镜妖魔化地、片面地、哗众取宠地歪曲历史；或站在反共、反毛的立场上断章取义地而不是整体地研究历史；或主观地把政治和道德捆绑在一起，把政治斗争完全地与个人品质挂钩，偏离了历史研究和传记写作的正确方向。

怎么写？写什么？这始终是一个问题。历史的叙述和叙述的历史，都是被选择的历史。但，关键是这种选择，必须是科学的选择、整体的选择，而不是断章取义、移花接木和偷梁换柱。古人云：兼听则明，偏听则暗。同样，历史需要兼听！因此，历史的研究和写作，千万不要单纯地相信一个人的口述史，要一分为二，综合辩证地分析，没有调查就没有发言权。对于历史写作，我始终强调："我们回望历史，不能对前人求全责备，更不能做事后诸葛，更更不能当马后炮；我们既不能用今天的眼光指点过去，也不能拿过去的事物来类比今天；一定要回到历史的现场，正视先人的历史局限性，也不要限于自己的局限。因为在现实面前，谁都不是先哲和先知。而在历史面前，任何人推动或者改变了历史，同样也被历史推动和改变。"因此，作为历史学家，就应该思考历史中最有价值的那部分；作为作家，就应该写历史中最有价值的那部分。什么是历史中最有价值的那部分？就是历史发展的主题和主线、主流和本质，就是推动历史进步并有利于民族、国家和人民的根本利益的那部分历史。

愤怒出诗人，但不出历史学家！苦难是历史送给我们的最好礼物！历史的解读，需要智慧，更需要良知。因为历史不是温度计。温度计只能测量别人的温度，自己却没有温度。历史是火种，给人以温暖，以光明。无论是作为一个历史学者或者一个作家，还是作为一个普通的中国人，在"王明中毒事件"的真相尘封70年之后，我们完全可以抛开任何政治上或者意识形态上的纠结，有使命、有责任把真实的历史完整地还原给历史。这既是对历史负责，也是对未来负责。我相信，我的《王明中毒事件调查》经得起历史的检验，也必将经得起时间的检验。

丁晓平

2011年12月12日于平安里弃疾斋

特别感谢

在《王明中毒事件调查》出版之际，我想说的还有很多。但最想说的还是感谢，感谢历史，也感谢生活，尤其要感谢他们——

原中央医院总护士长郁彬女士，

原中央医院护士李坚女士，

金茂岳先生的女儿金星女士和儿子金德崇先生，

中国现代史学会会长、中央党校教授郭德宏先生，

王明中毒事件调查原始证据的收藏家赵景忠先生，

中国国家图书馆的黄霞女士，等等。

如果没有他们的帮助、支持和鼓励，也就没有《王明中毒事件调查》一书的诞生。

最后，我要感谢的是我的父亲母亲以及我亲爱的家人。他们的爱永远是我努力工作和热爱生活的精神发动机。而就在本书写作采访的过程中，我敬爱的父亲丁悦臣于2010年9月15日永远地离开了我们，第二天（农历八月初九）就是他85岁生日。作为1957年的右派和“文化大革命”中的“五类分子”，父亲蒙冤22载，无怨无悔无愧，一辈子献身教育事业，刚直不阿，疾恶如仇，一身正气，两袖清风，淡然到老，名闻乡里。我把这部书献给在天堂里的父亲，因为是他引领我走上了创作的道路，并让我懂得了做人和做事的方式——热爱祖国，担承责任，崇尚荣誉。

丁晓平　谨志

2011年12月13日

附 录

王明中毒事件调查原始历史证据

（影印件）

丁晓平／辑

证据 1：关于王明同志患病经过及诊断治疗的讨论

但因有无发炎是有疑义 当时或系胆囊炎

右边在肝右叶比较大可能是胆囊发炎 因疼痛在肝脏下缘与胆囊非常接近 及胆囊附近疼痛因而有肝痛及触痛 因此又可证明胆囊曾经发炎故有大便照射可证明有肝脏疼痛

消化不好的原因是胆囊与胃肠是有关系的 大肠炎与其他部分疼痛亦系是消化障碍

在目前没有肝胆发炎

对于治疗方面 一定不吃荤菜 经过大夫检查 大夫注意营养可以吃鸡汤牛奶蔬菜青菜 按Kalori的需要渐渐增加 脂肪蛋白质数量以及Vitamin也可照常吃

对于Calomel的服用 以前常期服用是应当特别注意的 在今天因Calomel来的症状大多是慢性结果 只是以慢性

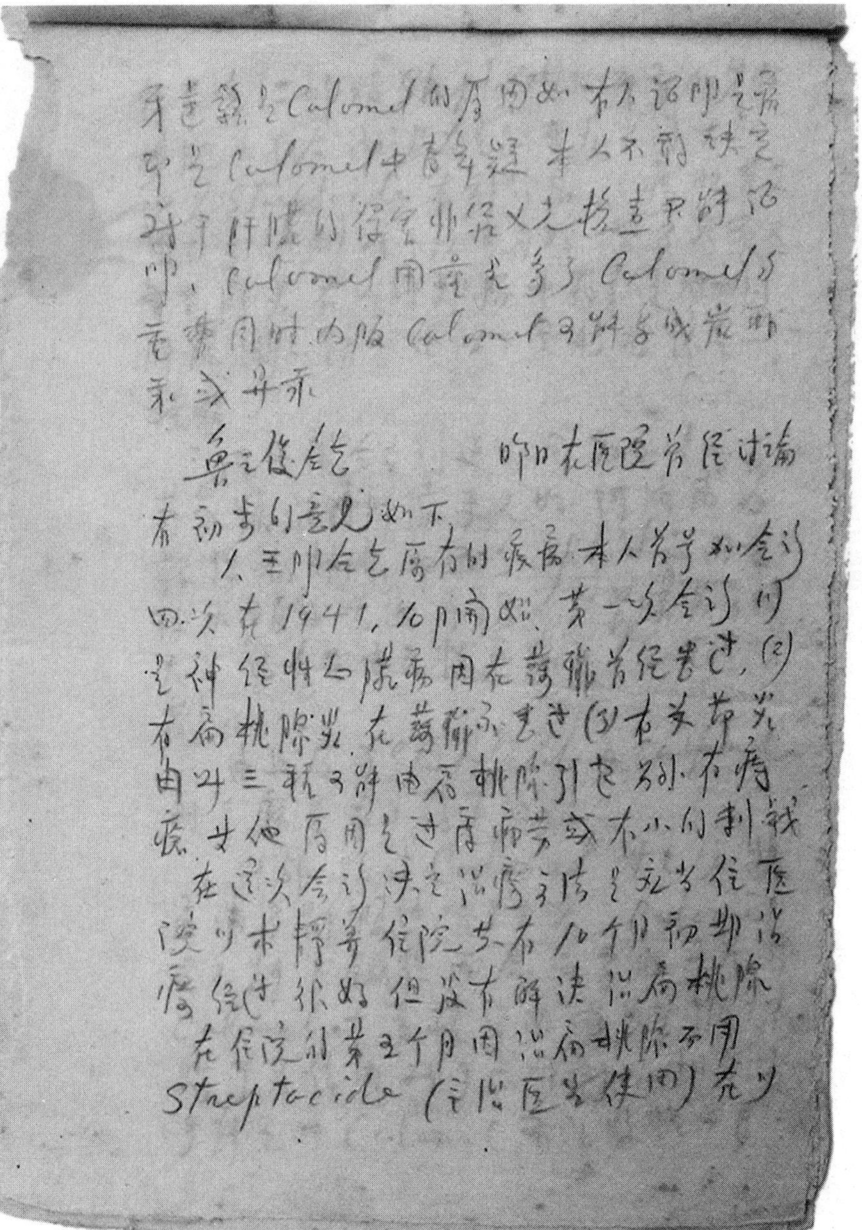

并注射之Calomel的原因如本人证明之前
即之Calomel中毒之疑 本人不能决定
对于肝脏的经常非常之检查只能证
明，Calomel用量大多了 Calomel的
毒害同时内服 Calomel可能是我发现
系 以上再承

鲁之俊院长 昨日在医院首经讨论
有关本人的意见如下
1. 王明同志过去有过疾病 本人首先如会诊
四次在1941，10月开始，第一次会诊 (1)
是神经性心脏病 因在药物首先毒害，(2)
有扁桃腺炎 在药物亦毒害 (3) 有关节炎
由此三种可能由扁桃腺引起的 另外有痔
疮 其他原因之过度疲劳或不小的刺激
在这次会诊决定治疗方法是先在住医
院以求得舒适 住院并有几个月初步治
疗经过很好 但没有解决治扁桃腺
在住院的第三个月因治扁桃腺而用
Streptocide（该院医生使用）充分

经常吃泻剂，服Streptocide以后常有加多性
黄胆，大家会讨论为是胆囊炎当时大家
认为Streptocide有副作用，以后胆囊炎
间或是泻剂对于胆囊有的一些不良而又
常生肝炎，在此时期服中药（经泻剂）
肝病渐渐缩小，由肋下四指收缩至一
横指

阿尔甫金大夫到达以后用Insulin及
葡萄糖注射，肝病更见好。阿尔甫为
根治前措，亦用Sulphidine，用量
极大，服后有无不良之影响当时
大家认为是中毒性肝肠炎（如不甚
肯）

由上可用Streptocide与Sulphidine
对于病是有不良影响的

此外服过Calomel廿七次，据
孟滨同志时服过四五十次。Calomel
是不附合碱性而应当多算成分亦用
Calomel有毒性作用由少而渐渐有
对于身体的对于病的影响相当大
可能之由Calomel而发生慢性中毒

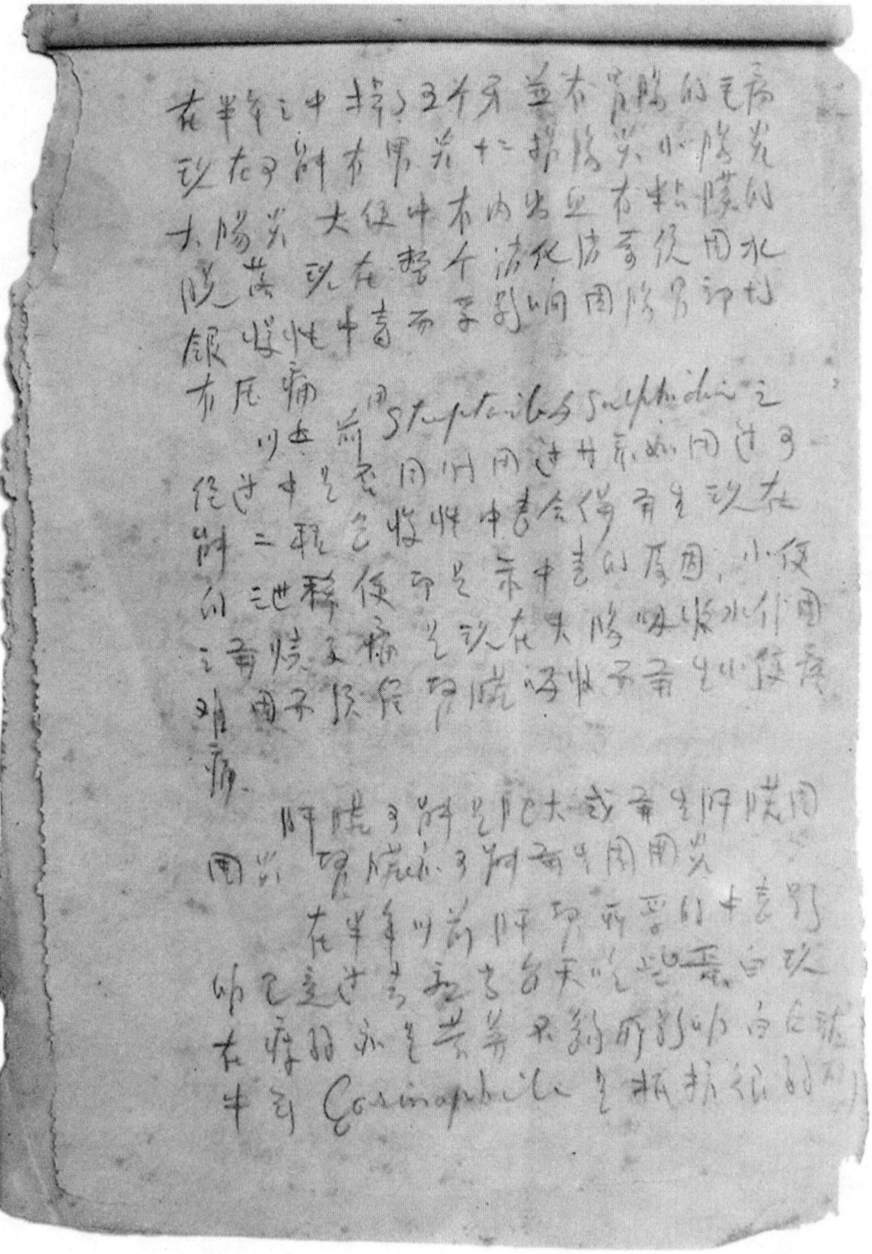

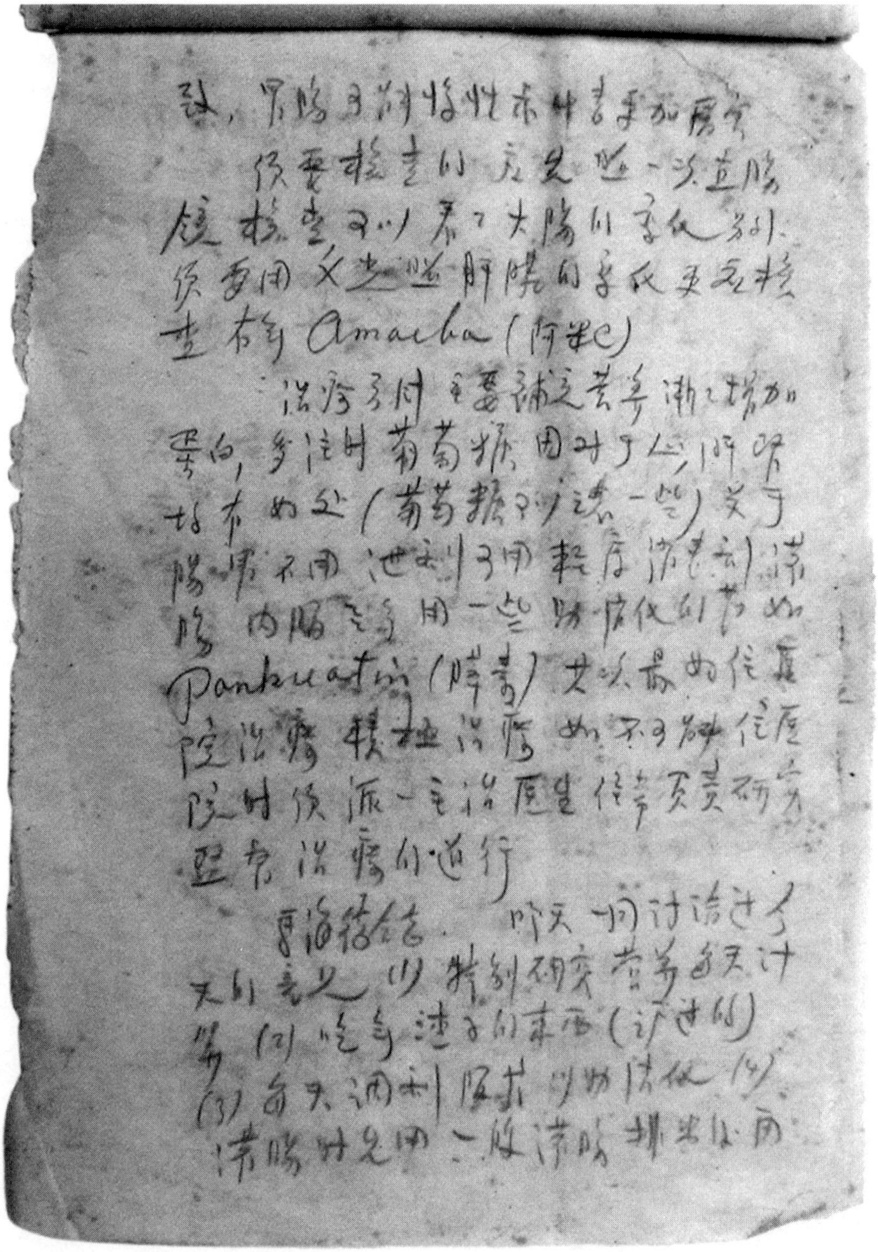

说，胃肠方面将来如有需要加用穿
须要检查的 应先做一次直肠
镜检查可以看到大肠的变化，另外
须要用X光照肝脏的变化来完检
查有无 amaeba（阿米巴）
治疗方面 主要补充营养，渐渐增加
蛋白，多注射葡萄糖，因对于心、肝脏
均有好处（葡萄糖可以注一些），关于
肠胃不用泄剂，可用轻度泻药刺激
肠，内服可以用一些助消化剂，如
Pankreatin（胰素），其次最好住医
院治疗，积极治疗，如不可能住医
院时须派一专门医生负责研究
医疗治疗的进行
手的结论 昨天同讨论会了
大的意见 (1) 特别研究营养每天计
算 (2) 吃多少东西的来历（讨论的）
(3) 每天调剂服药 (4) 如何治疗 (5)
洗肠时先用一度洗肠 排出以后

用轻剂法素剂 最初之量……增加至
1-2000cc 用于治疗……
住医院
讨论诊断之……用……
溃疡性大肠炎 子用大肠……
对于我们经过的诊断 用Strep-
tocide 并生胆囊炎 但……用Sulfathiazin
并生肾脏炎 是对的 用Calomel的内~~容~~
并生肾脏炎的内容 不仅是Calomel
而是泄剂 用过度于并生肾性炎
但 Calomel 如……
是于并生……
在不……
生……
是似 Calomel 中毒
胆囊炎是由肠……并生……用胆炎
而并生胆炎 今天中心的问题是胃肠
的

李润诗：王明以前曾输血，可能有amoe-
ba？应作新鲜大便检查。因amoeba
常可发生肝病，再加上Streptocide
更利害。心脏已好些，Streptocide
与Sulfidin与肝脏病有关，肠胃病
与Calomel有关。因Calomel用得
多，很少停，所以发生蓄积作用（中
毒现象）Calomel服法不宜（Calo-
mel不能与Sod. bicarb配合）是否
Calomel慢性中毒现象尚不能确定，应
加以深刻研究，肠子有溃疡，肝有
周围炎可能，须用X光检查，治疗以
[illegible]素，注射大量葡萄糖、蛋白质
可以使之恢复，胆囊可能有阻碍，检查
大肠与X光须待全身好些再说，出
[illegible]院，因他可能不会动，在家要有

专人负责，提交大家决定才执行。现在一般治疗可以展开进行。主要是责任心问题。

傅连暲：吃Sulfidine已经有肝脏发炎，故吃后要注意解毒，更有中毒可能而引起肝炎。

王斌：现在腹因心脏与扁桃腺炎而用了Calomel + Streptocide + Sulfidine等而引起了肝、肾、肠胃病，现肠管是否有溃疡，是否为网膜炎，看很难确定，不是用导尿管而来。肠子溃疡不因可能为长期下剂与Calomel而来？Calomel服法是不对，Streptocide与Sulfidine是有特异质。不要变成住院，只多找些人来负责研究。

傅连暲：对腹痛的情形是有溃疡，而是引网膜炎需要负责，另外经我们不分可说明，

证据 2：为王明同志会诊记录（李部长存查）

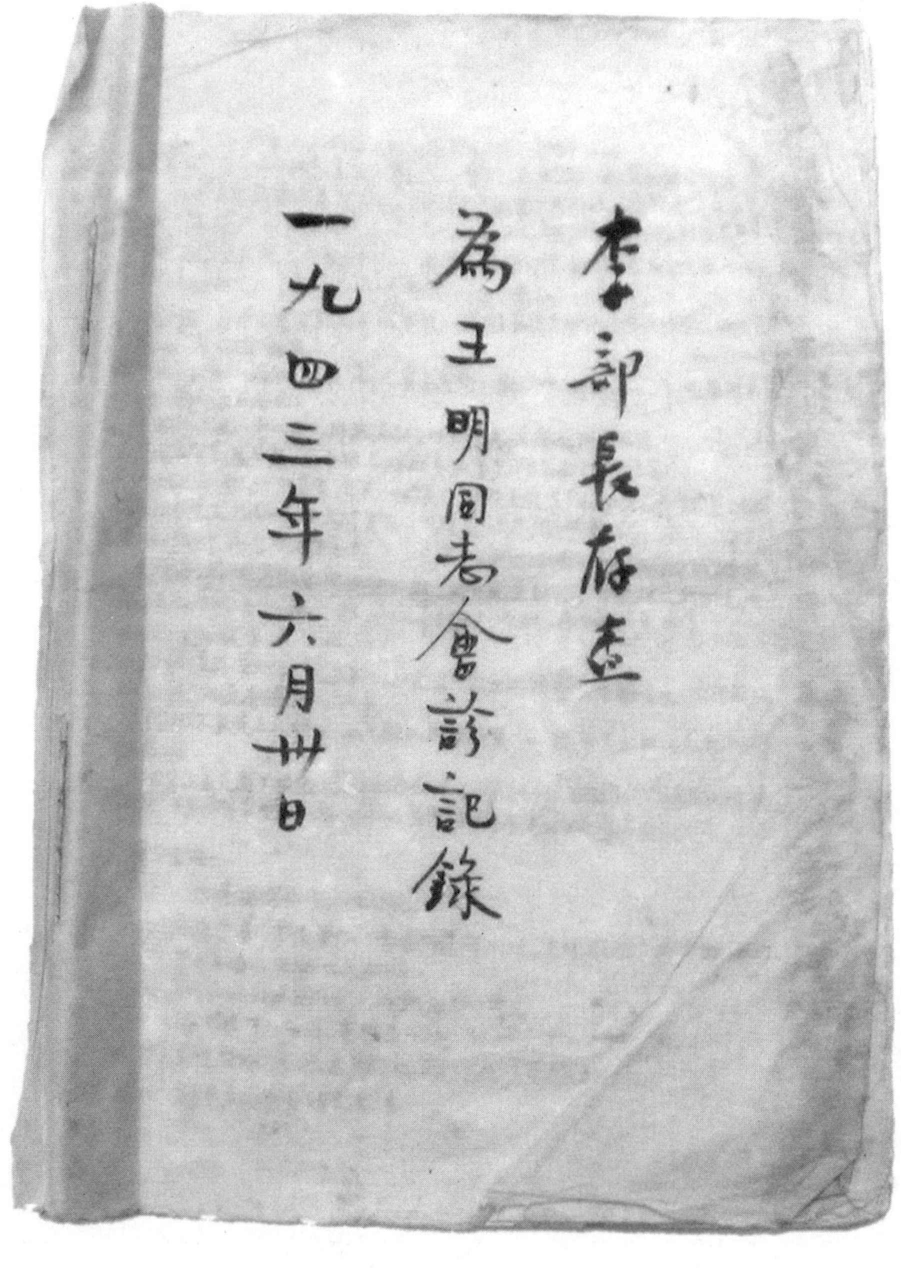

李部長存查

為王明同志會診記錄

一九四三年六月卅日

P. 1.

一九四三年六月卅日為王明同志會診記錄

傅處長：今天我們大家來為王明同志會診，是用調查研究的精神來推求王明同志今日的病，特別着重討論治療方面及飲食方面的研究討論。為何着X光，如用大透視，故看，但是太晚了，或少叫几个同志看看。現在請同志們發表意見。病人的意見是願意要留一個医生輪流住在这裡來看看，過去由金主任一人負責，现在擬請大家負責，一人執行具體治療方案。

王校長：我的意見可能是不成熟的，因為没有很多時间看病历紀錄，据过去驗血 及化驗結果

他主要病狀：消化不良，如吃富于脂肪的東西時，肝臟就要痛，鸡湯都不想吃，大便每日两次。

心臟衰弱症，常心跳，肝臟在肋弓地位較疼，在整個肝区也疼。

在左右肾部有压痛，血中淋巴球增多，尿量少，膝反射作用没有。

王明同志患生過胆囊炎，肾炎，口腔炎的，肝炎是吃了Streptocicle就发生的，後来又吃了Sulphidine又得肾炎。口腔炎是否是因了甘汞的長期服用，特別在肝及肾部不好了以后才更促進了这病。

现在病情：轻度肝炎，卡他性的胆 炎及胆道炎，過去的及现在的肝区痛可能是因了肝炎而把大網膜粘着于肝上所致。今日的X光可能看見肝之大小及区域等。

消化不良与卡他性胆道炎有关，並因了過去服用甘汞時期過長，更可促使消化不良，而且有便秘的现象。

再消化不良是与大網膜与肝臟的粘連有关。肝、胆、肾是王明同志现在的主要病症。

肝与肾主要是因了服用Streptocide与Sulphidine以後，而有特異性所致，現在肝与肾可能有些变性。Calomel的服用时间过长可能与此病有关。

治療方向：

1. 一切药都停止，使内臟休息。
2. 注意營養，多吃牛奶，鸡湯也還可以吃，要吃脂肪少的食物，及内有少量蛋白，牛奶也不必停。
3. glucose的静脈注射对心臟病有好處。
4. 按摩法可治失眠，有時还可用一些Veronal, Luminal。
5. 多吃些水，据過去病紀錄所載，是觉得太少。

曲正：請先把今天的檢查結果報告一下。

P.2.

何主任：今天檢查只有了肝、心。

肝：上緣在右鎖中線第五肋間，下緣在肋骨下緣剛剛摸得到，正在劍突以下有4Cm還摸得到，从肝上緣到肝下緣整個肝區都痛，后边一直痛到后腋線，在第十二肋骨地区（后端）亦痛。

脾：上緣打診打不清楚，下緣可以不太清楚的摸到。

前腋線自第七肋間痛到肋弓下緣，后腋線也痛到第十二肋骨，腰部痛、不很痛。

腹部：軟，左右髂部都有扪痛。

心：心尖在第四肋間鎖中線外一公分，心臟沒有杂音，但肺動脉区第二音稍强稍高。

侯主任：口腔：牙齒有些活动的，牙根有些發炎的現象，自牙科医生回来又坏了八個牙，又修了五個牙。

金主任：P=68在检查后B.P.105/70。

膝反應：前二個星期就沒有，今天又用錘查仍沒有。其他反應均正常。

陳教員：扁桃線是否腫大？

侯主任：扁桃線有不清楚像是腫大的。

金主任：在平常是大些，在今年二月更大，兩側及咽部的淋巴線亦腫大，在發燒時吐膿了，現在仍有，發炎后心臟就不好。

陳教員：压痛部位最重的在胆囊区，右葉肝臟腫大的显著些。左部只大一一二公分，心音弱，沒有期外收縮沒有雜音。

侯主任：在心底有很輕微的雜音，在三尖瓣在第三肋間有小杂音。

魯部長：基本上的毛病，按過去的會診及病人上的檢討，有以下几個診斷：——

1. 心臟是机能性的還是器質性的病是不大能确定的，過去診断為神经性的，但在X光的檢查，心又大些。
2. 扁桃腺炎。
3. 便秘、痔瘡及消化不良。

病因：——

1. 遺傳及家庭的素因，家族历史：父子都有心臟病，及
2. 疲劳、刺激，也可引起病。

P.3

3、慢性扁桃腺炎，又可能引起心臟病及消化不良及疼痛。

4、生活習慣，自幼喜吃肉，不吃蔬菜，生活不規律。

這是在1941年10月的病，心臟病是基本的毛病。

[illegible]治療過程中的變化。

在入院前曾會診，大家的意見是神經性的心臟病，大家一致主張易地休養，並根治扁桃腺炎。這在四一年十月到四二年三月，五個月中是好些，心臟病的發作是少了，發作次數是減少了，証明心臟病是有了進步。對扁桃腺炎是採取保守療法。

在這五個月中，因了消化不良及痔瘡的現象，吃了許多瀉劑，特別是用甘汞多些，這結果更能影响了消化不良。

因沒有器械同扁桃腺，於是用Streptocide治療，而后發生副作用，以致得急性胆囊炎，這並不是細菌的，因白血球反而發生減少。但仍又吃瀉劑，仍用甘汞，但后因甘汞繼續用的太長了，發生蓄積作用，又發生了肝臟腫大，同時發生潰瘍性的口腔炎，可能是甘汞中的汞中毒，大便少，胃疼，嘔吐等。后用葡萄糖及胰島素，於是胃及肝的功能又提高了，病人也好了一些。

在四二年六月又用Sulphidine，於是發生血尿，這不是一般的腎炎，因沒有高熱，沒有高血压，沒有水腫，而在此藥吃了以后就得的。藥品停後一星期血尿也就停止。為了治腎炎，又停止半年的蛋白質，於是全身營養不夠，病人更弱了。

因此總結病因有以下的幾点：——

1、長期服用甘汞就更影响加重了消化不良。

2、StreTocida及Sulfidine，在王明同志是有特異質有副作用的。

3、停止吃蛋白質營養太欠缺，於是更加衰弱了。

現在存在的疾病：

1、心臟病，沒有很大的變化，心机能還好。

2、扁桃腺炎，還如過去一樣。

3、StrepTocide，Sulfidine，对肝腎是有害的，是否因此使肝、腎起了部份的變性。更因了汞的蓄積作用更促進中毒。

4、消化不良是否因了汞的長期服用有关，现在並有潰瘍性腸炎，因為過去曾有腸子粘膜脫落及下痢、便秘等现象。

治療方法：

P.4.

①提高营养，食物种类好好调剂并计算卡路里。
②用浓缩葡萄糖液40%静脉注射以提高肝脏功能帮排毒。
③必要时对症治疗如助消化的药品及灌肠等。
④必要时才用催眠剂不可长期服用而致发生头痛等。
⑤利尿剂，看情形再决定下药办法。
⑥要一个时期，以便以后摘掉的扁桃腺。

这些治疗都要专人负责的，会议只是提供意见。

李润诗：这是研究的会议，我的意见只提供大家研究。

一、现在王明同志的病：

① 胃肠仍有炎症、或有溃疡，大便秘结，整个结肠都有压痛，证明全部结肠有炎症。
② 牙根肿，口发臭。
③ 扁桃腺炎。 ④ 溶血，在吃泻剂时就更多，是否有阿米巴痢疾。
⑤ 尿中有Biluribine并有黄疸症
⑥ 血液变化，白血球比较减少，淋巴球增多。
⑦ 肝脏已是肿大。

二、病因：

过去王明同志一般没有消化不良，因过去他常是吃的很多，所以不像现有消化不良的。现在为什么就有消化不良呢？这是因为服了许多泻剂而致的。主要的是吃甘汞太多，时间也太长，从记录上看是自42年2月起的，每天三片连吃五六天才停，又照样吃这些东西，会继续使肠胃发炎，牙根发炎，在肝脏转化及肾脏排泄而得溶状性的，泛发性的肝脏病，如只是因吃了Streptocide而有的特异性不会使肝病持续如此之久，吃了甘汞后刺激肝脏以致发生溶血性的黄胆。

血中变化也可有连续性的，Streptocide可能刺激胆囊发炎但此炎症现象不会有如此之久。

如不是如此，其他还可以想见什么病呢？如王明同志是患肝萎缩则应有嗜酸性，白血球多，在尿中一定要发现Leucine，tyrosine等结晶现在没有。

如他有肝硬变化，那应全身都有变化，但现在也不是如此而门脉的阻阻现象也尚未发生，故以上二诊断是不符合王明同志的病状的。

肝浓肿体温要增高，白血球更是增加，现在都不是如此故此诊断不对。胆石，如有胆石病就要很厉害，故亦不能採取这一诊断。

P.5

以上诊断都不能使人满意，故我们应想到还是因了泻药刺激而发生的。现在我们最好分工协作地研究以下这问题。今后医院及治疗同志上也同意的意见，脂肪不可多吃，最好吃脱脂牛奶。

内服药最好不吃，只吃一般的健胃剂。

治便秘：只可吃一些草本的一类的缓泻剂，中药中的黄连也可以吃。

吃饭：以吃的能够维持营养，能够消化为宜。

同意有医生专门负责，并可多找几个人负责。

孟庆树：

王 明同志心脏病前常是泻肚的，每天只少两次大便。便秘现在因吃了牛奶已可自己解大便了，只是吃了牛奶后小便发烧不知为何？

史书翰：

过去王 明同志的病主要是心跳异常，这是因了疲劳及精神刺激。其次便血，这是因痔疮及扁桃腺炎，过去是以心脏病为主，过去一般是用调养的方法治疗，很少用药，但曾用了一次Streptocide及Sulphidine。前后病人发作两次病，现在情况比去年更衰弱了，现在主要的治疗是通便及少用蛋白，现在自口腔至大肠都有炎症症状，但经常服泻剂，特别是泻盐剂对消化系统的粘膜是可能发生炎症而致影响肝与肾的，故肝胆之炎症与泻药与此药有关。

治疗：①过去王 明同志失眠是因了拂虑病，故拟多加安眠。

②停止长期的蛋白摄取是不好的，增加牛奶是同意的，增加蛋白是需要的，如为减轻肝脏负担注射Glucose及Insulin 2—5 unite是好的。

③小便太少，饮料也少，须要注意，Sp. gr. 重一些（生蛋白）要作特别的食谱。

④关于以后营养方面，可以吃些利胆物，生姜中有色素及Olive oil，此二物可以利胆。

曲正：

1. 我做临床工作少。2. 王 明同志的病没有作什么详细研究，所以意见是不成熟的。

①对上面同志的意见如都是事实而没有错的话，则我同意，如对Colomel与Streptocide与Sulphidin的吃法都是如记录与事实不符，则我不同意。

②王 明同志先是心脏病，主要是神经性的心脏病。

P.6.

肝脏的肿大则可能是因了心脏的功能所致，而今日之肝脏病（?）肝脏之机能仍是正常的，不是有变化，如有变化则胆汁可能减少，如皮疹，一次是否就是就是黄胆，且大便中还有很多胆汁。对肾的机能有很少的蛋白，肾脏即使有变化，也是很轻的，而尿量减少是因了吃水少，而且便大也都是稀的，一部份水是自大便排泄的，而没有在身体上积蓄水，故不像是肝及肾炎。

这病是因了血肝及血肾及少数蛋白，也可能是因了[illegible]过敏，现在主要的病是消化系及心脏的疾病，消化系统肠胃主要是因了久病，消化机能减低，各种消化系的分泌是减少的，排泄机能也减少了。

口腔炎：——①可能是因了汞中毒，②可能是吃的青菜少，维他命C少而生的口腔炎，③肝硬性是还没有这些表现的。

治疗：同意以上的意见，①不吃药，②注意营养，还可吃些脂肪。经常在精神上帮助他，不要太急于结自己的病，用暗示方法，自己要动动，可能促成新陈代谢的功能。

陈教员：第一次看王明同志，看过去的病历，也只有一个晚上，故是初步意见。王明同志过去的病是神经衰弱性的心脏炎，发作性的心脏功能亢进，心脏病与扁桃腺的关系少，因常有扁桃腺炎，但没有很进行的心脏病，痔疮是没有大关系的，血压高些。

肝及肾的病据我看是比较重的，使病人衰弱的，为什么发生这两种病呢，细菌性的或其他原因，肝病是发生在吃了Streptocide三天以后，吃了31.5克多是吃了四包後右肋部痛，而这在入院时是正常的，在那时肝已有一般大的肿大，这病与Streptocide的关系，可能是王明同志对这药有特异质，吃Streptocide後肝表炎是有$\frac{1}{28}$的可能性，根据他的大便色白，黄胆皮肤发痒，这些现象可能是因了胆道炎，过分之吃了少量的Calomel而Calomel是在肝炎後吃的，长久一些，这是可能发生蓄积作用，另有一方面是水泵，Calomel不溶於水而酸後就可变化氧化汞，HgO及轻氧化汞HgOH在肠内可能吸收而致中毒，而如果Calomel是不溶的，服时振荡的不好，

P.7.

就余成隽先吃稀水，而後吃濃縮的汞，汞被吸收后可能發生口腔炎。再Sulphidin如是Sulphapyridin，則該藥可能發生的副作用就是血尿，並可能發生急性腎脏炎。在王明同志則正是吃了此藥后而發生急性腎脏炎，馬上停止治療后不久就好了，這也可証明是這藥的关係。特別在Calomel也同時在腎脏中排泄的時候，這藥的刺激可能更大。

腎脏在今天從化驗檢查結果似乎已經過去了，似亦無慢性腎炎現象，即是說因吃Sulfidin以后的刺激是過去了。

肝脏病，在胆中區有压痛，這亦是今天的主要症狀，肝可能還有炎症及變性，如剛吃飯后即肚痛，即是這病的表現，殘留的肝胆病長久不好，以後可能变為肝萎縮，那時就严重了，但今天估計還沒有如此变化。

便秘是因了久病所致。

口腔炎——可能是因了汞中毒所致，並且今日口中還有金屬味，更可証明汞中毒是可能的。

現在肝胆均腫大。

全身衰弱及神经過敏：——這种現象可能是因了久病。

治療：Glucose注射

牛奶中有磷与鈣亦可帮助神经衰弱。

小便為何發熱，是因了水份吃的太少，尿中常為酸性，故可吃菓子酸，多吃水份，這也使於排毒。

黃連是苦味剂一类的東西，可作為苦味剂服之。生薑是很好的，健胃利胆，可試用而無害。刺激藥品可不必服，可採用擦澡療法。

馬荔：王明病可分為：——

胆囊炎的診斷之前，已有紀錄在案，不在此地重説。

①.胆囊炎仍是与服Streptocide有关，現在已在形成胆管性的肝硬化的現象。

②.消化不良，腹痛，便秘，腹瀉是胆管性的肝硬化的現象，肝小葉及胆小管有腫大可能。

③.照X光可看其平滑、程度、大小、位置等。

④.查大便要注意是否有吸虫卵。

P.8.

⑤.查小便urobiline，大便中的Bilirubin.

治療：

①.注意营养——按摩、运动.

可用Glucose，用甘油灌腸，用少量血液輸血.

馬海德：

今天的病的診斷：——

现在肝、肾的功能及胃的分泌能力等都似有可能减退许多.

大腸是有结腸炎现象，现在是否是潰瘍性结腸炎還不能全知道但過去似是有過.

肝及肾脏可能因：

①.营养缺乏，身体太弱.

②.神经痛——因如是胆囊痛(不管急或慢性)，则会有反射到肩胛部位的散射疼.

③.可能是肝周围炎及肾周围炎才有這种痛的现象.

肝腫大：——变化很快可以忽大忽小，而在两三天可能变化很大，這一定是因了腸胃的关係，而不是肝本身的问题.

治療：同意上面同志们的意見.

①.胃腸可依檢查胃酸，並可吃Pepsin及Diastase.

②.安眠药要常改，可以用，並可加用Bellidiona.

③.灌腸，大便後灌生理盐水

④.热湿敷痛處.

⑤.四肢的按摩及擦澡十分好，並可用Beladona anl opii sint敷到痛處，glucose可用.

運動可以渐渐开始作些，太阳空气对病人很重要.

飲食：早飯——菓子水、茶、豆腐浆，胸部的肉也可以吃，白面的食物可以吃，稀飯都可吃。午飯——吃些肉，洋芋、菠菜外都可用蒸煮作成，不要炒才好。

食物要過濾，不要渣子.

用菜蔬作成許多菜泥來，生菜不可吃，生水果也不要吃，每天吃四頓飯，每次少吃，刺激性東西不要吃。

P.9.

侯大夫：[illegible] 关於病，一直没有看过，所以没有多少意见。

肚子痛，不像肠子痛，似是肌肉痛，肝大些，胆中区更痛些。

心脏有小杂音。

口腔炎不太严重，扁桃腺不太大，主要是牙根不乾净。

Streptocide、Sulphidin、Calomel的中毒问题——

Sulphidin可能使人生特異質的贫血。Calomel须要研究，但就今日的病看还不十分像，要好好研究才好。消化系统及肝病是循环的，现在很像慢性胆中炎，慢性消化不良痛症，可能是神经性的，但是为了什么？是否因了缺乏Vitamine B？

营养虽不好，但还不是那么严重，無论如何治疗，仍是一样的。

脂肪仍要有限制，但牛奶仍可吃，不必脱脂，不要吃渣子太多的东西，水菓仍可吃的，不必只吃煮了的。

慢性胆中炎，可能1，主要由於牙，並且牙内有脓，局部病灶仍应致虑。2，或是因了Calomel的关係。3，或是因了扁桃腺炎。

何穆同志：

王明起初的病是心脏病，及因心脏病而抽风，到中央医院住五個月後，又碰巧吃了一些Streptocide，而发生肝病，而碰巧吃了了Sulphidin而发生肾炎。

现在看来是否是Calomel或其他药中毒，Streptocide是否是可使肝发生炎症？Sulphidin与肾发生炎症或贫血是否一定有关？我不敢说，但应停了药就該好了，但为何肝现在还腫大呢？据自己的经验，这些药只是在大腸内反应，而不是反应在肝内。肾炎仍没有好，到现在小便仍有1031的比重，我建议作Diff. Sp.gr.並記下吃飯及吃水的量，以作比較研究。但现在仍不能决定是肾脏炎，因此更不能说出原因。心、肝、肾、腸胃，病灶几個病中有互相联系的关係，互相发展何者为先，是不容易决定的。

馬海德說的神经病的问题我全同意，但肝腫大是事实。

心脏与其他病的关係小，但与病灶有关係，但其他病是可以相连系的。

P.10.

心病与肝之肿大的連系是少有可能的。
現在我很困难找到病因。

Colomel问题，我記得吃的不多，而是很少，如若是Calomel中毒则很快会好，而到今天已经一年，故不贊成汞中毒的説法。

治療：glucose、生薑可以继续服用，脂肪可以限制，但不可不吃，尿的Diff. Sp. gl.仍要多作几次才可决定蛋白質的服量。一般药品少吃为妙。

李志中：

1. 到底吃了多少甘汞如何吃的，要好々研究、統計。
2. 過去甘汞如何吃的，（作水药吃的把药放在陽光下太久，或与小苏打合用，或与溴化物Bromides合吃都是不妥的），也要好々研究。

研究以上两項可能确定汞中毒的可能性。

3. Streptocide中毒，我不相信，但肝病前Calomel吃了多久，为何吃的，吃甘汞多久又吃Streptocide是要研究的。
4. 还要研究这一年多来王　明同志的病状与吃汞剂的关係然後才能确定是否是汞中毒。
5. 用營養及物理療法来治王　明同志的病，我是同意的。
6. 贊成由一個医生负责任。

阿洛夫：

关於今天的會話我是没有很好的準備的，我可能說的不對。我向王校長要院长提議，不知你们是否看了关於Sulphidin的最近的材料，我可以找着所有的一切性病病人並给以随便的量的Sulphidin乃至给20 gm一天也可以，不會发生任何病。我们大家共同来用科学的態度搜集这些药的研究材料。金主任在外边早已用过Streptocide可以談談他的經驗，如治产褥熱即是，侯主任也可把对Sulphidin使用經驗和我们談談。我们最好组织一下来討論一下這問題，大家可以看看一个二个月的小孩吃了七克Sulphidin也沒有什么病，但关於Calomel的中毒問題，我们同意李調詩及曲正的意見，總之，①Calomel不溶於水，同意許教員的意見，如不溶於水吃出来則少先吃了水，後吃了大量的盐，这樣偶然吃一次还可以，但連吃了兩星期，这是不好的，吃了

P.11.

Calomel後才吃sulphidin這是須要研究的，Calomel与Sod Bicarb同吃可以說是吃昇汞，在兩星期內吃了許多昇汞，同志們如把藥方的題目寫下來是可以說是很大的。

用昇汞中毒後的害處是很大的，吃了昇汞可以使肝、腎、口腔變性的。

在四二年三月王明同志是有很多汞中毒的表徵的。以後又吃了四天汞劑，更病的厲害了。王 明同志的病到底是為何有這種變化，是streptocide 1.5克的作用嗎；sulphidin是否可以使人血尿呢；但我不知。已經中毒的肝腎是可以中毒的，可能使人尿血的。現在还可請金主任來解說這些。王 明自吃了Calomel以後就有肝炎及肝変性，胆囊炎。腎炎則現在还不知，扁桃腺炎，口腔炎都是有害健康的。心臟衰弱是有的。王 明同志是可能有神經痛(炎)，过去我以為有，現在仍以為有，現在全身都痛。我同意他有結腸炎。

治療：——我同意大家的治療法，不主張glucose注射，如是急性肝炎，我贊成，但為慢性則不贊成，現在可以吃glucose，即是吃糖亦可，但我並不反對注射glucose。青菜多吃我贊成，牛奶可以吃，但不要脫脂，吃牛奶酪也贊成，燕雞[illegible]可以吃，新鮮水菓可以多吃，要王明同志多運动一下，多受空气日光我贊成的，这病須要慢慢的治才好。

馬荪：根據記錄吃了Calomel共26 Tab. 0.02，吃法開始十天每天吃三片，有時吃兩片，十天後还有四天每天一片，这是自三月二十二日開始，(1942)到四月三日停止。Calomel mixt到底吃多少不知，據說常吃綠色的水，即是Calomel混液。吃了sod. Bicarb.与Calomel mixt在治療單上記載着四月二十九吃起的。

吃了5c.c. mixt Calomel後才吃Mist Alba。

金主任：大家把王 明同志的病來研究一下是好的。王 明同志是十月十四日到中央医院，在九月廿一日看了一次，有馬、朱、高、王各医生，在廿日便開始心跳，出汗，手足麻木，晚上打了一針Camphor T.37，B.P 125/90，心臟大而有雜音，李润詩說有期外收縮，但别人没有听見。27日又看他，李润詩說吃Luminal Brom. 到卅一日又來看了一次，李、朱、畢、何、巴，B.P 150/100，心臟还一樣，於是住医院，用1/6 gr. morphine与1/300 gr Atropine注射，在十一時睡得好，吃Valerian Bromide，住医院後大便不好，拉血，拉稀，但无Ameeba，或是肚子他[illegible]後来是因為痔瘡，後吃Mist Alba，在十月廿七日吃的。全部情形是医院长說过的不再说。

P.12.

診斷：是心臟、大神經性的，住院後B.P降下來了，110/80 B.P（十月十二日）十一月廿日大便乾有血，吃Mixt. Alba，住院後就發了几次心臟病。

心得甚作次表 29/9/42，15/10，15/11，4/12，10/12，13/3，9/3/42，以後這家發作為不知道。到三月可走動了，此时[illegible]想切除扁桃腺，拔牙，檢查肛门（未查）因扁桃腺不好，故開用Streptocide 當之 13/3 服下後，訴右骨[illegible]痛，痰之，[illegible]停用，有電肝炎过去，因腹痛注射morphin 及Atropin Hy 00/mg 透視肺部正常，那时認為Catarrhal jaundice T. 36.6 P. 75 此时右肩并不痛，後來開始服Calomel 0.02（據說已吃过了Calomel Tab很多，並与Mixt Alba同吃的，肝病甚前吃的Calomel 都未記下）有人認為肝病是由瘧疾傳染来的，有人認為Streptocide 此时停吃磺胺類藥劑，到24/3 有黄疸顯著 W.b.c 50350（住院时7500）Diff 淋巴球 Lym. 增加 3/3大便有粘液，W.b.c. 5750 服MgSO4 Sod. bicarb 等到3/4開始体温上升，脈速，開會新，找中医看約四星期後，[illegible]或好或坏，檢尿正常，以服中藥等，29/4 MgSO4 3gm Sod bicarb 0.5 Sod salicylate 及Calomel 0.1 配成10 c.c（張當[illegible]服）到3/4大便色正常，腹部痛，[illegible]因肝痛胆炎而吃，但當时不知配合藥品，服後說肝痛好些，心電變化，[illegible]，mixt alba 6/5 又檢查因發冒便血，同时有右腎痛，腎比較大，大便色正常，当时口有臭，有舌苔，W.b.c 58050 決定未服他藥僅服Charcoal 22/5 一切情形好些，一切藥物停，自己能大便，食欲增加，睡眠好，心電變化，此时肝刚能摸到，左腰部右痛，B.P. 115/75 以後阿洛夫来了，到了29/6 前这一星期内很好，能看報吃飯，注射40% glucose 25 c.c 及5 units 的Insulin，每隔日注射一次，用奥阿洛腸法治療）肝在肋下有一指，阿洛夫還說吃Sulphidin 我說此新藥不知情形如何，要吃过Streptocide 对病人不好故先只可吃少量，阿說Sulphidin 比Streptocide 一點毒也没有，王明同志第一天服1gm，後發疼，痰之不吃東西，全身休养，3/7 服2gm 開始王明不舒服，是否由用藥之关係？服藥前尿正常，到1/7 服6gm 在夜間開始加重，至2/7 下腹部痛，尿量少有白色沉澱，劇痛，此时尿中有血，僅5 c.c 此时注入morphin 及Atropin 略好，當时認為Ac glomerulo-nephritis 注入glucose，至3/7 略好，痛更甚，尿仍血，又注入鎮痛劑至3时尿略清，至四时又痛了15-20分，全身不吃东西，全身出汗很多，喝水，阿主张少喝水，每天僅吃400 c.c，用少蛋白質鹽的飲食，至4/7 略好，注入glucose Calc chloride 每日注

P13.

pm剧痛，又起在肾脏，注入morphin略好。6/3 尿有血[illegible] B.P.上升128/88，腰痠痛，不想吃东西，肝大三指，（肋缘下）口臭，以H2O2漱口，glucose I.V.。5/3 痛轻，尿强酸性，7/3 尿中有Diacetic acid，注入Calc. chloride，大便樟色軟。多次便略好，40% glucose 50cc I.V.，10% CaCl2 10cc IV，B.P.下降，尿中有sugar +，9/3 睡好，出疹中止，10/3 urine Alb. Trace，未注射他药，加入Tr. Digitalis 8gtt，15/3 略愈，肝仍在肋下一指，脾指不到，心力强，尿中仍有trace Alb.，又全部一次，出院，不再吃药，主要休养。

出院后OP[illegible]者，[illegible]腰仍不痛，眠不好，故吃Luminal，服后[illegible]肝仍痛，口臭，用H2O2 gargle，又用Calomel 0.2 的水药，10cc t.i.d.，但未服。19/8 又心跳，吃Digitalin及注射Insulin，6/9 肝仍痛，肋腫大，22/9 咽喉痛，3/10 [illegible]吃pepsin HCl等，肝仍痛，[illegible]，用热水袋，15/11 注入glucose，喉痛，用H2O2漱，又用Lugol's sol. 涂咽，并用嗽口剂，1/12 扁桃腺发炎，[illegible]淋巴腺亦腫大。约2星期后略好，但是心又不好，朱主任[illegible]健胃剂，[illegible] Calomel [illegible]又未吃，26号全部[illegible]，心不好，失眠，6/1 又不好了，[illegible]。

17/2 肝仍大二指，认为肝炎，注入vitamin C，又用了Calomel，and MgSO4 未服。30/4 病情如前。

前年十月至三月，[illegible]负责，并由傅部长参加意见，[illegible]用Calomel [illegible]。

傅部长：李部长主要请大家讨论[illegible]一医生来执行，[illegible]的困难是什么？金主任在中央医院没有检查过，用药分量和时间故不知道，[illegible]。

李院长：医生可执行大家意见，[illegible]

侯：[illegible]

孟：现在病很难说，不能出去，要一医生住此随时同傅部长商讨，尽可能把条件给以[illegible]，[illegible]大家来帮助。

金：[illegible]对于治病一人不能负责，[illegible]用药检查的困难，[illegible]吃Calomel [illegible]

P.14.

希望以後不要客气，应当马上講，病人也不講，也不吃，吃了西藥又吃中藥

病人也不对。主负责任，说明又有人来参加意见要另外办法，同意找一个医生住

此看王明同志的变化，

关于医生调治，准找一个医生及护士都好，

傅院长：個人意见同李部长商讨好了再决定。

看了[illegible]的医生名单由王明同志决定好了，过分太客气了，写错方子，司药护士不告訴金主任，而金主任是担负大事的，以后多用几个会議，来讨论治療办法才好。

孟：病人是告訴金主任的，希望他再加以研究。

李越仁錄 7/7
整理好

畢道文的意見。

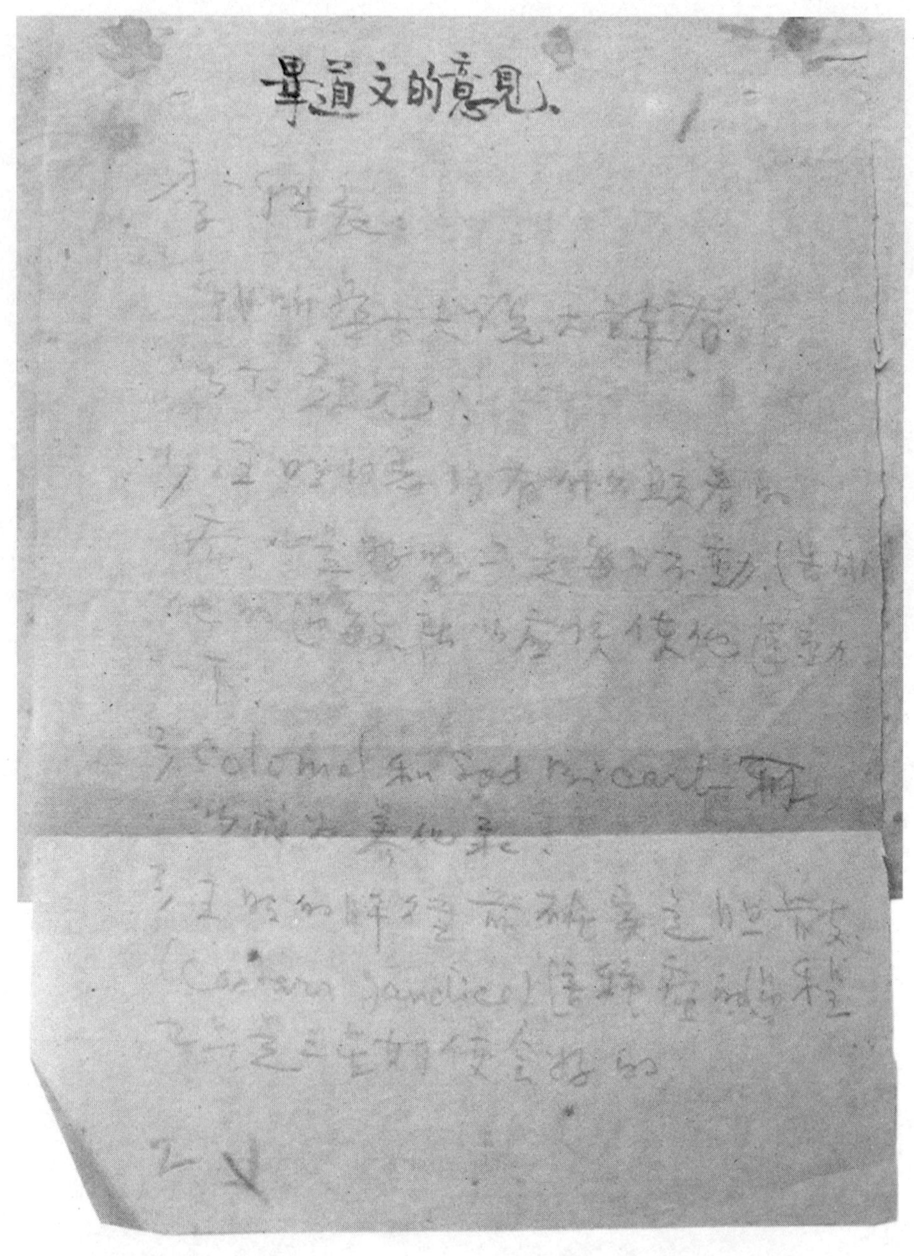

畢道文的意見

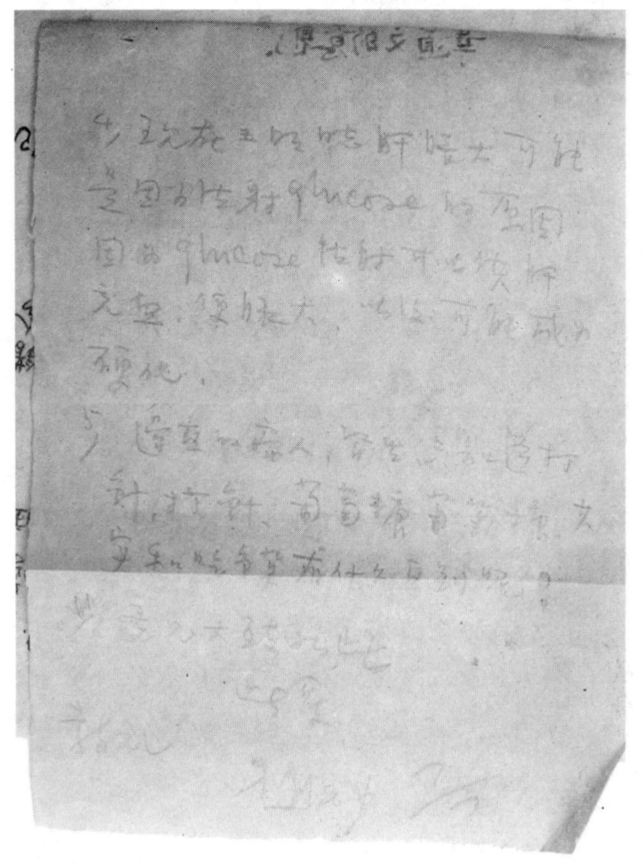

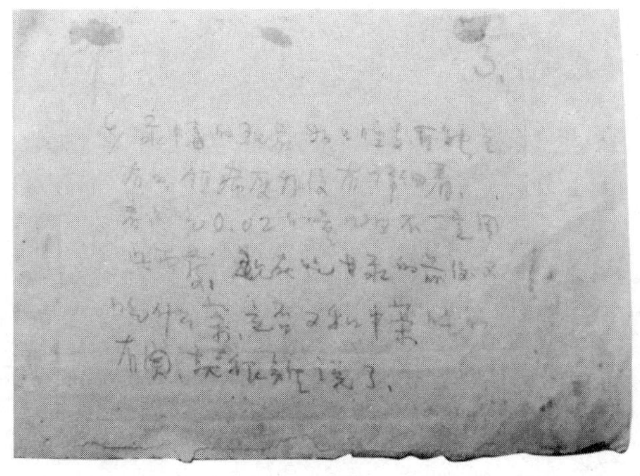

证据3：对于王明同志病过去诊断与治疗的总结

20/7-43 (1)

對于王明同志病过去診断与治療的總结（自一九四一年九月到一九四三年六月）

这個総结是經过王斌、魯之俊、馬海德、馬荔、李润詩、金茂岳、何[illegible]夫、傅連暲、陳一千、李志中、朱仲麗、組成小組，从过去王明同志病历史及各方面調查搜得材料，整理后，並在除以上小組十人外，還有史書翰、曲正、侯健存、魏一斋等同志組成的大会上討论后通过的総结。（大会主席：王斌、記録 李志中 孟侃、）

依王明同志自1941年9月到1943年6月一年多以来病状可分为以下五個阶段：

第一阶段——自王明同志病到服用"Streptocide"，

（自1941年7月到1942年3月十三日）

第二阶段——服"Streptocide"到服甘汞、

（自1942年3月13到1942年3月21日）

第三阶段——服甘汞时期，（自1942年3月21到

（二）

同年六月）回杨家岭后

第四阶段——服用"SULFIDINE"时期，到出中央医院。（自1942年、6月29日到1942年8月13日）

第五阶段——回杨家岭后到现在。（自1942年8月13到43年6月）

第一阶段：

这时期主治医生金茂岳对王明同志病的诊断，大会认为：

一、诊断——据金茂岳同志及四一年十月十二日及参加会诊医生的诊断，都认为王明同志有心脏扩大，听诊有收缩期杂音，并有期外收缩的心脏病。其原因：——在素因上是有遗传及家族历史的；在病因方面是由于幼年的重伤寒症的遗患，过去患过的风湿病（跳舞症）及现在还在患着的扁桃腺炎、龋齿等。诱因是在已有以上种种病因而扩大了的心脏上，加上1941年9月的过于疲劳，而暴发作。

（三）

心臓病、这种诊断大家是同意的。至于神经性的心臓病的诊断、金主任及当时会诊医生认为是起于中枢神经过劳、同时病人在苏联皇宫医院及南俄心病疗养所也有同样的诊断、但苏联尚有部份医生认为主脉口右有希氏束的阻塞（His束）在苏联时医生也曾争论未能解决。关于这一点四一年十月十二日的会诊时也曾得不确结论到今天大会上对此仍未能完全确定、须待以后研究、病人有痔疮扁桃腺炎的诊断、也是正确的、但当时金主任对主脉口右心病估计不足、只能想到主脉口右官能性的心臓病而未想到既往的心臓器质的变化、

二、治疗——

① 服Mistalba（盐酸溶剂）大家认为服的时期过长一共连续的用了八天（1941年10月21日到1941年10月28日）共120C.C. 这样长期的使用盐酸溶剂可引起肠胃衰弱、以致消化不良。

（四）

②"mist alba"可使盆腔充血，而且痔疮便血增加，不得已时偶用一次则可，故以用油类灌剂，或用油来灌肠，而金主任却常期使用"mist alba"这是不适合的。

③当时病人在吃了"mist alba"后，已经通便，而且每天大便数次，便血及黄水日时增加，金主任对此还没有注意，对病的经过缺乏密切观察，没有即时吩咐停止服用"mist alba"

④在病人便血时金主任用腹部按摩是不对的。

⑤病人所患的是心脏病，而金主任以治疗却是劝病人打铁球，打麻将，过劳的到河边散步，而时使病人过劳又犯病但在休息几天后，金主任仍强叫病人继续作，这是违反治疗原则的。

第二附页（服所谓"Streptocide"）

在未服此药以前，王明同志的心脏病状，一般的比较好，只有扁桃腺炎，当时病人准备出院，但：

①金主任主张拔牙，割痔疮，割扁桃腺，在金

(2)

主任决定要开刀割扁桃腺的前两天，由副处长魏一斋临时不赞成，而才作罢。王明同志的扁桃腺在苏联烧过四次，已经痛平，离血管很近，割是危险的，当时还有些发炎，如割可能染菌，同时王明同志身体当前的状况经受不住此项手术。金主任也不是耳鼻喉专家，又在我们设备不周的条件下，割扁桃腺的止血（特别在充血时）与防止病灶传染蔓延都是困难的，因此我们认为金主任对一个负责同志们如此的大手术，不经向上级言定，也不顾客观条件就冒然决定是不对的。

② 至于割痔疮，金主任也没有估计到病人的身体，而要割那样大的面积的痔疮，也不对的，因为脊椎麻醉对病人也是不适宜的。

以上手术是由副处长魏一斋建议停止施行是对的。

决定扁桃腺不割后，金主任与侯主任、副处长商量，侯主任主张服"Streptocide"金主任，副处长赞成迟决

（六）

服"Streptocide"。

③ 但当时所服之药究竟是否Streptocide还值得调查，因为：——

a、该药六粒是由金之位直接给王明服的，因之既没有第三人证明，也没有药方。

b、直到大讨论会的第二天会上（1943.7.18）金之答的答复是模糊的、一会说是Streptocide一会又说是"Sulfanilamid"，一会说是0.3一片的、（经过卫生部之请但卫生部的Streptocide是0.5的、不是0.3的）一会又说是0.5一片的、（但病历记载上是0.3）药之什么形状大小也都说不清楚，药究竟是从药房拿的（药房当时无此处方）还是从卫生部拿的、（卫生部拿来的不是"Streptocide"病人的证据、与卫生部拿来的大小形状也不相同）金也答复不清楚、也找不出证明是Streptocide的根据来、

c、服此药后病人的中毒症状与苏联其他

(七)

药品中毒症状是相同的，例如，加比妥剂、肠伤，肝脾都可肿大，这些是我们应该了解的。

D. 如是Streptocide或"Sulfanilamid"等可因特异质而发生肝炎甚至胆囊炎等，但这些药的排泄是快的，一两天内药排泄后肝即可恢复，病人只吃了四片（如是0.3的只有1.2克，如是0.5的则只有2.0克）很难使肝脏发生损坏，以致如此严重、

(4) 即令金主任给王明服用的的确是"Streptocide"但直到小组研究材料时，金主任对此药药理作用，用法禁忌、及副作用特异质等仍没有很好的研究，当时拿药给王明同志用此药是冒险的。

5、王明同志服了此药（所谓Streptocide）之后发生毒性与副作用，三月十三服一片即头晕，三月十四服二片，即呕吐头晕、肝剧痛、脾肿大、心区痛、体温不升，金主任全无办法，未即时停止服药，在三月十五日又叫病人吃一片，于是吐及其他症状更加剧烈、肝区痛、

(16)

這時病人自動停服了，当即請金主任看，金尚認為是瞎的，第二天的診斷就發現急性胆囊炎及肝炎，肝腫大了，這种情形説明金主任是未負起責任來的，這也是不对的。

總之王明同志服所謂 Streptoeida 的药以前，只有心臟病，扁桃腺炎，痔瘡，吃此药後，就發生嚴重的肝胆病。

第三階段　（服甘汞時期）

（1）金主任認為甘汞是治肝的惟一的聖药，是没有理論根據的。一切内科書上，对胆肝病的治療，固可用甘汞，但還有其他鹽類瀉剂（如硫酸美，硫酸鈉，人工鹽等）所以並非惟一的。

甘汞是重金屬鹽類，是劇烈药品，对王明同志不應冒昧採用。

（2）關于剂量方面：

a，第一次服用甘汞的處方（三月二十一至三十一日共服二十六包）是找不到了，在金主任的吩咐上甘汞每包剂量是0.02克，但我們遍尋

（九）

中央總衛生处下的各药房，也未查出此方。而各司药都一致說，没有配過0.02如此小量的甘汞，而且在一般的药房是不好配的。又叫曾给王明同志吃药的護士樂峰來鑑别0.02及0.1的甘汞粉子，叫她認出那一种是给王明同志服用的剂量。她認為0.02的甘汞過少，根据她的記憶，没有给王明同志吃過如此少量的。0.1的剂量倒像给王明同志吃的剂量。同時有人認為王明同志服甘汞後病情变化的程度，也不像0.02的剂量所致，因此，第一次甘汞处方到底是0.02或是0.1，或是0.2（0.1及0.2的剂量以後都開過）還是疑問，仍待調查研究。

七、用甘汞自小量漸加到最大量（曾開過一天0.4的甘汞的处方）同時甘汞粉子，一開就是十或二十或三十包，放在病人处是危险的。特别

(十)

是見效後.可以不停.就成毒,

用汞的時間.金主任採取長期服用甘汞治肝病的辦法:

第一次自1942年3月21日到1942年4月3日服用了十三天的甘汞.

第二次自1942年4月29日到5月5日又吃甘汞七天.而且在病人回楊家岺以後.直到今年二月金主任还開過兩次甘汞.其中並有一日總量為0.6克者.據中華藥典及中國人體質.這是超過極量的.(幸而病人未吃)

王明同志究竟服了多少汞,因處方与吩咐与護病記錄的記載都有出入,處方又不全.所以王明同志到底吃了多少甘汞.是難于計算的.今仅就已經确实服下之甘汞而言.總量确实之量的{若按医生吩咐服法.繼續服下去則可吃到20.4 gm的甘汞.如此大量足以

(十)

引起数人中毒或致死)而致中毒，影响心肝脾肾肠胃，口腔，牙齿，神经等器官，这是事实。

(3)甘汞的用法：甘汞本不溶于水，而金主任给王明配甘汞水剂吃，服药前摇溢（？）差是不匀，可能先吃的含少量甘汞，而甘汞沉下去，最后一次服下更易中毒。

(4)甘汞的配合禁忌：甘汞与小苏打或与硫硫钠，硫酸镁，溴化物等配在一起，可使甘汞变为昇汞，或把汞变为可溶性的水银盐，则吸收更易，增加毒力。而金主任给王明服甘汞时有时把禁忌品配在一齐用，有时禁忌药品虽不与处方開在一个处方上，却把两个處方的药同時間给王明服，这是很不对的。

(5)在病人服汞過程中曾發生：

a.病情恶化——病人大便中有肠粘膜，有肠炎現象，日流口水到1000 C.C.發生口腔炎，牙松了，小便有糖，白血球減少，这都是汞中毒現象。

(十二)

但金主任仍叫病人继续服用。

戊. 司药提出甘汞不溶于水，请金主任改处方，金主任看了药典，仍继续又開数日处方。

己. 護士報告金主任药水変色了，但金主任仍叫病人继续吃，病人不吃，金主任不高兴。

(6) 関于甘汞服法剂量等，都没有在会診時向会診医生报告、商討。

(7) 金主任的病歷表中在服甘汞期間记載很简单（别的時期也有这样现象）重要症狀及处方沒有記上，又对護士的口頭吩咐与文字吩咐有時不一致，特別是甘汞的处方有改的，这都是不合乎医生規則的。

第四段 （関于 Sulthidine 問题）
sulfidin

王明同志在吃 Sulfhidine 前，内臓主要器官如肝腎等部曾被所謂"Streptocidum"及甘汞所侵害，在中毒的肝与腎上用 Sulfidin 促进 Sulfhidine 可能有的副作用発展起來，所
sulfidin

（十三）

以在一九四二年六月廿九日到七月三日中間共服九克sulfhidine，使王明同志血尿，尿中有蛋白，腎区痛得難忍，為腎臟炎症。阿洛夫同志為了治肝病而未經詳查病人肝病的緣因，就用sulfhidine，是不对的。在發生腎臟炎后，阿洛夫同志仍認為不是sulfhidine所致，所以在治療上主張少吃水，这又是不对的。

第五阶段（回杨家岭到现在）

回杨家岭後，王明同志是由傅、金、阿共同治療的，决定权由傅处長。但在此時期中（十个月）没有很好推求病因，及仔细研究治療办法，因而在治療上有以下的缺点和錯誤：

(1) 从1942年十二月廿六日到三月五日共服硫酸鎂十三包，每次一包，每包十五克，平均三四天吃一包，以致在此期間，病人拉了八十多天黄疸，王明同志卧床不起，这也是主要原因之一。

(2) 只顾王明同志有慢性胆炎，都没有注意

（十四）

营养，而减少吃蛋白质，也没有确定一個饮食谱。（这是对肾脏患者应有的）因而营养不够，每天的卡路里也是少得太多。（每天要差一千）以致使病人连发十天的心脏病。

（3）注射葡萄糖与胰岛素的比重倒也不对。

（4）病人不能睡眠，未用其他办法，専靠服安眠药，安眠药用的过长，致使病人头晕。

（5）二月十九日，金主任为王明同志開"单宁酸"灌肠，处方是4%未说明用法，取回来的药，瓶子上也未註明成份及用法，（过了两天病人問他，他才加註10%的標記）这是不对的，幸而病人未用此药灌肠，（因为不及取药回来，從吴老那儿臨時拿来1%的单宁酸用的。）如果用了，則更有严重危险，現据金主任解释說照吴老用法，但開给吴老的单宁酸是1%，用时不必加水，金主任開给王明同志者无論是4%或10%均必须加水才能灌肠，照開给吴老者一样。

（十五）

同的说法又是不对的。

以上研究所得的经验教训，这都是有事实根据的，根据的材料请见下列附件：

（一）根据病历摘要下来的一表（病历表）——附件一。

（二）三天（43年7月17、18、19日）的会议记录——附件二。

（三）护病记录、病历、化验报告书。——附件三。

（四）卢士司药的证明信及各次会诊记录——附件四。

（五）金茂岳开的录副处方之一部份。——附件五

醫生签名：

王斌　史书翰

鲁之俊　[illegible]　马海德　[illegible]

金茂岳（其中数点另外声明）

李润诗　陈应谦　魏一斋

傅连暲　　一九四三年七月二十日

证据 4：（中共中央调查）委员会记录

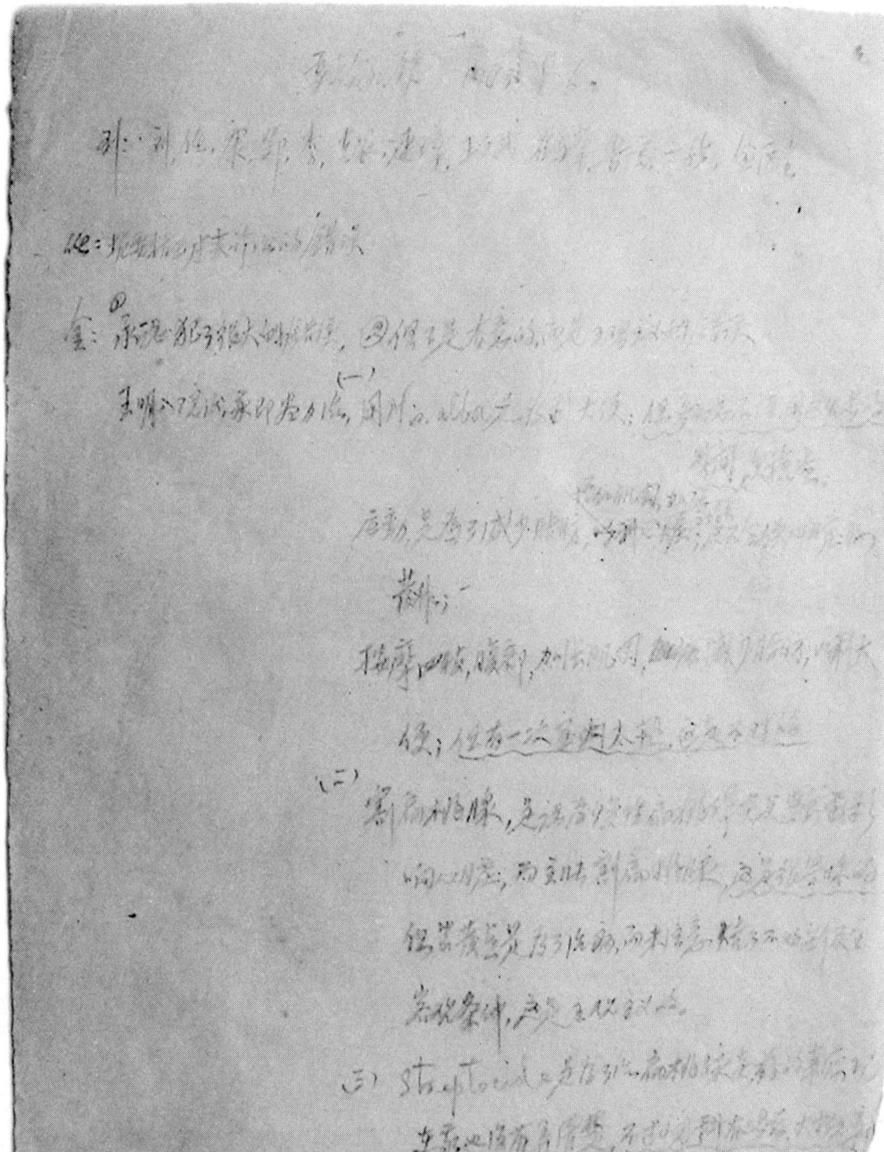

刘：吃"Strychnine"中毒，服[illegible]，[illegible]中毒。

金：[illegible]也证明是有中毒的[illegible]。

刘：吃药后中了毒，王[illegible]也[illegible]中了毒，金也[illegible]。

金：承认。

刘：照法律上讲是否医生应该负责？

金：是应负责的。

刘：药房也应该负责否？

金：药房也是应该负责的。

刘：到底是有意无意？

金：我是无意的。

陈：服药的习惯，次数，时间，[illegible]——[illegible]

金：是的。

陈：为什么？

王：苏联医院材料证明是第一次连服十二天，二次连服七天；[illegible]

的，少量连服更危险

金：以前也知道这样连服不好；王明是甘汞中毒这也是肯定的。

王：金承认：大量服用甘汞，由小量到大量，水剂，与[illegible]配合 —— 这都是不对的，这都应负[illegible]

刘：[illegible]

金：当时不知道有这样[illegible]，但[illegible]或[illegible]当时应有警惕一点。

王：Streptocide 服后的中毒[illegible]

[illegible]

附注：此药带方，未经药房，[illegible]

金：[illegible]

小儿科服的，结果[illegible]

服后[illegible]，肝脏[illegible]未有清楚的原因。就是用甘汞的。

(四) 甘汞用作泻剂[illegible]，与[illegible] alba 同服，[illegible]底，以后是[illegible]服，另外[illegible]用甘汞。

在此次检查中，证明是 Streptocide 中毒。[illegible]服用时，未注意不能服[illegible]，也未注意[illegible]配合剂也未注意，结果是中毒。

(五) 甘汞服用后，[illegible]以后是[illegible]，未注意是甘汞中毒；配合禁忌及泻剂[illegible]是[illegible]不许的。甘汞中毒[illegible]。

徐：用 Streptocide 没有用示，也没人证明。这是[illegible]。

用甘汞是可以吃一次两次的，但长服是不对的。

金：甘汞长服是一定中毒的。

康：你说吃药是否中毒的，那时[illegible]停吃，但看护未停，[illegible]，你是什么不要？

一、不能服水，你[illegible]，[illegible]看[illegible][illegible]？

看护说，病人说也能吃，[illegible]，你说[illegible]，[illegible]。

金：分剂小，不会毒，功能大。

病了衰，[illegible]。

[illegible]，是因为不能解[illegible]，[illegible]一[illegible]。

证据 5：金茂岳致康生和中央的检讨信

親愛的康生同志轉中央各首長：

這次我為王明同志治病、不但沒有治好、反而因用药治病而加了其他別的病、因而使王明同志身体失了健康、而使党的事業受了極大的損失、這個責任我應完全負。現在我懇切的請求党寬大我、我將以更大努力將我生命、為党工作、為党的事業、為無產階級革命事業、在我们偉大党的領袖毛澤東同志領導下及各位同志帮助下奮鬥到底来回答党。我再誠懇的向党坦白的講、我沒有一点意思来用药毒害我親愛的王明同志、也沒有受任何人的指示、利誘威脅等等及利用紅十字会而来害王明同志及破壞党、破壞边區的情形及行動、這完全是用药發生的副作用所发、而又用其他药来治發生中毒現象、当时認為病的發展錯下去的。詳細情形見前次報告、以後作一詳细說明。

這此從治療王明同志病的过程至現在使我得了頗多經驗與教訓、特別是最後的会討及到此地、使我知到党的偉大

使我在技術工作方面、更提高、更虚心、更关心
每个同志的健康、在政治鬥爭方面、更堅強、更擁
党、更努力為無產階级革命會事業奮鬥到底、我
认为這次這是党给我的很好的鍛練和教育、為
使我成一个有力的、純粹的布尔塞維克的技術
幹部、我诚恳的感谢党我宣誓我更一生要為我党偉大领袖毛澤
東同志領導下的中國共產党無產階级革命
事業奮鬥到底

我想最近幾天你们合病人都希望我我也
和我的全家都誠懇的要求党很快的回到
我的工作崗位為党努力工作 我並希望党
党時常教育我和檢查我、

謹致革命敬禮、

金茂岳謹禀

14/8/43.

证据 6：王明患病经过报告

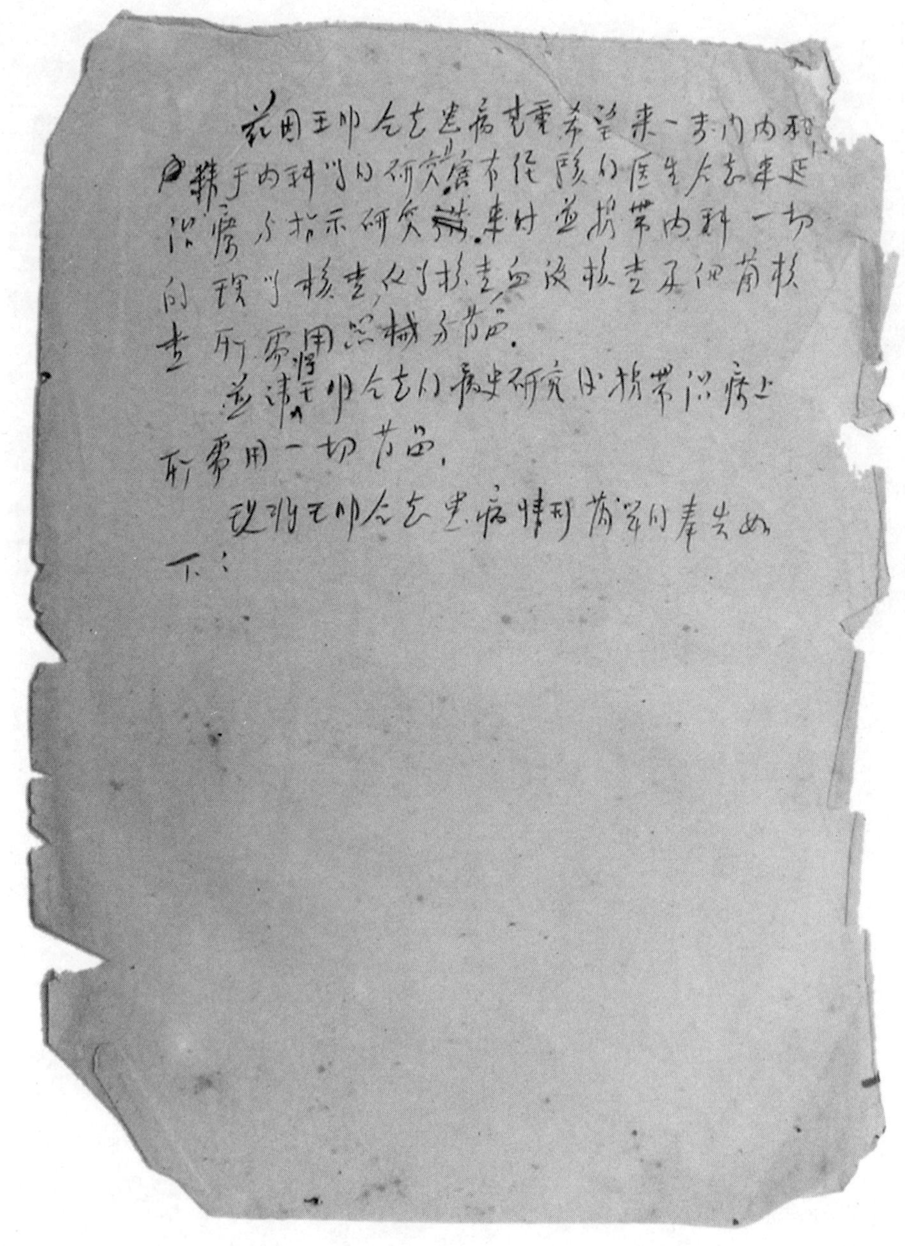

兹因王明同志患病甚重，希望来一专门内科，或精于内科学的研究者或优秀的医生们来延诊疗及指示研究。来时并携带内科一切的理学检查、化学检查、血液检查及细菌检查所需用器械及药品。

并请将王明同志的病史研究后携带诊疗上所需用一切药品。

现将王明同志患病情形简单的奉告如下：

一、王明同志患病的开始

在1941年的9月因疲劳过度心脏病复发（心前区刺痛），当时的血压是90-125，脉搏74，心脏部听诊在心尖部有收缩期杂音，每二三分钟有期外收缩一次，心尖搏动在乳线外2cm，因此休养至1942年3月即渐渐恢复，但心脏的功能亦未完全恢复，而已能稍为看书等了。

二、王明患病的经过

1、在1942年3月因为金茂岳医生是个坏人，他主持再给王明同志治扁桃腺炎，他前后用了以下的药品治疗。

(1) 在1942年3月13日他给服了（孙鸿基医生认为说是）（0.5）Streptocide（一种新药）~~（这个药品~~究竟是否必要因为没有第三者的证明还是疑案）（共服）四片（分三天服的），后即发生急性胆囊炎及急性肝炎，头晕恶心，呕吐，右胁肝脏区刺痛，皮肤搔痒，有黄胆色，便胆，便血，发冷寻是发热，心病重发等。

2、至3月21黄胆减轻后（该医生）又给服Calomel，（一次）给了[illegible]包Calomel（谨请注意这）每包是0.02~~（共数是~~（但）无第三者证明），一天服了这，并与Sod sulf同时服下，

其处方：
Sod sulf 7.0
Sod salicyl 10.0
Sod bicarb 2.0
Aq menth 200.0
一天三次，一次服10cc

至4月1日改用Calomel 0.1，一日一次，仍与mag sulf同服其处方如下：

℞ mag sulf 40.0
Sod sulf 8.0
(2) Sod bicarb 10.0
Sod brom 4.0
Aq menth 10.0
Aq ad 200
一天三次一次随服20cc（与Calomel同服）

至4月7日据不正确的统计共服了Calomel 2.008，在3月28日至4月7日病人有寒冷的感觉，怕声音，有冷汗，四肢麻木，心脏衰弱，昏迷，呕吐，痉挛，不能饮食，肝脏区域亦有压痛，肝脏大在肋骨下三—四横指处可以触到，胃肠疼痛不堪，病人哭叫，体温前后升高，白血球减少。

至4月6日有些腹泻，口内有金味如铜锈味，腹大，腹部胀大，大便停滞，一日三四次小便极点。

（深小一日淋巴结大以上，）有溃疡，

由此停止服药而改服中口药（轻下剂），症状渐渐减轻，肝脏在肋骨下一横指处触到，仍有压痛，当时鼻部出血，腹部在肠部常发性压痛，

至四月廿九日出院后又续服Calomel混合剂处方：

℞ Sod bicarb 0.5
Sod sulph
(3) salicyl 0.3
mag sulf 3.0
Calomel 0.02
Aq menth 5.0
Aq ad 50.0
一次服5cc 一天服三次

至4月×日又服Calomel每次0.02，加Calomel混合剂上面的处方(1)，再加Sod sulf（上面处方(1)）10cc，一次服下，一天服1-2次，连服五天，六八时又服了Calomel 1.18.

在这个时期呼吸亦有臭味，肝区疼痛，左肾区亦痛，大便仍为灰绿色，一日二三次，白血球5000-7000，白血球分类中淋巴球增多，体温又略增高至38℃.

由五月七日起又停止服药，以服中日前后，一切症状又较减，但肝脏在肋骨下一横指处仍可触到，肾脏、右肾界高处仍痛.

2. 在1942年6月29日王明同志又服了Sulphigin 9.0，是三天服的，服后头痛，左肾疼痛，肝脏肿大可触到有压痛，肾部疼痛，尿中有蛋白，同时有红血球及磷酸盐类，肝又肿大，在肋骨下三横指处可以摸到，胆囊部亦有压痛，至七月才了症状渐轻.

3. 由1942年直至43年8月，王明同志的心脏因为受着心肌的关系，心肌非常衰弱，一坐起一行动脉搏即可增至90-100次，脉搏非常软弱无力，心尖部仍有收缩期杂音，心尖搏动向左延长2cm.

肝脏仍大在肋骨下一横指处可以摸到有着中的压痛，有自发痛（每天均痛），胆囊部亦有压痛，亦有自紧病后，尿中有时有微量的糖，有时有蛋白和血尿，两侧肾脏时有压痛，体重仅有42Kg.（此时55Kg），不能起床，经常失眠，还患过大面积溃疡，牙齿动摇，白血球中的淋巴球仍在70%以上

4. 据我们的询问医生~~检查~~ ~~[illegible]~~检查结果，（尿中曾证明有过微量的汞）这是否由慢性汞中毒而引起的慢性肝炎，慢性胆囊炎和慢性肾脏炎及周全身衰弱而引起的心肌衰弱。望多研究指示，并望答复下列的几个问题：

a) 慢性汞中毒时汞的吸收及排泄情形如何，怎样排解沉积在体内的汞有无特效药？

b) 慢性汞中毒的疗法如何，其中何者为最有效？

c) 尿中微量汞的定量方法？

d) 慢性肝炎与胆囊炎的疗法如何？

e) 请示知诊断汞中毒的最新检查法？

f) 慢性汞中毒时应当注意的问题是什么？

证据 7：王明同志现病临时诊断和今后治疗初步意见

—

王明同志現病臨時診斷和
今後治療初步意見

兩点說明：

1.王明同志的病，在我們這里的現有條件下只能做了些普通的和部分化学的檢查，診斷多憑臨床症狀做的臨時診斷，但應尽量爭取設法更多的檢查用具，以期能獲得更加科学和精确的診斷。

2.因爲檢查小便的結果，在五次化驗中，有兩次發現有汞，至于現在体内有汞多少，汞如何进入[illegible]，尚未研究清楚。我們对于慢性汞中毒，[illegible]（及现有医学書）也沒有很具体的很詳細的說明，因之在現在只是对症的治療。

对于其他内臟各种疾病，亦只能就現在的条件下作初步治療。

P.2

I. 臨時診斷：

根據王明同志全部病歷研究，原只有心臟病，慢性扁桃腺炎，痔瘡（詳细可参查病歷總結部份）在治療經过中，因藥物而引起中毒（所講Streptocide，Calome，Sulfidin）其中以慢性汞中毒為主，以致全身衰弱並存在着下列各种病变，（至于汞之吸收，排泄，或積蓄量，發現有材料，加以推測，見附表）

一、慢性胆囊炎，可能為肝硬變者慢性肝炎，診斷依據：

1. 有過肝炎，以往胆囊炎急性發作多數。
2. 發作時有惡心嘔吐。
3. 有过黄疸症状，即皮膚黄色。
4. 胆囊部有自發的放散痛和压痛，至今尚存。
5. 尿中有过胆色素。
6. 肝脏腫大至今尚有一横指，
7. 尿中常有糖的反映，故肝脏储藏机能尚差
8. 大便為消化不良性，常有泡沫，並便胆汁八十餘日。

二、心肌衰弱症，

依據：1. 歷史原有心臟增大与收縮期情屢數心臟發作。

2. 中毒所引起（Calomel，因汞中毒，慢性胆囊炎所引起）

3. 長期（近一年）營養不良（在[illegible]以下）

P.3.

4.神经影响。

5、可能潜伏性传染（扁桃腺炎，齿龋齿所引起，须做血液培养方能证明）

6、自觉症：心区压迫苦闷感，夜间心跳惊醒。

7、理学与X光检查证明心脏增大。

8、卧床太久引起心力减退。

三、慢性轻度肾脏炎、诊断依据

1、有过急性出血性肾丝球体炎因Sulfidin而引起，但原来肾脏已被弱化损害。

2、肾部有自发的疼痛与压痛至今尚存在。

3、曾经小便有过较多的蛋白。

四、自主神经失调，多发性神经炎、诊断依据

1.神精知觉过敏，怕光，声音等刺激。

2、心脏发作时有手足麻木、痉挛、期外收缩、流涎，微汗、肠蠕动之亢进、放屁、嗳气。

3、多处压痛点、膝腱反射减退。

五、其他尚有慢性扁桃腺炎、痔疮，口腔炎、龋齿。

Ⅱ 目前初步之治疗：

王明同志的病，我们在治疗上是要达到：停止现病发展，并增进各脏器机能恢复健康，因此在治疗方针上按各脏器病变的程度，顺序加以分别列先后而治疗之，但各器官的功能有联系，故又须互相注意，根据上述临时诊断确定数治疗原则如下。

1、停止肝脏病变之发展，并促进机能之恢复，特别注意胃肠健康。

P.4.

2.設法恢復心臟机能。
3.緩解肾臟疼痛并減輕其负担。
4.安定神経,避免刺激,给予精神安慰。
5.預防其他旁有疾病発展(如扁桃腺炎、痔瘡、牙病)及其他传染病。

為了实现上述方針,在具体实施上,规定以下办法:(此法按病情発展如何,经每週小组会診或每月大会診後更改之)。

1.停止胆肝病变发展,促進其机能恢復,保养腸胃健康办法。

a.注意营养,暫定每日热量为1200卡路里(calorie)待二週后渐增至1500卡路里以上,后再酌量增加。食品中以含水炭素为主,脂肪次之,蛋白量加限制,详另飲食表。
b.每日须便通一次,如遇便秘,可用油類灌腸。
c.量少多餐(每日五餐)
d.胃腸消化机能可用些药物帮助(如内服pepsin, Hcl dil, Diastase Pancreatin)
e.注意腹部温暖,切不可受凉。
f.肝部疼痛用顛茄膏(Belladone—plaster)敷用,可加少量阿片(Ext. opii)不能常用。
g.每日注射Insulin 2—5单位,每单位Insulin配glucose 2—5 gm,如发生血糖降低症,可即刻增加glucose。因Insulin对肝臟病有促進糖類分解并起解毒作用,能保持肝臟机能。

2.設法恢復心臟机能办法:
①飲水量加以限制,每日总量不超过1500c.c.

P.5.

藉以减轻心脏负担。

② 在不防碍心肌疲劳下，剂应度的作衡或自动运动，帮助循环，减轻心脏负担，并可增强心脏肌能。（按摩，起坐，坐位式四肢自动运动，温水拭浴等）

③ 可试用Coramine由15滴至30滴内服，必要时注射樟脑油或樟脑水。

④ 注意安眠以休复心脏肌能。

⑤ 食物不可过热过饱，忌咸，防止发酵，内含丰富Vitamine为宜。

⑥ 给予新鲜空气环境，使呼吸深长，可减少心脏负担。

⑦ 预防呼吸道传染，禁止与有病人接触。

⑧ 禁食Caffee与浓茶。

3. 缓解肾脏疼痛，并减轻其负担加强。

① 限制蛋白，但要注意其基础代谢所需之蛋白质，即每体重一公斤，不超过一克蛋白。

② 食盐不用限制，但水肿时须加以限制。

③ 疼痛时可在局部加贴颠茄阿片膏。

④ 预防感冒，禁止冷水浴。

4. 安定精神避免刺激，给予精神安慰。

① 不能安眠时给予半片或一片Bromural内服Luminal veronal交换使用。

② 室内可放绘画等以镇静神情。

③ 室内张贴各种花鸟，山水，或有人物等中西古今绘画，放置花盆，开放音乐，以娱心情。

④ 吃些含糖有机物及猪脑vitamin D.

⑤ 生活多予鲜新以慰病人。

P.6.

5、预防东有疾病办法：

①口腔保洁，每日饭前、饭后、睡前，用牙膏刷牙，必要时用硼酸水漱口，避免一切化学药品刺激。一个月请牙医洗一次。

②龋齿须完全取去。（以后拔去）

③扁桃腺炎可用Lugol's氏液涂布（消炎作用）

④维持痔疮少发炎症，注意便通，大便困难时用痔疮膏。

Ⅲ 初步检查结果：

1. 临床检查（1948年七月十四日会诊）

一般状态：颜面稍苍白，精神尚好，营养状态中等，取仰卧位。

口腔：①右上第一门牙断残，仅留牙根，已去髓補过。

②右上第二门齿微摇动。

③左上第一门齿为龋齿。

④下前门齿的齿龈均呈萎缩状，齿质显露，尤以右第一下门齿萎缩最甚，且兼有摇动痛感

⑤口腔粘膜正常，无舌苔，但舌缘齿痕颇多。

咽喉：喉部呈充血，有无数小颗粒，两侧扁桃腺充血，表面平滑，但不肿大。

颈部：颈围35.5cm，前颈动脉有少许跳动，右侧颌下淋巴腺肿大，仅一个如豌豆大，有压痛，颈淋巴腺在左后颈部摸到一个如豌豆大。

胸部：在视诊上：胸廓中等，呼吸运动略增

每分钟二十九次，二侧对称，胸骨剑突略向右偏，胸围（乳头处）78.5cm 肺脏未检查。

心脏：视诊：心尖搏动則能看到 位置在距正中線9.2cm.（乳头外0.7cm）

触诊：不觉到震颤，心尖搏动在左第五肋间腔，离正中线9.2cm处最明显。

打诊：右缘界在第四肋间腔距胸骨处，

听诊：心跳不规律，每分钟心跳93次，一分钟内有间期外收缩，心尖第一音较弱，并闻较明的收缩期轻微吹样杂音，向内上方较传导最著明，亦向腋窝传导。心尖第二音正常，肺动脉与大动脉第一音为闻由心尖传来的杂音，肺动脉第二音亢进，大动脉第二音正常，颈静脉不膨大，病人檢查取半卧位。

肝脏：上缘：乳線上在右第五肋骨下缘，

中腋窩線在右第七肋间腔。

下缘：触诊时，在右乳線处可在肋缘下一横指，边缘光滑，不硬，左肝叶部膨大範圍不明。

腹部：视诊无异常，腹壁脂肪丰富，但比前減少，触诊时腹壁弛緩，全腹壁均有过敏感，在胆囊部有压痛点。
左肾脏部在上方有剧烈压痛，右肾上方
也略有压痛。
肛门：肛门四周粘膜与皮肤交界处，全部肿胀。
脊柱：在第十二胸脊椎中处有压痛点，其他脊柱
侧方数处均有压痛点。
下肢：左下侧腿，有一片淡黑黄色沉着，上阔下狭
最阔处有6cm，长14.5cm，两侧最大
肌肉周围为26cm。
反射：膝腱反射：两侧均极薄微。
腹壁 〃〃（皮肤）过敏，
提睾 〃〃 阳性。
Babinski氏 正常（阴性）
血压：105/76 mm. Hg.
脉搏：初82次 后29次，力弱。
补充材料：
七月十四日会诊后，下午三时，右季肋部疼痛难忍，后心部疼痛，手足有些发麻，心有压痛，听诊心音不甚清明，病者呻吟，当经注射Ol campher以后即止。
七月廿日又发作一次，感心区疼痛，手足麻木，听到期外收缩P 86 脉细微弱，注射Camphanam后~~即止，较安静~~，出微汗，唾液增多，肠蠕动亢进，咕噜。
~~自七月廿一日起至今体温最高~~
八月二日因明显有病，彭（？）的心脏发作，感心脏难受，手足又麻木，P.92，心音与平常同，经注射Camphanam打后，使安静。
自七月二十一日起至今，体温最高37.4，P.86—93次，每晚Dial加10滴，每日两次，脉搏减至72次，最近内服Bromural $\frac{1}{2}$—1 Tab，睡眠较好。
近几日内服Hcl dil + pepsin，食欲很坚。

但多吃感腹胀，无他无变化。

31/VII 43 Hb 88%，RBC 4480000 Wbc 6150

N 61% L 32% E 1% Tran 3%

M 3% 血凝时间 6分钟 体重41公斤

2. 化验检查：

血液检查：血色素 Hb 89% 红血球 RBC = 4,520,000

白血球 Wbc = 6900 血色素指数 Hb Index = 89/95 = 0.95

白血球分类：P.M.N = 68% Lym = 26%

P.M.E. = 1% P.M.B. = 0%

Mono = 2% Trans = 3%

检查：①微量汞：以 Vogel – Lee 氏法取尿 150 c.c.（见 Clinical Diagnosis by Laboratory methods Todd Sanford P.1115-）或更多小便加 5cc 31% 浓盐酸 加温蒸发到 25—30cc 再加 2cc 浓盐酸 及 2gm 氯酸钾 Pot chlorate 加水至 60cc 再加热使 Cl 挥发（时间不定）用 4 cm 长铜丝（18 gm 粗细）弯曲数次浸入浓缩尿中两小时，取出后观察之，如有汞，则有灰白色被膜附着铜丝上，又放入一15 cm 长 3—5 mm 直径之玻璃管内 一侧封闭。铜丝置管端，另取一金片四，置入管内，距铜丝约2 mm，在封闭端近铜丝处加温使汞挥，附着于金片上，如有汞，金片成白色斑点，用扩大镜更加显明，或取出金片悬于含碘之试验管内 将碘加热，碘挥发遇汞 成珠红色之碘化汞，用扩大镜可看到，此法在 1.—0.5 mg 的汞量可以试出。

P.10

结果：25/Ⅲ43 ± 27/Ⅲ43 Trace（微量？）
29/Ⅲ43 陰性

②Millon氏試驗（肝臟機能）見新医药三卷十期P.902，目的在証明尿中oxyphenyl族毒物，用水銀一份1.42之硝酸二份溶解後再加水二份（如不溶可加热）放置數小時，取上層澄清液即試药，用尿与試药各等份混淆濾過，若得紅色液為陽性。

结果：25/Ⅲ43 兩次陰性，26/Ⅲ43 陰性，
29/Ⅲ43 陰性，

③Gmelin氏試驗（内科臨床技術学辞本P.96）試管内加稀硝酸（比重1.2）2cc，再加1-2滴發烟硝酸，後用吸管将尿輕滴于硝酸液上，如有胆汁色素，則生綠青紅、淡黄數層之色環。
结果：26/Ⅲ43 陰性

④Urobilin証明法：半試管尿加1/3量醋酸鋅液混和數分鐘後濾過，再加1-2滴10%氯化鋅液，有Urobilin則生綠色螢光。
结果 26/Ⅲ43 陰性。

⑤Lindemann氏驗試：取10cc尿加入30%醋酸，再加五滴Lugol氏液，再加入2-3cc chloroform 徐徐振盪，如為陽性（双醋酸存在）則為紅紫色。
结果：29/Ⅲ43 双醋酸 ±

⑥Gunning氏試驗（証明Aceton）5cc尿加

P.11

5滴碘化鉀水 再加 Lugol 液適量,使發生黑色狀 放置之,使其漸漸澄清,如有 aceton,可以分析出 Iodoform 結晶 用顯微鏡觀察之

結果 27/III 43 陰性

⑦ 沉澱檢查: 26/III 43 Calc carbonate ++
Calc oxylate 少量
WBC 少量
27/III 43 Calc phosphate +
磷酸鹽 +++

⑧ Benedict 氏糖試驗 · 每日之中有時微量 在26/III 43 上午十二時注射 glucose以後,檢驗陽性(++)。馬海德同志作用糖定驗有微量糖 第二日即消失。

⑨ 尿比重正常(視水份多少變更)顏色深淺亦隨飲水量變更。

⑩ 尿蛋白試驗均陰性。

唾液檢查: Hench-Aldrich氏(561頁臨床化驗診斷參)唾液5cc 另加5% [illegible] 用[illegible]乘法液滴定管內及炭酸鈉 [illegible] 紅色為止,視滴定管內昇汞液的消耗量乘20,則得唾液指數,正常為30—50。
欲推算每100cc血中所含之尿素Urea量(mg)可由公式求之。 1.03×唾液指數—34=每100cc血液中含尿素量

王明同志的尿素量:— 1.03×40

D. 13.

−34 = 57.2 − 34 = 23.2 mg 10 CC 血液内的%分率（王明川之一般血液指数为 20×2cc = 40）

胰脏机能检查：

Wohlgemuth氏（依淀粉酶 diastase之检查）法：

①将十枝试管立于架上，每枝加入1%盐水1cc ②第一二试管内加入患者尿各1cc，③将第二试管之尿摇匀后，将其中1cc移至第三试管中 ④以后顺序稀释直至第十管为止，最后第十试管倒掉1cc ⑤每试管加入0.1%淀粉溶液2cc，振荡后，置入摄氏38—40度温箱中加温30分钟 ⑥加温后用冷水冷却之，再每试管中加入1/50定规碘液1—2滴，

判断：①试管中Diastase不发生作用时呈青色

②发生作用时则呈红色

③已消化之淀粉全呈黄色

计算：以发生红色作为标准，例如第七试管发生红色，则等于128单位。

①正常数为16—64单位

②病时在128单位以上为亢进

③250单位是胰脏高度亢进，有时竟可达2000单位以上。

王明川之试验结果：32单位起变为红色（正常）

证据 8：关于王明同志住院的经过情形的报告

关于王明同志住院的经过情形的报告

先申明一点，因在我们会所研究王明同志病的治疗过程时，一切病历与护病记录均取去了，医院一点也没有材料，有好多我们都没有直接参加（尤其是我）现在所写的材料都是凭记忆与各方面所搜集来的材料，虽然有的还是可以作参考。

王明同志是因为"神经性的心脏病"于一九四一年十月下旬住院，四二年八月十三日出院，共十个月。病人指定金茂岳为主治医生。未住院前在杨家岭召开会诊两次。（第一次的详情已记不清了。第二次参加医生有饶正锡、巴思华、马海德、毕道文、何穆、朱琏、朱仲丽、李许闻、金茂岳也。当时诊断结果是血压150，[illegible]一个什么来的，当时因睡不着觉，会诊后打了小量的吗啡和阿特罗宾，大家都认为应以休养为主，金主任提议在医院住几天，以便进行各种化验，因此才决定住医院）到医院后，正式会诊有七次，（有外面医生参加者）小会诊有三四次。（几个医生交换意见者）在正式会诊方面第一次会诊时间大约在十一月初，参加的医生有毕道文、李志中、侯建存、何穆、金茂岳、[illegible]人，会诊检查结果与上次核查（指入院前在杨家岭会堂县作一次会诊）差不多，只是期外收缩没有听着，又决定继续休养。

第二次大约在一二月间，以下原因抽风（先后与一武达的架，李冰（克农的）按摩）邀请王海德、庞达孙、李志中、毕道文、何穆、傅斋、金茂岳等人会诊，检查结果其他各部与前同，抽风的原因系煤气关系，之明晚一次会诊讨论时也抽了风的，原因是烧了两盆火，病人因检查动了几次，脉搏仍然以前。

第三次大约在三月间参加医生有鲁之俊、王斌（？）、王海德（？）、庞达孙、李志中、何穆、魏一斋、金茂岳等人，会诊讨论是心脏性的病，是官能性？或是神经性？结果，都没有结论。

第四次会诊大约在四月底参加的有李副主席、孙子华、毕道文、庞达孙、李志中、何穆、金茂岳等人会诊，讨论是肝病问题（因用柔的学问也不懂过去，配合不宜，以致慢性中毒，在医院因主任主治没有把药方拿去来看故未发觉，待至今年春始知中了毒）当时孟庆树同志提问西医对肝病是否有特效药，金答：“没有”，小孟又说：中医有特效

药，因此即决定吃一时期中药，即由李副主席亲开
金子明都吃，并检查体温、及大小便的变化，
但金云："中西不能混合"（傅连暲、李副主席亦同意一）
由李副主席治疗后，王的气色即好转了。我还
记得有医务科印象，好像曾彻底过王明同志一
的意见是否改变主治医生。（但王明同志表示
仍要金主任主治。大约是肝发炎的时候）。
第五次会诊：大约在五月间，参加的医生有阿洛夫
（师哲翻译）、康医务、何穆、李鼎中、傅连暲、侯健存，
会诊讨论，其他无问题，但当时王肝不大好（?），到七
月一号吃了阿洛夫"沙罗非丁"以后王明吃一即小
便便血（他说此药有特异性质），即停止了此药，
又吃中药，小便便血即好些。
第六次会诊：大约在吃"沙罗非丁"以后，在医院开在
办公厅专门讨论吃"沙罗非丁"问题，参加的医生有
魏一斋、李鼎中、何穆、金茂岳、阿洛夫、康医务（他
参加一会即走了）、还有傅连暲。讨论没有什么结果，
当时金云："系"沙罗非丁"引起了肾炎"，阿洛夫找出了
许多材料作根据，证明绝对不会引起肾炎，其他
医生则说"有可能性"。
第七次会诊是在医院时（在八月间）有阿洛夫

魏一斋、李志中、侯连瑞、何耕、傅松龄、金蔵恩等讨论时会有不同的意见。主要的是金的意见认为一切是由肠不好才影响到肝，又由肝影响到肾脏。以上是临床上主要的经过情形。

在护理方面有邵彬、刘玉馥、王心、潘荆、宋丰、纪敏、宁定、栾楼、李坚、张万霞、周芳等十一个人。这一些人在当时的工作上技术上政治上，都是比较好的。（当然现在来看有些是特务）其中只有在外面学过的在医院也作护士长的有邵彬、刘玉馥，其他都是一二级的护士。在住院期间没有间断过。外院也曾派过特别护士。

在他的生活方面开始是由我们管理的当时需要什么即买什么。一切费用都是实报实销都经陈一新院长签字后才报销的。以后由他们自己管理我即不知道了。他所住的房子除了三个病房外还有三间平房。在他住院期中大家都觉得他是很特殊的。好多特殊的药品（如偏剑扁桃体等的药品等）及医生、护士、生活等问题全满足他的需要。

关于孟庆树对王明同志住院时所有医生护士都觉得他表现不好。这表现在常常发牢骚（没有材料）与王明同志经常吵嘴，常常影响到王明同志的病不好。对于医生护士的态度也不好，特别对于护士看不起，把护士当佣人使用。没有一个护士不背后议论他的。（当时）护士们好多都不愿意在王明同志处工作。有一次陈新同志来调查小孟在医院表现，小孟当面说过，小孟即和王明同志吵了。王明同志也责备过他对护士的态度是不好的。结果他与王明同志大吵一顿，一天不吃饭，三天不去照顾王明同志。这是我们记得起的一些主要问题。

另外王明同志与小孟刚入院时对金的关系是非常好的。王明与小孟似乎对金说过有关中央有关他病的一些问题，因为我脑中有这样一个印象。是金从谈王明同志赴苏联治病谈起谈的。但我总想不起来了。这还可以问金茂岳即知。

十一月十一日 傅连暲

证据 9：王明在中央医院化验室报告单

中央醫院化驗室報告單

姓名 王明

檢驗物 Blood

檢驗目的 Routine

檢驗結果

Hgb.=92%
R.B.C.=6250000
W.B.C.=7300

P.M.N.=65%
Lym.=34.5%
P.M.B.=0
P.M.E.=0
Mono.=0.5%
Trans.=0

证据 10：明明（王明之子）在中央医院化验室报告单

中央醫院化驗室報告單

姓名 明明

檢驗目的 C.B.C.

檢驗結果

W.B.C.=9900

证据 11：孟庆树在中央医院化验室报告单

中央醫院化驗室報告單

檢驗物 Blood

Hb-80%

证据 12：王明的会诊记录

王明同志 No.18

杨家岭

据王明同志云：前天抽血36c.c.后，很是觉得很累，曾注射打三次 Camphor oil，这四天没事。

大便每日常是三次，肚子胀。

右季肋下肿大一块，常痛。

每天如果能起来一次，饮食和肚子就好些，否则腹部胀胀，影响睡眠，且不思食。

又云：外国医生说："一個牙齒都是一個炸彈，应该拔去，但不能用 Hexenamin，因为以前有中毒肝脏。心脏弱，有期外收缩。外国医生说到这里表示要慎重的意思。右季肋一塊東西，究竟是什么，必须搞清楚。胃扩大。一切動物性的東西都不要吃。按现在情况，扁桃腺的影响並不大"云。

查體記錄：

心脏：心尖部第一音有軟的杂音。肺动脉第二音亢进。

腹部：右季肋下相当于胆囊处按痛

讨论：

傅處長：请大家谈一谈是否拔牙？

鲁部長：壞的拔掉。

何主任、王校長、陳教授：同意鲁的意见。

阿洛夫：自物多后好的可不拔，因为没有牙齿吃东西就更感困难，且齿龈部亦要损伤。如果需要長期治療的就拔去，一面準備鑲牙。

王明同

傅院長：分期拔，並叫李科長來看。

王校長：可用Novocain局部麻醉下拔牙。

傅院長：現在請大家談談是否按摩腹部？

魯院長：能起來就不要按摩

王校長：同意魯部長的意見。

李科長：可以輕輕的按摩.

何主任：一面用按摩，同時可以起來。

陳教員：起來並做些腰部運動。

（此時，王明同志說：如果彎腰，右季肋下就痛）.

阿洛夫：1)心臟好的情况，可以起來

2)如不能起來，可用輕按摩，同時做些腹部運動，肛門插個管子（在做腹部運動時），以便排氣。

李潤詩：我完全同意起來，因為現在的胃腸，顯著的弛緩（Atonie）.

魯院長：每星期注射一次Indodin，對於心臟和末梢神經均有好處。此外外國製的骨炭末 0.3—0.6 對於腹脹便秘有效，這裏做的不行。

會診者：傅院長（主持）

阿洛夫，李潤詩醫生，李科長，王校長，魯部長，陳教員，何主任.

紀錄：陳仲武

31/8/44

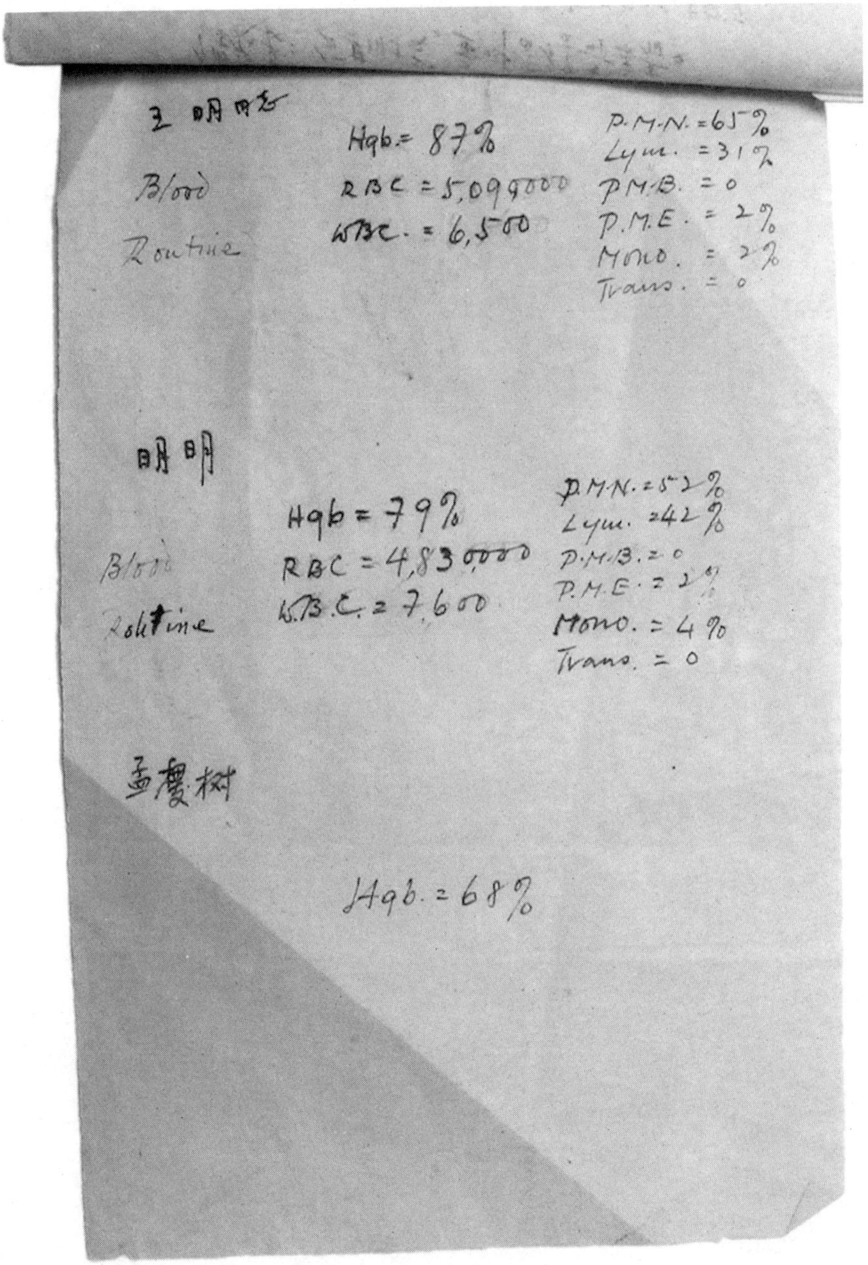

王明同志

Blood Routine

Hgb.= 87%
RBC = 5,090000
WBC. = 6,500

P.M.N. = 65%
Lym. = 31%
P.M.B. = 0
P.M.E. = 2%
Mono. = 2%
Trans. = 0

明明

Blood Routine

Hgb = 79%
RBC = 4,830000
W.B.C. = 7,600

P.M.N. = 52%
Lym. = 42%
P.M.B. = 0
P.M.E. = 2%
Mono. = 4%
Trans. = 0

孟慶樹

Hgb. = 68%

证据 13：孟庆树在中央医院化验室报告单

中央医院化驗室报告单

姓名 孟慶樹　科别　床号　送檢号

性别　年岁　檢驗号 1617

臨床診断　檢驗結果：

檢驗物 Blood　After 10 minutes = 0

20 minutes = 0.5 m.m.

檢驗目的 Sed. test　30 minutes = 1. m.m.

40 minutes = 1.5 m.m.

病人住址　50 minutes = 1.5 m.m.

60 minutes = 2. m.m.

送檢日期 44年11月10日

主治医師　檢驗时间

报告日期 44年11月10日　檢驗者 Chu

送檢號

证据 14：明明在中央医院化验室报告单

中央医院化驗室报告单

姓名 明明　科别　床号　送檢号

性别　年岁　檢驗号 1619

臨床診断　檢驗結果：

檢驗物 Blood　P.M.N. = 53%

檢驗目的 WBC. total+diff. count　Lym. = 40%

WBC. = 8450　P.M.B. = 0

病人住址　P.M.E. = 1%

Mono. = 5%

送檢日期 44年11月10日　Trans. = 2%

主治医師　檢驗时间

报告日期 44年11月10日　檢驗者 Chu

送檢號

证据 15：王明同志检查结果

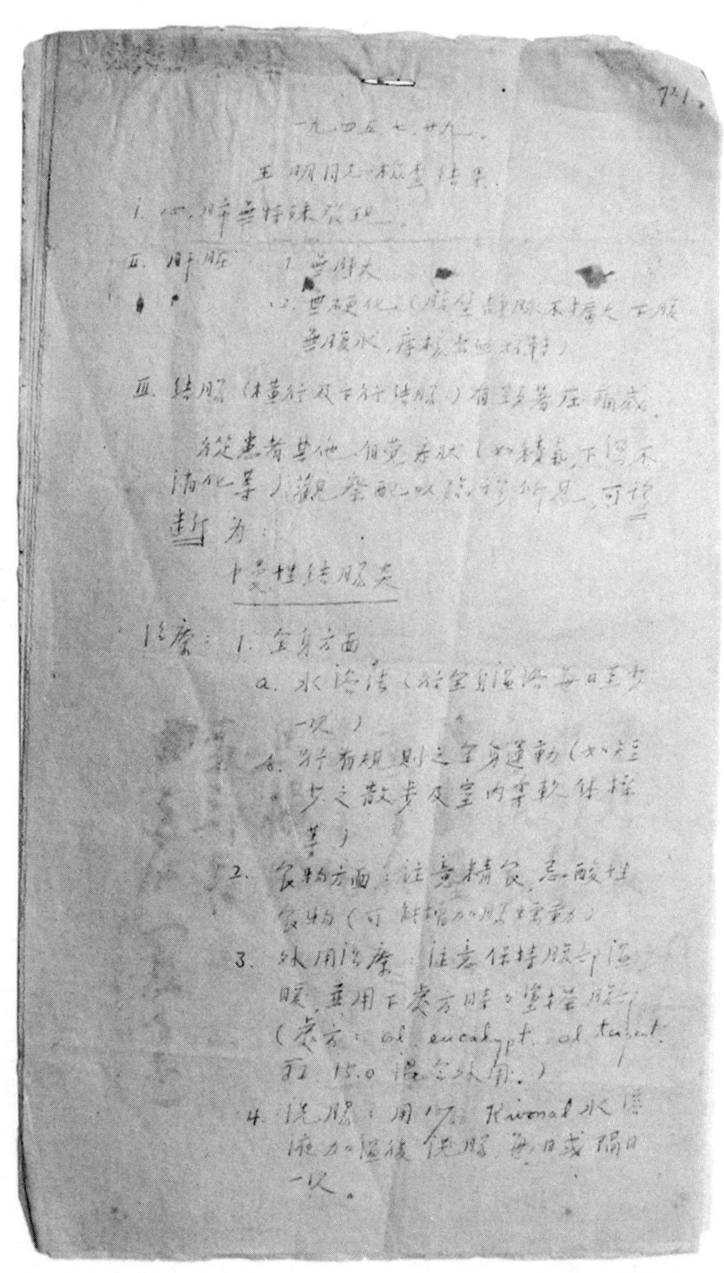

一九四五.七.廿九.

王明同志检查结果.

I. 心.肺无特殊发现.

II. 肝脏 1. 无肿大

2. 无硬化（腹壁静脉不扩大 下肢无腹水，痔核亦无[illegible]）

III. 结肠（横行及下行结肠）有显著压痛感.

從患者其他自觉症状（如積氣、下泻不消化等）觀察配以診察所见，可診斷为：

慢性结肠炎

治疗：1. 全身方面

a. 水浴法（於全身温浴每日至少一次）

b. 行有规则之全身運動（如短步之散步及室内柔軟体操等）

2. 食物方面：注意精食，忌酸性食物（可能增加肠蠕動）

3. 外用治疗：注意保持腹部温暖，并用下處方時々塗擦腹部（處方：ol. eucalypt. ol. terebint. 各 15.0 混合外用.）

4. 洗肠：用1% Rivanol 水溶液加温後洗肠，每日或隔日一次。

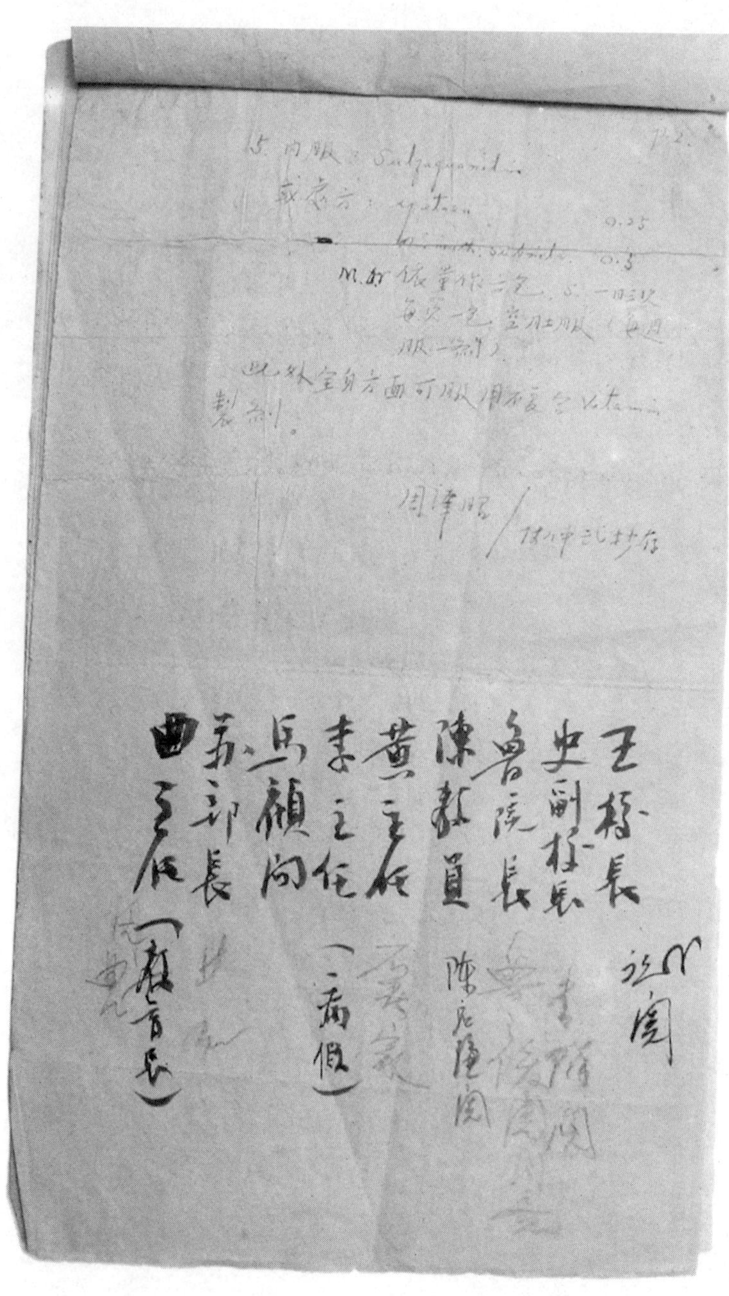

P.2.

5. 内服：Sulfaguanidin

或處方：Yatren　0.25

Bismuth. subnitr.　0.5

M.f. 膠囊作二包。S. 一日三次

每次一包，空肚服（每日服一劑）。

此外全身方面可服用富含Vitamin製劑。

周澤昭／林仲武抄存

王校長

史副校長

魯院長

陳教員

黃主任

李主任（病假）

馬顧問

蘇部長

曲主任（教育長）